COLLEGE YIDDISH

COLLEGE YIDDISH

AN INTRODUCTION TO THE YIDDISH LANGUAGE AND TO JEWISH LIFE AND CULTURE

By
URIEL WEINREICH
Professor of Yiddish Language, Literature and Culture on the Atran Chair, Columbia University

with a preface to the first edition by
ROMAN JAKOBSON
Harvard University

Fifth Revised Edition

YIVO INSTITUTE FOR JEWISH RESEARCH
New York

First Edition
  First Printing, 1949
  Second Printing, 1951
Second Revised Edition
  First Printing, 1953
  Second Printing, 1954
Third Revised Edition
  First Printing, 1960
  Second Printing, 1962
Fourth Revised Edition
  First Printing, 1965
  Second Printing, 1966
  Third Printing, 1967
  Fourth Printing, 1968
  Fifth Printing, 1969
  Sixth Printing, 1970
Fifth Revised Edition
  First Printing, 1971
  Second Printing, 1974
  Third Printing, 1976
  Fourth Printing, 1979
  Fifth Printing, 1981

Copyright © 1949, 1953, 1960, 1965, 1969, 1971, 1974, 1976, 1979, 1981 by
YIVO Institute for Jewish Research, Inc.
1048 Fifth Ave., New York, N.Y. 10028
Printed in the United States of America
Library of Congress Catalog Card Number: 76–88208

אַ מתּנה די אַלע, וואָס בײַ זייערע
קינדער אין מויל וועט ייִדיש לעבן

Uriel Weinreich died on March 30, 1967. The present revision of *College Yiddish*, undertaken by Dr. Max Weinreich, involved updating the cultural materials contained herein, and assuring consistency between this text and Uriel Weinreich's posthumously published *Modern English-Yiddish Yiddish-English Dictionary*, itself a milestone in the field of Yiddish studies and of lexicography in general. Wherever necessary, changes have been introduced in the gender and plural of nouns, the past participle of verbs, the transcription of words of Hebrew-Aramaic origin, and the glosses of entries in the vocabulary. In addition, emendations have been introduced that arose out of the experience of teachers and students alike.

Special thanks are due to Dr. Michael Astour, Mr. Donald Forman, Mr. David L. Gold, Mr. Morris Goldwasser, Dr. Mordkhe Schaechter, Dr. Chone Shmeruk, Dr. Khave Turnianski, and Mr. Richard Zuckerman for submitting suggestions on which many of the emendations in this edition of *College Yiddish* are based.

After Max Weinreich's death on January 28, 1969, this work was carried to completion by Dr. Marvin I. Herzog, Professor of Linguistics and Yiddish Studies-Atran Foundation, Columbia University.

1971   YIVO Institute for Jewish Research

ACKNOWLEDGMENTS

I wish to express my indebtedness to my teachers, the members of the Section for Language and Literature of the Yiddish Scientific Institute—YIVO. Professor Judah A. Joffe has helped me by carefully reading the first draft and making a number of suggestions. Mr. Yudel Mark has given me much valuable advice based not only on his outstanding knowledge of Yiddish grammar but also on his experience in teaching Yiddish to Americans; he went through the entire text with me at three separate stages of my work. Without the constant help of Dr. Max Weinreich, Research Director of YIVO and professor in charge of the Yiddish courses at the City College of New York, in every phase of my work, this book could not have been brought to its present form.

I am grateful, furthermore, to my teachers at Columbia University, Professors Roman Jakobson and André Martinet, who have given me many important suggestions, especially in the preparation of the chapters on the Yiddish sounds and letters.

I also wish to thank Mr. H. Bass for his suggestions on the construction of the course; Mr. Ralph Cohen of the College of the City of New York for his scrupulous review of the English style; Mr. S. Dawidowicz, member of the YIVO staff, for his expert assistance in solving the difficult typographical problems; Mr. F. Maliniak for competent typesetting; and Professor Sol Liptzin, chairman of the Department of German at City College and secretary of the Academic Council of YIVO, for his constant encouragement.

1949   U.W.

It is gratifying to note that the continued use of the book in Yiddish classes both at Columbia University and in many other institutions has exhausted the original edition.

In preparing this revised version, I also wish to thank Mr. B. Bialostotzky, Dr. W. Milwitzky, Mrs. M. Tuzman, and Dr. H. H. Paper for their constructive suggestions based on the first edition.

1953   U.W.

Since the appearance of the original edition, the interest in Yiddish culture has continued to grow in the United States. As the pace of translation quickens and the use of Yiddish literary and folklore materials on television and on records is expanded, the study of the source language also is intensified. A new type of scholarly publication in English, devoted to Yiddish language, literature, and folklore, was launched in 1954 under the title The Field of Yiddish. *In 1958, an international Conference on Yiddish Studies, held in New York, attracted a group of scholars active in this research field in various countries. The teaching of Yiddish has been introduced into several more colleges, and the language has been taken up, both informally and as an elective in the regular curriculum, in New York City high schools. To judge from the uninterrupted sales of* College Yiddish, *numerous adult groups throughout the United States are engaged in the study of Yiddish.*

Minor changes in formulation, exercise materials, and cross-references in the third edition are due mainly to the classroom experience with this textbook of Dr. Max Weinreich, Professor in Charge of Yiddish Studies at the City College of New York.

1960   U.W.

PREFACE TO THE FIRST EDITION [1949]

A language which is written and used for various cultural purposes needs a codified standard. Intercommunication on a higher level is essentially impeded where such a unified standard is not sufficiently maintained, or is even not elaborated. Without a well-organized, rich lexical stock, supple and at the same time stabilized enough to express the most refined nuances of abstract thought and of our widely differentiated spiritual and material life, neither poetry nor the novel can hope to rise and overcome the restraining bonds of provincial backwardness, and scholarship remains helplessly mute. Without a clearcut norm of standard pronunciation, rhymes are dulled, the theatrical ensemble deteriorates, and the most lofty radio speeches have a burlesque flavor. Perhaps the most pertinent component in the responsible work of normalizing a language is the precise regulation of grammatical pattern. As there is no genuine sport without rules of play, and as a building demands an intricate plan, so too a cultural tongue necessarily implies a firm grammatical frame.

Yiddish has a rich and dramatic cultural history. It has undergone all processes which fertilize and ferment linguistic evolution—capricious migration of speech and speakers, ramified hybridization, intimate coexistence and stubborn competition with other languages, tempering struggle for mastery of diverse fields of culture, and last but not least, significant achievement in belles-lettres as well as fruitful philological discussions about various problems of the young literary language. There is no lack of standard. Standard is being created, step by step. The burning task, however, is its spread and popularization. Under conditions of diaspora, a rigorously unified standard is even a much more vital premise for the being and development of a cultural language than it is in a closely knit speech community. There cannot be approximate knowledge of a literary language for its users. Full mastery or illiteracy—*tertium non datur*. The first tool for such a mastery is a textbook of grammar. The idea is extremely banal, but banalities are most easily and frequently forgotten. And strange as it seems, a rational, practical textbook of Yiddish happens to be a pioneering work. This is one of the many paradoxical features in the singular historical march of this language.

A further banality, particularly often and almost universally disregarded, is that a textbook dealing with a language and its structure must be made by a person trained in the science of language. No one unfamiliar with mechanics will undertake writing an engineering textbook, but still there are too many school grammars prepared by people who never bothered with the science of language. It is encouraging that the first English textbook of Yiddish has been written by a qualified student of linguistics.

R. JAKOBSON

Harvard University

CONTENTS

PREFACE 6

ACKNOWLEDGMENTS 7

PREFACE TO THE FIRST EDITION, by Roman Jakobson 9

CONTENTS 11

INTRODUCTORY NOTES 15

YIDDISH SOUNDS 19

THE ALPHABET 25

LESSON 1 30

יִידן אין אַלע לענדער. Article and Gender. Word Order. Direct Questions.

YIDDISH AS A KEY TO JEWISH LIFE.

LESSON 2 37

דער לערער און די תּלמידים אין קלאַס. Adjectives. Accusative. Negative Article. Third Person. The Adverb זייער.

DIALECTS AND THE STANDARD LANGUAGE.

LESSON 3 45

אין ניו־יאָרק אויף דער גאַס. Plural of Nouns. Dative. Contractions with דעם. Use of מען.

DERIVATION OF YIDDISH.

LESSON 4 53

די פֿרידמאַנס אין דער היים. Personal Pronouns. Present Tense. סטו— Form. Declension of Names. Inflection of אַנדער. Omitting the Article.

YIDDISH COMPARED TO GERMAN.

LESSON 5 61

אַלע מענטשן זײַנען ברידער. יִידן דערציילן. קאָניוגאַציע. Imperative. ער and זי. דו and איר. Title of Address. לעבן and וווינען. Present Tense of בין and האָב.

THE HEBREW COMPONENT IN YIDDISH.

LESSON 6 68

לאָמיר באַגריסן. אַ שמועס. Review Questions.

LESSON 7 73

משפחה אין אַנדערע לענדער. Indirect Object. Conjugation of געבן. Infinitive. Irregular Infinitives. Infinitives of איז דאָ and איז ניטאָ. Use of צו with the Infinitive. Constructions after וועלן. Greetings.

GEOGRAPHIC SPREAD OF YIDDISH.

11

LESSON 8 81
ייִדן אין געטאָ. Past Tense. Past Participle. האָבן or זײַן. Past Tense
of איז דאָ and איז נישטאָ. Adverbs Formed from Adjectives.
THE FATE OF EUROPEAN JEWS IN WORLD WAR II.

LESSON 9 89
אַן אַלטער ברית. אַ נאַר און אַ חכם. Past Participles without גע—.
Clauses as Sentence Units. *To Like*. Declension of Personal and
Interrogative Pronouns.
MODERN YIDDISH LITERATURE.

LESSON 10 96
פֿאַר וואָס? דער ליגן. דער שפּיגל. Use of עס as a Subject. פֿרעגן and
בעטן. The Prepositions אין and קיין. The Pronoun זיך. Additional
Contractions with דעם.
OLDER YIDDISH LITERATURE.

LESSON 11 105
דער יום־טובֿ חנוכּה. Complemented Verbs. Past Participle and Infinitive of Complemented Verbs. Verbal Constructions and Word
Order.
JEWISH HOLIDAYS.

LESSON 12 113
דער יום־טובֿ פּורים. אַ ליד לכּבֿוד פּורים. Review Questions.

LESSON 13 119
דער זיידע דערצײלט. Idiomatic Verbs with זיך. Consecutive Word
Order. Adjectives in the Predicate. *Hot* and *Cold*.
JEWISH IMMIGRATION.

LESSON 14 128
אַ בריוו פֿון אײראָפּע פֿון יאָר 1948. Possessive Adjectives. Use of Possessive Adjectives. Possessive Form of Names of Persons. Possessive Form of Common Nouns. Uninflected Adjectives. גײן and
פֿאָרן. Adverbs Designating Place.
YIDDISH COMPARED TO ENGLISH.

LESSON 15 136
ייִדישע נבֿיאים. Future Tense. Future Tense of איז דאָ and איז נישטאָ.
Avoiding Redundant Verbs. Uncompleted Action Continuing into
the Present.
JEWISH LANGUAGES.

LESSON 16 146
פֿילאַדעלפֿיע. פֿריִער מוז מען קענען. זיבן מיט זיבן איז עלף. Numerals. One.
Periphrastic Verbs. מיינען and גלייבן. יעדערער and יעדער. Phrases
with פֿיל. Mathematical Expressions. Indirect Questions.
YIDDISH PROVERBS.

12

LESSON 17 156
    Larger .ייִדישע סטאַטיסטיק. דער זייגער גייט ניט. ווער האָט דיר דערצײלט?
    Numerals. Days of the Week. Telling Time. Age.
    THE YIDDISH PRESS.

LESSON 18 166
    ניט זײַן היטל. דאָס הײסט אַלט? דער נודניק. בולבעס. Review Questions.

LESSON 19 174
    צוויי גרויסע פּערזענלעכקייטן. Redundant Nouns. Use of נאָך. Idiomatic
    Distinctions.
    JEWISH EDUCATION.

LESSON 20 185
    אין אַ נײַער דירה. נאָך אַ פּאָר. גראַמאַטיק. אַ קעלמער אין באַן. Meaning
    of Adverbial Complements. Adverbial Complements Used Alone.
    Idiomatic Verbs of Position. *That* and *Those*.
    JEWISH HUMOR.

LESSON 21 195
    טעאָדאָר הערצל. Relative Clauses. Two Nouns in Succession. Plural
    of Some Numerals and Nouns. Supporting —ע— in Adjectives.
    PERETZ.

LESSON 22 205
    עס מאַכט אים ניט אויס. אויף וואָס דאַרף מען דעם קאָפּ? Numeral Ad-
    jectives. Fractional Numerals. *Half.* Names of the Months. Dates.
    Nouns in Expressions of Time.
    THE TRADITIONAL JEWISH CALENDAR.

LESSON 23 216
    די ייִדישע נאָז. אויף וואָס דאַרף מען אַ נאָמען? אַזוי הויך! Idiomatic Verbs.
    Avoiding the Possessive. Emphasizing Pronouns or Adverbs. Def-
    inite Article.
    JEWISH FAMILY NAMES.

LESSON 24 224
    דער גאָלדענער לײטער. יאָמע. Review Questions.

LESSON 25 232
    שבת. Comparative. Superlative.
    YIDDISH FOLK SONGS.

LESSON 26 240
    מאַטקעס סעודה. ווער שטאַרבט? Comparative and Superlative of
    Adverbs. Indefinite Amount or Number. Emphasizing a Sentence
    Unit.
    ATTITUDE WORDS AND FORMS.

Lesson 27 248

דער פֿאָטער פֿון ייִדישן טעאַטער. Present Participle Used as an Adverb and as an Adjective. Infinitives as Nouns. Repeated Action. Conditional.

The Philosophy and Influence of the *Khsidim*.

Lesson 28 258

ייִדישע לייענערינס און שרײַבערינס. ייִדנעס. אויף אַ קאָנצערט. דאָס טעפּל. The Suffix ער—. Feminine Suffix ין—. Numeral Adverbs. "Feeling." Base of Verb Ending in Unstressed ע—.

Yiddish in America.

Lesson 29 267

פֿון וואָס לעבן ייִדן. אַרבעט זוכן. אַרויפֿגעאַרבעט זיך. Compound Nouns. Points of the Compass. Dative of Reference. Use of Tenses in Indirect Discourse.

Early Yiddish Literature in America.

Lesson 30 276

די ל״ו צדיקים. Review Questions.

Supplementary Readings 285

שלום־עליכם: דער אוצר 287. שלמה עטינגער: די מאַלפּע 288. מענדעלע מוכר־ספֿרים: אַ טאָג אין אלול 288. מאָריס ראָזענפֿעלד: מײַן ייִנגעלע 290. שמעון פֿרוג: זאַמד און שטערן 291. אַבֿרהם רייזען: איך בין געגאַנגען 292. יצחק לייבוש פּרץ: די פֿרומע קאַץ 293. בינעם העלער: אין וואַרשעווער געטאָ איז חודש ניסן 296. אַבֿרהם סוצקעווער: עקזעקוציע 298.

Synopsis of Grammar 301

Yiddish-English Glossary 335

English-Yiddish Glossary 372

Grammatical Index 398

Songs with Music

אַלע מענטשן זײַנען ברידער 61. לאָמיר באַגריסן 68. חנוכּה, אוי חנוכּה 106. אַ ליד לכּבֿוד פּורים 113—114. הער נאָר, דו שיין מיידעלע 144—145. טום־באַלאַלײַקע 154—155. בולבעס 166—167. אויפֿן פּריפּעטשיק 183—184. יאָמע 225—226. פּאַפּיר איז דאָך ווײַס 238—239. אַ חסידישער ניגון 257. פּאַרטיזאַנער־הימען 282.

Illustrations, Tables, etc.

די דיאַלעקטן פֿון ייִדיש 43. אין אַ קיבוץ אין ישׂראל 74—75. בײַ דער וואַנט פֿון געטאָ אין וואַרשע; דער אויפֿשטאַנד אין וואַרשעווער געטאָ: די געטאָ ברענט 86—87. ייִדישע קינדער אין פּוילן פֿאַר דער צווייטער וועלט־מלחמה 90—91. די קלאַסיקערס פֿון דער ייִדישער ליטעראַטור: מענדעלע מוכר־ספֿרים, שלום־עליכם, יצחק לייבוש פּרץ 94—95. ייִדיש אין דער פּראָגער הגדה פֿון 1526 103. אַ חנוכּה־דריידל 105. דער אָנהייב פֿון חומש אויף לאַדינאָ 143. ייִדן אויף די פֿינף קאָנטינענטן, 1840—1966 156. וויפֿל איז דער זייגער? 160. אימיגראַציע אין די פֿאַראייניקטע שטאַטן, 1908—1965 162. ייִדן אין די פֿאַראייניקטע שטאַטן, 1966 170—171. דער אוהל־פּרץ (פּרצעס קבֿר) אין וואַרשע 204—205. די ייִדישע נאָז 216. גאָלדפֿאַדן 249.

14

INTRODUCTORY NOTES

THE INTRODUCTION, in the 1940's, of Yiddish as an academic subject in the curricula of some American colleges and universities brought into focus the need for a textbook of Yiddish designed especially for educated adults. Although existing Yiddish textbooks, which have been compiled primarily for the use of children, may be useful as supplementary material even in the college classroom, they are far from adequate as basic texts, since they do not take advantage of the college students' educational background, particularly their experience in studying other languages.

This text is intended for a normal college course of one year. It may also be of use to students learning Yiddish on their own. A considerable portion of the material included in it had already been tried and found satisfactory in college classes and various informal study groups before the publication of the book.

It is to be expected that many students embarking on a college course in Yiddish will have some previous knowledge of the language from having heard it spoken at home or having studied it in childhood. A skillful teacher will put such knowledge to excellent use. On the other hand, there is a danger that prior unsystematic acquaintance with Yiddish may mislead. The Yiddish which a student has heard may have been carelessly infused with illegitimate English borrowings; it may have been dialectal, differing from the standard language in sound structure as well as in grammar and vocabulary; and even the irregularities of unstandardized Yiddish spelling may confuse the student. For persons with some amount of unsystematic previous knowledge of Yiddish, this textbook will have the particular advantage of bringing order into their knowledge and of acquainting them with the basic features of the standard language. The Yiddish taught here is the cultural language which is the expression of creative literature and thought.

READING TEXTS. The reading texts with which each lesson begins have been adapted from various sources. In a number of instances, selections from known authors have been slightly modified to conform to the framework of the course. Occasionally, one or more stanzas of a poem or a song have been omitted.

The inclusion or omission of writers in the choice of supplementary reading texts (pp. 285-299) has been based solely on the adaptability of their work to this course, and does not necessarily reflect their importance in Yiddish literature.

VOCABULARY. A vocabulary list follows each reading passage. The vocabulary has been divided into active and passive. "Active" words should be memorized when they first occur, as they are freely used in subsequent lessons without additional explanation; those words are preceded by an asterisk. "Passive" words are of an incidental nature in this text, and when they recur, they are again listed in the vocabulary.

In many cases, only the pertinent translation of a word has been listed, although other meanings exist. גערעכט, for example, is translated in lesson 19 as *right*, although it also means *just*. Similarly, דער וועג is translated as *road* in lesson 14, while the additional meaning of *way* is given in lesson 19.

In the case of active words, the vocabulary includes in parentheses the inflected forms (plural for nouns, past participles for certain verbs, comparative for certain adjectives, etc.). In the case of passive words, inflected forms are given in the vocabulary only if those forms appear in the reading texts. In the glossary at the end of the book (pp. 335 ff.), however, the inflected forms of passive words as well are given for the benefit of interested students.

The gender of nouns, in the few instances that are doubtful, has been based on the norms laid down in the author's *Modern English-Yiddish Yiddish-English Dictionary*;[1] Mr. Yudel Mark's "Selected Vocabulary for the Beginner Class"[2] served as the starting point in the selection of the vocabulary for this book.

QUESTIONS. The questions about each reading passage, which are given after the vocabulary, may be answered orally or in writing. They serve to measure the students' comprehension and to turn their attention to new problems of grammar.

---

[1] YIVO and McGraw-Hill Book Co., New York, 1968, 842 pp.

[2] In: *Der vokabular farn onheyber-klas in der amerikaner yidisher shul*, YIVO, New York, 1944, pp. 36 ff.

GRAMMAR. Grammatical forms and constructions have been explained, primarily, from the point of view of their function in Yiddish; but, wherever necessary, explanations were added to aid in translating from English into Yiddish.

Problems of grammar have been analyzed with special reference to dissimilarities between Yiddish and English structure and, to a lesser degree, with reference to Yiddish-German divergences, since formal similarity to English or German grammar is likely to lead the students into error.

Where variations exist within the standard language, only one grammatical variant is taught. In several cases, other equivalents are cited in the synopsis of grammar (pp. 301-333).

Because of the limited scope of this book, it was found convenient to teach certain constructions by giving examples or enumerating instances, instead of formulating fixed rules.

EXERCISES. The exercises are designed to provide practice in the use of active vocabulary and of grammatical forms and constructions as they are taught. The supplementary readings as well as the proverbs which are cited in the text have been found to provide good topics for oral and written compositions.

In the translation exercises words in [ ] are to be omitted while words in ( ) are to be included. Italicized words in ( ) are explanatory. Many translation exercises consist of continuous texts rather than detached sentences. In a number of instances, English idiom has been sacrificed in order to suggest more clearly the Yiddish translation that is required.

REVIEW LESSONS. Every sixth lesson is a review. It contains no new active vocabulary or grammar, but has exercises on the preceding five lessons.

BACKGROUND READINGS IN ENGLISH. Each lesson concludes with an English chapter. These passages are intended as introductions to linguistic and cultural problems of Jewish life, present and past. The questions contained in the review lessons are given as an aid to remembering the more important facts. Teachers may find it feasible as well as stimulating to discuss in Yiddish some of the background chapters.

The words for traditional Jewish concepts have been phonetically transcribed and used in the English texts in their Yiddish forms, for it seems more appropriate to use the forms which have been employed by the majority of Jews for many centuries than the equivalents in a Germanized or Anglicized Sephardic Hebrew. Therefore, we write *Khanike* rather than *Hanukkah*, *hagodes* rather than *haggadoth*, *Sukes* rather than *Sukkoth* or *Succoth*. Only in the case of well-known proper names has the generally known spelling been preserved; for example, *Peretz* (properly *Perets*), *Sholom Aleichem* (properly *Sholem-Aleykhem*), *Rosenfeld* (properly *Roznfeld*), etc.

FURTHER STUDY. A number of more complicated language problems have had to be postponed for later stages of study. An intermediate course will extend the student's knowledge of grammar as well as teach him to read moderately difficult non-imaginative writing. Then, an advanced course will bridge the gap to imaginative prose and poetry, simultaneously leading the student to the more intricate parts of Yiddish grammar and style.

SUGGESTIONS AND INQUIRIES. Inquiries as to matters touched upon in this volume, as well as suggestions for improvements in future editions, are cordially invited. They should be addressed to the
YIVO Institute for Jewish Research, 1048 Fifth Ave.,
New York, N.Y. 10028.

YIDDISH SOUNDS

The following outline of Yiddish sounds has been kept to a minimum. The main stress has been placed on phonemic features, i.e. those which are essential to the intelligibility of the language. The fine points of pronunciation are best acquired by practice under the guidance of a teacher, or by careful listening to cultured speech.

The sound pattern of standard Yiddish is not identical with that of any one Yiddish dialect. It is rather the system common to all cultured Yiddish speakers, regardless of native dialect.

A number of sounds occur in Yiddish which have no exact parallel in English or other Western languages. Yiddish [kh], for example, is not used in English; and although a similar sound does exist in German, its usage differs. Also, Yiddish [R] differs strikingly from the usual English *r*.

It is now generally recognized by linguists that in every language certain distinctions between sounds must be observed in order that the language be understood. It is as important to observe such phonemic distinctions as it is to know the nature of each sound. Thus Yiddish, like English, distinguishes between the sounds [s] and [z] at the end of a word, while in Russian or German, for example, this distinction is not observed. On the other hand, final [D+s] becomes [TS] in Yiddish, while it becomes [DZ] in English. Such significant distinctions have been emphasized in the presentation that follows. For the sake of simplicity, a transcription in Latin letters is used in this chapter.

Consonants

[B], [D], and [G] are pronounced in Yiddish exactly as in the English words "back," "do," and "go." But whereas in English the unvoiced counterparts of these sounds, i.e. [P], [T], and [K], are aspirated in many positions, this is not the case in Yiddish.

        Eng. p^host ("post")   Yid. POST (*mail*)
        Eng. t^heller ("teller")   Yid. TELER (*plate*)
        Eng. k^hen ("ken")   Yid. KEN (*can*)

[f], [v], [s], and [z] are pronounced in Yiddish exactly as in the English words "far," "very," "seem," and "gaze."

Whenever the ending [-t] or [-st] is added to a word ending in a voiced consonant, i.e. [b], [d], [g], [v], or [z], that consonant is rendered as its unvoiced counterpart, that is [p], [t], [k], [f], or [s]. For example:

LEB+T=LEBT [LEPT]; RED+ST=REDST [RETST]; RED+T=REDT [RET]; ZOG+ST=ZOGST [ZOKST]; PRUV+ST=PRUVST [PRUFST]; LOZ+T =LOZT [LOST]; HALDZ+T=HALDZT [HALTST].

Yiddish [sh], produced as in English, has a voiced counterpart [zh], which is pronounced like *s* in "measure."[1] It may occur in any position:

   zhE   GRIZhEN   AzH

[H] and [Y] correspond, respectively, to English *h* and *y* in "have" and "yes."

[Kh] is pronounced by setting the mouth as for [K], but allowing air to pass between the tongue and the roof of the mouth (like *ch* in German "lachen"). For all practical purposes, the sound[2] is the same regardless of the vowel that precedes it:

MAKh MIKh IKh GIKh REKhT KhAVER GIKhER

[TS] corresponds to *ts* in English "parts" and "belts," but in Yiddish it may occur in all positions and, consequently, is treated as a single sound:

   TSU   TSI   ALTS   ZETSER

[DZ] occurs in Yiddish after [L] and [N], and sounds like *ds* in English "colds," "hands": HALDZ, UNDZ.

[TSH] corresponds to *ch* in English "church," and is treated as a single sound:[3]

   MENTsh   TshEPEN   PETsh

[DZH] is the voiced counterpart of [TSH]: LODZH, BLONDZHEN, DZHEZ.

There are two *l*-sounds in Yiddish, transcribed as [l] and [L], respectively. The more common sound, indicated by [l], is dark and

---

[1] In some phonetic transcriptions these sounds are rendered as [š] and [ž], respectively.

[2] Rendered as [x] or [x] in some transcriptions.

[3] Rendered as [tš] or [č] in some transcriptions.

hard. In learning to produce it, one may pronounce *oo* (of "food") as one raises the tip of the tongue to touch the palate:

    FUL   BULKE   MOL 'time'   LAND   LUFT   SHTILER

[*L*] is a light, soft *l*. In learning to produce it, one may pronounce *ee* (of "fee") as one raises the tip of the tongue to the palate. (When the tongue is dropped, the sound should still be a clear *ee*.)

    BI*L*IK   FRI*L*ING   *L*IBE   *L*ID   MO*L* 'moth'

Before [I] or [Y] in stressed syllables, *l* is always the light [*L*]. In other cases, it must be noted individually whether [L] or [*L*] is required. In respect to some words, individual speakers differ as to which *l*-sound they use.

A consonant plus [L] may form a syllable if no vowel follows. In such positions, [L] functions as a vowel, and is called "syllabic."

    E-PL   *L*I-DL   MI-TL   (but *L*ID-LEKH, MIT-LEN)

[M] corresponds to English *m*.

[N] corresponds to English *n*. Before [K] and [G], it is pronounced as ŋ (like *ng* in English "sing"); but the [K] and [G] are never dropped.

    YUNG [YUŋG] DANK [DAŋK] ZINGER [ZIŋGER] (cf. English "singer" [siŋer])

Like [L], [N] can be syllabic, i.e. function as a vowel:

    LO-ZN   GA-SN   LA-KhN   PRU-VN   O-VN-TN

After [P] and [B], syllabic [N] is sounded as [M]:

    *L*IPN [*L*IPM]   HOBN [HOBM]   shRAYBN [shRAYBM]

After [K] and [G], syllabic [N] is always sounded as ŋ:

    ZOKN [ZOKŋ]   ZOGN [ZOGŋ]

There are two admissible *r*-sounds in Yiddish, both of them indicated in our transcription as [R]. One is the "lingual *r*," produced by the tongue vibrating along the front edge of the upper gums; the other is the "uvular *r*," produced by the vibrations of the uvula. Most people learn the lingual *r* (also called "trilled *r*") more easily.

The English type of *r* is not admissible in Yiddish, nor must the Yiddish [R] be skipped or weakened in any position:

    REKhN   LERER   shENER   MERER   FIRER

Vowels

Standard Yiddish does not distinguish between long and short vowels; in this respect it resembles languages like Italian, Spanish, or Russian. Compared to the long and short vowels of English or German, the Yiddish vowels are of medium length.

The following five vowels are distinguished:

[I] is medium in length and tenseness between the *ee* of "feet" and the *i* of "fit."

    MIKh   HIML   IM   *L*ID   YID   YIDIsh

[E] is very similar to *e* in "bet."

    BESER   KENEN   TSIMER   BET   VEN

[A] is similar to *a* in "father," but shorter.

    MAME   VASER   LAND   GASN

[O] is between *aw* in "dawn" and *o* in "done."

    MONTIK   LOMIR   PROFESOR   NOKh

[U] is similar to *oo* in "book," with lips slightly more rounded.

    MUME   NU   KUMEN   MUZN

In unstressed positions, [E] often becomes less clear, and slightly closer to [I]. Unstressed [-EKh] approaches [-AKh].

A vowel at the beginning of a word is *not* preceded by a glottal stop.

    [VOS ER IZ] sounds like [VOSERIZ]
    [HOB IKh] sounds like [HOBIKh]

Diphthongs

[AY] is similar to *i* in "fine."

    FAYN   AYKh   TSAYT   VAYT   LAYEN   shPAYEN

[EY] is similar to *ei* in "vein."

    VEYNEN   ZEYER   MEYN   shEYN   MEYDL

[OY] is shorter than *oy* in "boy."

    VOYNEN   GROYS   BOYEN   KOYKhES

Stress in Polysyllabic Words

The stress in a polysyllabic word must be memorized, since there is no universal rule. In a great number of polysyllabic words, the stress falls on the next-to-last syllable:

    TSUZA'MEN   EYRO'PE   ZI'LBER   E'FN

For such words, the stress will not be indicated in the vocabulary. Where no accent mark is given, the stress may therefore be assumed to be on the next-to-last syllable:

BAKENEN=BAKE'NEN GEVORN=GEVO'RN ITA*L*YE=ITA'*L*YE
ANTROPOLOGYE=ANTROPOLO'GYE

As the last two examples illustrate, the stress in a Yiddish word may differ from that of its English cognate.

In this book, the stress will be indicated by an accent mark after the stressed vowel wherever it falls on a syllable other than the next-to-last:

A'FRIKE AME'RIKE FARShTE'Y GEVE'N AZO'Y

Usually the stress remains on the same vowel even if the syllabic structure of a word is changed through the addition of prefixes or suffixes and endings:

ZILBER—ZILBERNER [ZI'LBERNER] O'TEMEN—GEOTEMT [GEO'TEMT]
FARShTE'Y—FARShTEYEN [FARShTE'YEN]

But if a shift of stress takes place, this will be indicated:

TALMED—TALMI'DIM KhOSN—KhASA'NIM

The stress is indicated in this book only as an aid to correct reading. It is never actually written in Yiddish.

Pronouncing Exercise

(Sentences 1-10 are taken from lesson 1, where they are systematically translated.)

1. ERShTE *L*EKTSYE
   R—do not use the English *r*.
   L—this is the "light" *l* as distinguished from "dark" [L].
   The stress is on the next-to-last syllable throughout.
2. YIDN IN ALE LENDER
   N—syllabic. YIDN, therefore, has two syllables.
   L—"dark" *l*.
   All vowels should be as distinct as possible.
3. YIDN ZAYNEN HAYNT A FOLK FUN DRAYTSN MI*L*YO'N
   AY—A+Y, pronounced similar to *i* in "fine," but shorter.
   MI*L*YO'N—stress is on the last syllable, as indicated.
4. YIDN VOYNEN AF ALE KONTINENTN
   OY—O+Y, pronounced like *oy* in "boy," but shorter.
   KONTINENTN—four syllables.

5. IN AME'RIKE, IN EYROPE, IN AZYE, IN A'FRIKE UN IN OYSTRA*L*YE
EY—E+Y, pronounced like *ei* in "vein."
Observe the stress.

6. IBER A HELFT FUN ALE YIDN VOYNEN HAYNT IN AME'RIKE

7. IBER FINF MI*L*YO'N YIDN VOYNEN IN DI FARE'YNIKTE sh*TATN*

8. IN NYU-YO'RK VOYNEN IBER TSVEY MI*L*YO'N YIDN

9. A'NDERE YI'DIShE TSENTERS ZAYNEN: FILADELFYE, LOS-A'NDZhELES, DETRO'YT
Do not replace final s in TSENTERS by an unwarranted z.

10. YIDISh IZ DI ShPRAKh FUN YIDN IN A SAKh LENDER
Kh—as described on p. 20.

11. VOS ZOGT IR? MIR ZOGN GUT-MORGN (*What are you saying? We are saying "Good Morning."*)
ZOGT=ZOKT
ZOGN=ZOGŋ
MORGN=MORGŋ

12. ZEY HOBN UNDZ GEGEBN A MATONE (*They gave us a present.*)
HOBN=HOBM
GEGEBN=GEGEBM

13. MOYShE IZ NOKh A YUNG YINGL (*Moyshe is still a young boy.*)
YUNG, YINGL—the G must be distinctly pronounced.

THE ALPHABET

The spelling used in this book is that which was adopted by the Yiddish Scientific Institute—YIVO[1] in 1937 after years of deliberation by experts in the field. It has been or is being introduced by publishers all over the world. The differences between older systems of spelling and that of the YIVO are not great.

Yiddish is written and read from right to left. Books and newspapers therefore begin "at the back" from the English point of view. Paragraphs are indented on the right. Pages are numbered "backwards." But numbers and other mathematical expressions retain the order which is used in languages written in the Roman alphabet.

There are no capital letters in Yiddish. Certain letters, however, have final forms, as indicated below.

It should be pointed out that two essential systems underlie Yiddish spelling rules. One part of the vocabulary is spelled almost entirely "phonetically," each sound being denoted by one letter or a combination of letters. Another part of the vocabulary, which is of Hebrew derivation, retains a traditional spelling which must be memorized individually in each case.

The 22 basic letters of the Jewish (Hebrew) alphabet are used in Yiddish. To some letters, diacritical marks are added. Following is a table listing the letters of the Yiddish alphabet, their names, and their sound equivalents. A few special problems are taken up below. A sample of Yiddish writing appears on p. 36.

In the written forms of letters which require two strokes of the pen, the right-hand stroke is executed first.

---

[1] Yiddish Scientific Institute—YIVO (= YIVO Institute for Jewish Research), *Takones fun yidishn oysleyg* (Rules of Yiddish Spelling), New York, 1941, 34 pp. See also: *Yidisher ortografisher vegvayzer* (Guide to the Standardized Yiddish Orthography), New York, Committee for the Implementation of the Standardized Yiddish Orthography, 1961, 112 pp.

PRINTED LETTER	NAME	SOUND EQUIVALENT	WRITTEN FORM	REMARKS
א	*shtumer alef*	silent	א	Treated as the same letter in dictionaries except in cases of ambiguity.
אַ	*pasekh alef*	[A]	אַ	
אָ	*komets alef*	[O]	אָ	
ב	*beyz*	[B]	ב	
בֿ	*veyz*	[V]	בֿ	
ג	*giml*	[G]	ג	
ד	*daled*	[D]	ד	
ה	*hey*	[H]	ה	
ו	*vov*	[U]	ו	וּ *melupm vov* [U] (וּ) װ *tsvey vovn* [V] (װ , װ) ױ *vov yud* [OY] (ױ)
ז	*zayen*	[Z]	ז	
ח	*khes*	[Kh]	ח	
ט	*tes*	[T]	ט	
י	*yud*	[I], [Y]	י	יִ *khirek yud* [I] (יִ) ײ *tsvey yudn* [EY] (ײ) ײַ *pasekh tsvey yudn* [AY] (ײַ)
כּ	*kof*	[K]	כּ	
כ	*khof*	[Kh]	כ	Final form: ך *langer khof* (ך)
ל	*lamed*	[L], [*L*]	ל	
מ	*mem*	[M]	מ	Final form: ם *shlos-mem* (ם)
נ	*nun*	[N]	נ	Final form: ן *langer nun* (ן)
ס	*samekh*	[S]	ס	
ע	*ayen*	[E]	ע	
פּ	*pey*	[P]	פּ	
פֿ	*fey*	[F]	פֿ	Final form: ף *langer fey* (ף)
צ	*tsadek*	[Ts]	צ	Final form: ץ *langer tsadek* (ץ)
ק	*kuf*	[K]	ק	
ר	*reysh*	[R]	ר	
ש	*shin*	[sh]	ש	
שׂ	*sin*	[S]	שׂ	
תּ	*tof*	[T]	תּ	
ת	*sof*	[S]	ת	

Final Forms

Five of the letters have final forms, which are used whenever the letters appear at the end of a word.

כאַפּ — גיכער — גיך; מאַמע — צום; נו — קענען; פֿאַר — דאַרפֿט — דאַרף;
צו — גאַנצע — גאַנץ

Combination of Letters

וו two *vovs* indicate [v]
זש *zayen shin* indicate [zh].
טש *tes shin* indicate [Tsh].

The combination [EY] is written ײ; [AY] — ײַ; [OY] — ױ; [UY] — וי. On the other hand, [TS] is as a rule rendered by the single letter צ.

Letters with Two Possible Sound Equivalents

י may denote either the vowel [I] or the consonant [Y]. Between two consonants, it always denotes the vowel [I]:

גיב [GIB] פֿינגער [FINGER]

Before or after another vowel, י represents the consonant [Y]:

יאָ [YO] לעקציע [LEKTSYE] פּיאַנע [PYANE]

In the combination [vowel+I] or [I+vowel], [I] *is spelled* יִ:

העברעיִש [HEBREIsh] רויִק [RUIK][2] פֿריִער [FRIER] ציִען [TSIEN]

ל denotes [L] or [*L*], as the case may be; before י the sound is always the light [*L*].

לאָמיר [LOMIR] פֿול [FUL] פֿיל [FIL]
בילעט [BI*L*E'T] לעקציע [*L*EKTSYE]
ליבע [*L*IBE] ליד [*L*ID] מיליאָן [MI*L*YO'N]

The Silent Letter א

The silent letter א (*shtumer alef*) is written at the beginning of words before the vowels and diphthongs ו [U], וי [OY], י [I], יי [EY], and ײַ [AY].

אימיגראַנט	[IMIGRA'NT]
אוניווערסיטעט	[UNIVERSITE'T]
אויך	[OYKh]
איינער	[EYNER]
אײַך	[AYKh]

[2] In newspapers and other publications, conservative in matters of spelling, such spellings as העברעאיש, רואיק may be encountered.

28 COLLEGE YIDDISH

If the second part of a compound word begins with an א, the letter appears in the middle of the compound: רײן [REYN], but פֿאַראײניקט [FAREYNIKT], which is composed of פֿאַר+אײניקט.

Avoiding Ambiguous י and ו

To avoid ambiguity, the combination:

—YI— is spelled	יִי:	ייִדיש	[YIDISH][3]
—VU— is spelled	װוּ:	געװוּנען	[GEVUNEN]
—UV— is spelled	וּװ:	פּרוּװ	[PRUV]
(But —VOY— is simply	װוי:	װוינען	[VOYNEN]) [4]

More than One Letter for the Same Sound

The alphabet lists:					
	[V] — ב	or	װ		
	[Kh] — ח	or	כ (ך)		
	[K] — כּ	or	ק		
	[T] — ט	or	ת		
	[S] — ס	or	שׂ	or	ת

In words which are spelled according to the phonetic system, the letters which correspond to these sounds are always: [V] — װ, [Kh] — כ, [K] — ק, [T] — ט, and [S] — ס.

In words of Hebrew[5] derivation, which are spelled according to the traditional system, the correct spelling for each of these sounds must be memorized, just as in learning English one must memorize the variant spellings of the sound *f*, spelled *f* (as in "if"), *ff* (as in "cuff"), *ph* (as in "phone"), or *gh* (as in "laugh").

Other Characteristics of Traditional Spelling

In addition to the fact that the proper letter must be chosen for the above four sounds, words which are spelled according to the traditional system are characterized by the occasional absence or

---

[3] In publications conservative in matters of spelling, the spellings אידיש, איד are occasionally encountered.

[4] In many printed texts, [VU] is still spelled —װאו—, [UV] is still spelled —ואװ—, and [VOY] is spelled —װאוי—: װאו, געװאונען, פּרואװן, װאוינען.

[5] See p. 66.

substitution of vowels,[6] and by the occurrence of ה at the end of words:

סוף [SOF] שׂרה [SORE] מעשׂיות [MAYSES] חבֿר [KhAVER] סך [SAKh]

Preliminary Exercise

1. Write the following words in Yiddish letters, according to the phonetic system:

a) GIKh ZAKh ZAKhN GIKhER ZIKh DOKh ZIKhER FUNEM NEM ShEM ZUKh MEN KENEN NOKhN MUZN DARF DARFT DARFN ShIF ShIFN GUF GUFIM ALTS ZETS ZETSN ShPROTSN ZITS ZITST

b) VEN VASER VI VOS GEVE'N VIFL ZhURNA'L GARA'Zh MENTShN KhOTSh MEYNEN BOYM BEYMER BAYM AZO'Y FROYEN ShOYN GETSE'YLT FOYGL FEYGL GEFLOYGN RAYKh FRANKRAYKh

c) YA'NUAR YORN YORHUNDERT YUNG YEDER ORGANIZATSYE AZYE EPIDEMYE TSIEN GEShRIEN BI*L*E'T F*L*IEN GE*L*IEN STI*L* ShTIL *L*IB MI*L*YO'N *L*IGN *L*ITERATU'R

d) OYB OYSTRA*L*YE UNTER VAYL UMETU'M IM YO IZ YENER ITST EYROPE EYNER EYBIK A'YNFALN A'YNBINDER

e) YIDISh YIDN YINGER YINGL VU VUHI'N PRUVN TSUVAKS

2. Write the sentences of the exercise given on pp. 23-24. Bear in mind that SAKh (example 10) is spelled סך according to the traditional system; likewise, MATONE (example 12) is spelled מתּנה, MOYShE (example 13) is spelled משה.

[6] In some publications, the vowels in words of Hebrew derivation are indicated by means of the Hebrew "vowel signs." The sign above or below a consonant indicates the vowel that follows it. Thus:

Sign	*Sound*	*Example*
ַ	[A]	סַך [SAKh]
ָ	[O]	רָב [ROV]
ֶ	[E]	נֶס [NES]
ִ	[I]	רִבקה [RIVKE]
ֻ	[U]	יהושֻע [YEHOYShUE]
ֵ	[EY]	חבֵרים [KhAVEYRIM]
ֹ	[OY]	מֹשה [MOYShE]

LESSON 1

ערשטע לעקציע

ייִדן אין אַלע לענדער

ייִדן זײַנען הײַנט אַ פֿאָלק פֿון דרײַצן מיליאָן. ייִדן וווינען אויף אַלע קאָנטינענטן: אין אַמעריקע, אין אייראָפּע, אין אַזיע, אין אַפֿריקע און אין אויסטראַליע. איבער אַ העלפֿט פֿון אַלע ייִדן וווינען הײַנט אין אַמעריקע. איבער פֿינף מיליאָן ייִדן וווינען אין די פֿאַראייניקטע שטאַטן. אין ניו־יאָרק וווינען איבער צוויי מיליאָן ייִדן. אַנדערע ייִדישע צענטערס אין די פֿאַראייניקטע שטאַטן זײַנען: שיקאַגאָ, פֿילאַדעלפֿיע, לאָס־אַנ־דזשעלעס, באָסטאָן, דעטרויט, סינסינאַטי. אין אַרגענטינע, קאַנאַדע און מעקסיקע וווינען אויך אַ סך ייִדן. אין די פֿאַראייניקטע שטאַטן רעדן ייִדן ייִדיש און ענגליש. אין אַרגענטינע און מעקסיקע רעדן ייִדן ייִדיש און שפּאַניש. אין זייער אַ סך לענדער רעדן ייִדן ייִדיש. ייִדיש איז די שפּראַך פֿון ייִדן אין אַ סך לענדער. ייִדיש פֿאַראייניקט ייִדן פֿון אַלע לענדער.

VOCABULARY

• אַ a
• אויך also, too
• אויסטראַליע Australia
• אויף on (*preposition; usually pronounced* [AF])
• און and
• אַזיע Asia
• איבער over
• איז is
• אייראָפּע Europe
• אין in
• אַלע all
• אַמע׳ריקע America
• אַן an
• אַ׳נדערע others(s)

• אַ סך many, much [ASA'Kh]
אַ׳פֿריקע Africa
אַרגענטינע Argentina
• דאָס the (*neuter*)
• די the (*feminine*)
• דער the (*masculine*)
• דרײַצן thirteen
• האָבן have
• הײַנט today
• העלפֿט half
• וווינען live
• זײַנען are
• זייער very
• ייִדן Jews
• ייִדיש Yiddish, Jewish

- * ייִ׳דיש Jewish
- * לענדער countries
- * מיליאָ׳ן million
- מע׳קסיקע Mexico
- סך ← אַ סך
- * ענגליש English
- * פֿאָלק people (*singular*)
- פֿאַראייניקט unites
- * די פֿאַראייניקטע שטאַטן United States
- * פֿון of
- פֿינף five
- * צוויי two
- צענטערס centers
- קאַנאַדע Canada
- קאָנטינענטן continents
- * רעדן speak
- * שפּאַניש Spanish
- * די שפּראַך language

Words preceded by an asterisk are part of the active vocabulary list. They should be memorized when they first occur as they will be freely used in subsequent lessons without additional explanation. Words without an asterisk are of a more incidental nature in this text, and should they recur, they will be listed again in the vocabulary.

The sign ← means *see*.

The accent, which is given in this book as an aid to correct reading, is actually never written in Yiddish.

GRAMMAR

1. Article and Gender

אַ ייִד a Jew
אַ שפּראַך a language
אַ לאַנד a country

The indefinite article is **אַ**. If the following word begins with a vowel, the article is **אַן**:

אַן אָוונט an evening

The definite article in the singular is either **דער**, **די**, or **דאָס**. Words with which **דער** is used are *masculine:*

דער ייִד
דער צענטער

Words with which **די** is used are *feminine:*

די שפּראַך
די העלפֿט

Words with which **דאָס** is used are *neuter:*

דאָס לאַנד
דאָס פֿאָלק

In the plural, no distinction is made between the genders. The definite article used in the plural is always **די**:

די פֿאַראיי׳ניקטע שטאַטן the United States

Nouns denoting males are usually masculine; those indicating females are feminine. The gender of nouns which denote *inanimate* objects cannot be inferred with certainty either from the form or the meaning of the word. The correct article must therefore be memorized with each new noun.

2. Word Order

A word or group of words performing together a syntactical function in a sentence is called a *sentence unit*. Here are two sentences divided into sentence units:

(1) ייִדן | זײַנען | הײַנט | אַ פֿאָלק פֿון דרײַצן מיליאָן

(2) אַ סך ייִדן | רעדן | ייִדיש | אין די פֿאַראייניקטע שטאַטן

The subject is one kind of sentence unit. In sentence (1) above, it is a single word: **ייִדן**. In sentence (2), it is a group of words that constitutes the subject: **אַ סך ייִדן**. Other sentence units are:

The verb (**רעדן ,זײַנען**)
The predicate noun (**אַ פֿאָלק פֿון דרײַצן מיליאָן**)
The direct or indirect object (**ייִדיש**)
The adverb or adverbial phrase of time (**הײַנט**)
or of place
or of manner
The prepositional phrase of time
or of place (**אין די פֿאַראייניקטע שטאַטן**)
or of manner

The following sentences are divided into units. Observe which unit comes first and which second.

(3) צוויי מיליאָן ייִדן | וווינען | אין ניו־יאָרק

(4) אין ניו־יאָרק | וווינען | צוויי מיליאָן ייִדן

(5) הײַנט | וווינען | אין ניו־יאָרק | אַ סך ייִדן

(6) אַנדערע ייִדישע צענטערס | זײַנען | דעטרויט און באָסטאָן

(7) שיקאַגאָ און פֿילאַדעלפֿיע | זײַנען | אויך | ייִדישע צענטערס

(8) ייִדיש | רעדן | ייִדן | אין אַ סך לענדער

(9) אין אַ סך לענדער | רעדן | ייִדן | ייִדיש

In sentence (3), the first unit is the subject: **צוויי מיליאָן ייִדן**; in sentence (4), the prepositional phrase (of place): **אין ניו־יאָרק**; in (5), the adverb (of time): **הײַנט**; in (6), the predicate noun, with its modifiers: **אַנדערע ייִדישע צענטערס**; in (7), the subject: **שיקאַגאָ און פֿילאַדעלפֿיע**; in (8), the direct object: **ייִדיש**; and in (9), the prepositional phrase (of place): אין אַ סך לענדער. *But in every sentence the second unit is the verb;* this is the basic rule for normal Yiddish word order.

The verb is followed by other units. Since the verb is the second unit, no more than one other unit can precede it.

און and other conjunctions are not treated as separate sentence units and are marked as non-unit words in the vocabulary.

Word order is discussed in greater detail on pp. 109-110.

3. Direct Questions

ווּ * where
וואָסער * which (*singular*)
וואָ׳סערע * which (*plural*)
וויפֿל * how many, how much

These words are all separate sentence units.

יאָ * yes
ניין * no

These words are not treated as sentence units.

A question requiring an answer of "yes" or "no" usually begins with the word **צי**, which is a sentence unit.

צי ווינען ייִדן אין אַזיע? (יאָ) Do Jews live in Asia? (Yes)

Another way to ask this sort of question is to change the intonation while retaining the word order of the sentence:

ייִדן ווינען אין אַזיע? Do Jews live in Asia?

EXERCISES

A. Answer in Yiddish the following questions about the reading passage on page 30, using complete sentences:

1. ווּ ווינען ייִדן? 2. וויפֿל ייִדן ווינען אין די פֿאַראייניקטע שטאַטן? 3. וואָסער שפּראַך רעדן ייִדן אין די פֿאַראייניקטע שטאַטן? 4. וואָסער שפּראַך רעדן ייִדן אין מעקסיקע? 5. ווּ איז שיקאַגאָ? 6. ווּ איז בוענאָס־אײַרעס? 7. צי איז ניו־יאָרק אין קאַנאַדע? 8. צי איז פֿילאַדעלפֿיע אין די פֿאַראייניקטע שטאַטן?

B. Make up questions with the following phrases:

1. אין וואָסערע לענדער . . . . ?
2. וויפֿל ייִדן . . . . ?
3. צי איז . . . . ?
4. ווּ . . . . ענגליש?
5. צי זײַנען . . . . ?
6. וואָסער . . . . אין קאַנאַדע?

C. Provide written Yiddish answers to the questions which you have made up.

D. What is the singular of the following words? (Include the definite article; cf. p. 31, Grammar 1).

1. די ייִדן. 2. די לענדער. 3. די צענטערס. 4. די קאָנטינענטן.

E. List fifteen geographical names in Yiddish.

F. Translate the following sentences into Yiddish, carefully observing the rules for word order. Words in [ ] are to be omitted.

1. New York is in the United States. 2. Philadelphia is also in the United States. 3. New York, Boston, and Philadelphia are in the United States. 4. Chicago is a Jewish center. 5. Over five million Jews live in the United States. 6. Do two million Jews live in Los Angeles? 7. Many Jews live in Canada. 8. Many Jews also live in Mexico. 9. There are thirteen million Jews in the world (=Jews are a people of thirteen million). 10. The Jews live on all continents and in many countries. 11. Very many Jews in the United States speak Yiddish. 12. In Mexico [the] Jews speak Yiddish and Spanish.

YIDDISH AS A KEY TO JEWISH LIFE

The Jews refer to Yiddish as מאַמע־לשון [MAME-LOShN], meaning *mother tongue*. Yiddish actually is the mother tongue of the majority of Jews the world over. For almost a thousand years it has been the language of the largest and most creative branch of the Jewish people. While serving as the vernacular of millions of Jews, it came to express their fears and hopes. In folk songs and informal prayer, it has been enriched by high emotional overtones; as the language of instruction in the Law, it has become capable of great intellectual subtlety.

A considerable literature, not necessarily religious in character, existed almost from the beginning; in the sixteenth century, this early literature reached its peak. In the last one hundred years, Yiddish literature went through a new period of remarkable expansion, so that today it is an expression of a wide range of artistic and intellectual values in a Jewish or a universal framework.

Even a glance at Yiddish idiom reveals the status of Yiddish as a record of Jewish history. Take, for instance, the common expression: האָבן צו זינגען און צו זאָגן *to have no end of trouble* (literally, *to have to sing and to say*). It dates back to the Middle Ages when wandering troubadours *sang and said* (i.e. *recited*) their heroic epic poems. The more involved and dramatic an adventure, the better it suited their story; and to suggest then that someone would be "singing and talking" about an event was to describe its exciting nature.

There is a Yiddish phrase: מען זאָל אים אַפֿילו [1] ברענען און בראָטן *even if he should be burned and roasted.* This is an allusion to the practices of the Inquisition in the Middle Ages. It is an apt description of a firm will to resist even this kind of torture.

A curious expression for "the olden days" is מלך [2] סאָבעצקעס יאָרן *the years of King Sobieski.* This refers to a Polish king of the seventeenth century. Among his achievements were his campaigns against the Turks; and the latter, too, appear in Yiddish idiom. אָפּטאָן עמעצן אויף טערקיש means *to play someone a dirty trick,* but literally *to treat someone in the Turkish manner.* The sad experience of the Jews with the Tatars, long under Turkish control, is mirrored here.

The traditional Jewish way of life is reflected in Yiddish similes and metaphors. פֿירן שטרוי קיין מצרים [3] *to carry straw to Egypt* is the Yiddish equivalent of "carrying coals to Newcastle." The reference is Biblical. What could be more useless than carrying straw to Egypt, where it was used by the Jews when they had to make bricks for Pharaoh? רײַך ווי קורח [4] *as rich as Korah* refers to the Talmudic legend about the wealthy Levite Korah. והאָ־ראַיה [VEHO'-RA'YE] *here is the proof* is a turn of speech taken over into Yiddish from the Talmud. The adjective וואָ'כעדיק means *common, mean;* it is derived from וואָך *week,* and connotes the routine of the working day as contrasted with the holiness of the Sabbath. Such examples could be multiplied without end.

Not only does Yiddish reflect Jewish life, but it has also been an essential instrument in shaping Jewish culture. The high moral precepts of the Jewish religion might have remained in the books or in the minds of the scholars if they had not been expounded by the popular preachers (מגידים [MAGIDIM]) to the people in Yiddish. In interpreting quotations from the Law, the *magidim* created a popu-

---

1 [AFILE] 2 [MEYLEKh] 3 [MITSRAIM] 4 [KOYREKh]

lar unwritten literature which was thought out in Yiddish. If it is true that one's thoughts follow the associations and categories of one's language, then it is perhaps not insignificant that in Yiddish "beauty" can be homonymous with "spirituality" (א שיינער ייד *a beautiful Jew, a respected Jew*) and "goodness" with "holiness" (א גוטער ייד *a good Jew, a holy Jew*).

Several Yiddish phrases have been incorporated into religious ritual, notably מיר וועלן בענטשן *we shall say the blessing*. Many informal prayers, called תחינות [TKhINES], were composed in Yiddish chiefly for women.

Yiddish has also served as the tie between Jews of various countries. After the great migration of Jews from Eastern Europe to North and South America, to South Africa, and to Australia, Yiddish has remained a vital link between outlying communities all over the world.

The wisdom of Yiddish proverbs and stories, the intensity and subtlety of feeling achievable in the language, the artistic heights reached in its literature are sketched in the background chapters of this volume.

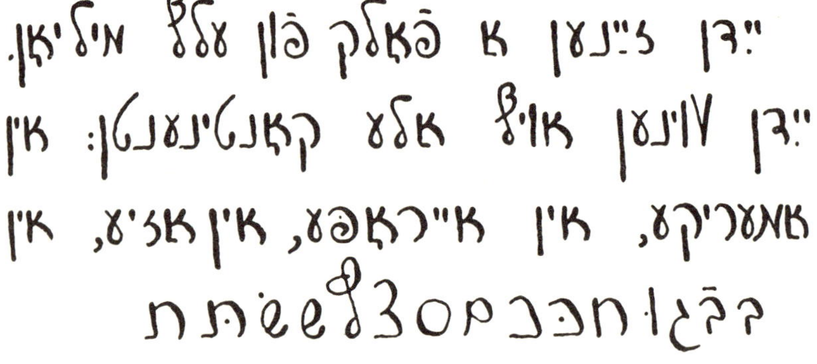

ייִדן זײַנען אַ פֿאָלק פֿון אַלע מיזלען.
ייִדן װױנען אין אַלע לענדער: קאָלאָניעס; אין
אַמעריקע, אין אייראָפע, אין אַזיע, אין
אויסטראַליע און אין אַפֿריקע.

Sample of Yiddish Writing

LESSON 2

צווייטע לעקציע

דער לערער און די תּלמידים אין קלאַס

דער קלאַס איז גרויס. אין קלאַס לערנען זיך תּלמידים. די תּלמידים האָבן העפֿטן און פֿעדערס. דער לערער שרײַבט מיט קרײַד אויפֿן טאָוול. ער שרײַבט גרויסע ייִדישע אותיות. די תּלמידים לייענען די ווערטער און שרײַבן זיי אין די העפֿטן.

יוסף שטיינבערג איז אַ תּלמיד. ער שרײַבט ניט קיין ייִדיש, ער לייענט נאָר. ער לערנט זיך. ער האָט אַ נײַע העפֿט. ער האָט אויך זייער אַ גוטע פֿעדער. דער לערער פֿרעגט אים:

„וויפֿל ייִדן וווינען אין די פֿאַראייניקטע שטאַטן?"

יוסף ענטפֿערט: „אַ סך ייִדן."

דער לערער זאָגט: „ריכטיק. דאָ וווינען אַ סך ייִדן. אָבער וויפֿל? אַ מיליאָן? אָדער צוויי מיליאָן?"

„אין די פֿאַראייניקטע שטאַטן וווינען איבער פֿינף מיליאָן ייִדן," זאָגט יוסף.

„ריכטיק. יוסף ווייסט. יוסף איז אַ גוטער תּלמיד. און וויפֿל ייִדן וווינען אין ניו־יאָרק?"

יוסף ענטפֿערט: „אין ניו־יאָרק זײַנען דאָ אַ מיליאָן ייִדן."

„ניין, ניט ריכטיק," זאָגט דער לערער, און שרײַבט אויפֿן טאָוול:

אין ניו־יאָרק וווינען איבער צוויי מיליאָן ייִדן.

איצט ווייסן אַלע תּלמידים, וויפֿל ייִדן וווינען אין ניו־יאָרק.

„צי זײַנען דאָ ייִדן אין אויסטראַליע?" פֿרעגט דער לערער.

„ניין, אין אויסטראַליע זײַנען ניטאָ קיין ייִדן," ענטפֿערט אַ תּלמיד.

„ניט ריכטיק," זאָגט יוסף, „אין אַלע לענדער זײַנען דאָ ייִדן."

„וואָסערע שפּראַכן רעדן ייִדן?"

די תּלמידים ענטפֿערן: „אין אַמעריקע רעדן אַ סך ייִדן ענגליש. אין אַנדערע לענדער רעדן ייִדן שפּאַניש און אַנדערע שפּראַכן. אין ישׂראל רעדן זיי העברעיִש."

„אַבער וואָסער שפּראַך קענען ייִדן אין אַלע לענדער?"
„אין אַלע לענדער קענען זייער אַ סך ייִדן ייִדיש," זאָגט אַ צווייטער
תּלמיד. „ייִדיש איז אַן אינטערנאַציאָנאַלע ייִדישע שפּראַך. ייִדן רעדן,
3 לייענען און שרײַבן ייִדיש."

VOCABULARY

* אַבער but, however (*not a sentence unit*)
* אָדער or (*not a sentence unit*)
* אותיות letters (of the [OYSYES] alphabet)
אויפֿן (*pronounced* [AFN]) on the
אים him
אינטערנאַציאָנאַ'ל international
* איצט now
* גוט good
* גרויס big, large, great
* דאָ here
איז דאָ there is
זײַנען דאָ there are
העברעיִש Hebrew
* די העפֿט notebook (*plural*: העפֿטן)
* וואָס what
* ווייסט (he) knows
ווייסן (they) know
* ווער who
ווערטער (*plural of* (דאָס וואָרט words
* זאָגט (he) says
* זיי they, them
זיך ← לערנען זיך
* דער טאָוול blackboard
* יוסף [YOYSEF] *man's name* (*Yiddish equivalent of* Joseph)
ישׂראל [YISROEL] Israel
* לייענט (he) reads
ליי'ענען (they) read
* לערנט זיך (he) learns, studies
לערנען זיך (they) learn, study
* דער לערער teacher
* מיט with
* נאָר only
* ניט not
* ניטאָ': איז ניטאָ' there is not
זײַנען ניטאָ' there are not
* נײַ new
* ענטפֿערט (he) answers
ע'נטפֿערן (they) answer
* ער he
* די פּעדער pen (*plural*: פּעדערס)
* פֿרעגט (he) asks
* צווייט second (*adjective*)
* קיין any, not any
* דער קלאַס class
* קליין little, small
* קענען (they) know (a language)
* די קרײַד chalk
* ריכטיק correct
* שרײַבט (he) writes
שרײַבן (they) write
* דער תּלמיד [TALMED] student
תּלמידים [TALMIDIM] students

LESSON 2

QUESTIONS

1. צי איז דער קלאַס אַ קלײנער? 2. װער לערנט זיך אין קלאַס? 3. מיט װאָס שרײַבט דער לערער? 4. װאָס שרײַבט ער? 5. װאָס איז יוסף שטײנבערג? 6. צי שרײַבט ער ייִדיש? 7. װאָס פֿרעגט אים דער לערער? 8. צי װײסט יוסף? 9. צי װוינען ייִדן אין אױסטראַליע? 10. אין װאָסערע לענדער קענען ייִדן ייִדיש?

GRAMMAR

1. Adjectives

  גרױס big
  קלײן small

This, the shortest form of the adjective, is called its *base form*.

  דער גרױסער טאָװל the big blackboard
  די גרױסע שטאָט the big city
  דאָס גרױסע לאַנד the big country
  אַ גרױס לאַנד a big country

When an adjective is used before a noun, as in the above examples, endings are added to the base form according to the gender of the noun. With *masculine* nouns the ending is ער—; with *feminine* nouns, it is ע—; with *neuter* nouns, the adjective has the ending ע— when preceded by the *definite* article, but no ending when preceded by the *indefinite* article.

In the plural, the ending of the adjective is ע— for all genders, whether used with the article or without:

  די גרױסע לענדער the big countries
  גרױסע לענדער big countries

In the vocabulary, adjectives are listed in their base form, e.g. **גרױס**.

2. Accusative

A noun with the article and adjective or adjectives that precede it, when used as the direct object of a verb, is always in the accusative case. The noun has the same form in the accusative as in the nominative.

The articles also have the same form in the accusative, except for the *masculine singular* of the definite article, where the nominative **דער** is replaced in the accusative by **דעם**.

The adjective, too, has the same forms in the accusative as in the nominative, but in the *masculine singular* the nominative ending —ער is replaced, depending on the last sound of the base:

by —ען, if the base ends in a vowel, a diphthong, or in —ם;
by —עם, if the base ends in —ן;
by —ן in all other cases.

דער פֿרומ**ער** ייִד — דעם פֿרומ**ען** ייִד
דער קליינ**ער** קלאַס — דעם קליינ**עם** קלאַס
דער גרויס**ער** טאָוול — דעם גרויס**ן** טאָוול

The adjective נײַ is an exception: its form in the masculine accusative is **נײַעם**.

דער נײַ**ער** טאָוול — דעם נײַ**עם** טאָוול

ARTICLE AND ADJECTIVE ENDINGS

<table>
<tr><th rowspan="2"></th><th rowspan="2">MASCULINE</th><th rowspan="2">FEMININE</th><th colspan="2">NEUTER</th><th rowspan="2">PLURAL</th></tr>
<tr><th>DEFINITE</th><th>INDEFINITE</th></tr>
<tr><td>NOMINATIVE</td><td>דער
אַ —ער</td><td rowspan="2">די
אַ —ע</td><td rowspan="2">דאָס —ע</td><td rowspan="2">אַ ——</td><td rowspan="2">(די) —ע</td></tr>
<tr><td>ACCUSATIVE</td><td>דעם
אַ —ן
(—ען, —עם)</td></tr>
</table>

3. Negative Article

יוסף האָט אַ העפֿט Yoysef has a notebook
דער לערער האָט ניט קיין העפֿט The teacher has no notebook

In a *negative statement,* the indefinite article אַ or אַן is replaced by the *negative article* קיין.[1] Unlike אַ, the negative article קיין is also used in the plural, where no article is used in affirmative statements:

די תּלמידים שרײַבן מיט פּעדערס The students write with pens
די תּלמידים שרײַבן ניט מיט קיין פּעדערס The students do not write with pens

In the last examples, קיין occurred in a prepositional phrase. It can also appear in the predicate. For instance:

יוסף איז אַ תּלמיד Yoysef is a student
יוסף איז ניט קיין תּלמיד Yoysef is not a student

קיין usually replaces אַ in every sentence unit of a negative statement except the subject, which retains אַ (provided it is at the beginning of a sentence):

---

[1] Usually [KEN]; but in the pronoun קיינער ניט (p. 313) the pronunciation is [KEYN. . .].

אַ לערער איז ניט קיין תּלמיד A teacher is not a student

קיין also replaces אַ in the phrase אַ סך *much, many:*

דער לערער האָט אַ סך תּלמידים

דער לערער האָט ניט קיין סך תּלמידים

Note the place of ניט in the sentence.

4. Third Person

The ending of most verbs in the third person singular of the present tense is ט—. An exception, in which there is no ט— ending in the singular, is:

ער קען he knows *(a language)*

In the third person plural, the singular ending is replaced as a rule by ן—, but by ען— if the base of the verb ends in ן—:

(פֿרעג—)	ער פֿרעגט,	זיי פֿרעגן
(שרײַב—)	ער שרײַבט,	זיי שרײַבן
(לייענ—)	ער לייענט,	זיי לייענען

Also:

(קענ—)	ער קען,	זיי קענען

The endings of the third person plural are discussed in greater detail on p. 55.

5. The Adverb זייער

זייער אַ גוטער תּלמיד

דער זייער גוטער תּלמיד

The adverb זייער *very* precedes the indefinite article but follows the definite article.

EXERCISES

A. Wherever necessary, supply the proper adjective endings:

1. דאָס נײַ— לאַנד. 2. דער גרויס— טאָוול. 3. די קליינ— אותיות. 4. דער גוט— לערער. 5. די נײַ— פֿעדערס. 6. די גוט— ווערטער. 7. דעם גרויס— קלאַס. 8. די גוט— קרײַד. 9. אַ קליינ— פֿאַלק. 10. דער נײַ— תּלמיד. 11 דעם גוט— ייִד. 12 די קליינ— העפֿט. 13. דעם נײַ— טאָוול. 14. די נײַ— שפּראַך. 15. דעם קליינ— קלאַס. 16. דאָס גרויס— פֿאָלק. 17. זייער אַ גוט— לאַנד.

B. Make up questions with the following phrases:

1. וואָס האָבן . . . . ?
2. ווו איז דאָ . . . . ?

3. ווער . . . . ?
4. צי . . . . ייִדישע אותיות?
5. וואָס פֿרעגט . . . . ?
6. וואָסער . . . . אין ישראל?
7. וואָס זאָגט . . . . איצט?
8. וווּ שרײַבט . . . . ?
9. וווּ . . . . העברעיִש?

C. Provide written answers to the questions which you have made up.

D. Make negative statements out of the following:

1. דער לערער האָט אַ העפֿט. 2. אין קלאַס איז דאָ אַ טאָוול. 3. יוסף שטיינבערג איז אַ תּלמיד. 4. די תּלמידים האָבן פֿעדערס. 5. זיי שרײַבן ייִדישע אותיות. 6. דער לערער שרײַבט מיט קרײַד. 7. דער תּלמיד שרײַבט מיט אַ פֿעדער. 8. ער שרײַבט אין אַ העפֿט. 9. ער ענטפֿערט. 10. יוסף לייענט ייִדיש. 11. דער תּלמיד לערנט זיך ייִדישע ווערטער. 12. דער לערער פֿרעגט דעם גוטן תּלמיד. 13. אין ניו־יאָרק וווינען ייִדן. 14. ער קען ייִדישע ווערטער. 15. דער לערער האָט תּלמידים. 16. אַ לערער האָט תּלמידים.

E. Translate the following sentences into Yiddish. Words in [ ] are to be omitted.

1. The teacher has a new student. 2. He has no good students. 3. In Israel [the] Jews speak Hebrew, but very many Jews know and speak Yiddish. 4. Yoysef reads and writes Yiddish. 5. Yiddish is not a new language. 6. Canada is a very large country. 7. In Chicago there are many Jews. 8. In Australia there are not many Jews. 9. The teacher knows Yiddish and English, but he does not know Spanish. 10. The student does not know where the teacher is. 11. The teacher has a very large class. 12. There is no class today. 13. The teacher asks the new student: 14. "How many students are there in the class today?" 15. Yoysef answers: 16. "Today there are very many students." 17. The other students also answer. 18. Only two students speak Yiddish. 19. They write or read the language. 20. The teacher writes with chalk on the blackboard or with a pen in a notebook.

DIALECTS AND THE STANDARD LANGUAGE

Spoken Yiddish can be roughly classified into four main dialects:

(1) "Lithuanian" Yiddish, spoken in Lithuania, White Russia, and pre-World War II northeastern Poland;

(2) "Ukrainian" Yiddish, spoken in the Ukraine, eastern Galicia, Rumania, and pre-World War II southeastern Poland;

(3) "Polish" Yiddish, spoken in the area between the German-Polish frontier of 1939 and the basins of the rivers Vistula and San;

(4) Western Yiddish, westward of the German-Polish frontier of 1939.

On a purely geographical basis, these Yiddish dialects are designated respectively, as (1) northeastern, (2) southeastern, (3) central, and (4) western. A person speaking the northeastern dialect is commonly called *litvak*. Someone from Galicia, speaking the southeastern or central dialect, is often referred to as *galitsyaner*.

די דיאַלעקטן פֿון ייִדיש

During the great migrations that took place around the end of the 19th and beginning of the 20th centuries, large numbers of Jews migrated to overseas countries, while population shifts took place within eastern Europe itself. In that period many speakers of the several dialects were territorially dislocated, and, in overseas countries especially, a good deal of dialect mixture set in.

The most marked difference between the dialects lies in the vowels. For instance, the words for *one day* are pronounced, in central Yiddish, as [AYN TUG]; in northeastern Yiddish, [EYN TOG]; in southeastern Yiddish, [EYN TUG]. In addition, northeastern Yiddish does not distinguish between long and short vowels. With respect to vocabulary and grammar, the dialects differ but slightly.

As in any other language, standards have evolved in vocabulary, grammatical form, and pronunciation which do not follow dialect boundaries and are used in cultured writing and speech.

Standard forms were determined sometimes by the usage of the majority, sometimes by the prestige attached to a particular authority. As far as sounds are concerned, the standard language resembles most closely the northeastern dialect. Thus, in standard Yiddish, the pronunciation of איין טאָג *one day* is [EYN TOG]. In many points of grammar, on the other hand, the standard language is closer to the central dialect. For example, the neuter gender of a noun like דאָס לאַנד *the country* has been adopted by the standard language from the central and southeastern dialects.

LESSON 3

דריטע לעקציע

אין ניו־יאָרק אויף דער גאַס

ניו־יאָרק איז אַן אינטערנאַציאָנאַלע שטאָט. אַ סך מענטשן אין ניו־יאָרק זײַנען אימיגראַנטן פֿון פֿאַרשיידענע לענדער. אַ סך אַנדערע זײַנען קינדער פֿון אימיגראַנטן. אויף דער זעלביקער גאַס וווינען ייִדן, איטאַליענער, שפּאַניער, גריכן, נעגערס, כינעזער, אירלענדער.

הײַנט איז אַ יום־טובֿ. עס איז אַ שיינער און וואַרעמער טאָג. יוסף און משה גייען שפּאַצירן. זיי זעען אַ סך אינטערעסאַנטע זאַכן. זיי גייען צוזאַמען און רעדן.

אין גרויסן פּאַרק שפּילן זיך קינדער. זיי וווינען אין די הײַזער לעבן פּאַרק. דאָ אין דעם גרויסן הויז וווינען אַ סך ייִדן.

ייִדן לייענען ייִדישע צײַטונגען. לעבן הויז פֿאַרקויפֿט מען צײַטונגען אויף פֿאַרשיידענע שפּראַכן. אין ניו־יאָרק גייען אַרויס צוויי צײַטונגען אויף ייִדיש. זיי גייען אַרויס אַלע טאָג. אַן ענגלישע צײַטונג שרײַבט ניט קיין סך וועגן ייִדן, אָבער אין אַ ייִדישער צײַטונג שרײַבט מען וועגן ייִדן אין אַלע לענדער.

דאָרטן איז אַ ייִדישע שול. ייִדישע קינדער קומען נאָך מיטאָג אין שול און לערנען זיך. זיי רעדן, לייענען און שרײַבן ייִדיש.

משהס קליינער ברודער גייט אין שול. ער איז אַ תּלמיד אין ערשטן קלאַס. ער קען אַלע אותיות.

VOCABULARY

דער איטאַליענער (—) Italian

דער אימיגראַ׳נט (ן) immigrant

אינטערנאַציאָנאַ׳ל international; cosmopolitan

* אינטערעסאַ׳נט interesting

דער אי׳רלענדער (—) Irishman

אַרויס ← גייען אַרויס

* דער ברודער (ברידער) brother

* די גאַס (ן) street

* גייט goes, walks

גייען אַרוי׳ס are published

דער גריך (ן) Greek

* דאָרטן there

* דרײַ three

* דאָס הויז (הײַזער) house

* וואַרעם warm

* וועגן about
* די זאַך (ן) thing
* זעט sees
* זעלביק same
* דער טאָג (טעג) day
* אַלע טאָג every day
* דער יום־טובֿ [YONTEV] holiday
  דער כינעזער (—) Chinese
* לעבן near
* מען one, they
* דער מענטש (ן) man, person
* משה [MOYShE] *man's name* (*Yiddish equivalent of* Moses)
  משהס Moyshe's
* נאָך מיטאָג in the afternoon
  דער נעגער (ס) Negro
  עס it
* ערשט first
* דער פּאַרק (ן) park
* פֿאַרקויפֿט sells
* פֿאַרשיידענע different (*plural*)
* צוזאַמען together
* די צײַטונג (ען) newspaper
* קומט comes
* דאָס קינד (ער) child
* די שול (ן) school
  * אין שול to school
* די שטאָט (שטעט) city
* שיין beautiful, goodlooking
  דער שפּאַניער (—) Spaniard
* שפּאַצירן: גייט שפּאַצירן goes for a walk
* שפּילט זיך plays

NOTE: The articles דער, די, דאָס (and דעם), which ordinarily mean *the*, can also be used as demonstrative pronouns meaning *this, these;* if so used, they are stressed.

QUESTIONS

1. ווער זײַנען די מענטשן אין ניו־יאָרק? 2. פֿון וואָסערע לענדער זײַנען די אימיגראַנטן? 3. צי זײַנען אַלע מענטשן אין ניו־יאָרק אימי־גראַנטן? 4. וואָסער טאָג איז הײַנט? 5. ווער גייט שפּאַצירן? 6. וואָס זעען זיי? 7. ווער לייענט ייִדישע צײַטונגען? 8. וויפֿל ייִדישע צײַטונגען גייען אַרויס אין ניו־יאָרק? 9. וועגן וואָס שרײַבן די ייִדישע צײַטונגען? 10. צי שרײַבן ייִדישע צײַטונגען נאָר וועגן ייִדן? 11. צי שרײַבן ענגלישע צײַטונגען וועגן ייִדן? 12. ווו שפּילן זיך די קינדער? 13. ווען לערנען זיי זיך אין דער ייִדישער שול? 14. אין וואָסער קלאַס גייט משהס קליי־נער ברודער? 15. וואָסערע אותיות קען ער?

GRAMMAR

1. Plural of Nouns

אַ ייִד — אַ סך ייִדן

אַ נעגער — אַ סך נעגערס

אַ פֿאָלק — אַ סך פֿעלקער

There are several types of plural formation in Yiddish. The type of plural which a given noun takes cannot always be inferred from the singular form of the noun or from its gender. Therefore the plural ending is indicated in parentheses after each noun that is listed in the vocabulary and has to be memorized with the noun.

For the sake of orientation, the endings of the plural that occur in Yiddish nouns are listed:

Ending ן— or ען—:

ייִד — ייִדן
טאָוול — טאָוולען
העפֿט — העפֿטן
גאַס — גאַסן
צײַטונג — צײַטונגען
שפּראַך — שפּראַכן

Ending ס— or עס—:

נעגער — נעגערס
פֿעדער — פֿעדערס
לערער — לערערס

Ending ער—:

קינד — קינדער

Ending ער—, and a change in the vowel:

הויז — הײַזער
לאַנד — לענדער
פֿאָלק — פֿעלקער

No ending:

כינעזער — כינעזער
איטאַליענער — איטאַליענער

No ending, but a change in the vowel:

טאָג — טעג
שטאָט — שטעט
ברודער — ברידער

Ending עך— or ך—:

ייִנגל — ייִנגלעך

Ending ים—, sometimes with a shift of stress or a change of vowel:

תּלמיד — תּלמידים [TA'LMED—TALMI'DIM]
יום־טובֿ — יום־טובֿים [YO'NTEV—YONTO'YVIM]

Ending **—ות** [ES]:

עצה — **עצות** [EYTSE—EYTSES]

If the noun ends in **—ה**, that letter is dropped before the plural ending.

Note the addition of **י** in:

אות — **אותיות** [OS—OYSYES]

2. Dative

אויף **די** גאַסן

אויף **דער** גאַס

אין **דעם** הויז

אין **דעם** גרויסן פּאַרק

מיט **דעם** קליינ**עם** קינד

In Yiddish every preposition requires the dative.

The noun in the dative has the same form as in the nominative and in the accusative; it is the article and the adjective that are inflected.

The definite article and the adjective endings are **דעם —ן** in the masculine, **דער —ער** in the feminine, **דעם —ן** in the neuter, and **די —ע** in the plural. In the neuter indefinite, the adjective has no ending.

ARTICLE AND ADJECTIVE ENDINGS

<table>
<tr><th rowspan="2"></th><th rowspan="2">MASCULINE</th><th rowspan="2">FEMININE</th><th colspan="2">NEUTER</th><th rowspan="2">PLURAL</th></tr>
<tr><th>DEFINITE</th><th>INDEFINITE</th></tr>
<tr><td>NOMINATIVE</td><td>דער
אַ —ער</td><td rowspan="2">די
אַ —ע</td><td rowspan="2">דאָס —ע</td><td rowspan="3">אַ (קיין) ——</td><td rowspan="3">(די) —ע</td></tr>
<tr><td>ACCUSATIVE</td><td rowspan="2">דעם
אַ —ן
(—ען, —עם)</td></tr>
<tr><td>DATIVE</td><td>דער
אַ —ער</td><td>דעם —ן
(—ען, —עם)</td></tr>
</table>

3. Contractions with דעם

אויף דעם = אויפֿן

אין דעם = אינעם

מיט דעם = מיטן

פֿון דעם = פֿונעם

דעם, immediately following a preposition, is usually fused with the preposition into one word.

4. Use of מען[1]

מען גייט שפּאַצירן אין פּאַרק People go for a walk in the park
מען לייענט די ייִדישע צײַטונג The Yiddish newspaper is read

מען is an impersonal pronoun which means *one, people, they.* Often it is best rendered in English by the passive. מען takes the third person singular of the verb.

EXERCISES

A. Put the following phrases in the accusative and then in the dative case.

1. דער שיינער פּאַרק. 2. די אינטערעסאַנטע שטאָט. 3. דער זעלביקער מענטש. 4. דער וואַרעמער טאָג. 5. די ערשטע גאַס. 6. פֿאַרשיידענע צײַטונגען. 7. אַ נײַ לאַנד. 8. דאָס נײַע לאַנד. 9. דאָס גוטע קינד. 10. די גוטע ברידער. 11. דער גרויסער יום־טובֿ. 12. אַ קליין לאַנד. 13. דאָס קליינע פֿאָלק. 14. די גוטע מענטשן. 15. די ערשטע זאַך.

B. Rewrite the following sentences in the plural:

1. דאָרטן וווינט אַן איטאַליענער און אַן אירלענדער. 2. אין דעם הויז וווינט ניט קיין ייִד. 3. איצט איז אַ וואַרעמער טאָג. 4. דער תּלמיד רעדט מיטן לערער. 5. ער וווינט אינעם נײַעם הויז. 6. דער לערער האָט זייער אַ קליינע העפֿט. 7. אין דעם קליינעם לאַנד וווינט אַ גרויס פֿאָלק. 8. אין ניו־יאָרק איז דאָ אַ ייִדישע שול. 9. ייִדן האָבן אַ שיינעם יום־טובֿ. 10. דער ברודער קומט הײַנט.

C. Replace the dashes by the proper article and adjective endings; wherever possible, use contractions of prepositions with דעם:

1. משה גייט שפּאַצירן אויף ד— גרויס— גאַס. 2. ווער וווינט אין ד— נײַ— הויז? 3. יוסף שרײַבט מיט אַ נײַ— פֿעדער. 4. ד— תּלמיד רעדט מיט ד— ייִד פֿון אייראָפּע. 5. ער האָט אַ שיינ— קינד. 6. ער קומט פֿון ד— גרויס— שטאָט. 7. ד— ברודער וווינט אין אַ וואַרעמ— לאַנד. 8. די קינדער שפּילן זיך אַלע טאָג לעבן ד— קליינ— פּאַרק. 9. צי פֿאַר־קויפֿט מען דאָרט ד— ייִדיש— צײַטונגען? 10. אַ סך קינדער אין איי־ראָפּע האָבן ניט קיין וואַרעמ— זאַכן. 11. הײַנט איז ד— ערשט— טאָג פֿון ד— גרויס— יום־טובֿ. 12. זיי רעדן אויף אַ שיינ— שפּראַך. 13. ד— לערער וווינט לעבן ד— ייִדיש— שול. 14. ד— קינדער וווינען אויף ד— זעלביק— גאַס. 15. ד— גוט— תּלמיד האָט אַ נײַ— העפֿט און ער לייענט פֿון ד— נײַ— העפֿט.

---

[1] When preceding a verb, מע can also be used.

D. Translate the following sentences into Yiddish, using מען as the subject:

1. One does not speak about these things. 2. Nobody knows where Yoysef is now. 3. They come and go together every day. 4. One does not live in a school; one only studies there. 5. People write on a blackboard with chalk. 6. Papers are sold there. 7. One asks the teacher what one does not know. 8. In Yiddish one says "Yoysef" and one writes יוסף. 9. Is this house lived in? 10. Are people seen there? 11. It is not known.

E. Translate the following sentences into Yiddish:

1. The children are playing near the house. 2. They see the large park on the same street. 3. Yoysef goes for a walk in [the] park and plays there. 4. In the park there are many people. 5. Today is a holiday and a beautiful day. 6. In this park people go for walks, read the papers, or play with the children. 7. This man is seen every day. 8. But he does not play with the children. 9. He does not read papers. 10. He does not speak to (=with) people. 11. The man is asked where the park is, but he does not answer. 12. In the afternoon the Jewish children go to school. 13. Yoysef sees many different things. 14. Jews live in many cities in the United States, but not in all cities. 15. Moyshe sees this child near the same house every day. 16. He lives on the first or second street. 17. Yoysef has two brothers. 18. He has a big and a little brother. 19. The brothers are not students. 20. Only Yoysef is a student now.

DERIVATION OF YIDDISH

No language is of pure stock; but while in Greek or Latin the mixed stock is not too obvious, in languages like Yiddish or English the complex derivation is quite apparent. This is why linguists speak of Yiddish as a fusion language.

In its initial period (up to the 12th century), Yiddish was the speech used by the Jews who had come from Romance-speaking areas and had settled in the regions of the middle and upper Rhine. It adapted large portions of local varieties of German. A great number of Hebrew and Aramaic words, which had been used by the

Jews even before they settled in the Rhineland, became part and parcel of the language which was evolving. From the very beginning, too, Yiddish incorporated many words from the Romance languages (Old French, Old Italian), which the Jewish settlers had spoken before. Some Romance words have survived in Yiddish to this day. לייענען *to read,* which was formerly 'leyen,' is derived from a Romance word which goes back to Latin 'legere.'

The Germanic stock of words itself was affected by a peculiar mingling of elements from different German dialects. Thus, Old Yiddish and medieval German early parted ways as two separate languages. Somewhat later, Slavic elements from Czech, Polish, Ukrainian, and Russian were also introduced into the language. To quote two examples, כאָטש *although* and נעבעך, a word denoting pity, are derived from Slavic 'choć' and 'neboha,' respectively.

Large numbers of new words were created from older Yiddish roots. זו׳כצעטל *index,* for instance, was constructed from זוכן *to seek* and צעטל *list.* רו׳קווירע *slide rule* is composed of רוקן *to slide* and ווירע *ruler.* שטאַ׳רביקייט *mortality* is a word fashioned from שטאַרבן *to die.* פֿלאַ׳טערל *butterfly* is a modern Yiddish creation derived from פֿלאַ׳טערן *to flutter.* Compounds like מויל־חלל [MOYL-KHOLEL] *oral cavity* or אויפֿפֿיר־פֿורעם *behavior pattern* are made up in Yiddish of older words, just as their English equivalents. In the 19th and 20th centuries, Yiddish was also enriched by many international words of Greek and Latin origin, e.g. פּסיכאָלאָגיע *psychology,* טעלעפֿאָ׳ן *telephone,* and so on. New words were also introduced from various modern languages.

Ordinary sentences in Yiddish, just as in English, usually contain words of quite different derivation. The following sentence is a case in point:

„רבותי, מיר וועלן בענטשן", זאָגט דער זיידע

"Gentlemen, we shall say the blessing," Grandfather says

רבותי [RABOYSAY] *gentlemen* is a form of address derived from Hebrew. Originally it meant *my masters.*

מיר *we* is of Germanic origin, but it is not found in modern standard German.

וועלן *shall* is, similarly, of Germanic origin, but is not found in modern standard German.

בענטשן *say the blessing* goes back ultimately to Latin 'benedicere.'

זאָגט *says* is derived from medieval German 'saget.'

דער *the* is from medieval German 'der.'

זיידע *grandfather* is derived from an old Slavic form 'dĕd.'

The components of modern Yiddish are, of course, of interest mainly in a historical study of language and culture. In ordinary usage, derivation rarely determines the choice of a word.

LESSON 4

פֿערטע לעקציע

די פֿרידמאַנס אין דער היים

הער פֿרידמאַן און פֿרוי פֿרידמאַן וווינען אין אַ שיין הויז אין ניו־יאָרק צוזאַמען מיט זייערע קינדער. זיי האָבן צוויי קינדער: אַ זון, שלמה, און אַ טאָכטער, אסתּר. שלמה לערנט זיך מעדיצין, ווײַל ער וויל זײַן אַ דאָקטער. פֿרל׳ פֿרידמאַן גייט אין קאַלעדזש.

שלמה איז אסתּרס ברודער. אסתּר איז שלמהס שוועסטער.

שלמה קומט אַהיים פֿון שול. פֿר׳ פֿרידמאַן איז אין אַן אַנדער צימער. „מאַמע, דו אַרבעטסט?” פֿרעגט שלמה.

„יאָ, איך אַרבעט,” זאָגט די מאַמע. „און וואָס טוסטו, שלמה?”

„איך קום איצט פֿון שול. דער טאַטע איז שוין אין דער היים?”

„ניין, אָבער ער קומט באַלד,” זאָגט פֿר׳ פֿרידמאַן. „ער קומט צוזאַמען מיט אסתּרן.”

ה׳ פֿרידמאַן און אסתּר קומען אַהיים. דער טאַטע זעט, אַז שלמה לייענט אַ בוך. „וואָס לייענסטו, שלמה?” פֿרעגט ער.

„איך לייען אַ ייִדיש בוך, טאַטע.”

„ווי הייסט דאָס בוך?”

„איך לייען שלום־עליכמס **מעשׂיות פֿאַר ייִדישע קינדער**.”

„איך קען דאָס בוך!” זאָגט ה׳ פֿרידמאַן. „עס איז זייער אַן אינטערעסאַנט בוך.”

אסתּר קומט אויך אַרײַן אין צימער. „איך הער, אַז איר רעדט שוין ווידער וועגן ביכער,” זאָגט זי. „גענוג. די מאַמע זאָגט, אַז מיר קענען שוין עסן.”

„דו הערסט, שלמה? די מאַמע זאָגט, אַז מען קען שוין עסן. אסתּר. מיר קומען באַלד.”

VOCABULARY

* **אַהיים** home (*motion towards*)
* **אַז** that (*not a sentence unit*)
* **איר** you (*plural*)
* **איך** I

* אַנדער other
* אסתּר [ESTER] Esther
אסתּרס Esther's
* אַרבעט works
אַרײַ׳ן in
* באַלד soon
* דאָס בוך (ביכער) book
* גענו׳ג enough
* דער דאָקטער (דאָקטוירים) doctor
* דו you (*singular*)
ה׳: הער *abbreviation of*
* היים: אין דער היים at home
* הייסט (*followed by the nominative*) is called
* הער Mister
* הערט hears
* ווי how
* ווידער again
* ווײַל because
* וויל (*no ending in the singular*) wants
* דער זון (זין) son
* זי she
זײַן to be
זיי׳ערע their
* דער טאַטע (ס) father
* די טאָכטער (טעכטער) daughter
* טוט does
* די מאַמע (ס) mother
* מיר we
(די) מעדיצי׳ן medicine
*די מעשׂה (מעשׂיות) [MAYSE—MAYSES] story
* עס it
* עסט eats
עסן to eat (*infinitive*)
* ער he
פֿר׳: פֿרוי *abbreviation of*
* פֿרוי Mrs.
פֿרײַלין Miss
פֿרל׳: פֿרײַלין *abbreviation of*
* דער צימער (ן) room
דער קאָלעדזש (ן) college
* קען can, is able
* די שוועסטער (—) sister
* שוין already
שלום־עליכם [shOLEM-ALEYKhEM] Sholom Aleichem, famous Yiddish writer
* שלמה [shLOYME] *man's name* (*Yiddish equivalent of* Solomon)

NOTE: ער ווייסט means *he knows* (*a fact, an answer*), and is usually followed by a clause.

ער קען means *he knows* (*a person, a language*), and is always followed by a noun.

ער קען also means *he can, he is able to.*

QUESTIONS

1. ווּ וווינט ה׳ פֿרידמאַן? 2. ווער וווינט אין דעם הויז? 3. ווי הייסט דער זון? 4. ווי הייסט די טאָכטער? 5. וואָס וויל שלמה זײַן? 6. ווּ לערנט זיך שלמהס שוועסטער? 7. וואָס טוט די מאַמע? 8. ווען קומט אסתּר? 9. וואָס לייענט שלמה? 10. צי קען דער טאַטע דאָס בוך? 11. צי לייענט אסתּר צוזאַמען מיט שלמהן? 12. וואָס זאָגט אסתּר? 13. וואָס טוען זיי אַלע?

GRAMMAR

1. Personal Pronouns

	SINGULAR		PLURAL	
1ST PERSON	איך	I	מיר	we
2ND PERSON	דו	you	איר	you
	ער	he		
3RD PERSON	זי	she	זיי	they
	עס	it		

2. Present Tense

The present tense is formed by adding endings to the base of the verb. The first person singular is identical with the stem. A verb with the base זאָג— *say* is conjugated as follows:

	SINGULAR	PLURAL
1ST PERSON	איך זאָג	מיר זאָגן
2ND PERSON	דו זאָגסט	איר זאָגט
3RD PERSON	ער זאָגט	זיי זאָגן

A few verbs are irregular in that no ט— ending is added in the third person singular, such as **ער וויל** *he wants,* and **ער קען** *he can.* Wherever this irregularity occurs, it will be noted in the vocabulary.

If the stem of the verb ends in ם—, ן—, נג—, נק—, syllabic ל—, or a stressed vowel or diphthong, the ending for the first and third persons plural is ען— instead of ן—:

זיי לייענען	מיר לייענען,	איך לייען:
זיי זעען	מיר זעען,	איך זע:
זיי גייען	מיר גייען	איך גיי:
זיי קומען	מיר קומען,	איך קום:
זיי זינגען	מיר זינגען,	איך זינג:
זיי טרינקען	מיר טרינקען,	איך טרינק:
זיי שמייכלען	מיר שמייכלען,	איך שמייכל:

If the stem of the verb ends in ט—, no ending is added in the third person singular or the second person plural:

איר אַרבעט	ער אַרבעט,	איך אַרבעט:

If the stem of the verb ends in ס—, the ending for the second person singular is simply ט— instead of סט—:

דו עסט	איך עס:

The present tense in Yiddish covers the meaning of both the simple present and the progressive form of English; the English translation is determined by the context.

איך לייען I read; I am reading

3. **סטו—Form**

וואָס לייען איך? — איך לייען אַ בוך
וואָס לייענסטו? — דו לייענסט אויך אַ בוך?

If the subject of a sentence is **דו** *you,* and it comes after the verb, then the verbal ending is fused with **דו** into the ending **—סטו:**

לייענסט+דו = לייענס**טו**
ווילסט+דו = ווילס**טו**
אַרבעטסט+דו = אַ׳רבעטס**טו**

4. Declension of Names

While common nouns do not have case endings, a case ending is added in the accusative and dative to *names* of persons, both masculine and feminine. The ending is **—ן;** it is replaced by **—ען** if the name ends in **—ם**, **—ן**, syllabic **—ל**, or a stressed vowel.[1]

NOMINATIVE	אײַנשטיין איז אַ ייִד	משה איז אין דער היים
ACCUSATIVE	ער קען אײַנשטיינ**ען**	איך זע משה**ן**
DATIVE	מיר וויסן וועגן אײַנשטיינ**ען**	איך רעד מיט משה**ן**

The noun **דער טאַטע** *father,* although not a name, also has a case ending:

NOMINATIVE	**דער טאַטע**
ACCUSATIVE-DATIVE	**דעם טאַטן**

5. Inflection of **אַנדער**

אַן אַנדער מענטש, אַן אַנדער שטאָט, אַן אַנדער לאַנד, קיין אַנדער לערער
דער אַ׳נדער**ער** מענטש, דעם אַ׳נדער**ן** מענטש, די אַ׳נדער**ע** שטאָט, דאָס אַ׳נדער**ע** לאַנד

When preceded by the indefinite article, **אַנדער** *other* remains uninflected in all genders and cases of the singular. When preceded by a definite article, it is inflected like an ordinary adjective to agree in case and gender with the noun which it precedes.

In the plural, it is always **אַ׳נדערע**.

[1] If the name ends in stressed [I] the י is respelled יִ before —ען; thus **צבֿי** [TSVI], **צבֿיִען** [TSVIEN].

6. Omitting the Article

In certain idiomatic expressions of place, the definite article is customarily omitted. For instance:

אין צימער	in the room
אין פּאַרק	in the park
לעבן פּאַרק	near the park
אין שול	in school, to school
פֿון שול	from school

EXERCISES

A. Conjugate the following verbs in the present tense, as follows:

איך הער	מיר הערן
דו הערסט	איר הערט
צי הערסטו?	זיי הערן
ער הערט	

1. איך אַרבעט. 2. איך פֿרעג. 3. איך ענטפֿער. 4. איך טו. 5. איך קום. 6. איך לייען. 7. איך רעד.

B. Rewrite the following sentences, changing the singular into the plural and the plural into the singular:

1. ער איז אַ לערער. 2. אין וואָסער שול אַרבעט ער? 3. דו לערנסט זיך אין שול. 4. די טעכטער אַרבעטן אין דער היים. 5. די קינדער שפּילן זיך אין פּאַרק. 6. דער זון פֿאַרקויפֿט אַ בוך. 7. מיר עסן אין דער היים. 8. ווי הייסט איר? 9. איר קומט באַלד אַהיים אָדער ניט? 10. דו קענסט שוין גוט ייִדיש. 11. מיר ווייסן ניט גענוג. 12. זי לייענט אַ סך ביכער. 13. וואָס זאָגסטו? 14. איך זאָג, אַז איך ווייס ניט וווּ יוסף וווינט. 15. ער ענטפֿערט ניט. 16. זי וויל ניט דאָס בוך. 17. איך גיי שפּאַצירן אין פּאַרק. 18. ער איז אין גרויסן צימער.

C. Replace the dashes by the proper forms of the names given in parentheses:

1. איך לערן זיך צוזאַמען מיט —— (אסתּר). 2. דער טאַטע קען גוט —— (שלמה). 3. די תּלמידים רעדן מיט —— (שטיינבערג). 4. די קינדער שפּילן זיך מיט —— (משה). 5. זיי לערנען זיך וועגן —— (שלום־עליכם). 6. מען זעט ניט —— (דער טאַטע). 7. די מאַמע הייסט —— (טײַבל).[2] 8. איך האָב דאָס בוך פֿון —— (יוסף). 9. מיר גייען שפּאַצירן צוזאַמען מיט —— (דער טאַטע). 10. וואָס ווייסטו וועגן —— (דאַנטע)?

---

[2] הייסן takes the nominative; see p. 62, line 7.

D. In the following sentences, replace indefinite articles by definite articles, and add appropriate endings to אַנדער:

1. דער ברודער ווינט אין אַן אַנדער שטאָט. 2. איך וויל ניט קיין
אַנדער בוך. 3. דער לערער רעדט מיט אַן אַנדער תּלמיד. 4. מיר האָבן
ניט קיין אַנדערע זאַכן. 5. זיי שרײַבן אויף אַן אַנדער טאָוול. 6. אַן אַנדער
קינד זאָגט עס. 7. ער שרײַבט אין אַן אַנדער העפֿט. 8. מען פֿרעגט אַן
אַנדער מענטש. 9. אַלע טאָג גייען זיי שפּאַצירן אויף אַן אַנדער גאַס.
10. אין דער היים לייענט זי אַן אַנדער בוך.

E. Translate the following sentences into Yiddish. Italicized words in ( ) are explanatory.

1. Are you (*plural*) selling newspapers? 2. I don't want it; I eat enough at home. 3. We come from another city in Canada. 4. The brother and sister study in New York, but the father lives in Philadelphia; he also works there. 5. We read about [George] Washington. 6. Today we read about Washington [D. C.]. 7. Why don't you (*singular*) know it? 8. What is your (*sing.*) name? (=how are you called?) 9. My name is Shloyme. 10. I see Moyshe and Taybl. 11. People say that the doctor is at home every afternoon (=every day in the afternoon). 12. It is a very interesting book. 13. I know it because I know Yiddish already. 14. What are you (*sing.*) writing in the notebook? 15. I am writing about (the) father. 16. In school we study about Lincoln and Jefferson. 17. The brother comes home alone. 18. I am reading this very good story. 19. I am going home again. 20. Mrs. Sore Stein's daughter, Miss Esther Stein, is coming home soon. 21. Mr. Stein is at home already because he does not work today. 22. Do you know what he does? 23. It is said that he sells books or newspapers.

YIDDISH COMPARED TO GERMAN

The assumption that Yiddish is derived from German is as inaccurate as the frequently heard statement that man is descended from monkeys. Actually, modern Yiddish and modern German have a common ancestor in the dialects of medieval Germany, just as present-day man and ape may be said to be descended from a common pre-human, pre-simian ancestor.

LESSON 4 59

When the Jews settled in Germany in the 9th and subsequent centuries, they introduced into their newly acquired speech, from the very outset, numerous words of Hebrew and Romance derivation, connected with the specific Jewish way of life. In the German element of the Jewish speech, peculiarities began to crop up, too, since the Jews formed a cultural group of their own.

As time went on, the differences between Jewish and non-Jewish speech in Germany became increasingly marked. When many Jews migrated eastward, first within German lands and then into Slavic-speaking countries, Yiddish developed along independent lines into a separate language. Meanwhile, the German of the Middle Ages was changing into modern German.

The differences between Yiddish and German are reflected not only in the vast divergence of their vocabularies, but also in morphology and the sound system. For instance, the medieval German word 'vater' developed into 'foter' in modern Yiddish, while appearing as 'Vater' in modern standard German. Medieval German had the words 'hînaht' *tonight* or *last night,* and 'hiute' *today.* The former is preserved in modern Yiddish as 'haynt' *today,* while the latter is retained in modern German as 'heute' *today.* A substantial group of Middle High German words have been preserved in Yiddish but not in standard German, and vice versa. This phenomenon is of great interest both to historians and linguists.

In the 19th century, when the Jewish Enlightenment (Haskole[3]) with its German orientation spread among the Yiddish-speaking Jewish intelligentsia of Eastern Europe, a number of words from modern German were introduced into Yiddish. It was not long, however, before a "purist" resistance to this borrowing gathered strength. By the time that Yiddish writers and teachers began to free Yiddish of this influx, many words from modern German had already passed into common usage and are today considered legitimate elements of the standard Yiddish vocabulary. Thus we sometimes have curious doublets like די קאָרט *playing card* and די קאַרטע *map.* The first dates back to the Middle Ages; it was taken from Latin 'charta' and appears in Middle High German as 'karte'

---

[3] A modern Hebrew form of this word is Haskalah, and it is in this spelling that the word usually occurs in English texts.

card. The same word appears as 'Karte' in modern German and has received the additional meaning of *map.* In the 19th century it was introduced into Yiddish to mean *map* only. In consequence, modern Yiddish has two different words, קאָרט and קאַרטע, where modern German has only one.

LESSON 5

פֿינפֿטע לעקציע

אַלע מענטשן זײַנען ברידער

פֿון י. ל. פּרץ (1915—1852)

אַלע מענטשן זײַנען ברידער:
ברוינע, געלע, שוואַרצע, ווײַסע.
פֿעלקער, לענדער און קלימאַטן —
ס׳איז אַן אויסגעטראַכטע מעשׂה.

ווײַסע, שוואַרצע, ברוינע, געלע —
מישט די פֿאַרבן אויס צוזאַמען!
אַלע מענטשן זײַנען ברידער
פֿון איין טאַטן, פֿון איין מאַמען.

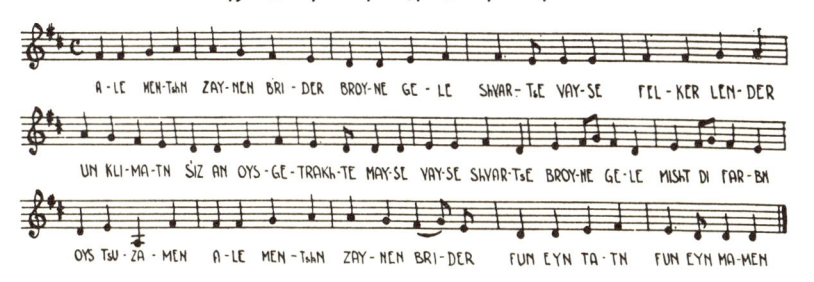

A-LE MEN-TshN ZAY-NEN BRI-DER BROY-NE GE-LE SHVAR-TsE VAY-SE FEL-KER LEN-DER
UN KLI-MA-TN S'IZ AN OYS-GE-TRAKh-TE MAY-SE VAY-SE SHVAR-TsE BROY-NE GE-LE MISHT DI FAR-BN
OYS TsU-ZA-MEN A-LE MEN-TshN ZAY-NEN BRI-DER FUN EYN TA-TN FUN EYN MA-MEN

ייִדן דערציילן

ער לעבט פֿון דעם

„ווי גייט אײַער געשעפֿט?"
„זייער שלעכט. איך פֿאַרליר געלט אַלע טאָג."
„פֿאַר וואָס פֿאַרמאַכט איר ניט דאָס געשעפֿט?"
„ווי קען איך? איך לעב פֿון דעם!"

אַ גוטע פֿראַגע

„פֿאַר וואָס ענטפֿערט אַ ייִד אַלע מאָל מיט אַ פֿראַגע?"
„פֿאַר וואָס ניט?"

ווי הייסט איר?

אַ ייִד קומט צו אַ צווייטן ייִד אין הויז און פֿרעגט:
„זײַט אַזוי גוט, זאָגט מיר: איר הייסט שלמה גאָלדבערג?"
„יאָ," זאָגט דער אַנדערער ייִד.
דער ערשטער ייִד גיט אים אַ פּאַטש. אָבער דער צווייטער לאַכט.
„ה' גאָלדבערג, פֿאַר וואָס לאַכט איר?" פֿרעגט דער ערשטער.
„ווײַל איך הייס גאָרניט שלמה גאָלדבערג! איך הייס דוד שוואַרץ!"

אַן עצה

אַ ייִנגל זעט, ווי אַ בריוון־טרעגער טראָגט אַ שווערן זאַק.
„וואָס האָט איר דאָרטן אין זאַק?" פֿרעגט ער דעם בריוון־טרעגער.
„איך טראָג בריוו," זאָגט דער בריוון־טרעגער.
„אויב איר האָט אַזוי פֿיל בריוו," זאָגט דאָס ייִנגל, „פֿאַר וואָס שיקט איר זיי ניט דורך פּאָסט?"

קאָניוגאַציע

דער לערער: וועגן וואָס לערנען מיר הײַנט?
חיים: וועגן קאָניוגאַציע.
דער לערער: ריכטיק. הערט ווי איך קאָניוגיר: איך גיי, דו גייסט, ער גייט, מיר גייען, איר גייט, זיי גייען. חיים, איצט קאָניוגיר דו.
חיים: אַלע גייען!

VOCABULARY

אויב if
אויס ← מישט אויס
אוי'סגעטראַכט invented
אַזוי' פֿיל so many
* איין one
אײַער your
* אים him
* ברוין brown
* דער בריוו (—) letter
דער ברי'וון־טרעגער mailman
גאָרניט at all
גיט אַ פּאַטש slaps
* געל yellow
* דאָס געלט money
* דאָס געשע'פֿט (ן) business
* דוד [DOVID] *man's name (Yiddish equivalent of* David)
דורך ← פּאָסט
דעם: פֿון דעם from it
דערציי'לט relates
* ווײַס white
* זאָגן to tell (=say)
זאָג מיר tell me

דער זאַק bag
* זײַט אַזוי' גוט please (*literally*: be so good)
* חיים *man's name* [KHAIM]
* טראָגט carries
דער ייִד (*literally*) a Jew; (*colloquially also*) a man, a person
* דאָס ייִנגל (עך) boy
* לאַכט laughs
* לעבט lives
לערנען = לערנען זיך
מאָל: * אַלע מאָל always
מאַמען *alternative dative form of* מאַמע
מיר me
מישט... אויס mixes
ס'איז [SIZ] = דאָס איז

די עצה [EYTSE] piece of advice
פּאַטש ← גיט אַ פּאַטש
* די פּאָסט mail
דורך פּאָסט by mail
די פֿאַרב (ן) color
* פֿאַר וואָס why
פֿאַרלי'רט loses
פֿאַרמאַ'כט closes
די פֿראַגע question
* צו to
די קאָניוגאַציע conjugation
קאָניוגי'רט conjugates
דער קלימאַט (קלימאַ'טן) climate
* שוואַרץ black
* שווער heavy
* שיקט sends
* שלעכט bad

GRAMMAR

1. Imperative

The singular of the imperative is identical with the base of the verb:

(זאָג—) זאָג
(גיי—) גיי

The plural of the imperative is formed by adding ט— to the singular. The plural form is thus identical with the second person plural of the present tense:

זאָג — זאָגט
גיי — גייט

The negative is formed simply by adding ניט:

גיי ניט Don't go
קוקט ניט Don't look

In a sentence containing an imperative, the verb may, of course, be the first sentence unit.

2. ער and זי

(דער טאָוול) **ער** איז אין צימער It is in the room
(די שטאָט) **זי** איז אין אַמעריקע It is in America
(דאָס לאַנד) **עס** איז אין אייראָפּע It is in Europe

To refer to *inanimate objects,* the pronoun **ער** is used in place of a masculine noun, and **זי** in place of a feminine noun. **עס** is used in reference to inanimate objects only if the implied noun is of the neuter gender.

3. דו and איר

ווּ אַרבעטסטו, חיים? (*2nd person singular*)
ווּ אַרבעט איר, הער שוואַרץ? (*2nd person plural*)

In both examples above, only one person is being addressed, yet in the first case the singular **דו** is used, in the second, the plural **איר**. Whenever a close friend or a child is spoken to—someone whom we would ordinarily call by his or her first name—the singular is used (familiar address). When one is not on such intimate terms, and would ordinarily call the person Mr., Mrs., or Miss So-and-So, the plural is used to show respect (formal address).

In conformity with this rule, **זײַ אַזוי גוט** and **זײַט אַזוי גוט**, both meaning *please,* are differentiated.

In addressing more than one person, of course, the plural is always used.

4. Title of Address

הער שוואַרץ, פֿרוי גוטמאַן און פֿרײַלין גאָלד; ה׳ שוואַרץ, פֿר׳ גוטמאַן, פֿרל׳ גאָלד
חבֿר שוואַרץ, חבֿרטע גוטמאַן און חבֿרטע גאָלד; ח׳ שוואַרץ, ח׳טע גוטמאַן, ח׳טע גאָלד

In not too formal speech, people frequently address each other by the titles **חבֿר** [KhAVER] (*masculine*) and **חבֿרטע** [KhA'VERTE] (*feminine*) respectively, which mean literally *friend.* The formal address, using the second person plural, is employed in speaking to people addressed as **חבֿר**:

קומט אַהער, חבֿר שוואַרץ און חבֿרטע גוטמאַן!

The same titles are also used in speaking about someone:

חבֿר און חבֿרטע שוואַרץ קומען הײַנט

5. לעבן and וווינען

חיימס מאַמע **לעבט** Khaim's mother is living
זי **וווינט** אין שיקאַגאָ She lives in Chicago

לעבט refers to "living," "being alive," as opposed to "being dead."

וווינט refers to "living somewhere," as opposed to "living somewhere else." It is comparable to English "dwell."

זײַן טאַטע לעבט? יאָ. וווּ וווינט ער? Is his father living? Yes. Where does he live?

6. Present Tense of בין and האָב

The conjugations of **איך בין** *I am* and **איך האָב** *I have* in the present tense are irregular:

	איך האָב	**איך בין**
	דו האָסט	**דו ביסט**
	(וואָס האָסטו?)	**(וווּ ביסטו?)**
	ער האָט	**ער איז**
	מיר האָבן	**מיר זײַנען**
	איר האָט	**איר זײַט**
	זיי האָבן	**זיי זײַנען**
Imperative:	**האָב — האָט**	**זײַ — זײַט**

EXERCISES

A. Memorize the poem given in this lesson. It is part of a well-known work by Y. L. Peretz, one of the greatest Yiddish writers. It is sung to a theme from Beethoven's Ninth Symphony.

B. Retell the contents of the poem in a prose paragraph of four or five sentences.

C. Substitute the appropriate personal pronoun for the subject in each of the following sentences:

1. דאָס לאַנד איז אין אַזיע. 2. דער צימער איז וואַרעם. 3. דאָס ייִנגל גייט אין שול. 4. די קינדער שפּילן זיך. 5. דאָס געלט איז ניט גענוג. 6. דער בריוו איז צו דודן. 7. די שול איז אויף אַן אַנדער גאַס. 8. דער יום־טובֿ הייסט פּורים. 9. די מעשׂה איז וועגן אַ קליין ייִנגל. 10. די צײַטונג שרײַבט ניט נאָר וועגן ייִדן.

D. Supply the proper forms of בין:

1. מיר —— תּלמידים. 2. וווּ —— (ד)ו איצט? 3. איר —— קינדער. 4. דו —— אַ גוטער תּלמיד. 5. וואָס —— איך? 6. מיר —— אַלע ברידער. 7. זיי —— ניט קיין ייִדן. 8. פֿאַר וואָס —— איר אין דער היים? 9. —— גוט צום קינד! 10. שלמה ווייסט ניט וווּ מיר ——.

E. Supply the proper forms of האָב:

1. וואָס —— (ד)ו? 2. איך —— אַ העפֿט. 3. מיר אַלע —— העפֿטן. 4. איר —— דאָס בוך? 5. יאָ, מיר —— עס. 6. וואָס —— איר דאָרטן?

7. זיי —— ניט קיין ביכער. 8. איך —— אַ שיינע מעשׂה. 9. זי ——
אַ בריוו פֿון חיימען. 10. איצט —— זיי גענוג געלט.

F. Translate into Yiddish:

1. Don't laugh, children. 2. Listen (=hear), Dovid, what is this white thing? 3. Tell (=say) me, Mr. Epstein, what you have there. 4. Do you speak Yiddish, Esther? 5. I speak Yiddish, because the language is spoken at home. 6. Please come home. 7. Please send me (מיר) the book (*to a stranger*). 8. Please send me (מיר) the book (*to Dovid*). 9. Come and eat with us (אונדז), Mr. Gold. 10. Is Mrs. Gold also coming soon? 11. We have a new blackboard in school. It is in the other room. 12. I have an interesting newspaper. It is in (אויף) Yiddish. 13. The city is very big. It is new and beautiful. 14. Why are you living together with Khaim? 15. We are living together because we study together. 16. Doesn't Khaim have a business? 17. No, we go to the same school. 18. I see the woman every day. 19. She doesn't work much. 20. How does she make a living? (=From what does she live?) 21. She has enough money from her (=the) father. 22. She lives off (=from) this money. 23. "You are a bad boy," says the mother to the child. 24. I don't know why you laugh (*to a stranger*). 25. In America there are brown, yellow, black, and white people.

THE HEBREW COMPONENT IN YIDDISH

Yiddish includes words and phrases taken not only from the Hebrew of the Bible, but also from later works, many of which, like the Talmud, were written in a sister language of Hebrew, Aramaic. In a precise formulation, this component would therefore be called "the Hebrew-Aramaic" component. In all subsequent Hebrew literature, Hebrew and Aramaic have become intertwined and form what is called in Jewish tradition לשון־קודש [LOSHNKOYDESH] *sacred language*. Present-day Hebrew contains a good deal of Aramaic words and forms.

On different levels of Yiddish speech and writing, the proportion of Hebrew elements differs, sometimes exceeding 15 percent.

The form and meaning of many Hebrew words have changed, and their usage is determined by Yiddish grammar and style.

A great number of words derived from Hebrew are names, such as חיים [KhAIM] or שׂרה [SORE]. Many others denote objects and practices related to Jewish religion and folkways: חתונה [KhA'SENE] *marriage* and בר־מיצווה [BARMITSVE] *Bar-Mitsve* belong to this group. Many words are abstract terms signifying philosophical and moral concepts, such as אמת [EMES] *truth,* עצה [EYTSE] *advice,* or חסרון [KhISORN] *defect.* But a great many words, such as כּמעט [KIMA'T] *almost* or שעה [sho] *hour,* are today quite ordinary words which have no religious or learned meaning.

In many groups of Yiddish synonyms, particularly in verbs, the word of Hebrew derivation has a more literary and abstract flavor than that of Germanic origin. מוסיף זײַן [MOYSEF ZAYN], for example, is more formal than its synonym צו'געבן *to add.* A similar relation exists between מנדר זײַן [MENADER ZAYN] and צו'זאָגן *to promise,* or between מפסיק זײַן [MAFSEK ZAYN] and אי'בעררײַסן *to interrupt.*

The pronunciation of words of Hebrew derivation in Yiddish is sometimes at considerable variance with the so-called Sephardic pronunciation of Hebrew used in Israel. Thus the word for wars (spelled מלחמות) is pronounced [MILKho'MES] in Yiddish and [MILKhAMO'T] in modern Hebrew. There are such doublets in Yiddish as [A*LI*'E]—[A*LIA*'], both spelled עליה. The first is an old Yiddish word of Hebrew derivation and signifies *the call to read the Torah.* The second is a new borrowing from Palestinian Hebrew, and means *immigration to Palestine/Israel.*

In a great number of formations, elements of Hebrew derivation have been combined with non-Hebrew prefixes and suffixes, or vice versa. Words of this type are כּלומרשט [KLOYMERShT] *as if,* שמועסן [ShMU'ESN] *to chat,* פֿאַרסמען [FARSAMEN] *to poison.*

Yiddish has also exercised a reciprocal influence on modern Hebrew. For instance, the diminutive suffix of Yiddish derivation has become standard in Hebrew (in such words, for example, as אבא'לי [A'BALE] *Daddy* and אמא'לי [I'MALE] *Mommy*).

In keeping with tradition, most Yiddish words of Hebrew-Aramaic origin retain their original spelling. In the Soviet Union [דער סאָוועטן־פֿאַרבאַנד] this spelling was changed on ideological grounds.

LESSON 6

זעקסטע לעקציע

לאָמיר באַגריסן

לאָמיר . . . . ן[1] באַגריסן,
לאָמיר . . . . ן באַגריסן,
לאָמיר, לאָמיר, לאָמיר, לאָמיר,
לאָמיר, לאָמיר, לאָמיר, לאָמיר,
לאָמיר . . . . ן באַגריסן.

LO - MIR . . . . . . BA - GRI - SN LO - MIR . . . . . . BA -
- GRI - SN LO - MIR LO-MIR LO-MIR LO - MIR LO-MIR LO-MIR LO-MIR LO-MIR
LO- MIR . . . . . . BA - GRI SN - GRI - SN

אַ שמועס

— נו, וואָס מאַכט איר?
— עט, מע...
— ווי גייט דאָס געשעפֿט?
— עט...
— און וואָס מאַכט די פֿרוי?
— יאָ...
— נו, און די קינדער?
— נו... ניט שלעכט...
— און דער ברודער?
— בע...

1 The name or the person being welcomed or congratulated is inserted, in the accusative case.

— אַ גוטן טאָג!
— אַ גוטן טאָג! עס איז גוט, ווען מען כאַפּט אַ שמועס מיט אַ גוטן-פֿרײַנד!

VOCABULARY

אַ גוטן טאָג good-bye
באַגריסן to welcome, to congratulate
ווען when
כאַפּט אַ שמועס talk things over
לאָמיר let us
מאַכט: וואָס מאַכט ...... how is
נו? well?
די פֿרוי wife
דער פֿרײַנד friend
דער שמועס chat

EXERCISES

A. Translate into Yiddish:

1.Today over half of all Jews live in the United States. 2. The son and the daughter know Yiddish. 3. They know that many Jews speak Yiddish in all countries. 4. We are going for a walk soon. 5. It is said that this newspaper is interesting. 6. How does one say "two" in (אויף) Yiddish? 7. What is your name? (*to a child*) 8. What is your name? (*to an adult*) 9. I am at home every afternoon (=every day in the afternoon). 10. Please, Mr. Berg. 11. Please, Dovid. 12. The Jews are a people. 13. Many people in America are Jews. 14. I see that you want something else (=another thing).

B. 1. Divide the sentences in lines 1-10 of lesson 4 into sentence units. What types of units occur?
2. What is the principal rule of Yiddish word order?
3. When does the subject come after the verb?
4. List six conjunctions which may begin a clause but are not treated as sentence units.
5. When can an adjective be a separate sentence unit?
6. Make up five pairs of sentences, in which the sentences within each pair differ only with regard to word order.

C. Make up sentences containing the following pairs of words:

1. הײַנט, אַרבעט. 2. הערן, גרויס. 3. קליין, לערנען זיך. 4. פּאַרק, פּאַרקויפֿן. 5. הויז, טאַטע. 6. שיקן, קומען. 7. טאָכטער, פֿאָלק. 8. לאַנד,

ייִדן. 9. פֿאַרשיידענע, אָבער. 10. שוועסטער, ריכטיק. 11. בריוו, רעדן. 12. אַז, לאַכסט.

D. Change the singular nouns into the plural and the plural nouns into the singular; make the appropriate changes in the articles.

די זאַכן	די הײַזער	די גאַס	די העפֿטן
די קלאַסן	די פֿעדערס	דער לערער	דער ייִד
די פֿעלקער	דאָס לאַנד	די שפּראַכן	די פּאַרקן
די טעג	די יום־טובֿים	די מענטשן	דאָס געשעפֿט
די צײַטונג	דאָס קינד	די שול	די טאַטעס
די שטעט	די ביכער	די דאָקטוירים	די מאַמע
דאָס ייִנגל	די טעכטער	דער ברודער	
דער בריוו	די צימערן	דער תּלמיד	

E. Conjugate the following verbs in the present tense and the imperative:

1. איך האָב 2. איך שיק 3. איך לאַך 4. איך טראָג 5. איך בין 6. איך קום

F. Write five sentences in which the definite article is omitted in phrases of place.

G. Supply the endings for the articles and adjectives wherever necessary; wherever possible, use contractions of prepositions with **דעם:**

1. איך קום צו ד— מאַמע אַהיים. 2. דער תּלמיד שרײַבט אויף ד— שוואַרצ— טאָוול. 3. איך האָב אַ העלפֿט פֿון ד— געלט. 4. זיי וווינען אין אַ ברוינ— הויז. 5. ד— ברוינ— הויז איז לעבן ד— געל— הויז. 6. זיי זײַנען אויף אַן אַנדער— גאַס. 7. צי וווינסטו אויף ד— זעלביק— גאַס? 8. ניין, איך קום פֿון אַן אַנדער— שטאָט. 9. איך שרײַב אַ שיינ— בריוו. 10. מיר שרײַבן אין געל— העפֿטן. 11. ער האָט אַ גרויס— ווײַס— בוך. 12. מיר לערנען זיך אין ד— אַנדער— שול.

H. Make negative statements out of the following sentences:

1. דער ברודער האָט אַ סך געלט. 2. ער לעבט פֿון אַ גוט געשעפֿט. 3. איך זע אַ מאַמע און קינדער. 4. אַ ייִנגל טראָגט אַ שווערע זאַך. 5. פֿאַר וואָס איז הײַנט אַ יום־טובֿ? 6. איר זײַט דאָקטוירים. 7. מיר וווינען אין אַ גרויס הויז. 8. מען שרײַבט ייִדישע אותיות. 9. איך האָב אַ בריוו. 10. דער מענטש לייענט אַ בוך.

REVIEW QUESTIONS

Answer the following questions in English:

1. How long has Yiddish been the vernacular of the Jewish people?
2. What are some historic contacts of the Jews that are reflected in Yiddish idiom?
3. What have been some of the influences of Yiddish on the shaping of Jewish culture?
4. What role has Yiddish played in tying together the Jews of various countries?
5. What is standard Yiddish?
6. How did it evolve?
7. What are the four principal dialects?
8. Why have the dialects been dislocated territorially?
9. In what respect do the dialects differ most?
10. What language elements contributed to Yiddish before it assumed its present form?
11. When did Yiddish originate?
12. Where did it originate?
13. How can you account for the Romance elements in Yiddish?
14. Name two sources of enrichment of modern Yiddish in the 19th and 20th centuries.
15. Are all Yiddish words derived from other languages?
16. Does "a parent-child relationship" accurately describe the relation between German and Yiddish? Elaborate.
17. Name three factors in the development of Yiddish independently of the German dialects.
18. Does Yiddish differ from German in anything but its sound system?
19. Do all modern German words appear in Yiddish?
20. Are there any Yiddish words of Germanic derivation which do not exist in German?
21. How has borrowing from modern German been influenced by Jewish attitudes?
22. What is the significance of the doublet קאַרט/קאַרטע?

23. What is meant by "Hebrew-Aramaic"?
24. If Hebrew was not a spoken language, how did Hebrew words get into Yiddish?
25. What is the maximum proportion of Yiddish words that are of Hebrew origin?
26. Is every Hebrew word also a Yiddish word?
27. Is every Yiddish word of Hebrew derivation to be found in modern Hebrew?
28. Has Yiddish had any influence on modern Hebrew?
29. Is the difference between similar words in Yiddish and Hebrew greatest in meaning or in pronunciation?
30. Why do Yiddish words of Hebrew derivation retain their original spelling?

LESSON 7

זיבעטע לעקציע

משפּחה אין אַנדערע לענדער

יוסף קומט צו גאַסט צו משהן.

יוסף: גוט־מאָרגן, משה.

משה: גוט־מאָרגן, גוט־יאָר.

יוסף: וואָס טוסטו?

משה: איך שרײַב אַ בריוו צו מײַן פֿעטער.

יוסף: ווו װוינט דײַן פֿעטער?

משה: אין ישׂראל. איך האָב אַ צווייטן פֿעטער. ער וווינט אין פּאַריז. איר האָט אויך משפּחה אין אַנדערע לענדער?

יוסף: יאָ, איך האָב אַ פֿעטער אין רוסלאַנד און אַ מומע אין איטאַליע. די מומע קומט פֿון פּוילן. מיר שרײַבן דער מומע בריוו. אָפֿט שיקן מיר איר געלט אויך. מיר דאַרפֿן איר העלפֿן.

משה: מײַן פֿעטער אין ישׂראל וווינט מיט זײַן פֿרוי און זון אין אַ קיבוץ לעבן תּל־אָבֿיבֿ. אין דעם קיבוץ וואַקסן מאַראַנצן. דער פֿעטער שרײַבט, אַז תּל־אָבֿיבֿ איז זייער אַ שיינע שטאָט, אָבער ער וויל נישט וווינען אין שטאָט. ער וויל אַרבעטן אויף דער ערד. זײַן אַרבעט איז פֿירן אַ טראַקטאָר. דער פֿעטער וויל, מיר זאָלן קומען צו אים צו גאַסט.

יוסף: וואָס טוט דײַן שוועסטערקינד אין ישׂראל?

משה: מײַן שוועסטערקינד גייט אין שול. ער קען גוט העבֿרעיִש און ייִדיש. ער וויל ווערן אַן אַרכיטעקט און קענען בויען הײַזער. ער שרײַבט, אַז אין ישׂראל דאַרף מען איצט אַ סך בויען.

יוסף: ייִדן אין אַמעריקע דאַרפֿן געבן געלט די ייִדישע אָרגאַניזאַציעס וואָס שיקן הילף פֿאַר ייִדן אין אייראָפּע און ישׂראל.

קינדער אין די שולן און סטודענטן אין די אוניווערסיטעטן פֿאַרשטייען דאָס און גיבן אויך געלט.

משה: ווייסט וואָס, יוסף? פֿאַר צען דאָלאַר קען אַ ייִדיש קינד אין פֿראַנקרײַך לעבן צען טעג. לאָמיר צוזאַמען שיקן צען דאָלאַר.

יוסף: זייער גוט, משה. לאָמיר דאָס הײַנט טאָן. נו, איך גיי. אַ גוטן טאָג.

משה: אַ גוט יאָר, יוסף.

VOCABULARY

* דער אויטאָ (ס) car
דער אוניווערסיטעט (ן) university
איטאַליע Italy
* אייראָפּע Europe
איר her (*also* you, *cf.* p. 53)
* אָפֿט often
די אַרבעט work
די אָרגאַניזאַציע (ס) organization
דער אַרכיטעקט architect
* בויען to build
גאַסט: * קומען צו גאַסט צו to visit
* גוט good; well; O.K.
* גוט־מאָרגן! hello! good morning! (*Answer*: גוט־יאָר!)
* אַ גוטן טאָג! good-bye! (*Answer*: אַ גוט יאָר!)
* געבן to give
* דאָלאַר dollar (s)
* דאָס this, that
* דאַרפֿן (ער דאַרף) to have to, to need; ought
דײַטשלאַנד Germany
דײַן your
די הילף aid
* העברעיִש Hebrew
* העלפֿן to help
* וואַקסן to grow (*intr*)
וועמען (acc.-dat. *of* ווער) whom

* ווערן to become
* זאָלן (ער זאָל) should
זײַן his
זייערע their
דער טראַקטאָר tractor
יאָר ← גוט
* ישׂראל the state of Israel [YISROEL] (*as opposed to* ארץ־ישׂראל, *Palestine*)
* לאָמיר let us
דער מאַראַנץ (ן) orange
מאָרגן ← גוט
* די מומע (ס) aunt
מײַן my
* די משפּחה (ות) [MISHPOKHE—S] family, relatives
* נו well
דער סטודענט university or college student
די ערד land
פּאַריז Paris
פּוילן Poland
* פֿאַר for
* פֿאַרשטיין to understand
* פֿון from (*also* of)
* פֿירן to drive
* דער פֿעטער (ס) uncle

אין אַ קיבוץ אין ישׂראל

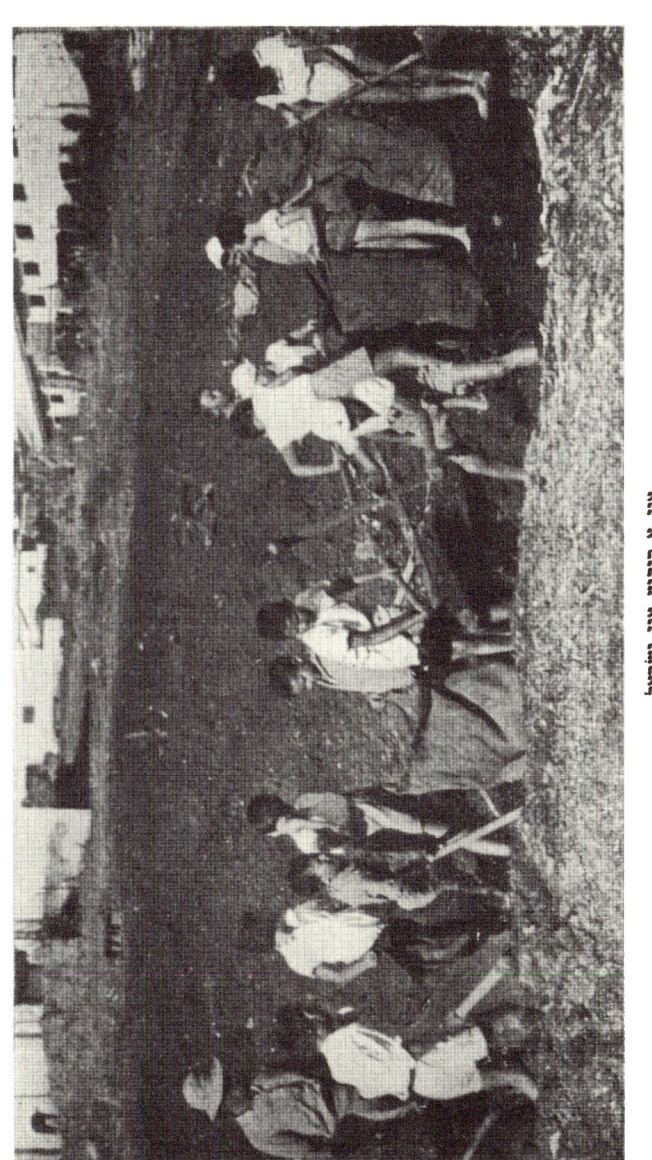

פֿראַנקרײַך France	רוסלאַנד Russia
צען ten	* דאָס שוועסטערקי'נד (ער) cousin
דער קיבוץ [KIBU'TS] cooperative settlement	תּל־אָבֿיבֿ [TELAVI'V] Tel Aviv

QUESTIONS

1. צו וועמען קומט יוסף צו גאַסט? 2. וואָס טוט משה? 3. וויפֿל פֿעטערס האָט משה? 4. וווּ וווינען זיי? 5. וועמען האָט יוסף אין רוסלאַנד? 6. ווי העלפֿט יוספֿס משפּחה דער מומע אין איטאַליע? 7. וווּ וווינט דער פֿעטער אין ישׂראל? 8. פֿאַר וואָס וווינט ער ניט אין תּל־אָבֿיבֿ? 9. וואָס וויל משהס שוועסטערקינד ווערן? 10. וווּ וואַקסן מאַראַנצן אין אַמע־ריקע? 11. וואָס קענען ייִדן אין אַמעריקע טאָן פֿאַר ייִדן אין ישׂראל און אין אייראָפּע? 12. וואָס טוען משה און יוסף צו העלפֿן אַ ייִדיש קינד אין פֿראַנקרײַך?

GRAMMAR

1. Indirect Object

מיר העלפֿן **דעם פֿעטער**	We help the (=our) uncle
ער גיט עס **דעם טאַטן**	He gives it to the (=his) father
איר שיקט געלט **דער מומע?**	Do you send the (=your) aunt money?

A noun (with the preceding article and adjectives), when used as the indirect object of a verb, is in the *dative* case.

In a sentence containing both a direct and indirect object, one of which is a pronoun, the pronoun precedes the noun. If both objects are pronouns, the direct object precedes the indirect:

ער גיט אים דאָס בוך
ער גיט עס דעם טאַטן
ער גיט עס אים

(Other personal pronouns are treated on p. 92.)

In translating from English, care must be taken to avoid any preposition with the indirect object after **געבן** *to give* [*to*].

2. Conjugation of געבן

The conjugation of **געבן** is irregular:

איך גיב	**מיר גיבן**
דו גיסט	**איר גיט**
ער גיט	**זיי גיבן**
גיב — גיט	Imperative:

3. Infinitive

The infinitive of a verb consists of the base with the added ending ן— (or ען— if the base ends in ם—, ן—, נג—, נק—, syllabic ל—, or a stressed vowel or diphthong). Thus the infinitive as a rule is identical in form with the first and third person plural of the present tense.

Base: —שיק
Infinitive: שיקן *to send* (like מיר שיקן)

Base: —קום
Infinitive: קומען *to come* (like מיר קומען)

Base: —קענ
Infinitive: קענען *to be able* (like מיר קענען)

Base: —זינג
Infinitive: זינגען *to sing* (like מיר זינגען)

Base: —בוי
Infinitive: בויען *to build* (like מיר בויען)

Base: —שמייכל
Infinitive: שמייכלען *to smile* (like מיר שמייכלען)

Beginning with this lesson, verbs will be listed in the vocabulary in the infinitive form.

4. Irregular Infinitives

Several frequently used verbs have irregular infinitives. The most important ones are:

	1ST & 3RD PERSON PLURAL	INFINITIVE
To give	מיר, זיי גיבן	געבן
To go	מיר, זיי גייען	גיין
To do	מיר, זיי טוען	טאָן
To see	מיר, זיי זעען	זען
To want	מיר, זיי ווילן	וועלן
To know	מיר, זיי ווייסן	וויסן
To be	מיר, זיי זײַנען	זײַן

5. Infinitives of איז דאָ and איז ניטאָ

אין שול **זײַנען דאָ** קינדער	There are children in school
אין שול דאַרפֿן **זײַן** קינדער	There should be children in school
אין שול זײַנען **ניטאָ** קיין קינדער	There are no children in school
אין שול קענען **ניט זײַן** קיין קינדער	There can be no children in school

In the infinitive, the word **דאָ** of the phrase **איז דאָ** is omitted, while **ניט** is substituted for **ניטאָ**.

6. Use of צו with the Infinitive

איך **דאַרף גיין** אַהיים	I *have to go* home
איצט **קען** איך **שרײַבן** אַ בריוו	I *am able to write* a letter now
מיר **העלפֿן בויען** אַ שול	We *are helping to build* a school
ער **לערנט זיך פֿירן** אַן אויטאָ	He is *learning to drive* a car

After the verbs **קענען**, **דאַרפֿן**, **וועלן**, **העלפֿן**, and **לערנען זיך**, the infinitive follows immediately. In translating from English, no equivalent of "to" is used. In some other cases "to" in an English infinitive is translated by **צו**.

7. Constructions after וועלן

איך **וויל גיין** אין פּאַרק	I *want to go* to the park
איך **וויל** איצט ניט **עסן**	I don't *want to eat* now
ער **וויל** הײַנט **קומען** אין שול	He *wants to come* to school today

Whenever a sentence describes a person wanting to do something *himself*, the infinitive is used after the proper form of **וועלן** *to want*, just as in English.

But:

איך וויל, **דו זאָלסט** גיין	*I* want *you* to go
איך וויל ניט, **דאָס קינד זאָל** איצט עסן	*I* don't want *the child* to eat now
ער וויל, **מיר זאָלן** הײַנט קומען אין שול	*He* wants *us* to come to school today

Whenever a sentence describes a person wanting *someone else* to do something, the appropriate form of **וועלן** is followed by a clause containing a subject (nominative), the proper form of the auxiliary verb **זאָלן**, and then the infinitive.

8. Greetings

גוט־מאָרגן, שלמה. גוט־יאָר, משה	Good morning, Shloyme. Good morning, Moyshe
אַ גוטן טאָג, שלמה. אַ גוט יאָר, משה	Good-bye, Shloyme. Good-bye, Moyshe
גוטן־אָוונט, חיים. גוט־יאָר, יוסף	Good evening, Khaim. Good evening, Yoysef
אַ גוטע נאַכט, חיים. אַ גוט יאָר, יוסף	Good night, Khaim. Good night, Yoysef

The usual Yiddish greetings, exchanged upon meeting and parting, can be summarized as follows:

	MORNING & DAY	EVENING & NIGHT
MEETING	גוט־מאָרגן — גוט־יאָר	גוטן־אָוונט — גוט־יאָר
PARTING	אַ גוטן טאָג — אַ גוט יאָר	אַ גוטע נאַכט — אַ גוט יאָר

Another greeting is given on p. 98.

EXERCISES

A. Replace the dashes by the appropriate accusative and dative endings:

1. משה שיקט ד— פֿעטער אַ סך געלט. 2. דער מענטש פֿאַרקויפֿט ד—
טאַט— אַ ייִדיש— צײַטונג. 3. שיק ד— בריוו ד— מומע. 4. פֿאַר וואָס
שרײַבסטו ניט קיין בריוו ד— שוועסטער? 5. זאָג ד— לערער, וואָס
דו ווילסט טאָן. 6. ער גיט ד— קליינ— קינד ד— פֿעדער. 7. לאָמיר
זאָגן ד— מאַמע, ווו מיר זײַנען. 8. מיר ווילן געבן ד— שוועסטערקינד,
וואָס ער דאַרף. 9. מיר העלפֿן ד— משפּחה מיט געלט. 10. גיט ד—
אויטאָ ד— פֿעטער, ער קען גוט פֿירן. 11. דער טאַטע וויל העלפֿן חיימ—
ווערן אַ דאָקטאָר. 12. אָפֿט שיק איך ד— מומע צײַטונגען און ביכער.

B. Make up three sentences with each of the following verbs. Include an indirect object in every sentence.

1. געבן 2. זאָגן 3. שיקן

C. 1. Translate the following conversation, assuming that it takes place in the morning:

"Hello, Esther."

"Hello, Khaim. Where are you going?"

"I am going home. I ought to be there already. And you?"

"I am going to see (=visit) my (מײַן) aunt. She lives in this house."

"Well, I have to go. Good-bye."

"Good-bye, Khaim."

2. Translate the same conversation, assuming that it takes place in the evening.

D. Make up five sentences, each containing an infinitive after the following phrases:

1. זי וויל 2. איך לערן זיך 3. איר קענט ניט 4. זיי דאַרפֿן ניט
5. מיר העלפֿן.

E. Translate into Yiddish:

1. Let us see what Khaim is doing today. 2. He is helping his (=the) father work. 3. They want to see why the car doesn't work. 4. Khaim wants the family to see the new car. 5. His brothers and sisters also want to drive the car. 6. They understand these things. 7. My (מײַן) cousin Yoysef lives in Israel. 8. He wants to be a teacher. 9. He speaks Hebrew at home. 10. He writes his (=the) mother that he is studying Yiddish also. 11. I very often write to my (=the) cousin in Europe. 12. Please give the child a dollar. 13. Today there cannot be any newspapers because it is a holiday. 14. Can you (איר) visit [us] today? 15. Well, O.K. 16. I want Esther to come too. 17. Do you want to help the children? They are building a small house in the park. 18. O.K., let us help them. 19. I have to go to the doctor again. 20. The children have to be at home already. 21. One cannot walk on that street. 22. He wants to know what you are doing. 23. O.K., I can tell him (אים). 24. One cannot know what to do. 25. Yoysef wants me to help him now. 26. I want you to give me (מיר) enough money.

GEOGRAPHIC SPREAD OF YIDDISH

The beginning of this millennium, which witnessed the birth of many European languages of today, was also the time when Jews from France and Italy who spoke Jewish languages of Romance stock moved to the area of the Rhine River (in what is now Germany), and there started to speak the tongue which subsequently became the Yiddish language. The eastward migrations of the Jews from the Rhineland, begun under the impact of the Crusades, then brought Yiddish to central Europe, especially to what is now Austria and Czechoslovakia. With the people who spoke it, the language also spread through Poland and as far east as the basins of the rivers Dvina, Dnieper, and Dniester. This whole section of the Jewish people is called Ashkenazic, from the medieval Hebrew name for Germany, אשכנז [A'shKENAZ]. The Sephardic Jews (who got their name from ספֿרד [SFARD], the medieval Hebrew name for Spain), form another, much less numerous section of the Jewish people.

During the nineteenth century, the number of Jews in central and eastern Europe increased greatly, and consequently the number of Yiddish speakers increased. Beginning with the great migration of the last quarter of the 19th century, Yiddish was carried to overseas countries as well, and in the first place to the American continent. Meanwhile, the western Yiddish dialects declined, so that at present remnants of Yiddish are still spoken only in Alsace and Switzerland. The Yiddish which is today used in France, England, Belgium, and so on, is the language of the Jews who came there from eastern Europe.

It has been a matter of great difficulty to estimate the number of Yiddish speakers the world over, since many countries do not inquire into mother tongues in their censuses. In 1935, the following estimated figures were arrived at after careful research:

Eastern and Central Europe	6,767,000
North America	2,987,000
Western Europe	317,000
Palestine	285,000
South and Central America	255,000
Africa	56,000
Asia (exclusive of Palestine)	14,000
Australia	9,000
Total	10,690,000

After World War II, the number is no longer the same. Of the six million Jews who perished in Europe at the hands of the Germans, a majority were Yiddish speakers.

LESSON 8

אַכטע לעקציע

יִידן אין געטאָ

אין דער צײַט פֿון דער מלחמה זײַנען די דײַטשן געקומען אין פּוילן און אין רוסלאַנד. אין אַלע שטעט ווו יִידן האָבן געוווינט האָבן די דײַטשן געמאַכט געטאָס, און יִידן האָבן געמוזט וווינען אין די געטאָס. אין די געטאָס איז געווען שרעקלעך ענג: אין איין צימער האָבן אָפֿט געוווינט צוואַנציק מענטשן. אויף אַנדערע גאַסן פֿון דער שטאָט האָבן יִידן ניט געטאָרט וווינען. מען האָט זיי געלאָזט אַרויסגיין פֿון געטאָ נאָר ווען מען האָט זיי געשיקט אין שטאָט אַרבעטן פֿאַר די דײַטשן. די דײַטשן האָבן געגעבן יִידן זייער ווייניק עסן, און פֿון אַנדערע לענדער האָבן יִידן אויך גאָרניט געקענט קריגן. יִידן האָבן ווייניק געגעסן און שווער געאַרבעט. אַ סך זײַנען געוואָרן קראַנק און געשטאָרבן פֿון הונגער און פֿון עפּידע-מיעס. יִידישע דאָקטוירים האָבן געטאָן וואָס זיי האָבן געקענט, אָבער קיין מעדיצין האָבן יִידן פֿון די דײַטשן ניט געקראָגן.

אין געטאָ האָבן יִידן נאָך ניט געוווּסט, וואָס די דײַטשן ווילן טאָן מיט זיי. מען האָט שווער געלעבט, אָבער מען האָט געפּראַוועט יום-טובֿים, מען האָט אָרגאַניזירט לעקציעס, כאָרן און אַפֿילו טעאַטערס. פֿאַר קינדער האָבן יִידן געמאַכט שולן אין געטאָ. מען האָט אָבער ניט געקענט קיין סך לערנען, ווײַל אַפֿילו קינדער האָבן געמוזט אַרבעטן.

נאָך דעם האָבן די דײַטשן „ליקווידירט״ די געטאָס. אין אַ סך שטעט האָבן יִידן געקעמפֿט קעגן די דײַטשן (אַלע ווייסן הײַנט וועגן דעם אויפֿ-שטאַנד אין געטאָ אין וואַרשע). יִידן האָבן געהאַט זייער ווייניק געווער, און די דײַטשן האָבן געניצט טאַנקען, עראָפּלאַנען און גאַז קעגן די יִידן.

די דײַטשן האָבן אומגעבראַכט זעקס מיליאָן יִידן. ביז דער מלחמה אין 1939, זײַנען אויף דער וועלט געווען זיבעצן מיליאָן יִידן. נאָך דער צווייטער וועלט-מלחמה אין 1945, זײַנען געבליבן עלף מיליאָן.

זען „יִידישע סטאַטיסטיק״ אין דער זיבעצנטער לעקציע.

VOCABULARY

* דער אױפֿשטאַנד (ן) uprising
* או׳מגעבּרענגט killed
אין to (*also* in)
* דער עראָפּלאַ׳ן (ען) airplane
אַפֿילו [AFILE] even
אָרגאַניזי׳רט organized
אַרױסגײן to go out
* ביז until
דער גאַז (ן) gas (poison gas)
* גאַנץ whole
* גאָרניט nothing
געאַרבעט *past participle of* אַרבעטן
* געבליבן (בלײַבן :*infinitive*) to remain
געגעבן: געבן *past participle of*
געגעסן: עסן *past participle of*
געהאַ׳ט: האָבן *past participle of*
געװאָרן: װערן *past participle of*
געװױ׳נט: װױנען *past participle of*
געװו׳סט: װיסן *past participle of*
געװע׳ן: זײַן *past participle of*
דאָס געװע׳ר arms (*singular*)
* די געטאָ (ס) ghetto
געטאָ׳ן: טאָן *past participle of*
געטאָרט ← ניט געטאָרט
* געלאָ׳זט (לאָזן :*infinitive*) to let
* געמאַ׳כט (מאַכן :.*inf*) to make
* געמו׳זט (*inf*.: מוזן; *3rd person sg*.: ער מוז) must
* גענו׳צט (ניצן :.*inf*) to use
געפּראַװעט (פּראַװען :.*inf*) to celebrate
געקומען: קומען *past participle of*
געקעמפּט (קעמפּן :.*inf*) to fight
געקע׳נט: קענען *past participle of*
געקראָגן ← קריגן

* געשטאָרבן (שטאַרבן :.*inf*) to die
געשי׳קט: שיקן *past participle of*
* דער דײַטש (ן) German
דער הונגער hunger
* װאַרשע Warsaw
* װײניק few; little
* די װעלט world
* אױף דער װעלט in the world
* װען when
זי׳בעצן seventeen
זעקס six
דער טאַנק (ען) tank
דער טעאַטער (ס) theater
דער כאָר (ן) chorus
ליקװידי׳רט liquidated
די לעקציע (ס) [LEKTSYE] lecture
* די מלחמה (—ות) [MILKHOME— -S] war
די מעדיצי׳ן medical supplies
* נאָך דעם afterwards
נאָך ניט not yet
* ניט געטאָרט (*inf*.: ניט טאָרן; *3rd person sg*.: ער טאָר ניט) may not
עלף eleven
ענג crowded
דאָס עסן food
די עפּידעמיע (ס) epidemic
* פּױלן Poland
צװאַנציק twenty
* די צײַט (ן) time
* קעגן against
* קראַנק sick
* קריגן (געקראָגן) to receive
* רוסלאַנד Russia
* שװער difficult; hard
שרעקלעך terrible, horrible

Note the past participles beginning with —גע.

QUESTIONS

1. ווּ האָבן די דײַטשן געמאַכט געטאָס פֿאַר ייִדן? 2. ווען איז דאָס געווען? 3. ווּ האָבן ייִדן געמוזט וווינען? 4. צי האָבן ייִדן געקענט אַרויסגיין פֿון געטאָ? 5. צי האָבן ייִדן געהאַט גענוג צו עסן? 6. פֿאַר וואָס האָבן זיי ניט געהאַט גענוג? 7. פֿון וואָס זײַנען אַ סך ייִדן געשטאָרבן? 8. צי האָבן ייִדישע דאָקטוירים ניט געקענט העלפֿן? 9. וואָס האָט מען געטאָן מיט די קינדער אין געטאָ? 10. אין וואָסער געטאָ איז געווען אַ גרויסער אויפֿשטאַנד? 11. צי האָבן ייִדן געהאַט אַראָפּלאַנען? 12. וואָסער געווער האָבן די דײַטשן געניצט קעגן ייִדן? 13. וויפֿל ייִדן זײַנען געווען ביז דער מלחמה? 14. וויפֿל זײַנען געבליבן אין 1945? 15. וויפֿל ייִדן האָבן די דײַטשן אומגעברענגט?

GRAMMAR

1. Past Tense

ייִדן **האָבן** ווייניק **געגעסן** The Jews *ate* little

אַ סך ייִדן **זײַנען געוואָרן** קראַנק Many Jews *became* sick

The past tense of a verb is formed by adding its *past participle* to the appropriate form of the *auxiliary verb* **האָבן** or **זײַן**. The past tense in Yiddish covers the English past, present perfect, progressive past, and emphatic past tenses:

איך האָב געשריבן I wrote; I have written; I was writing; I did write

2. Past Participle

INFINITIVE	BASE	PAST PARTICIPLE
קומען	קום—	**געקומען**
שטאַרבן	שטאַרב—	**געשטאָרבן**
לייענען	לייען—	**געלייענט**
שיקן	שיק—	**געשי׳קט**
לערנען	לערן—	**געלערנט**

The past participle, which is used to form the past tense, is usually constructed by (1) prefixing **—גע**, and (2) adding **ן—** (or **ען—**) or **ט—** to the base of the verb. In many of the **ן—** participles, there is also a vowel change (e.g. the participle of **שטאַרבן** is **געשטאָרבן**).

A verb listed in the vocabulary without any indication as to its past participle has a regular participle in **ט—**. Note, however, that if the base ends in **ט—**, no further **ט—** is added:

אָ׳רבעטן: געאַרבעט

The ן— participles will be indicated in the vocabulary in parentheses. Of the verbs that have already occurred, the following have ן— participles:

גיין: געגאַנגען	זען: געזען
געבן: געגעבן	טאָן: געטאָן
הייסן: געהייסן	טראָגן: געטראָגן
העלפֿן: געהאָלפֿן	קומען: געקומען
וואַקסן: געוואָקסן	שרײַבן: געשריבן
ווערן: געוואָרן	

The following verbs have irregular participles:

האָבן: געהאַט	זײַן: געווען
ווייסן: געוווּסט	עסן: געגעסן
וועלן: געוואָלט	

Note that the —גע prefix of the past participle is never stressed.

3. זײַן or האָבן

The great majority of verbs use **האָבן** as the auxiliary to form the past tense; only a limited number use **זײַן**. Unless **איז** with the participle in question is given in parentheses, the verbs listed in the vocabulary use **האָבן**. Of the verbs that have occurred in previous lessons, the following use **זײַן**:

וואַקסן: ער איז געוואָקסן
ווערן: ער איז געוואָרן
זײַן: ער איז געווען
גיין: ער איז געגאַנגען
קומען: ער איז געקומען

In the present lesson, the following have been added:

בלײַבן: ער איז געבליבן
שטאַרבן: ער איז געשטאָרבן

All verbs using **זײַן** have ן— participles, but not vice versa.

4. Past Tense of איז דאָ and איז ניטאָ

אויף דער גאַס **איז דאָ** אַ שול	There is a school on this street
אויף דער גאַס **איז געווען** אַ שול	There was a school on this street
אויף דער גאַס **איז ניטאָ** קיין שול	There is no school on this street
אויף דער גאַס **איז ניט געווען** קיין שול	There was no school on this street

In the past tense, the word **דאָ** of the expression **איז דאָ** is omitted. The negation **ניטאָ** is replaced by **ניט**.

5. Adverbs Formed from Adjectives

ייִדן האָבן שווער געאַרבעט	The Jews worked hard
יוסף האָט געענטפֿערט ריכטיק	Yoysef answered correctly
משה האָט שיין געשריבן	Moyshe wrote beautifully

An adverb formed from an adjective is identical with the base form of the adjective. Some adjectives are incapable of forming regular adverbs; for instance, **זעלביק** *same* or **אַנדער** *other*. From this point, such adjectives will be listed in the vocabulary in parentheses.

EXERCISES

A. 1. From the reading passage at the beginning of this lesson, write out five verbs which form the past tense with **האָבן** and four which form the past tense with **זײַן**.

2. Write out five participles ending in **ט—** and five in **ן—**.

B. Conjugate in the past tense:

1. איך האָב געפֿירט אַן אויטאָ. 2. איך בין געוואָרן אַ תּלמיד. 3. הײַנט האָב איך געלייענט די צײַטונג. 4. אין שיקאַגאָ האָב איך ניט געווױנט.

C. Look up the past participles of the following verbs in the glossary at the end of the book, noting whether they use **האָבן** or **זײַן**; then make up six sentences containing these verbs in the past tense:

1. בויען 2. וואַקסן 3. לאַכן 4. לייענען 5. שיקן 6. שרײַבן.

D. Retell the story **ווי הייסט איר?** (p. 62) in the past tense.

E. Translate into Yiddish:

1. My (=the) mother speaks beautifully. 2. He wrote Yiddish very well (*cf.* good). 3. The students studied very hard. 4. The boy works very badly. 5. He could not read correctly. 6. He spoke to them warmly.

F. Put the following sentences in the past tense:

1. אין אייראָפּע זײַנען דאָ ייִדן. 2. אין שול זײַנען דאָ זייער אַ סך תּלמידים. 3. אין געטאָ איז ניטאָ קיין סך עסן. 4. אין צימער זײַנען ניטאָ קיין מענטשן. 5. די קינדער דאַרפֿן שוין זײַן אין דער היים. 6. אויף דער וועלט זײַנען דאָ פֿאַרשיידענע פֿעלקער. 7. מען טאָר ניט לאָזן די קינדער אַליין.

G. Translate into Yiddish:

1. Hello, Yoysef. 2. Hello, Khaim. 3. Have you seen this new book? 4. No. What is it about? (=About what is it?)

5. It is about the uprising in Warsaw. 6. This book must be very important (וויכטיק). Who wrote it? 7. This man was there at (=in) the time of the war, and now he has come to the United States. 8. Are there things in this book which (וואָס) we do not know? (=did not yet know?) 9. Yes. I did not know until now that the Germans used airplanes and poison gas against the ghetto. 10. How could they use airplanes? 11. Was not the ghetto in the city [of] Warsaw? 12. Was it not very small? 13. Yes, but the Germans did use (*past tense*) airplanes and tanks. 14. You see, the world knows very little about this. 15. It is said that poison gas was not used in the war, but the Germans used it against Jews. 16. I had an uncle and two cousins there. 17. They died in the ghetto. 18. Did you (*pl.*) know that they were (=are) there? 19. Yes. We wrote them, but they did not get the letters which (וואָס) we sent them. 20. What became of the Jews in Poland is horrible (=It is horrible what became of the Jews in Poland). 21. When can you give me this book? I want to read it. 22. I want you to read it, and I can give it [to] you (דיר) now; I have read it already. 23. Well, good-bye, Yoysef. 24. Good-bye.

THE FATE OF EUROPEAN JEWS IN WORLD WAR II

As soon as the Nazis came to power in Germany in 1933, they began to enforce anti-Semitic measures which culminated in the Nuremberg Laws of 1935. The subsequent three years saw an intensification of anti-Jewish legislation and practice. In 1938, a wave of mass looting, killing, and synagogue burning swept Germany. As the sphere of Nazi domination expanded in the following years, it brought its anti-Jewish regime to new areas, where previous fifth-column propaganda activities had prepared the ground.

When Polish Jewry fell into German hands in 1939, the Germans initiated a program of large-scale experimentation in mass murder which had apparently been prepared even before the outbreak of the war by the German government with the help of German scholars. One of the first steps was the herding of Jews into ghettos, or walled-in sections in the poorest part of each city or town, thus forcing them to live under appalling conditions of

בײַ דער װאַנט פֿון געטאָ אין װאַרשע

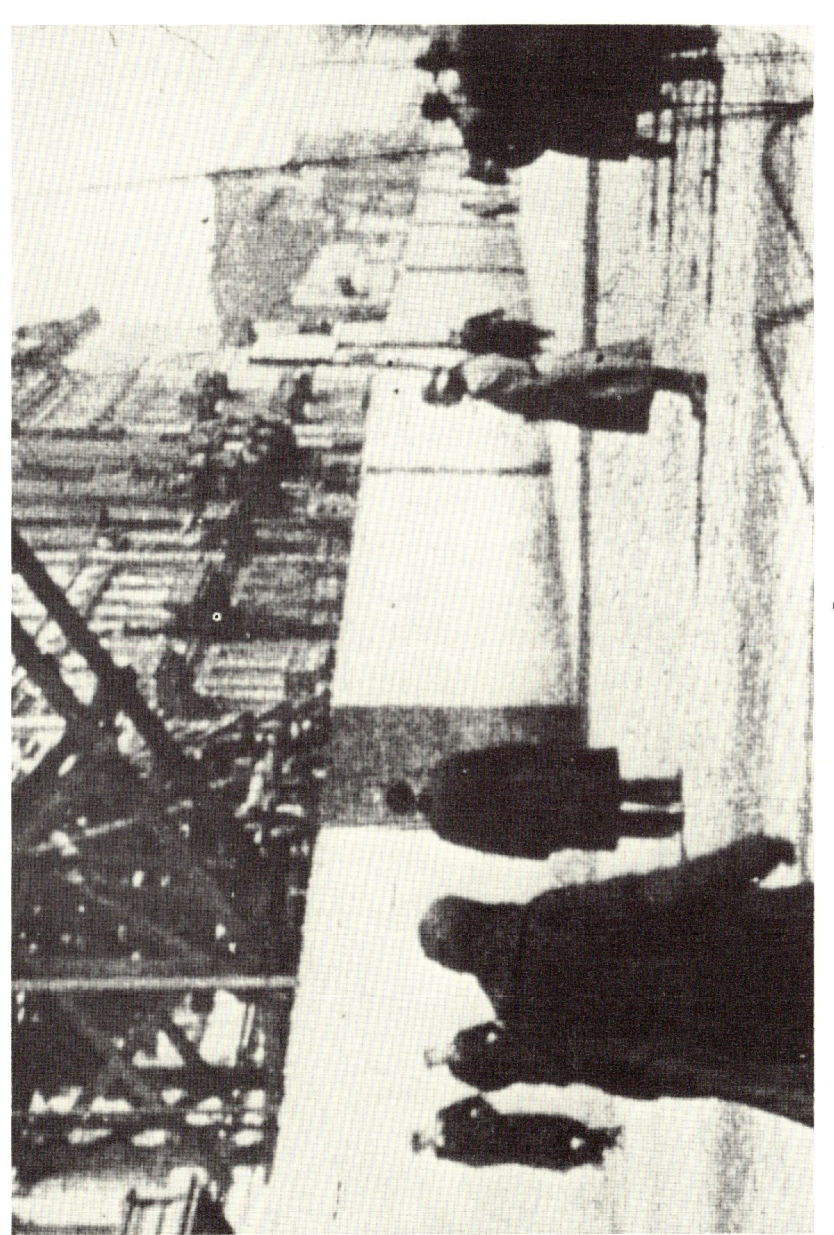

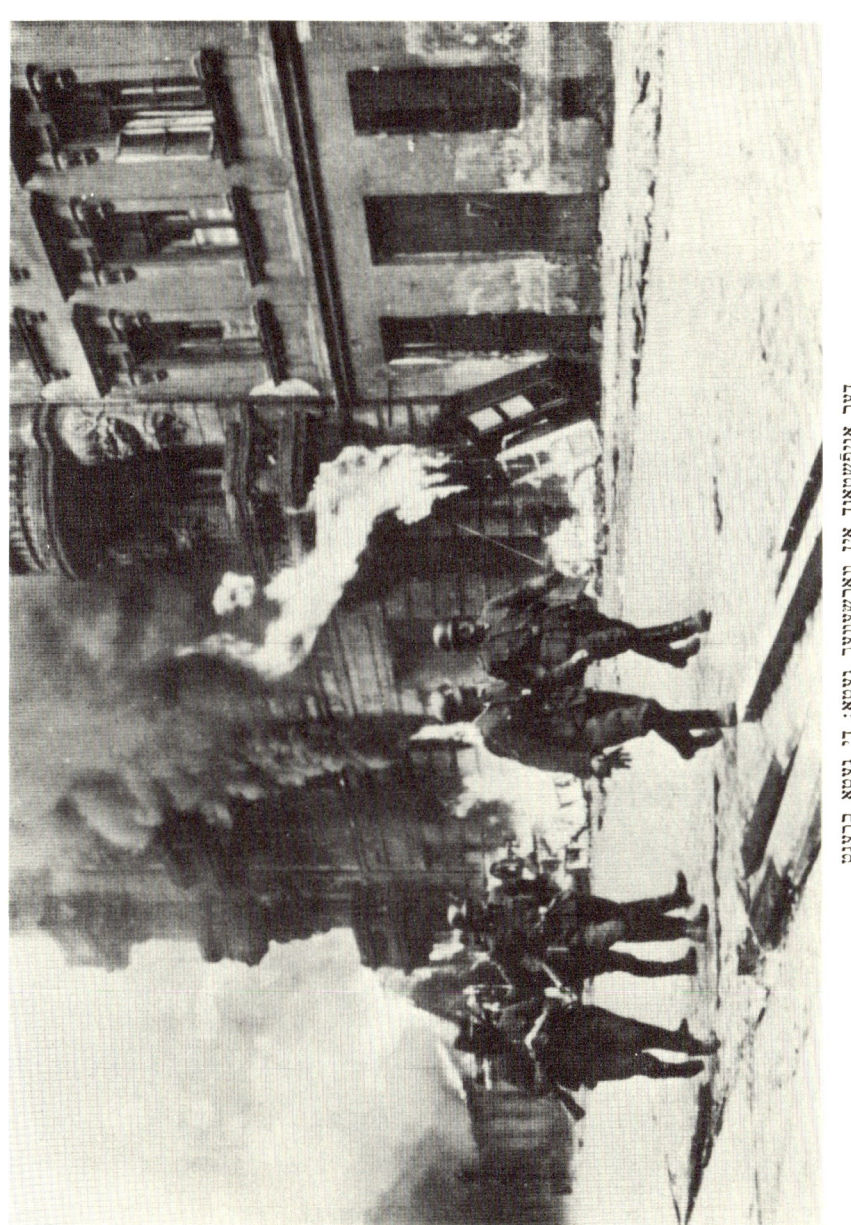

דער אויפֿשטאַנד אין וואַרשעווער געטאָ: די געטאָ ברענט

health and supply. Workers with useful skills were soon selected by the Germans for special work. Uncertain of the future, the harassed and oppressed Jews in the ghettos nevertheless established a semblance of "normal" living under which they might endure the occupation. Life within the ghetto was tightly organized by the Jews themselves. Workshops, hospitals, health stations, clandestine schools, and cultural institutions were set up despite the dire straits in which the inhabitants found themselves. In these activities Jewish spiritual resistance manifested itself even before physical resistance developed.

The outright murder of the Jews was begun by the Germans in the summer of 1941. In 1942, the scale of extermination was so stepped up that by the end of the war six million Jews had been murdered. The program was everywhere led and supervised by the Germans, but was frequently implemented by local auxiliaries, such as Ukrainians, Latvians, Lithuanians, Poles, Hungarians, Slovaks, organized by the Germans into paramilitary units. Millions were gassed and burned by them in the furnaces of death camps, while others were machine-gunned and buried alive in countless locations.

When the remaining Jews finally realized that all of them were doomed, active resistance flared up in many localities. Before and during the mass deportations to places of execution, thousands of young Jews succeeded in escaping from the ghettos, and many of them banded together into guerrilla formations. In a number of ghettos, and even in some death camps, actual uprisings were attempted. The best known revolt is that of the Warsaw ghetto in April, 1943. These acts of resistance are the more remarkable in view of the conditions then prevailing among the Jews. Starved and exhausted after years of ghetto life, reluctant until the end to believe the enormity of the German design, and isolated from the rest of the world by the ghetto walls and by hostile populations, tens of thousands of Jews nevertheless found the strength and the means to face the enemy with weapons in their hands. Jews took up arms against the Germans despite the piteous inequality of the combatants and the desperate hopelessness of the outcome. As soon as Jewish resistance was subdued, the Germans proceeded to exterminate the few Jews that remained.

In the hope of getting some additional profit out of the Jews after looting and before killing them, the Germans selected the stronger and younger ones for labor units in various concentration camps. Thus some of these slave laborers lived longer than those who were transported directly to their places of execution. As the Allied armies approached one concentration camp or another, the Germans usually executed the Jews at the last moment to prevent their capture by the Allies. Where they happened to fail in this, some Jews survived. These survivors, as well as Jews who returned from guerrilla units and from far-away parts of Russia, where they had been deported by the Soviet Union during the war, made up the bulk of the Jewish displaced persons who in 1948, three years after the end of the war, were still living in D. P. camps in Germany, Austria, and Italy, without the possibility of leaving the land which had been soaked with blood of their people. Only very slowly did they succeed in reaching permanent places of resettlement.

LESSON 9

נײַנטע לעקציע

אַן אַלטער בריוו

איין מאָל האָט משה געפֿונען אין דער היים אַן אַלטן בריוו. דער בריוו איז געווען פֿון זײַן שוועסטערקינד הערשלען וואָס האָט ביז דער מלחמה געוווינט אין ווילנע (פּוילן). די דײַטשן האָבן אים אומגעברענגט אין געטאָ. דער בריוו איז געקומען פֿאַר דער מלחמה, ווען משה איז נאָך געווען אַ ייִנגל. ער האָט נאָך ניט געקענט לייענען קיין ייִדיש. איצט קען ער שוין לייענען וואָס הערשל האָט געשריבן:

„טײַערער פֿעטער און מומע,

„אין מײַן לעצטן בריוו האָב איך אײַך דערציילט וועגן ווילנע. אָבער ווען איך האָב געשריבן וועגן מײַנע חבֿרים, האָב איך אײַך גאָרניט דערציילט וועגן מײַן שול. דערפֿאַר האָב איך באַשלאָסן אײַך הײַנט צו שרײַבן וועגן דעם.

„איך לערן זיך אין אַ ייִדישער שול, און איך בין שוין אין פֿינפֿטן קלאַס. מיר לערנען אַלע לימודים אויף ייִדיש, אַחוץ געשיכטע פֿון פּוילן. מער פֿון אַלע לימודים געפֿעלט מיר ייִדישע געשיכטע, ווײַל איך וויל וויסן אַלץ וואָס איז געשען מיט מײַן פֿאָלק. איך דאַרף נאָך גיין אין פֿאָלקשול איין יאָר. ווען מען ענדיקט די פֿאָלקשול גייט מען אין גימנאַזיע. אין ווילנע איז דאָ אַ ייִדישע גימנאַזיע אויך.

„איר פֿרעגט, וואָס איך און מײַנע חבֿרים טוען אין דער פֿרײַער צײַט. אין אָוונט גייען מיר זייער אָפֿט אין קלוב. מיר אַבאָנירן זשורנאַלן פֿאַר דער ביבליאָטעק און מיר לייענען זיי צוזאַמען. מיר מאַכן אַליין אַ צײַטונג אַלע וואָך.

„אין אַ סך שטעט זײַנען דאָ ייִדישע ספּאָרט־אָרגאַניזאַציעס 'מכּבי'. נעכטן האָט די פֿוסבאָל־מאַנשאַפֿט פֿון ווילנע געשפּילט קעגן וואַרשע און האָט פֿאַרלוירן. אָבער די ווילנער מאַנשאַפֿט איז סײַ ווי סײַ אַ גוטע, און דאָס לעצטע יאָר האָבן מיר זייער אָפֿט געוווּנען.

„וואָס מאַכט איר אלע? וואָס מאַכט משה? ער האָט מיר קיין מאָל ניט געשריבן קיין בריוו. צי געדענקט ער מיך נאָך? איך געדענק נאָך גוט, ווי איר זײַט געווען בײַ אונדז צו גאַסט.
שרײַבט מיר!"

אײַער
הֶ ע ר ש ל."

אַ נאַר און אַ חכם

ייִדן זאָגן: ווען מען דערציילט אַ נאַר אַ מעשׂה, לאַכט ער דרײַ מאָל.
איין מאָל, ווען מען דערציילט אים די מעשׂה; אַ צווייט מאָל, ווען מען דערקלערט זי; און נאָך איין מאָל, ווען ער פֿאַרשטייט זי.

ווען מען דערציילט אַ חכם אַ מעשׂה, זאָגט ער: „אַן אַלטע מעשׂה!
איך האָב זי שוין געהערט אַ סך מאָל!" און ער קען אַליין דערציילן די מעשׂה אַנדערש.

VOCABULARY

אַבאָנירן to subscribe	* די געשיכטע history
* דער אָוונט (ן) evening	* געשע'ן (איז געשע'ן) (מיט)
אין אָוונט in the evening	to happen (to)
* אַחוץ [AKHU'TS] except	* דערציילן to tell (=relate)
אײַך you	* דערקלערן to explain
אײַער your	הערשל boy's name
* אַלט old	* די וואָך (ן) week
אַליין himself, ourselves	אַלע וואָך every week
* אַלץ all, everything	* וואָס (relative pron.)
* אַנדערש differently	who, which
* באַשליסן (באַשלאָסן) to decide	ווילנע Vilna
די ביבליאָטע'ק library	ווילנער Vilna (adjective)
* בײַ at . . .'s house	* דער זשורנאַ'ל (ן) magazine
בײַ אונדז at our house	* דער חבֿר (ים) [KhAVER—KhAVEY-RIM] friend
די גימנאַ'זיע high school and junior college (in Europe)	דער חכם (ים) [KhOKhEM—KhA-KhOMIM] wise man
* געדענקען to remember	* טײַער dear
* געווינען (געוווּנען) to win	* דאָס יאָר year
* געפֿינען (געפֿונען) to find	דער לימוד (ים) [LIMED—LIMUDIM] subject
* געפֿעלן (איז געפֿעלן) to please	לערנען = לערנען זיך
דאָס געפֿעלט משהן Moyshe likes this (literally, this pleases Moyshe)	* (לעצט) last

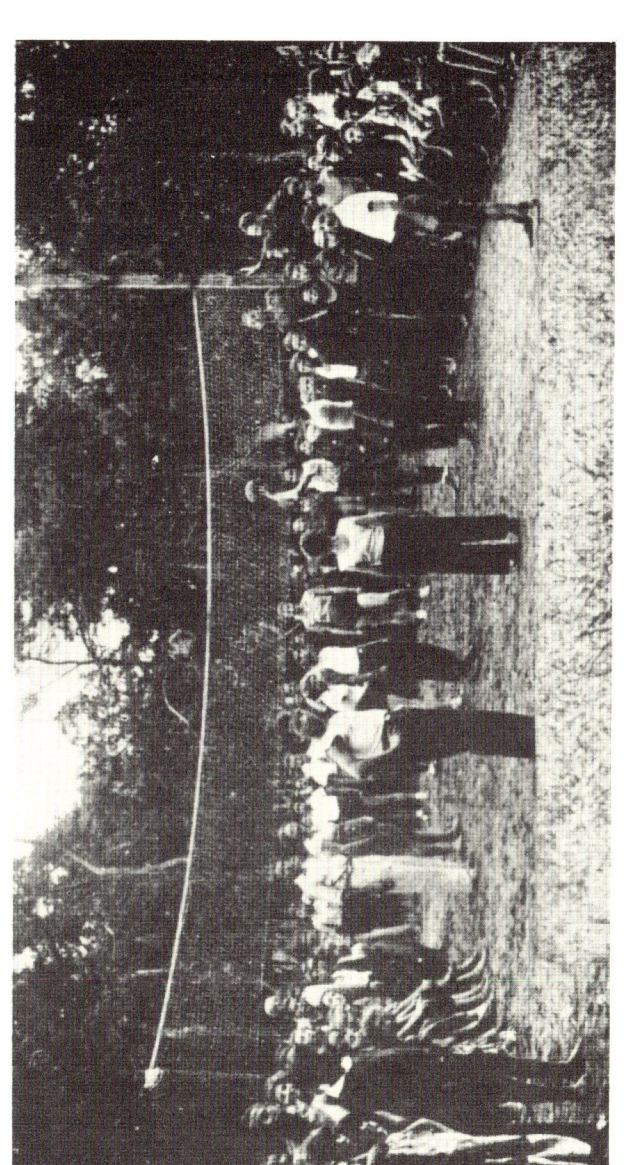

יידישע קינדער אין פוילן פֿאַר דער צווייטער וועלט־מלחמה

* מאָל: אַ מאָל — once
אײן מאָל, צוויי מאָל — once, twice
אַ סך מאָל — many times
קײן מאָל... ניט — never
מאַכן: * וואָס מאַכט... — how is...
די מאַנשאַפֿט — team
מײַן, מײַנע — my
מכּבי [MAKABI] — "Maccabees" (*name of a Jewish athletic league in many European countries*)
מער (פֿון) — more (than)
* נאָך — still
* נאָך ניט — not yet
דער נאַר — fool
* נעכטן — yesterday
* סײַ ווי סײַ — anyway

די ספּאָרט־אָרגאַניזאַציע — athletic league
* ע'נדיקן — to finish
די פֿאָלקשול — elementary school
פֿאַר — before
* פֿאַרלירן (פֿאַרלוירן) — to lose
* פֿאַרשטיי'ן (פֿאַרשטאַנען) — to understand (*irregular infinitive; conjugated in the present tense like* גיין, *cf. p.* 55)
פֿוסבאָל — soccer
פֿינפֿט — fifth
* פֿרײַ — free
* דער קלוב (ן) — club
שפּילן = שפּילן זיך

QUESTIONS

1. וואָס האָט משה געפֿונען? 2. ווער האָט געשריבן דעם בריוו? 3. פֿאַר וואָס האָט משה ניט געלייענט דעם בריוו, ווען ער איז געקומען? 4. צו וועמען האָט הערשל געשריבן דעם בריוו? 5. ווו האָט זיך הערשל גע־לערנט? 6. אויף וואָסער שפּראַך האָט מען געלערנט אין ייִדישע שולן אין פּוילן? 7. פֿאַר וואָס געפֿעלט הערשלען געשיכטע? 8. וויפֿל יאָר איז מען געגאַנגען אין פֿאָלקשול? 9. ווו האָט מען זיך נאָך דעם געלערנט? 10. וואָס האָט מען געטאָן אין הערשלס קלוב? 11. ווי אָפֿט האָבן זיי געמאַכט די צײַטונג? 12. וואָסער אָרגאַניזאַציע איז „מכּבי"? 13. צי האָט ווילנע געהאַט אַ גוטע מאַנשאַפֿט? 14. ווי קען משה געדענקען הערשלען?

15. וויפֿל מאָל לאַכט אַ נאַר? 16. פֿאַר וואָס? 17. וואָס זאָגט דער חכם?

GRAMMAR

1. Past Participles Without —גע

איך אַבאָני'ר — איך האָב אַבאָני'רט
איך באַשלי'ס — איך האָב באַשלאָסן
איך דערקלע'ר — איך האָב דערקלע'רט
איך געפֿי'ן — איך האָב געפֿונען

In the present tense of a number of verbs, the stress does not fall on the first syllable. In such verbs, no —גע is added in the past participle.

Participles without גע— are found in both the ן— and the ט— categories. ן— participles are indicated individually:

באַשליסן (באַשלאָסן)

If a verb is listed in the vocabulary as דערציילן, the present tense, איך דערצייל, can be inferred; consequently, since the stress does not fall on the first syllable, the past participle is דערציילט.

2. Clauses as Sentence Units

ווען חיים דערציילט אַ מעשׂה | לאַכן | אַלע

ווען מען ענדיקט די פֿאָלקסשול, | גייט | מען | אין גימנאַזיע

„וואָס שרײַבט דײַן פֿעטער?" | פֿרעגט | משה

In a complex sentence, a subordinate clause is treated as a simple sentence unit. If it precedes the main clause, the verb of the main clause must follow it immediately in order to remain the second unit in the sentence as a whole. Within the subordinate clause, of course, the usual rules for word order apply.

3. To Like

הערשלען געפֿעלט פֿוסבאָל   Hershl likes soccer
משהן געפֿעלן די ביכער   Moyshe likes the books
משהן זײַנען געפֿעלן די ביכער   Moyshe liked the books

Expressions of "liking" follow this idiomatic pattern in Yiddish: the *person who likes* is indicated by the indirect object (dative case); the *thing which is liked* is indicated by the subject (nominative case); the verb is געפֿעלן.

Note the synonym גלײַכן, discussed on p. 266.

4. Declension of Personal and Interrogative Pronouns

		NOMINATIVE	ACCUSATIVE	DATIVE
PERSONAL	I	איך	מיך	מיר
	you (sg.)	דו	דיך	דיר
	he	ער	אים	אים
	she	זי	זי	איר
	it	עס	עס	אים
	we	מיר	אונדז	אונדז
	you (pl)	איר	אײַך	אײַך
	they		זיי	
IMPERSONAL	one	מען	—	—
INTERROGATIVE	what		וואָס?	
	who	ווער?		וועמען?

If a sentence contains a direct and indirect object, both of which are pronouns, the direct object precedes the indirect. If one object is a noun and the other a pronoun, the pronoun precedes the noun. See pp. 109–110.

EXERCISES

A. Conjugate in the past tense:

1. איך האָב באַשלאָסן צו גיין. 2. הײַנט האָב איך דערציילט אַ מעשׂה. 3. איך האָב אַבאָנירט דעם זשורנאַל. 4. איך האָב פֿאַרשטאַנען דעם בריוו.

B. Retell the story אַ נאַר און אַ חכם in the past tense.

C. In the following sentences, replace the italicized nouns or phrases by the appropriate personal pronouns, changing the word order where necessary:

1. חיים גייט שפּאַצירן מיט זײַן שוועסטער. 2. די מאַמע האָט דערקלערט די מעשׂה דעם זון. 3. די חבֿרים ווילן האָבן דעם קלוב. 4. דער לערער רעדט מיט דעם תּלמיד. 5. מען בויט שוין די הײַזער דרײַ יאָר. 6. אסתּר רעדט מיט דעם טאַטן. 7. ער שפּילט זיך צוזאַמען מיט דעם קינד. 8. דאָס ייִנגל גייט צו זײַן חבֿר.

D. Put the pronouns in parentheses into the appropriate case:

1. דו געדענקסט (איך) נאָך? 2. איך זע (איר) קיין מאָל ניט. 3. איך דאַרף (זי) האָבן. 4. ווו קען איך (ער) לאָזן? 5. (ווער) קענט איר דאָ? 6. (דו) דאַרף מען ניט העלפֿן. 7. לאָמיר איצט באַשליסן וועגן (זיי). 8. מיט (וואָס) קען איך אײַך העלפֿן? 9. גיט (עס) מיר, זײַט אַזוי גוט. 10. איך האָב (זי) געפֿונען אין דער היים. 11. איך דאַרף מיט (דו) רעדן. 12. דו האָסט שוין געהערט וועגן (זי)? 13. ער קומט צו (מיר) אָפּט. 14. ער וווינט איצט בײַ (איך). 15. וואָס שרײַבט מען (איר) פֿון אייראָפּע? 16. מיט (ווער) זאָל איך רעדן וועגן די זאַכן? 17. די אַלטע מעשׂה איז (ער) זייער געפֿעלן. 18. איך וויל, איר זאָלט קומען צו (מיר) אַהיים. 19. ווי קען איך עס (דו) דערקלערן? 20. פֿוסבאָל געפֿעלט (זיי) ניט.

E. Make complete sentences out of each pair of clauses:

1. (ווען דאָס קינד איז געווען קליין)+(עס איז געווען שיין). 2. („וואָס מאַכט איר?")+(יוסף פֿרעגט). 3. („זייער גוט")+(דער אַלטער מאַן זאָגט). 4. (ווען איך בין געווען אַ קינד)+(איך האָב ניט געקענט קיין ייִדיש). 5. (ווען מיר זײַנען געווען אין פּוילן)+(מיר האָבן געזען ווילנע און וואַרשע). 6. (ווען דו ביסט געווען אין דער היים)+(די מאַמע איז שוין דאָרט געווען?). 7. (וואָס דער תּלמיד האָט געלערנט)+(ער האָט געדענקט). 8. (ווען אַ קינד רעדט מיטן טאַטן)+(ער דאַרף זאָגן „איר"

אָדער „דו״?). 9. (וווּ מען גייט)+(מען זעט שיינע הײַזער). 10. (ווען
איר קענט)+(קומט צו אונדז!).

F. Translate into Yiddish:

1. Yesterday my uncle was at our house. 2. He is a teacher. 3. He told us many interesting things. 4. In America, he explained, many children go to Jewish schools. 5. They go two or three afternoons a week (=two or three times a week in the afternoon). 6. They study Yiddish or Hebrew. 7. In many schools Jewish history is also studied. 8. (It is wanted that) Jewish children should know what happened to the Jewish people. 9. But these same children go to English schools every day, anyway. 10. My uncle said that they have to go to two schools. 11. In Poland, the Jewish schools were different (=differently). 12. People understood that everything can be studied in the same school. 13. Children never had to lose time to go to two schools. 14. They could be free in the afternoon[s]. 15. In Poland many Jewish children went to Yiddish schools where all subjects were taught (=they learned all subjects) in Yiddish, except [the] history of Poland. 16. They studied in the language which was spoken at home. 17. The children liked this. 18. Because there were elementary schools, there were also high schools. 19. When a child finished an elementary school, he could go to (=in) high school. 20. My uncle still has a magazine which a club of Jewish children of Poland sent him before the war.

MODERN YIDDISH LITERATURE

Modern Yiddish literature is usually considered to have begun about 1860 with the works of Sholem-Yankev Abramovich (1834–1917), who wrote under the pen name of Mendele Moykher-Sforim (Mendele the Bookseller) and is known as "the Grandfather of Modern Yiddish Literature." Mendele established the fundamental literary language patterns that have been generally followed ever since. Undistorted by the satire which he directed against the life and manners of small-town Jewry in old Russia, Mendele's detailed descriptions constitute historical monuments to a bygone era. The second classic writer was Sholom Aleichem (Solomon Rabinovich;

די קלאַסיקערס פֿון דער נײַער ייִדישער ליטעראַטור

מענדעלע מוכר־ספֿרים

שלום־עליכם

יצחק־לייבוש פּרץ

1859–1916), who provided us with an insight into the Jewish mentality with all its faults and merits. His delightful humor revealed his understanding of and love for the men, women, and children whom he portrayed. Yitskhok Leybush Peretz (1852–1915), the third classic writer, monumentalized many aspects of Jewish ethics by countering Mendele's realism with a peculiar kind of romanticism, and became the undisputed leader of the younger literary generation. The "Big Three"—Mendele, Sholom Aleichem, and Peretz—were followed by a host of talented younger writers who together made the period from 1864 to 1939 the Golden Era of modern Yiddish literature. The novel, the short story, the drama, the epic poem, and every other form of fictional and non-fictional writing was utilized to the fullest during this time—not only to depict Jewish life the world over, but also to express the hopes and strivings of the Jews of all ages for national, social, and individual betterment. Many hundreds of works of European literature, of an artistic as well as scientific character, were translated into Yiddish; the best of Shakespeare's dramas can today be read in good Yiddish translations. While a developing system of general education was prompting an increase of "Western" interests among the Jews, Yiddish literature assumed a more universal character; subjects not restricted to Jewish life came into greater prominence. In recent years, Yiddish prose and poetry have to a large extent returned to the specific Jewish experiences and the Jewish fate in the modern world.

Since the end of World War II, North and South America, France, and Israel have been centers of Yiddish writing and publishing. Literary contacts with Poland and Rumania have been reduced to a trickle by the Iron Curtain. In the Soviet Union, Yiddish publishing was suppressed in 1949. In 1959, a few classic works were republished and in 1961 a magazine was launched which now appears as a monthly.

LESSON 10

צענטע לעקציע

פֿאַר װאָס?

אַ ייִד האָט אַ מאָל געפֿרעגט בײַ אַ חבֿר:

„דערקלער מיר, איך בעט דיך. פֿאַר װאָס שײַנט די זון זומערצײַט, װען עס איז צו װאַרעם און מען דאַרף זי ניט האָבן, אָבער װינטערצײַט, װען עס װערט קאַלט, װען עס גייט אַ רעגן און אַ שניי — דעמאָלט איז די זון ניטאָ?"

דער אַנדערער ייִד איז אױך געװען אַ קלוגער, האָט ער געזאָגט:

„דאָס איז גאָרניט. איך װיל דיך עפּעס פֿרעגן. פֿאַר װאָס שײַנט די זון בײַ טאָג, װען עס איז סײַ װי סײַ ליכטיק? בײַ נאַכט, װען עס איז פֿינצטער, איז זי ניטאָ, און די קלײנע לבֿנה דאַרף שײַנען אַלײן!"

דער ליגן

אױף ייִדיש זײַנען דאָ אַ סך מעשׂיות װעגן ייִדן אין באַן. אײן מעשׂה דערצײלט מען אַזױ:

צװײ ייִדן־קאָנקורענטן האָבן זיך אַ מאָל געטראָפֿן אין באַן.

„שלום־עליכם, ר' דוד."

„עליכם־שלום, ר' יצחק."

„װוּהין פֿאָרט איר, ר' דוד?"

„איך פֿאָר קײן מינסק קױפֿן װײץ."

ר' יצחק הערט דאָס און שמײכלט.

„פֿאַר װאָס שמײכלט איר, ר' יצחק?"

„איך פֿאַרשטײ ניט, פֿאַר װאָס איר זאָגט מיר אַ ליגן."

„אַ ליגן? װאָסער ליגן? איך האָב אײַך שױן אַ סך מאָל געזאָגט אַ ליגן?"

„גײט, גײט, ר' דוד! איך פֿאַרשטײ אײַך זײער גוט. איר זאָגט מיר, אַז איר פֿאָרט קײן מינסק נאָך װײץ, איך זאָל מײנען, אַז איר פֿאָרט קײן װאַרשע נאָך מעל. אָבער איך װײס דאָך, אַז איר פֿאָרט טאַקע קײן מינסק נאָך װײץ, טאָ פֿאַר װאָס דאַרפֿט איר מיר זאָגן אַ ליגן?"

דער שפּיגל

„זיידע, פֿאַר וואָס טראַכטן רײַכע מענטשן אַלע מאָל וועגן זיך?" האָט רחל אַ מאָל געפֿרעגט דעם זיידן. „פֿאַר וואָס ווערן זיי אַזוי קאַרג, ווען זיי קריגן אַ ביסל געלט?"

דער זיידע האָט זי צוגעפֿירט צום פֿענצטער און געפֿרעגט: „וואָס זעסטו דורכן פֿענצטער, רחל?"

„מענטשן," האָט רחל געענטפֿערט.

נאָך דעם האָט זי דער זיידע צוגעפֿירט צום שפּיגל. „און וואָס זעסטו איצט?"

„איך זע זיך אַליין," האָט רחל געזאָגט.

„איצט פֿאַרשטייסטו שוין?" האָט דער זיידע געפֿרעגט. „ווען דו קוקסט דורך גלאָז, זעסטו אַנדערע מענטשן, אָבער אויב דאָס גלאָז איז באַדעקט מיט אַ ביסל זילבער, זעסטו נאָר זיך אַליין. און אַזוי איז מיט אַלע מענטשן וואָס האָבן אַ ביסל זילבער."

שפּריכווערטער

רעדן איז זילבער; שווײַגן איז גאָלד.

אַ מענטש טראַכט און גאָט לאַכט.

VOCABULARY

* אַזוי׳ so; thus
באַדע׳קט covered
* די באַן (ען) railroad, train
* ביסל: אַ ביסל a little
* בעטן (געבעטן) to ask (=request)
* איך בעט דיך (אײַך) please!
* דאָס גאָלד gold
* גיי(ט), גיי(ט)! come now! (*imperative of* גיין)
דאָס גלאָז glass
* דאָך you know
* דורך through
* דעמאָלט then
* וווּהי׳ן where to
דער ווייץ wheat
* דער ווינטער winter
* דער זומער summer
* די זון sun
* דער זיידע (ס) (*acc.-dat.*: זיידן) grandfather
* זײַן his
* זיך, זיך אַליי׳ן oneself; myself, yourself, *etc., as the case may be*
* דאָס זילבער silver
טאָ so; in that case
טאָג: * בײַ טאָג in the daytime
* טאַקע indeed, really
* טראַכטן to think
טרעפֿן זיך (געטראָפֿן) to meet
* יצחק [YITSKHOK] *man's name* (*Yiddish equivalent of* Isaac)
* די לבֿנה [LEVONE] moon

98 COLLEGE YIDDISH

* דער ליגן (ס) lie
זאָגן אַ ליגן to tell a lie
* ליכטיק light (*opposite of* dark)
* מיינען to believe
מינסק Minsk
דאָס מעל flour
* נאָך for
נאַכט: * בײַ נאַכט at night
* עליכם־שלום [ALEYKhEM-ShOLEM] greeting in answer to שלום־עליכם
* עפּעס something
* פֿאָרן (איז געפֿאָרן) to travel; to go (by vehicle)
* פֿינצטער dark
* דער פֿענצטער (—) window
* צו too
צו׳געפֿירט led
* —צײַט during (*unstressed suffix, used with names of seasons, holidays, etc.*)
* קאַלט cold
* דער קאָנקורע׳נט (ן) competitor
קאַרג stingy
* קויפֿן to buy
* קוקן to look at
* קיין to
* קלוג clever, wise
ר׳ Mr. (a traditional title [REB] which is not now in general use)
* רחל [ROKhL] *woman's name* (*Yiddish equivalent of* Rachel)
* רײַך rich
* דער רעגן (ס) rain
* שווײַגן (געשוויגן) to be silent
שײַנען to shine
* שלום־עליכם [ShOLEM-ALEYKhEM] hello; how do you do?
* שמייכלען to smile
* דער שניי snow
דער שפּיגל (ען) mirror
* דאָס שפּריכוואָרט (שפּרי׳כווערטער) proverb

QUESTIONS

1. וואָס האָט דער ערשטער ייִד געפֿרעגט דעם חבֿר? 2. צי האָט אים דער חבֿר געענטפֿערט? 3. וואָס האָט דער חבֿר דערציילט?

4. ווו האָבן די צוויי קאָנקורענטן זיך געטראָפֿן? 5. פֿאַר וואָס האָט ר׳ יצחק געשמייכלט? 6. וווהין האָט ר׳ יצחק געטראַכט, פֿאָרט ר׳ דוד? 7. וווהין איז ר׳ דוד טאַקע געפֿאָרן? 8. נאָך וואָס איז ער געפֿאָרן?

9. וואָס האָט רחל געפֿרעגט בײַם זיידן? 10. וואָס האָט דער זיידע געטאָן? 11. וואָס האָט רחל געזען דורכן פֿענצטער? 12. וואָס האָט זי געזען אין שפּיגל? 13. וואָס האָט דער זיידע געזאָגט?

14. ווי פֿאַרשטייט איר דאָס שפּריכוואָרט: „אַ מענטש טראַכט און גאָט לאַכט״?

GRAMMAR

1. Use of עס as a Subject

עס איז הײַנט זייער וואַרעם
עס איז איצט קאַלט און פֿינצטער

In the above sentences, *there is no logical subject*, and the pronoun **עס** serves as the formal, *impersonal* subject. No **עס** is necessary if another sentence unit begins the sentence:

הײַנט איז זײער װאַרעם
איצט איז קאַלט און פֿינצטער

However:

עס גײט אַ רעגן
עס גײט אַ שנײ
עס שײַנט די לבֿנה

The sentences in this group do contain logical subjects, namely **די לבֿנה, אַ שנײ, אַ רעגן**; yet they are placed after the verb while **עס** takes their place before the verb as the formal subject. In this function **עס** is called *expletive*, since it fills the normal place of the subject.

The meaning of a sentence is, for practical purposes, the same whether the normal or the expletive **עס** construction is used:

אַ מאָל האָט געלעבט אַ מענטש = עס האָט אַ מאָל געלעבט אַ מענטש
Once there lived a man

די ריכטיקע צײַט איז געקומען = עס איז געקומען די ריכטיקע צײַט
The right time has come

אויטאָס זײַנען געפֿאָרן = עס זײַנען געפֿאָרן אויטאָס
Cars were driving by

Observe that if the logical subject is in the plural, the verb is also in the plural.

Expletive **עס** is never used when the logical subject is a pronoun.

2. פֿרעגן and בעטן

(1) איך האָב זי געפֿרעגט, פֿאַר װאָס זי איז אַזױ קאַרג (2) איך האָב בײַ איר געפֿרעגט, פֿאַר װאָס זי איז אַזױ קאַרג	I asked her (=inquired) why she was so stingy
(3) איך האָב געפֿרעגט די מאַמע, װאָס זי טוט (4) איך האָב געפֿרעגט בײַ דער מאַמע, װאָס זי טוט	I asked my mother (=inquired) what she was doing

פֿרעגן means *ask* in the sense of *inquire*. The noun denoting the person asked may be either in the accusative, as in examples (1) and

(3), or in the dative preceded by the preposition בײַ, as in examples (2) and (4) above.

(5) בעט זי, זי זאָל קומען (6) בעט בײַ איר, זי זאָל קומען	Ask (=request) her to come
(7) בעט די שוועסטער, זי זאָל קומען (8) בעט בײַ דער שוועסטער, זי זאָל קומען	Ask (=request) your sister to come
(9) בעט דאָס בוך בײַ דער שוועסטער	Ask (=request) your sister for the book

בעטן means *ask* in the sense of *request*. If the request is expressed in a clause, as in examples (5), (6), (7), and (8), the person who is asked may also be denoted either by a noun in the accusative or in the dative preceded by **בײַ**. But if an object is requested, as *the book* in example (9), the noun denoting that object is in the accusative (without any preposition), while the person of whom the request is made is denoted by a construction of **בײַ** plus the dative.

3. The Prepositions קיין and אין

מיר זײַנען געפֿאָרן קיין ניו־יאָרק מיר זײַנען געפֿאָרן אין ניו־יאָרק	We went to New York
זיי זײַנען געפֿאָרן אין אַן אַנדער שטאָט	They went to another city

קיין[1] *to* and **אין** *to* are used interchangeably before *names* of cities and countries, but before common nouns such as "a city," "the city," "a country," "the other countries," etc., only the preposition **אין**, meaning either *to* or *in*, is used.

With **די פֿאַראייניקטע שטאָטן** the preposition is always **אין**:

אין די פֿאַראייניקטע שטאָטן	to the United States; in the United States

4. The Pronoun זיך

ער רעדט צו זיך	He talks to himself
איך זע זיך אין שפּיגל	I see myself in the mirror
מען דערציילט וועגן זיך	One tells about oneself
מיר ווילן אײַך דערציילן וועגן זיך	We want to tell you about ourselves

זיך is a pronoun used as the object of a verb or a preposition when the person it refers to is the same as the subject of the sentence.

---

[1] Usually [KEN].

איך האָב עס אַליין געזען I have seen it myself
הערשל האָט אַליין געשריבן דעם בריוו Hershl wrote the letter himself

The adverb אַליין is used to emphasize the identity of the subject. Used in conjunction with זיך, it emphasizes the fact that the object is the same person as the subject:

ער רעדט צו זיך אַליין
איך זע זיך אַליין אין שפּיגל

5. Additional Contractions with דעם

The following prepositions are also contracted with following דעם, like those enumerated on p. 48:

ביז דעם = ביזן
דורך דעם = דורכן
נאָך דעם = נאָכן
פֿאַר דעם = פֿאַרן
צו דעם = צום

EXERCISES

A. Paraphrase the following sentences into constructions with expletive עס:

1. אַ מאָל איז געווען אַ גרויסע מלחמה. 2. די גאַנצע וועלט קוקט אויף אײַך. 3. קינדער שפּילן זיך אין פּאַרק. 4. אַ סך מענטשן זײַנען געשטאָרבן. 5. גוטע צײַטן דאַרפֿן נאָך קומען. 6. די זון שמייכלט צו אונדז. 7. פֿון זילבער ווערט ניט קיין גאָלד. 8. איין זאַך בלײַבט נאָך. 9. די מענטשן הערן און שווײַגן. 10. די באַנען פֿאָרן. 11. פֿיר חבֿרים ענדיקן צוזאַמען די שול. 12. די נאַכט קומט.

B. Supply the appropriate form of פֿרעגן or בעטן, as the meaning requires:

1. די מאַמע האָט ——, איך זאָל עפּעס קויפֿן. 2. נאָך דעם האָט זי ——, וואָס איך האָב געקויפֿט. 3. איך וויל אײַך ——, צי איר זײַט געווען אַ מאָל אין ארץ־ישׂראל. 4. איך —— אײַך, דערציילט מיר וועגן דעם. 5. —— בײַ אים, וואָס ער האָט געטאָן מיטן בוך. 6. —— אים, ער זאָל עס אונדז געבן. 7. —— עס בײַ אים. 8. איך האָב אים ניט ——, פֿאַר וואָס ער האָט זיי ניט געגעבן דאָס געלט. 9. —— רחלען, זי זאָל קומען צו אונדז צו גאַסט, און —— זי, ווען זי קען קומען. 10. צו וואָס דאַרפֿט איר עס האָבן, —— איך אײַך? 11. העלף מיר אַ ביסל, איך —— דיך זייער. 12. דער ברודער האָט ——, איך זאָל אײַך ——, צי ער קען אײַך מיט עפּעס העלפֿן.

C. Supply the preposition קיין wherever possible; in the remaining sentences, supply אין:

1. מײַן זיידע איז געקומען —— אַמעריקע. 2. נאָך דעם איז ער איין מאָל געפֿאָרן —— איראָפּע. 3. ער איז געפֿאָרן —— פּוילן און —— די אַנדערע לענדער, וווּ ער איז אַ מאָל געווען. 4. מיר שרײַבן בריוו —— שיקאַגאָ, מען זאָל אײַך העלפֿן. 5. איך דאַרף זײַן אַ וואָך —— דעטרויט. 6. דער פֿעטער איז געפֿאָרן —— מעקסיקע און איז שוין געבליבן —— מעקסיקע. 7. איך שיק געלט און זאַכן —— ישׂראל. 8. איך האָב דאָך משפּחה —— ישׂראל. 9. זומערצײַט איז ער געפֿאָרן —— באָסטאָן מיטן אויטאָ. 10. ער איז געקומען —— די פֿאַראייניקטע שטאַטן פֿאַר דער מלחמה.

D. Translate into Yiddish:

1. I am not speaking to myself; I am speaking to Dovid. 2. The man laughs at (=of) himself. 3. Shloyme himself said so. 4. Rokhl read about herself in the newspaper. 5. We looked at ourselves and laughed. 6. Moyshe must tell you this story himself. 7. Do you want it for yourself or for your (=the) family? 8. My (=the) father wrote this letter himself. 9. He had a beautiful child near him (self). 10. The United States itself is a very interesting country.

E. Translate into Yiddish:

1. This week was a little too cold. 2. In the daytime it rained and at night it snowed. 3. There was no moon. 4. In the winter the sun does not shine too often. 5. Yesterday I was downtown (=in [the] city). 6. In a window I saw [some] interesting, beautiful books. 7. I looked at them and then I decided to buy them. 8. We are asked to be silent. 9. Is this really gold? 10. No, it is only silver. 11. I am (you know) not rich. 12. Today is a bright (=light) day. 13. Give me something to eat, please. 14. Hello, Dovid! 15. Hello, Rokhl, how are you? 16. How is your (=the) whole family? 17. I believe that it can never be done this way (=so). 18. (The) grandfather is a very good man; he always smiles. 19. I believe he is too clever for you. 20. I (myself) think so, too. 21. Is Rokhl your sister? 22. Come now, you know that I have no sister.

OLDER YIDDISH LITERATURE

The oldest specimens of Yiddish literature are of two kinds. On the one hand there are preserved materials designed as aids in teaching sacred texts; on the other hand, a number of poems have come down to us which date back to the days of the traveling Jewish minstrels of the 14th and 15th centuries, who sang and recited poems about knights, witches, kings, and princes, as well as about beloved Biblical heroes. The names of most authors of that period are unknown today, although the name of one of the greatest is on record: Elyohu Bokher (1469–1549), known among non-Jews as Elia Levita, was a Hebrew scholar of wide repute, as well as a popular Yiddish writer. The oldest Yiddish manuscript bearing a definite date is from 1382; a single Yiddish sentence appears in a Hebrew prayer book of 1272.

The oldest printed Yiddish texts which have survived are from the beginning of the 16th century; older books may have been lost. The earliest printed words in Yiddish known today are contained in a Latin book on Hebrew spelling published in 1514. The earliest known continuous printed text in Yiddish is a poem printed in a *hagode*[2] published in Prague in 1526. It is reproduced here:

אלמעכטיגר גט בויאדיין טעמפל שירי אלזו שיר אין אונזרן טג
שאן שירי יא שירי ברמהערציגר גט גרעכטר גט
דעמוטיגר גט דוכער גט ווירדגר גט
ועכבטר גט וקענטר גוט סודיסר גט
יודן גוט פרפטיגר גט ועבריגר גט
מעכטיגר גט באמחמטיגר גט עיביגר גוט
פארכטטמר גט צארטר גוט קריגליכר גט
רייכר גט שטרקר גוט הובישט גט
אונ נימטס מער אונ בויאדיין טעמפל שירי אלזו שיר אין אונזרן
טאגן שירי יא שירי ׃

Yiddish Bible translations were made long before printing was invented, and played an important part in the traditional system of

2 A book used during the Passover service, sometimes referred to by its Sephardic-Hebrew form *haggadah*.

education. Many Yiddish versions of the Old Testament and of prayers were published throughout the centuries.[3]

The so-called middle period, including the 17th and 18th centuries, saw the production of hundreds of Yiddish books. Among those published were a great many edifying books *(muser-sforim)*, prayer books (chiefly as an aid to those who did not know Hebrew sufficiently), historical poems, community chronicles, etc. The beginning of the 19th century brought forth a dozen or so extremely interesting literary figures, but they are now largely overshadowed by the three classic writers of the modern period—Mendele Moykher-Sforim, Sholom Aleichem, and Peretz.

---

[3] Today the translation by the Yiddish poet Yehoyesh (also spelled Yehoash; 1871—1927) is considered standard and is used whenever quotations from the Bible are cited. It is from that translation that the reading passage in lesson 15, p. 136, has been adapted.

LESSON 11

עלפֿטע לעקציע

דער יום־טובֿ חנוכּה

חנוכּה איז אַ פֿריילעכער ייִדישער יום־טובֿ. עס איז אַ יום־טובֿ פֿון אַכט טעג. חנוכּה־צײַט צינדן ייִדן אָן חנוכּה־ליכטלעך. דעם ערשטן אָוונט הייבט מען אָן מיט איין ליכטל; דעם צווייטן טאָג צינדט מען אָן צוויי, נאָך דעם דרײַ, און דעם לעצטן טאָג ברענען שוין אַכט ליכטלעך. די ליכטלעך שטעלט מען אַרײַן אין אַ חנוכּה־לאָמפּ.

לכּבֿוד וואָס צינדט מען אָן די ליכטלעך? לכּבֿוד דעם נס פֿון חנוכּה. אַ מאָל, מיט צוויי טויזנט יאָר צוריק, האָט דער סירישער מלך אַנטיוכוס באַפֿוילן, אַז ייִדן אין ארץ־ישׂראל זאָלן אויפֿהערן צו דינען זייער גאָט און זאָלן ווערן געצן־דינערס. אין בית־המיקדש האָט ער אַרײַנגעשטעלט אַ געץ. די ייִדן פֿון ארץ־ישׂראל האָבן דעמאָלט געמאַכט אַן אויפֿשטאַנד קעגן דעם מלך. דעם אויפֿשטאַנד האָט געפֿירט די העלדישע משפּחה פֿון די חשמונאָים — אַ טאַטע מיט פֿינף זין. די ייִדן האָבן געוווּנען. זיי האָבן אַרויסגעוואָרפֿן דעם סירישן מלך פֿון ארץ־ישׂראל און די געצן פֿון בית־המיקדש. ווען די חשמונאָים זײַנען אַרײַנגעקומען אין בית־המיקדש, האָבן זיי דאָרטן געפֿונען אַ קריגל מיט בוימל פֿאַר דער מנורה. אין קריגל איז געווען גענוג בוימל נאָר אויף איין טאָג. אָבער עס איז געשען אַ גרויסער נס, און דער בוימל האָט געקלעקט אויף אַכט טעג. לכּבֿוד דעם נס צינדן מיר הײַנט אָן חנוכּה־ליכטלעך.

חנוכּה־צײַט עסט מען בײַ ייִדן לאַטקעס און מען שפּילט אין דריידל. אויף די זײַטן פֿון אַ דריידל שטייען די אותיות נ ג ה ש — „נס גדול היה שם" (אַ גרויסער נס איז דאָרט געשען).

חנוכּה־צײַט קריגן קינדער אַ מתּנה: מען גיט זיי חנוכּה־געלט.

עס זײַנען דאָ אַ סך לידער לכּבֿוד חנוכּה. לאָמיר זיך אויסלערנען זינגען דאָס ליד:

חנוכּה, אוי חנוכּה, אַ יום־טובֿ אַ שיינער,
אַ לוסטיקער, אַ פֿריילעכער, ניטאָ נאָך אַזוינער.
אַלע טאָג אין דריידל שפּילן מיר,
הייסע גוטע לאַטקעס עסן מיר.
געשווינדער צינדט, קינדער, } (צוויי מאָל)
די חנוכּה־ליכטעלעך אָן! }
לאָמיר אַלע אין איינעם
צום יום־טובֿ דעם שיינעם
זינגען און טאַנצן אין קאָן.

KHA-NU-KE OY KHA-NU-KE A YON-TEV A SHEY-NER A LUS-TI-KER A FREY-LE-KHER NI-
TO NOKh A-ZOY-NER A-LE TOG IN DREY-DL SHPI-LN MIR HEY-SE GU-TE LAT-KES E-SN MIR GE-
SHVIN-DER TSINDT KIN-DER DI KHA-NU-KE LIKh-TE-LEKh ON GE-SHVIN-DER TSINDT KIN-DER DI KHA-NU-KE LIKh-TE-LEKh
ON LO-MIR A-LE IN EY-NEM TSUM YON-TEV DEM SHEY-NEM ZIN-GEN UN TAN-TSN IN KON — KON

VOCABULARY

אויס | לערנען זיך to learn
אויף: אויף איין טאָג for one day
* אויפֿ | הערן[1] to cease
אַזוינער such
ניטאָ נאָך אַזוינער there's none like it
איינער: אין איינעם together
אַכט eight
* אָנ | הייבן (אָנגעהויבן) to begin
אַנטיוכוס [ANTIYOKhES] Antiochus (2nd century B. C.)
* אָנ | צינדן (אָנגעצונדן) to light
* אַרויס | וואַרפֿן (אַרויסגעוואָרפֿן) to throw out
אַרײַנ | קומען (איז אַרײַנגעקומען) to come in
* אַרײַנ | שטעלן to put in
ארץ־ישׂראל [ERTSISROEL] Palestine (literally Land of Israel)
באַפֿעלן (באַפֿוילן) to decree
דער בוימל olive oil
דאָס בית־המיקדש [BEYSHAMIKDESh] the Temple
* ברענען to burn

---

[1] אויף, when used as a preposition, is usually pronounced [AF] (see p. 30), but occasionally [OYF]; the latter pronunciation should be avoided. However, when אויף is used as an adverbial complement, as in אויפֿהערן, it is pronounced [OYF] and, occasionally, [UF].

* דער גאָט God (*usually without the article*)
דער געץ (ן) idol
דער גע׳צן־דינער (ס) pagan
געשווינדער faster
דינען to serve, to worship
* דאָס דריידל (עך) spinning top
הייבט... אָן ← אָנהייבן
* הייס hot
* העלדיש brave
וואַרפֿט... אַרויס ← אַרויסוואַרפֿן
די זײַט (ן) side
זייער their
* זינגען (געזונגען) to sing
* חנוכּה [KhA'NIKE] *Jewish holiday, sometimes called* Hanukkah
די חשמונאָים [KhAShMENOIM] Maccabees (*plural*)
* טאַנצן to dance
טויזנט thousand
די לאַטקע (ס) pancake
דער לאָמפּ lamp
לוסטיק merry
* דאָס ליד (ער) song
* דאָס ליכטל (עך) candle
דאָס לי׳כטעלע (ך) candle (*endearing*)
* לכּבֿוד in honor of [LEKOVED]

* מיט... צורי׳ק ... ago
* דער מלך (ים) [MEYLEKh—MLOKhIM] king
די מנורה [MENOYRE] ceremonial lamp in the Temple, *sometimes called* Menorah
* די מתּנה (—ות) gift [MATONE—-S]
* דער נס (ים) miracle [NES—NISIM]
נס גדול היה שם [NES GO'DOYL HO'YO ShOM] (*Hebrew*) a great miracle happened there
סיריש Syrian
פֿינף five
פֿירן to lead
* פֿריילעך gay
צורי׳ק ← מיט... צוריק
צינדן... אָן ← אָנצינדן
דער קאָן round (figure in dancing)
* קלעקן to suffice
דאָס קריגל (עך) jug
* שטיין (איז געשטאַנען) to stand (*irregular infinitive, conjugated like* גיין)
שטעלט... אַרײַ׳ן ← אַרײַנגעשטעלט
* שפּילן to play

QUESTIONS

1. וויפֿל טעג איז דער יום־טובֿ חנוכּה? 2. וויפֿל ליכטלעך צינדט מען אָן דעם ערשטן טאָג? 3. וויפֿל ליכטלעך דעם לעצטן טאָג? 4. ווען איז געווען דער נס פֿון חנוכּה? 5. וואָס האָט דער מלך אַנטיוכוס באַפֿוילן? 6. וואָס האָבן געטאָן די ייִדן? 7. ווער איז געווען די משפּחה פֿון די חשמונאָים? 8. וואָס האָבן די חשמונאָים געפֿונען אין בית־המיקדש? 9. וואָס איז געווען דער נס פֿון חנוכּה? 10. וואָס עסט מען חנוכּה־צײַט? 11. וואָס ווייסט איר וועגן אַ חנוכּה־דריידל? 12. וואָס קריגן קינדער לכּבֿוד חנוכּה?

GRAMMAR

1. Complemented Verbs

די קינדער **הערן אויף** צו זינגען	The children cease singing
חיים **הייבט אָן** צו רעדן	Khaim begins to talk
מײַן ברודער **קומט אַרײַ'ן**	My brother comes in

In each of these examples, the verb consists of an inflected verbal part and an *adverbial complement.* Such verbs are called *complemented verbs.*

The adverbial complement modifies the meaning of the verb proper. Thus **ער קומט** means *he comes,* while **ער קומט אַרײַ'ן** means *he comes in.* Likewise **ער שטעלט** means *he puts,* while **ער שטעלט אַרײַ'ן** means *he puts in.* Sometimes, however, the adverbial complement changes the meaning of the verb radically. Thus in **ער הייבט אָן** *he begins,* the sense of the complemented verb is considerably removed from the uncomplemented version, since **ער הייבט** means *he lifts.* For these reasons it is most convenient to treat each complemented verb as a separate vocabulary unit until a later stage when the role of complements will be studied systematically.

The complement follows the verb in the present tense and in the imperative:

איך הייב אָן, דו הייבסט אָן, ער הייבט אָן
מיר הייבן אָן, איר הייבט אָן, זיי הייבן אָן
הייב אָן — הייבט אָן

2. Past Participle of Complemented Verbs

זיי **הערן אויף** צו זינגען:	זיי האָבן **אוי'פֿגעהערט** צו זינגען
ער **הייבט אָן** צו רעדן:	ער האָט **אָ'נגעהויבן** צו רעדן
מײַן ברודער **קומט אַרײַן**:	מײַן ברודער איז **אַרײַ'נגעקומען**

To form the past participle of a complemented verb, the complement is *attached before* the verbal base and —גע— is inserted after the complement. The stress in all such participles falls on the complement.

3. Infinitive of Complemented Verbs

איך **הער אויף**:	איך קען **אוי'פֿהערן**
איך **הייב אָן**:	איך קען **אָ'נהייבן**
איך **קום אַרײַ'ן**:	איך קען **אַרײַ'נקומען**

In the infinitive, too, the adverbial complement is attached to the verb proper, with the stress on the complement.

In the vocabulary, where verbs are listed in the infinitive, the complement will hereafter be set off by a vertical line, thus: אַרומ | גיין. The past participle will be indicated only if ending in ן—. Therefore, a verb listed as

אײַנ | רעדן

implies the present tense: ...איך רעד אײַן, דו רעדסט אײַן;
the imperative: רעד אײַן, רעדט אײַן; and
the past participle: אײַנגערעדט.

צו, when used with the infinitive, is inserted between the complement and the stem, all written in one word:

איך הײב אָן אַרומצוגיין
עס איז ניט שווער אויסצוטראַכטן אַ מעשׂה

4. Verbal Constructions and Word Order

On p. 33 it was pointed out that the verb is always the second unit in the sentence. Further, it was shown on p. 63 that imperatives may come first. But many verbal constructions contain, in addition to the inflected verb itself, also an uninflected part, such as:

the past participle: איך | האָב | אויסגעטראַכט;
an infinitive: איך | קען | אויסטראַכטן; or
an adverbial complement: איך | טראַכט | אויס.

It is the inflected part of the verb which must occupy the second place in the sentence. The uninflected element is treated as a separate sentence unit. Its place in the sentence is determined by its relation to the other units in the sentence.

The units which are usually placed *between* the inflected and uninflected elements of the verb are pronouns, adverbs, the subject (whether a noun or a pronoun), and ניט.

The units which are as a rule placed *after* the uninflected element of the verb are: additional infinitives, object nouns or phrases, predicate nouns or adjectives, and adverbial or prepositional phrases and clauses.

In outline, the Yiddish system of word order may therefore be represented as follows:

NON-UNIT WORDS	FIRST FIXED PLACE	SECOND FIXED PLACE	[ANY OR ALL OF THE FOLLOWING]	THIRD FIXED PLACE	[ANY OR ALL OF THE FOLLOWING]
און אָבער אָדער etc.	Any unit except the inflected part of the verb (Imperatives may, however, come first.)	The inflected verb	Subject pronoun Direct object pronoun Indirect object pronoun Adverbs Subject noun	The uninflected part of the verb	Other infinitives Object nouns and phrases Predicate nouns or adjectives Adverbial and prepositional phrases and clauses

Interrogative pronouns like וווּ, ווען function as sentence units in direct questions, but as non-unit words in indirect questions:

וווּ | איז | ער געווען? (איך ווייס) וווּ ער | איז | געווען

ווען | איז | ער געקומען? (איך פֿרעג) ווען ער | איז | געקומען

EXERCISES

A. Conjugate in the present and past tenses and in the imperative:

1. אָנצינדן חנוכּה־ליכטלעך. 2. אָנהייבן אַ ליד. 3. אויפֿהערן צו זינגען.

B. In the poem on p. 61 there occurred the phrase:

מישט די פֿאַרבן אויס צוזאַמען

1. What is the infinitive of the verb in this phrase?
2. What is the first person singular of the present tense?
3. What is the first person singular of the past tense?

C. Divide the second paragraph of the reading passage at the beginning of this lesson into sentence units. Name each unit. Compare it with the table above.

D. Rewrite the following stanza (from a poem by Avrom Reisen) in normal prose word order:

פֿאַרלאָשן זײַנען מײַנע שטערן,
און פֿינצטער איז די לאַנגע נאַכט.
דאָך הייבט מיר ליכטיק אָן צו ווערן,
ווען כ׳צינד די ליכטלעך אָן די אַכט.

stars שטערן   long לאַנג   extinguished פֿאַרלאָשן

כ׳צינד = איך צינד

E. Translate into Yiddish:

1. My (=the) mother put the candles in[to] the Khanike lamp. 2. The candles burned gaily. 3. We all looked at the candles. 4. The candles were lit in honor of Khanike. 5. Many people like Moyshe, but others want to throw him out of the club. 6. I believe that he should remain. 7. I saw him three days ago. 8. I liked him very [much]. 9. My (מײַן) sister remained at home until two days ago. 10. (The) grandfather came to visit us for one day. 11. I asked him to stay for three days, but he had to go home. 12. He really went. 13. Europeans know (=it is known in Europe) that the United States is a rich country. 14. Many people once believed that there was (*present tense*) gold on the streets. 15. They were told so in letters which were written to them from America. 16. I never heard this story. 17. He always thinks about others, you know. 18. Today few kings are left. 19. There are many Yiddish books about Jewish holidays. 20. Can you already read them? 21. I don't know whether I know enough Yiddish. 22. But I can sing Yiddish songs because they are not very difficult. 23. Who wants to begin this song? 24. When they finished the song they started dancing and did not cease until they had to go home. 25. Did the money which I gave you do (=suffice)? 26. The lamp never stood here. 27. I read a story about a brave child. 28. It is really a miracle that he is still living, for (=because) he was very sick. 29. I want to know how one plays with (=in) [the] spinning top. 30. Please explain it to me.

JEWISH HOLIDAYS

The specific holidays are among the most characteristic features of Jewish life. Full of symbolic customs and folkways, they are a rich expression of Jewish community feeling. Naturally, they serve as the subject matter of many works of Jewish literature.

Three of the holidays are so old that they are described in the Pentateuch. One is פּסח [PEYSEKh] (Passover), an eight-day festival marking the liberation of the Jews from Egypt. On the first two nights, a festive meal is eaten at the ceremony called סדר [SEYDER].

Throughout the holiday, only foods made with unleavened dough are consumed; the unleavened Passover bread is called מצה [MATSE]. The second holiday is שבֿועות [shvUES], originally an agricultural feast in early summer, connected with the gathering of the first fruits in Palestine. It is also celebrated as the anniversary of the reception of the Law from the Lord. During Shvues, houses are decorated with green leaves. The customary dish is בלינצעס (cheese pancakes). The third holiday are the eight days of סוכּות [SUKES], at the end of summer. Observant Jews celebrate it by eating in outdoor tabernacles covered with fir branches (סכך [SKhAKh]). Sukes symbolizes both the harvest and the wanderings of the Jews in the Sinai desert after their liberation from Egypt.

Two holidays which mark historical Jewish victories are חנוכּה [KhA'NIKE], described in the Yiddish reading passage of this lesson, and פּורים [PURIM], described in lesson 12.

Two outstanding fast days (תּעניתים [TANEYSIM] are יום־כּיפּור [YONKIPER], the Day of Atonement, when man's fate is said to be sealed for the coming year, and תּישעה־באָבֿ [TI'shEBOV], the ninth day in the month of Ov (see p. 214), the anniversary of the destruction of the first Temple by the Babylonians in 587 B.C. and of the second Temple by the Romans in 70 A.D.

Among the remaining holidays are: ראָש־השנה [ROShEShONE], the beginning of the Jewish year; שׂימחת־תּורה [SIMKhES-TO'YRE], sometimes counted as the ninth day of Sukes, on which the annual cycle of the ceremonial reading of the Torah is completed; לג־בעומר [LEGBOYMER], between Peysekh and Shvues,[2] celebrated by outings and games.

---

[2] The holidays mentioned in this chapter are sometimes referred to in English as Pesah, Shabuoth, Sukkoth, Hanukkah, Yom Kippur, Ninth of Ab, Rosh-Hashanah, Simhath Torah, and Lag B'Omer, according to the Sephardic pronunciation.

LESSON 12

צוועלפֿטע לעקציע

דער יום־טובֿ פּורים

פּורים איז אויך אַ פֿריילעכער יום־טובֿ לכּבֿוד אַ נס אין דער ייִדישער געשיכטע. אין פּערסיע, דערציילט מען, איז אַ מאָל געווען אַ מלך אַחשוורוש וואָס האָט געהאַט אַ מיניסטער המן. איין מאָל האָט המן אויסגעטראַכט אַ פּלאַן, מען זאָל אומברענגען אַלע ייִדן. אַחשוורוש האָט געהאַט אַ ייִדישע מלכּה אסתּר. ווען אסתּר האָט געהערט וועגן דעם פּלאַן, האָט זי אײַנגערעדט דעם מלך, ער זאָל ניט לאָזן אומברענגען די ייִדן. דער מלך האָט איר געפֿאָלגט. מען האָט אויפֿגעהאַנגען המנען, און די ייִדן פֿון פּערסיע זײַנען געבליבן לעבן. מרדכי, אסתּרס פֿעטער, איז געוואָרן דער מיניסטער אַנשטאָט המנען.

לכּבֿוד פּורים „שלאָגט” מען המנען מיט אַ גראַגער. מען עסט המן־טאַשן און מען שיקט שלח־מנות צו אַלע פֿרײַנד. אָפֿט שטעלט מען אויך פֿאָר אַ פּורים־שפּיל וועגן דער מעשׂה מיט אַחשוורושן און המנען. אין ייִדישע שטעט אין אייראָפּע זײַנען געווען פּורים־שפּילערס וואָס זײַנען געגאַנגען פֿון הויז צו הויז און האָבן פֿאָרגעשטעלט זייערע שפּילן. ווען זיי האָבן געענדיקט שפּילן, האָבן זיי געזאָגט:

הײַנט איז פּורים, מאָרגן איז אויס.
גיט אונדז אַ גראָשן און וואַרפֿט אונדז אַרויס!

אַ ליד לכּבֿוד פּורים

הײַנט איז פּורים, ברידער,
עס איז דער יום־טובֿ גרויס.
לאָמיר זינגען לידער
און גיין פֿון הויז צו הויז.

לאַך, מרדכילע, לאַך,
אַ יום־טובֿ'ל מאַך,
קינדסקינדער געדענקען דעם נס.

זינגט, קינדערלעך, זינגט,
טאַנצט פֿרײלעך און שפּרינגט,
דעם טײַערן טאָג ניט פֿאַרגעסט.

הײַנט איז פּורים, ברידער,
עס איז דער יום־טובֿ גרויס.
לאָמיר זינגען לידער
און גײן פֿון הויז צו הויז.

HAYNT IZ PU-RIM BRI-DER ES IZ DER YON-TEV GROYS LO-MIR ZIN-GEN LI-DER UN GEYN FUN HOYZ TsU HOYZ
LAKh MORD-KhE-LE LAKh A YON—TE-VL MAKh KINDS-KIN-DER GE-DEN-KEN DEM NES
ZINGT KIN-DER-LEKh ZINGT TANTsT FREY-LEKh UN SHPRINGT DEM TA-YE-RN TOG NIT FAR-GEST

VOCABULARY

אויס over

אוי׳ס | טראַכטן to invent

אוי׳פֿ | הענגען (אויפֿגעהאַנגען)[1] to hang

או׳מ | ברענגען to kill

אַחשוורוש [AKhASHVEYRESH] *king of Persia, also known as* Ahasuerus

אײַ׳נ | רעדן to persuade

אָנשטאָ׳ט instead of

דער גראָגער Purim rattle

דער גראָשן small Polish coin

המן [HOMEN] *Persian minister also known as* Haman

דער המן־טאַש (ן) [HO'MENTASh] triangular Purim pastry made with poppy seed

דאָס יום־טובֿל [YO'NTEVL] holiday (*endearing*)

לעבן: בלײַבן לעבן to survive

מאָרגן tomorrow

דער מיניסטער minister

די מלכּה [MALKE] queen

מרדכי [MORDKhE] *man's name (Yiddish equivalent of* Mordecai)

מרדכילע [MO'RDKhELE] *endearing form of* Mordkhe

פּורים Purim

דער פּלאַן plan

פּערסיע Persia

פֿאָלגן to obey

פֿאַרגעסן to forget

פֿאַ׳ר | שטעלן to present

דער פֿרײַנד (—) friend

קינדסקינדער generations

קי׳נדערלעך dear children

שלאָגן to beat

שלח־מנות [sh(A)LAKhMONES] Purim presents

די שפּיל (ן) play

דער שפּילער (ס) player

שפּרינגען jump

---

[1] See footnote on p. 106.

LESSON 12

EXERCISES

A. Translate into Yiddish:
1. Our (=the) friends visited us a week ago. 2. I like the book. 3. Good morning, Mr. Feldstein. 4. Good morning, Mr. Berg, how are you? 5. Well, good night. 6. Good night. 7. I [do] indeed want it for myself. 8. In the daytime it is warm (you know). 9. At night it is not very (=so) warm. 10. Rokhl never tells me a lie. 11. Everybody is (=all are) gay today in [your] honor (of you). 12. The whole family is at our house. 13. I did not know that there is so much gold in the world. 14. He is always at home except in the evening. 15. This story is also told differently. 16. I have heard it already, anyway. 17. Be so good as to (=and) give me a little time. 18. I never have enough time. 19. Hello, Dovid, what happened to you? 20. I want you to look at me, please.

B. 1. Name ten kinship terms in Yiddish.
2. Form three sentences with פֿרעגן and three with בעטן.
3. Write four sentences about the weather.
4. Write two sentences each with אויפֿהערן and ענדיקן.

C. Make indirect objects out of the nouns, pronouns, or phrases given in parentheses:

1. פֿון אַלע יום־טובֿים געפֿעלט (איך) חנוכּה. 2. מען דאַרף (זי) שיקן אַ בריוו. 3. וואָס האָב איך (דו) געזאָגט? 4. בעט מאַשען, זי זאָל באַלד ענטפֿערן (דער טאַטע). 5. לאָמיר (ער) העלפֿן אַרײַנשטעלן די ליכטלעך. 6. איך האָב געגעבן (דאָס קינד) אַ גוטע זאַך. 7. פֿאַר וואָס שרײַבט איר (מיר) ניט? 8. מיר שרײַבן דאָך (איר) אָפֿט! 9. צי זאָל איך דערציילן (די מאַמע) וואָס איך האָב געטאָן? 10. זאָג (די קינדער), וואָס צו טאָן.

D. Write the Yiddish equivalents to *I like the book, you like the book,* and so on for the other persons.

E. Translate into Yiddish:
1. Please finish eating (*infinitive*). 2. My (=the) mother cannot drive a car. 3. We have to get a little money. 4. We helped them work, you know. 5. Has it ceased snowing (*infinitive*)? 6. Yes, it has started raining. 7. The child began to laugh. 8. They let us go where (=where to) we wanted to go.

116 COLLEGE YIDDISH

F. Using as many of the following words as possible, write a theme of 100-150 words describing your daily meals:

breakfast דאָס אי׳בערבײַסן	drink (געטרונקען) טרינקען
lunch (dinner) דער מיטאָג	meat דאָס פֿלייש
supper די װעט׳שערע	soup די זופּ
for breakfast, etc. אויף איבערבײַסן	bread דאָס ברויט
meal (ן) דער מאָלצײַט	egg (ער) דאָס איי
fork דער גאָפּל	vegetable (ן) דאָס גרינס
knife דער מעסער	fish (—) דער פֿיש
spoon דער לעפֿל	stuffed fish די געפֿילטע פֿיש
glass די גלאָז	canned foods די קאָנסערװן
plate דער טעלער	sandwich (ן) דער סענדװיטש
kosher [KOSHER] כּשר	chocolate דער שאָקאָלאַ׳ד
full זאַט	coffee די קאַװע
hungry הו׳נגעריק	milk די מילך
cook, boil קאָכן	tea די טיי

G. Translate into Yiddish:

1. The man worked hard. 2. Afterwards he sang and danced gaily. 3. I saw how cleverly you won. 4. You can speak freely. 5. He looked at us warmly. 6. He started with difficulty (=hard), but he finished well. 7. He started well but he has not finished yet (=yet not finished). 8. He gets letters often. 9. The children play well, but you play badly. 10. It is raining a little (=a small rain goes).

H. Change the singular nouns into the plural and the plural nouns into the singular; make the appropriate changes in the articles.

דער זיידע	די מלכים	דער אָװנט
דער בריװ	דאָס שפּריכװאָרט	דער חבֿר
די מומעס	די פֿענצטער	די קלובן
די משפּחה	דער פֿעטער	דאָס דריידל
דער אַעראָפּלאַן	די מלחמות	די שװעסטערקינדער
די ליכטלעך	די געטאָ	די צײַט
די באַנען	דער אויפֿשטאַנד	די מתּנה
די ליגנס	די נסים	דער אויטאָ

I. Conjugate in the past and present tenses and in the imperative:

1. פֿאַרשטיין ייִדיש 2. קריגן אַ בריװ 3. אַרויסװאַרפֿן זאַכן.

LESSON 12

REVIEW QUESTIONS

Answer the following questions in English:
1. When and where did Yiddish originate?
2. How did Yiddish spread eastward?
3. How far to the east did Yiddish spread in Europe?
4. What do the terms "Sephardic" and "Ashkenazic" designate?
5. Where do western Yiddish dialects survive?
6. When was Yiddish brought to the other continents?
7. What was the approximate number of Yiddish speakers in the world in 1935?
8. Where was the largest concentration?
9. What were the characteristics of the anti-Jewish measures of the German government prior to World War II?
10. When and where did the Germans introduce ghettos for the Jews?
11. How was ghetto life organized?
12. In what way did Jewish spiritual resistance manifest itself early in the ghetto period?
13. In what years, and by whom, was the extermination of six million Jews executed?
14. Where did the Jewish guerrillas come from? What was their role?
15. When and where did the largest ghetto uprising take place?
16. What elements of the Jewish population formed the bulk of the survivors of the catastrophe?
17. Why is the second half of the nineteenth century so important in Yiddish literature?
18. Why is Mendele Moykher-Sforim considered a classic writer?
19. What were the main characteristics of Sholom Aleichem's writing?
20. What was Peretz's contribution to Yiddish literature?
21. Which period is considered the Golden Era of modern Yiddish literature?
22. In what ways can the subject matter of Yiddish literature be said to have been widened in this period?

23. What two types are represented in the oldest specimens of Yiddish literature?
24. What great author of the old period is known to us by name?
25. When did Yiddish appear in print?
26. When was the Bible translated into Yiddish?
27. What types of Yiddish literature flourished in the 17th and 18th centuries?
28. Which three of the Jewish holidays date back to Biblical times?
29. What are some customs connected with Peysekh?
30. What was the original significance of Shvues?
31. What holiday is celebrated by eating in tabernacles?
32. What are the events celebrated by Khanike and Purim, respectively?
33. What do the two annual days of sorrow signify?
34. How are some of the minor holidays celebrated?

LESSON 13

דרײַצנטע לעקציע

דער זײדע דערצײלט

„זײדע, דו האָסט אַ ביסל צײַט?"

„יאָ, משה, וואָס איז?"

„דערצייל מיר, ווי דו ביסט געקומען קיין אַמעריקע."

„גוט, משה. וואָס ווילסטו וויסן?"

„איך וויל וויסן אַלץ. פּריִער דערצייל מיר וועגן דער אַלטער היים. פֿון וואָסער שטאָט קומסטו?"

„איך בין אויסגעוואַקסן אין זשיטאָמיר, אין רוסלאַנד. דאָרטן בין איך געגאַנגען אין חדר."

„וואָס איז אַ חדר, זײדע?"

„אַ חדר איז אַ טראַדיציאָנעלע שול, וווּ מען לערנט חומש מיט רש״י, גמרא און אַלץ וואָס אַ ייִנגל דאַרף וויסן צו זײַן אַ פֿרומער ייִד. דער חדר איז געווען בײַם רבין אין דער היים. דער רבי איז געווען זייער אַן אָרעמער און זײַן הויז זייער אַ קליינס. האָבן מיר אַלע געלערנט אַרום אַ קליינעם טיש. אין חדר בין איך געגאַנגען ביז איך בין געוואָרן בר־מיצווה. נאָך דעם איז מײַן טאַטע געשטאָרבן, און איך האָב געדאַרפֿט אָנהייבן צו אַרבעטן. אַן אײַנבינדער האָט מיך גענומען צו זיך, און איך בין געוואָרן אַ לערנייִנגל בײַ אים."

„און פֿאַר וואָס ביסטו אַוועקגעפֿאָרן פֿון זשיטאָמיר?"

„אין רוסלאַנד איז געקומען זייער אַ שלעכטע צײַט. מען האָט גע־מאַכט פּאָגראָמען אויף ייִדן, און די אָרעמקייט איז געווען אַ גרויסע. מײַן ברודער איז שוין דעמאָלט געווען אין אַמעריקע. וועגן אַמעריקע האָט מען דערציילט, אַז דאָרטן וואַלגערט זיך גאָלד אויף די גאַסן. מען האָט גערעדט וועגן שיכפּוצערס וואָס האָבן זיך אַרויפֿגעאַרבעט און זײַנען געוואָרן מיליאָנערן. האָב איך באַשלאָסן אַוועקצופֿאָרן צו מײַן ברודער."

„דו האָסט באַלד געקראָגן אַ וויזע?"

„דעמאָלט האָט מען נאָך ניט געדאַרפֿט האָבן קיין וויזעס צו פֿאָרן קיין אַמעריקע. מײַן ברודער האָט מיר געשיקט אַ שיפֿסקאַרטע און געשריבן, איך זאָל קומען."

„ביסטו אַוועקגעפֿאָרן?"

„יאָ. מיר האָבן געגנבֿעט דעם גרענעץ קיין עסטרײַך, און נאָך דעם זײַנען מיר געפֿאָרן מיט דער באַן קיין ווין. אין אַלע גרויסע שטעט אין אייראָפּע זײַנען דעמאָלט געווען קאָמיטעטן וואָס האָבן געהאָלפֿן די עמיגראַנטן. מען האָט אונדז געהאָלפֿן קומען ביז האַמבורג, און דאָרטן זײַנען מיר אַרויפֿגעגאַנגען אויף דער שיף."

„ווי אַזוי האָסטו זיך באַקענט מיט דער באָבע רבֿקה?"

„זי איז געווען מײַן שיפֿשוועסטער. מיט אונדז אויף דער שיף איז געווען נאָר איין מיידל, זייער אַ שיינס. זי איז געפֿאָרן פֿון אַ שטעטל לעבן וואַרשע צום טאַטן אין אַמעריקע. מיר האָבן זיך באַקענט אויף דער שיף, און דאָ אין לאַנד האָבן מיר חתונה געהאַט."

„וווּ האָסטו געפֿונען דײַן ברודער?"

„דער ברודער האָט אויף מיר געוואַרט בײַ דער שיף. דו פֿאַרשטייסט שוין אַליין, אַז ער איז ניט געווען איינער פֿון די מיליאָנערן. ער האָט געאַרבעט ווי אַ שנײַדער אין אַ שוויצשאַפּ אין וויליאַמסבורג. האָב איך אויך אָנגעהויבן אַרבעטן. נאָך דעם בין איך געוואָרן אַ פּעדלער און בין אַרומגעגאַנגען פֿון הויז צו הויז. איך האָב פֿאַרקויפֿט זאָקן, קעמלעך, נאָדלען. ווען איך האָב פֿאַרדינט אַ ביסל געלט, האָב איך געקויפֿט אַ קראָם. פֿון דעמאָלט אָן איז דאָס לעבן שוין ניט געווען אַזאַ שווערס."

VOCABULARY

* אַווע׳ק | פֿאָרן (איז אַווע׳קגעפֿאָרן) to leave (by vehicle)

אוי׳ס | וואַקסן (איז אוי׳סגעוואַקסן) to grow up

אונדזער our

דער אײַ׳נבינדער bookbinder

איינער one

אָן ← פֿון . . . אָן

* אַרוי׳פֿ | אַרבעטן זיך to get ahead, to work one's way up

* אַרוי׳פֿ | גיין (איז אַרוי׳פֿגעגאַנגען) to board

* אַרו׳ם around

* אָרעם poor

די אָ׳רעמקייט [O'REMKAYT] poverty

* די באָבע (ס) grandmother

באַן: * מיט דער באַן by train

* באַקענען זיך (מיט) to become acquainted (with); to meet

* בײַ at

* בר־מיצווה [BARMITSVE] a boy's 13th birthday, when he comes of age, according to tradition

* די גמרא [GMORE] Talmud

גנבֿענען (געגנבֿעט) [GA'NVENEN—GEGANVET] to steal

גנבֿענען דעם גרענעץ to steal across the border

* דאָ אין לאַנד in this country

האַמבורג Hamburg

הײם: די אַלטע הײם the old country
װאַ׳לגערן זיך to lie around
* װאָס איז? what's the matter?
* װאַרטן (אויף) to wait (for)
* װי as
די װיזע (ס) visa
װיליאַמסבורג Williamsburg (a poor section of Brooklyn, N. Y.)
װין Vienna
דער זאָק (ן) stocking, sock
זשיטאָמיר Zhitomir (Russia)
* דער חדר (ים) [KhEYDER—KhADORIM] traditional elementary school
* דער חומש Pentateuch [KhUMEsh]
חתונה געהאַ׳ט [KhA'SENE] married
* דער טיש (ן) table
טראַדיציאָנע׳ל traditional
* דאָס לעבן life
דאָס לע׳רנײַנגל (עך) apprentice
* דאָס מײדל (עך) girl
מײַן my
דער מיליאָנע׳ר (ן) millionaire
די נאָדל (ען) needle
* נעמען (גענומען) בײַ take (from)
דער עמיגראַ׳נט (ן) emigrant
עסטרײַך Austria
* דער פּאָגראָ׳ם (ען) pogrom
* דער פּעדלער (ס) peddler
* פֿאַרדינען to earn
* פֿון . . . אָן from . . . on
* פֿרום pious
* פֿרי׳ער first (*adverb*)
דער קאָמיטע׳ט (ן) committee
דאָס קעמל (עך) comb
* די קראָם (ען) shop, store
* דער רבי (רבין *acc.-dat.*) [REBE—REBN] teacher in a *kheyder*
* רבֿקה [RIVKE] *woman's name* (*Yiddish equivalent of* Rebecca)
רשי [RAShE] Rashi, the most widely studied commentary on the Torah, so called after the name of its author (*see lesson 19*)
דער שװיצשאָפּ (שװי׳צשעפּער) sweatshop
* דאָס שטעטל (עך) town
דער שי׳כפּוצער (ס) bootblack
* די שיף (ן) ship
די שי׳פֿסקאַרטע ship ticket
די שי׳פֿשװעסטער fellow passenger (female)
* דער שנײַדער (ס) tailor

NOTE: The suffixes —KAYT (cf. אָרעמקײט) and —HAYT are always spelled קײט— and הײט—, respectively.

QUESTIONS

1. װוּ איז משהס זײדע אויסגעװאָקסן? 2. װוּ האָט ער זיך געלערנט? 3. װאָס איז אַ חדר? 4. װוּ איז געװען דער חדר? 5. ביז װען איז דער זײדע געגאַנגען אין חדר? 6. װאָס האָט ער געטאָן, װען זײַן טאַטע איז געשטאָרבן? 7. פֿאַר װאָס איז ער נאָך דעם אַװעקגעפֿאָרן פֿון רוסלאַנד? 8. װאָס האָט מען דערצײלט װעגן אַמעריקע? 9. װעמען האָט דער זײדע געהאַט אין אַמעריקע? 10. צי האָט ער געקראָגן אַ װיזע? 11. װאָס זײַנען

געוועזן די „קאָמיטעטן”? 12. וווּ איז ער אַרויפֿגעגאַנגען אויף דער שיף? 13. צי איז די באָבע רבֿקה פֿון דער זעלביקער שטאָט ווי דער זיידע? 14. וווּ האָבן זיי זיך באַקענט? 15. וווּ האָבן זיי חתונה געהאַט? 16. וואָס האָט געטאָן דער ברודער? 17. וואָס האָט דער זיידע געטאָן, ווען ער איז געקומען קיין אַמעריקע? 18. וואָס האָט ער נאָך דעם געטאָן? 19. ווען איז דאָס לעבן געוואָרן ניט אַזוי שווער?

GRAMMAR

1. Idiomatic Verbs with זיך

די קינדער **שפּילן זיך**	The children are playing
די אימיגראַנטן האָבן **זיך אַרויפֿגעאַרבעט**	The immigrants worked their way up
די מיידלעך האָבן **זיך באַקענט**	The girls became acquainted
מיר **לערנען זיך** ייִדיש	We are studying Yiddish

A number of idiomatic verbs are accompanied by **זיך**. If a word is listed as a **זיך** verb in the vocabulary, it must be used as such in all tenses. Thus the infinitive **באַקענען זיך** implies:

the present tense: **איך באַקע׳ן זיך, דו באַקע׳נסט זיך,...;**
the imperative: **באַקע׳ן זיך, באַקע׳נט זיך;**
the past tense: **איך האָב זיך באַקע׳נט, דו האָסט זיך באַקע׳נט...**.

זיך is a sentence unit and is treated as a direct-object pronoun.

לערנען זיך *to study* is usually a verb of this group, although in the phrases **לערנען חומש, לערנען גמרא** *to study the Torah, the Talmud,* the pronoun is omitted.

2. Consecutive Word Order

איך האָב ניט געהאַט קיין געלט, האָב איך אָנגעהויבן אַרבעטן	I had no money, *so* I began to work
מײַן טאַטע איז געשטאָרבן, בין איך אַוועקגעפֿאָרן קיין אַמעריקע	My father died, *so* I left for America

The second clause in each of the above examples uses the *consecutive word order.* In the consecutive word order, the inflected verb is the first sentence unit. The use of this word order implies the words "so," "therefore." Note the distinction:

איך האָב געוואַרט אויף אים	I waited for him
האָב איך געוואַרט אויף אים	So I waited for him
דו ביסט געקומען? צי ביסטו געקומען?	Did you come?
ביסטו געקומען?	So you came?

Wherever **עס** is used as the *impersonal* or *expletive* subject of a sentence, it is dropped in the consecutive order:

עס איז זייער וואַרעם	It is very warm
די זון שײַנט, איז זייער וואַרעם	The sun shines, so it is warm
עס גייען מענטשן	People are walking
הײַנט איז יום־טובֿ, גייען מענטשן	Today is a holiday, so people are walking

But where **עס** functions as the *logical* subject, i.e. where it refers to an antecedent neuter noun, it is retained in the consecutive order:

עס איז זייער שווער	It is very difficult
דאָס בוך איז אַלט, איז עס זייער שווער	The book is old, so it is very difficult

Since the imperative as a rule is the first unit in the sentence, the conjunction **טאָ** is used with the imperative when the meaning of "so" is implied:

גיב מיר דאָס בוך	Give me the book
טאָ גיב מיר דאָס בוך	So give me the book

Similarly:

לאָמיר זיך באַקענען	Let us become acquainted
טאָ לאָמיר זיך באַקענען	So let us become acquainted
ווער איז געקומען?	Who came?
טאָ ווער איז געקומען?	So who came?

3. Adjectives in the Predicate

דער מענטש איז **אַלט** = דער מענטש איז **אַן אַלטער**

די פֿרוי איז **אַלט** = די פֿרוי איז **אַן אַלטע**

In the predicate, adjectives are either *without an ending* (i.e. in their base form), or they are preceded by the indefinite article and have *the usual nominative endings,* namely masculine **ער—** and feminine **ע—**. But a *neuter adjective* in the predicate, when used with the indefinite article, has the ending **ס—**:

דאָס פֿאָלק איז אַלט = דאָס פֿאָלק איז אַן אַלטס

If the base of the adjective ends in **ס—**, a second **ס** is not added:

דאָס לאַנד איז גרויס = דאָס לאַנד איז אַ גרויס

In the plural of all genders, the predicate adjective is either without an ending, or has the usual plural ending **ע—**:

די מענטשן זײַנען **אַלט** = די מענטשן זײַנען **אַלטע**
די פֿרויען זײַנען **אַלט** = די פֿרויען זײַנען **אַלטע**
די פֿעלקער זײַנען **אַלט** = די פֿעלקער זײַנען **אַלטע**

4. ***Hot*** **and** ***Cold***

עס איז וואַרעם; עס איז קאַלט It is warm; it is cold

This type of general statement is made in Yiddish, as in English, in the form of an impersonal sentence. But:

(1) עס איז מיר קאַלט I am cold
(2) מיר איז קאַלט I am cold
(3) דעם קינד איז קאַלט The child is cold

In order to express in Yiddish the fact that someone *feels* cold or warm, an impersonal construction is used, with the person experiencing the feeling designated by the indirect object. Most frequently, in sentences of this type, the indirect object comes first in the sentence, as in examples (2) and (3). **עס** is then omitted.

דער צימער איז וואַרעם This room is warm (*Subject*)
אונדז איז וואַרעם We are (=feel) warm (*Indirect object*)

The same construction is used to express other states:

מיר איז גוט I feel good; I am well off
מיר איז פֿריילעך I feel gay

This construction is discussed further on p. 271.

EXERCISES

A. Conjugate in the present and past tenses and imperative:

1. לערנען זיך ייִדיש 2. באַקענען זיך מיט רבֿקהן 3. אַרויפֿאַרבעטן זיך.

B. Make complete sentences out of each pair of clauses; put the second clause of each pair into the consecutive word order.

1. (ער האָט געזאָגט, אַז ער וויל גיין מיט מיר)+(איך וואַרט אויף אים). 2. (דער טאַטע איז דעמאָלט געווען זייער אָרעם)+(ער איז געוואָרן אַ שנײַדער). 3. (איך בין דאָ קיין מאָל ניט געווען)+(איך ווייס ניט, וואָס מען דאַרף טאָן). 4. (די ייִנגלעך זײַנען געוואָרן זייער פֿריילעך)+(זיי האָבן אָנגעהויבן צו זינגען). 5. (ער איז אַ גוטער חבֿר)+(ער קומט צו אונדז אָפֿט צו גאַסט). 6. (ער האָט שוין אַ ביסל געלט)+(ער וויל קויפֿן אַ קראָם). 7. (מיר האָבן שוין אַלץ געזען)+(לאָמיר גיין אַהיים). 8. (איר האָט געגעבן דעם קינד גוטע זאַכן)+(עס לאַכט). 9. (דו האָסט דאָך

צײַט)+(פֿאָר מיט דער שיף). 10. (נעכטן איז געגאַנגען אַ שניי)+(עס איז זייער קאַלט). 11. (ער האָט געבעטן)+(מיר האָבן אים געהאָלפֿן). 12. (אַ מאָל איז געווען אַ מלך)+(ער האָט געהאַט דרײַ זין). 13. (זיי זײַנען זייער אָרעם)+(עס קלעקט ניט דאָס געלט וואָס זיי פֿאַרדינען). 14. (דו האָסט שוין געענדיקט)+(וואָס וועסטו טאָן?). 15. (ער האָט דיך עפּעס געפֿרעגט)+(דו האָסט אים געענטפֿערט?).

C. Put the predicate adjectives into the appropriate inflected forms:

1. דער פעדלער איז אַלט. 2. די שיף איז גרויס. 3. דער טיש איז ברוין. 4. די ביכער זײַנען נײַ. 5. דאָס קינד איז קליין, 6. דער ייִד איז פֿרום. 7. דאָס מיידל איז שיין. 8. דאָס לאַנד איז זייער רײַך. 9. דער יום־טובֿ איז פֿריילעך. 10. די צײַטן זײַנען שלעכט.

D. Translate into Yiddish:

1. I am warm now. 2. The boys say that it is cold. 3. Dovid feels good (*same construction*). 4. Dovid is good. 5. The day is warm. 6. The room is warm and the children are warm. 7. I feel gay because it is such a gay holiday. 8. The girl feels bad.

E. Translate into Yiddish:

1. We were all tailors in a small town. 2. When we came to America we were poor. 3. (So) we began to work. 4. Then my uncle and aunt also came to the United States. 5. We sent them money, so they came soon. 6. (The) times were very bad. 7. When people could no longer (שוין ניט) come to the United States, many went to Canada and to Mexico. 8. Many people remained in Europe. 9. Whom are you waiting for? (=For whom . . .) 10. I am waiting for Rivke. 11. She has (already) come. 12. Rokhl, have you met (=become acquainted with) Mr. Kuperman? 13. No, I have seen him, but I did not know his name (=how he is called). 14. Mr. Kuperman, meet (=get acquainted with) my friend Rokhl. 15. How do you do, Rokhl? 16. Glad to know you (זייער אָ'נגעלייגט), Mr. Kuperman.

F. Translate into Yiddish:

JEWISH PEDDLERS IN AMERICA

1. Many Jewish immigrants became peddlers when they came to America. 2. Many American peddlers were Jews.

3. They were very important (וויכטיק) in the days of the pioneers (פּיאָנירן). 4. The peddlers followed (=went after) the pioneers and sold them everything (which) they needed. 5. Many books tell us that the pioneers bought things from Jewish peddlers when there were no towns yet, and no stores. 6. Often Jews had the first stores in a city or town. 7. Many Jewish peddlers bought stores when they had made a little money (=got ahead a little). 8. In the large seaports (פּאָרטשטעט) there were many Jewish wholesale traders (הורטהענדלערס). 9. First they traded (געהאַנדלט) with other countries. 10. Afterwards there were many new stores in the new towns (=cities) of this country; (then) many of the wholesale traders began to trade in this country. 11. Many large cities, as St. Louis, New Orleans, Cincinnati, Louisville, and Chicago became Jewish centers (צענטערס). 12. (The) American literature (ליטעראַטור׳) which deals with (=writes about) the pioneers also writes about Jewish peddlers and how important they were. 13. They often linked (האָבן פֿאַרבונדן) the pioneers with the world at large (=the large world). 14. Afterwards, when the great railroads were built, the peddler was not needed so much (אַזוי שטאַרק). 15. Now we know how important peddlers were in (the) American history. 16. For Jewish immigrants, better (בעסערע) times came, because they had already gotten ahead (*past tense*) a little in this country.

JEWISH IMMIGRATION TO THE UNITED STATES

Yiddish-speaking Jews from Eastern and Central Europe are known to have been in this country as early as in colonial times. But the predominant majority of Yiddish speakers came to the United States from Eastern Europe in the great emigration movement that began in the 1880's and reached its peak before the first World War.

A number of reasons have been given to account for this stream of migration. In Austria-Hungary, which included the province of Galicia with its large Jewish population, the poverty and shortage of economic opportunities among the Jewish population had reached serious proportions. In Russia, the unfortunate economic position of the Jews was worsened by bloody pogroms, encouraged by the government, in many cities and towns. Political oppression, especially strong in the reactionary periods of the 1880's and after the abortive revolution of 1905, weighed heavily upon the Jews, particularly upon the intelligentsia and the leaders of the growing labor movement. The inequality of the Jews before the law, such as restrictions upon places of residence, exclusion from schools, and other indignities, made the situation even more difficult to endure. Not the least reason for emigration were the oppressive peacetime conscription laws; not only was the draft enforced with prejudice against the Jews, but service itself was a tremendous hardship on religious Jews, since no consideration was given to their religious requirements. About three million Jewish immigrants came to America from Eastern Europe within forty years.

In 1921, and more severely in 1924, the United States restricted immigration by law. The new restrictive legislation was designed to exclude especially immigrants from Southern and Eastern Europe. The annual number of immigrants was limited by Congress to about 150,000, with a fixed quota allotted to each country in proportion to the number of United States residents of 1890 who were born in that country. The enactment of this law was influenced by certain theories of the superiority of "Nordic" immigrants. Although these theories were soon completely discarded by social scientists, the quota law, with slight modifications, remained in force for another forty years. It hit the East European Jews particularly hard since in 1890 the proportion of immigrants from Eastern Europe had been very small. A prospective immigrant to the U.S. could enter only on the quota of the country in which he was born, regardless of his subsequent domicile or citizenship. Thus, many people the world over were unable to come to the U.S. while the quotas of the "privileged" countries were going unfilled for years.

The legislation of 1965, in full force since July 1, 1968, established a ceiling of 170,000 immigrants annually from the Eastern Hemisphere with the stipulation that in any given year the natives of no one country were to receive more than 20,000 visas. Otherwise, the national origin quotas were eliminated and the applicants are now selected in accordance with a rather involved system based on family relationship to U.S. citizens or resident aliens; on skills and education; and on the status of refugees from political persecution or natural calamities.

LESSON 14

פֿערצנטע לעקציע

אַ בריוו פֿון אייראָפּע פֿון יאָר 1948 [1]

„טײַערער משה!

„דײַן טאַטע האָט מיר געשריבן, אַז דו לערנסט זיך איצט ייִדיש, און איך פֿריי זיך, אַז איך קען דיר שרײַבן אַ ייִדישן בריוו. איך וויל דיר אַ ביסל דערציילן וועגן אונדזער לעבן.

„מיר זײַנען שוין דאָ אין דײַטשלאַנד דרײַ יאָר, און מיר קענען נאָך אַלץ פֿון דאַנען ניט אַוועקפֿאָרן. איך האָב געהאָפֿט צו קענען פֿאָרן קיין ארץ־ישׂראל צו מײַן שוועסטער חנהן. דו ווייסט דאָך, זי איז שוין דאָרטן פֿון פֿאַר דער מלחמה, צוזאַמען מיט איר מאַן. אָבער איצט לאָזט מען אַהין ניט פֿאָרן. קיין אַמעריקע קענען מיר אויך ניט פֿאָרן, ווײַל איך און מײַן פֿרוי זײַנען אויף דער פּוילישער קוואָטע, און מיר דאַרפֿן וואַרטן אויף אַן אַמעריקאַנער וויזע אַ סך יאָרן. מוזן מיר דערווײַל בלײַבן דאָ אין דײַטשלאַנד, צווישן מענטשן וואָס האָבן אומגעברענגט אָדער געהאָלפֿן אומברענגען אונדזערע ברידער. אָפֿט טראַכטן מיר, אַז די וועלט האָט אונדז פֿאַרגעסן. דער סוף פֿון אונדזערע צרות איז נאָך אַזוי ווײַט!

„מײַן ברודער יוסף האָבן די דײַטשן אומגעברענגט, און מיר ווייסן אַפֿילו ניט, ווען זײַן יאָרצײַט איז. צוזאַמען מיט אונדז וווינט איצט מײַן אַנדערער ברודער אַבֿרהם. די דײַטשן האָבן אים גענומען אויף אַרבעט צוזאַמען מיט נאָך פֿיר טויזנט מענער פֿון וואַרשעווער געטאָ. זיי זײַנען געווען אין אַ קאָנצענטראַציע־לאַגער און האָבן געבויט וועגן. פֿאַרן סוף פֿון דער מלחמה זײַנען זיי אַנטלאָפֿן פֿון קאָנצענטראַציע־לאַגער און האָבן זיך באַהאַלטן אין וואַלד. דערווײַל האָבן אַבֿרהמס פֿרוי און זײַן טאָכטער זיך פֿאַרשטעלט פֿאַר קריסטן און האָבן זיך באַהאַלטן אין דעם ניט־ייִדישן טייל שטאָט. זיי האָבן געאַרבעט ווי דינסטן אין אַ פּויליש הויז. קיינער האָט ניט געטאָרט וויסן, אַז זיי זײַנען ייִדן. זיי האָבן געזען, ווי די דײַטשן שטורעמען די געטאָ מיט טאַנקען און עראָפּלאַנען. אין געטאָ

[1] Numbers are discussed on p. 159. "1948" is read נײַנצן הונדערט אַכט און פֿערציק.

האָבן זיך געשלאָגן מענער, פֿרויען און קינדער; אָבער זיי אַליין זײַנען געווען צווישן קריסטן און האָבן גאָרניט געקענט טאָן.

„נאָך דער באַפֿרײַונג האָט אַבֿרהם געפֿונען זײַן פֿרוי און טאָכטער. ווי דורך אַ נס זײַנען אַלע דרײַ געבליבן לעבן. נאָך צוויי יאָר זײַנען זיי געקומען אַהער.

„אַ דאַנק אײַך פֿאַר אַלע אײַערע בריוו. מיר האָבן דאָ ניט גענוג צו לייענען, ווײַל איך אײַך בעטן, איר זאָלט אונדז שיקן ייִדישע ביכער, זשורנאַלן און צײַטונגען. בײַ אײַך אין ניו־יאָרק דרוקט מען דאָך אַ סך אויף ייִדיש.

„זײַ געזונט. דײַן פֿעטער

ש מ ו א ל"

VOCABULARY

- * אַבֿרהם [AVRO'M] *man's name* (*Yiddish equivalent of* Abraham)
- אַהי׳ן there
- * אַהע׳ר here
- * אום | ברענגען to kill
- * אונדזער our
- * אײַער your
- * איר you
- * אַנטלויפֿן (איז אַנטלאָפֿן) to flee, to run away
- * אַפֿילו [AFILE] even
- אַרבעט: אויף אַרבעט as a laborer
- * באַהאַלטן זיך (באַהאַלטן) to hide
- די באַפֿרײַונג liberation
- דאַנק: * אַ דאַנק thank you
- דאַנען: פֿון דאַנען from here
- * דײַטשלאַנד Germany
- * דײַן your
- * די דינסט (ן) maid servant
- * דערווײַ׳ל meanwhile
- * דרוקן to print
- * האָפֿן אויף . . . . to hope for . . . .
- האָפֿן צו . . . . to hope to . . . .
- דער וואַלד (וועלדער) forest
- וואַ׳רשעווער Warsaw (*adjective*)
- * ווײַט far
- * דער וועג (ן) road
- * וועמענס whose
- * זייער their
- * חנה [KhANE] *woman's name* (*Yiddish equivalent of* Hannah)
- דער טאַנק (ען) tank
- * טויזנט a thousand
- * דער טייל (ן) part
- דער טייל שטאָט part of the city
- * דאָס יאָר (יאָר אָדער יאָרן) year
- * דער יאָרצײַט anniversary of death
- * לעבן: בלײַבן לעבן to survive
- * דער מאַן (ען) husband
- * דער מאַן (מענער) man
- * מײַן my
- נאָך אַלץ still
- ניט־ייִדיש Gentile, non-Jewish
- * דער סוף [SOF] end
- * צום סוף at the end
- פּויליש Polish
- * פֿאַר before
- * פֿאַרגעסן (פֿאַרגעסן) to forget
- פֿאַרשטעלן זיך פֿאַר . . . to disguise oneself as . . .

* פֿיר four
* די פֿרוי (ען) woman; wife
* פֿרייען זיך to be glad
* צווישן between; among
* די צרה (—ות) trouble [TSORE— -s]
דער קאָנצענטראַציע־לאַגער concentration camp
די קוואָטע quota

* קיינער ... ניט nobody, anybody
(*acc.-dat.*: קיינעם ... ניט)
* דער קריסט (ן) Christian
שטו׳רעמען to assault
* שלאָגן זיך (געשלאָגן) to fight
* שמואל *man's name* [shMUEL] (*Yiddish equivalent of* Samuel)

QUESTIONS

1. צו וועמען איז דער בריוו? 2. ווער האָט דעם בריוו געשריבן? 3. וווּ איז איצט דער פֿעטער שמואל? 4. ווער פֿון זײַן משפּחה איז מיט אים? 5. וועמען האָט ער אין ארץ־ישׂראל? 6. פֿאַר וואָס קען ער אַהין ניט פֿאָרן? 7. פֿאַר וואָס קען שמואל ניט פֿאָרן צו זײַן משפּחה קיין אַמעריקע? 8. צי געפֿעלט שמואלן צו זײַן אין דײַטשלאַנד? 9. פֿאַר וואָס? 10. ווי איז אַבֿרהם געבליבן לעבן? 11. וווּ האָבן זײַן פֿרוי און טאָכטער זיך באַהאַלטן? 12. וואָס האָבן זיי געטאָן צווישן קריסטן? 13. צי האָט מען געוווּסט, אַז זיי זײַנען ייִדישע פֿרויען? 14. צי זײַנען דאָ אַ סך ייִדישע משפּחות אין אייראָפּע, וווּ אַלע זײַנען געבליבן לעבן? 15. וואָס בעט שמואל צום סוף פֿון זײַן בריוו?

GRAMMAR

1. Possessive Adjectives

The possessive adjectives in their base form are as follows:

	SINGULAR		PLURAL	
1ST PERSON	מײַן	my	אונדזער	our
2ND PERSON	דײַן	your	אײַער	your
3RD PERSON MASCULINE	זײַן	his	זייער	their
3RD PERSON FEMININE	איר	her		
3RD PERSON NEUTER	זײַן	its		
INTERROGATIVE	וועמענס?	whose?		

2. Use of Possessive Adjectives

איר טאַטע
דײַן פֿרוי
מײַן קינד

אירע קינדער
אײַ׳ערע זאַכן

Possessive adjectives, when preceding a noun in the singular, *remain in their base form* in all genders. In the plural, the ending **ע—** is added to the base.

דער צימער איז מײַנ**ער**	This room is mine
די צײַטונג איז דײַנ**ע**	This newspaper is yours
דאָס בוך איז אונדזערס	This book is ours

In the predicate, the possessive adjective has the usual gender endings of all adjectives in the predicate (see p. 123). When used in the predicate, it corresponds to the English "long" forms: "mine," "yours," "hers," etc. Note:

מײַן צימער	*my* room
דער צימער איז **מײַנער**	this room is *mine*

3. Possessive Form of Names of Persons

אַבֿרהמס פֿרוי	ד״ר פֿרידמאַנס טאָכטער
אסתּרס ברודער	ה׳ גאָלדבערגס הויז

To obtain the possessive form of a name of a person, the ending **ס—** (without an apostrophe) is added.

סאָקראַטעס: סאָקראַטעס**עס** צײַט
פּרץ [PERETS]: פּרצ**עס** ביכער
ראַבינאָוויטש: ראַבינאָוויטש**עס** טאַטע

The ending **עס—** is added to form the possessive of names ending in **ס—, ץ—, ש—, טש—, ז—, דז—, זש—,** and **דזש—**. But if a noun with final **ס—** has the stress on the last syllable, no further **ס—** is added; instead, in writing, an apostrophe indicates the possessive:

חבֿר ווײַס: חבֿר ווײַס׳ פֿרוי

4. Possessive Form of Common Nouns

דעם גוטן לערערס בוך	**דעם** קלײנ**עם** קינדס געלט
דער אַלטער באָבעס בריוו	**אַ** קלײן קינדס געלט

The possessive of common nouns which denote animate objects is also formed by the addition of the ending **ס—**. The form of the article and adjective is identical with that of the dative case.

The possessive form of a noun in the plural is rarely used.

The following nouns have irregular possessive forms:

דער זיידע — דעם זיידנס	**דער ייִד — דעם ייִדנס**
דער טאַטע — דעם טאַטנס	**דער מענטש — דעם מענטשנס**

דער רבי — דעם רבינס

5. Uninflected Adjectives

דער אַמעריקאַנער ייִד — **דעם** אַמעריקאַנער ייִד — **די** אַמעריקאַנער ייִדן
די וואַרשעווער פֿרוי — **דער** וואַרשעווער פֿרוי — **דער** וואַרשעווער פּרויס
דאָס אַמעריקאַנער לאַנד — **די** אַמעריקאַנער לענדער — **אַן** אַמעריקאַנער לאַנד
די פֿילאַדעלפֿיער צײַטונג — **די** פֿילאַדעלפֿיער צײַטונגען

Some adjectives are formed from geographical names. If their bases end in **—ער** or **—אַנער**, they are not inflected. They retain the same form in all cases and genders in the singular as well as in the plural.

6. גייןַ and פֿאָרן

איך פֿאָר קיין איירָאפּע I am going to Europe
איך פֿאָר אַהיים I am going (=riding) home
איך גיי אַהיים I am going (=walking) home

גיין means *to go on foot* only. **פֿאָרן** means *to go by vehicle* or *boat, to travel, to ride.* The two verbs should never be confused.

7. Adverbs Designating Place

ווו איז ער? Where is he?
ער איז דאָ He is here
ער איז דאָרטן He is there

Adverbs indicating place are **ווו** *where?*, **דאָ**, *here*, and **דאָרטן** *there*. If a preposition precedes the adverbs **ווו** or **דאָ** they are modified:

פֿון וואַנען?	from where?	פֿון דאַנען	from here
דורך וואַנען?	through where?	דורך דאַנען	through here
ביז וואַנען?	up to where?	ביז דאַנען	up to here

Separate adverbs are used to indicate *place to which*:

וווהין? גייט ער? Where is he going?
ער קומט אַהער He is coming here
ער גייט אַהין He is going there

The adverbs are summarized in the following table:

	"WHERE?"	"HERE"	"THERE"
PLACE WHERE (WITH PREPOSITIONS)	ווו? (וואַנען)	דאָ (דאַנען)	דאָרטן (דאָרטן)
PLACE TO WHICH	ווּהין?	אַהער	אַהין

EXERCISES

A. Supply the possessive adjectives corresponding to the personal pronouns given in parentheses at the beginning of the sentences:

1. (זי) אסתּר האָט פֿאַרגעסן —— בוך און —— העפֿט אין דער היים. 2. (איך) וואָס האָסטו געטאָן מיט —— בריוו? 3. (ער) ער האָט מיר שוין דערציילט וועגן —— צרות. 4. (ווער) —— אויטאָ איז דאָס? 5. (דו) ווו ביסטו געווען מיט —— חבֿר? 6. (זיי) מען זאָגט, אַז די אַמעריקאַנער האָבן געוווּנען די מלחמה מיט —— אַעראָפּלאַנען. 7. (זי) חנה וווינט צוזאַמען מיט —— שוועסטער. 8. (איך) איך שטיי דאָ און וואַרט אויף —— טאַטן. 9. (עס) דאָס קינד קוקט אויף —— מאַמע און לאַכט. 10. (איר) גיט אונדז —— זאַכן. 11. (מיר) —— גאַנצע משפּחה איז אין אייראָפּע. 12. (ער) מײַן פֿעטער האָט פֿאַרלוירן —— געלט. 13. (איך) דו קענסט —— ברודער? 14. (איר) ווו איז —— הויז? 15. (מיר) דאָס איז דאָך —— הויז.

B. Make sentences out of the following phrases, putting the possessive adjective into the predicate. For example:

זײַן קראָם: די קראָם איז זײַנע

1. מײַן בוך 2. זייער טיש 3. זײַן העפֿט 4. אונדזער לאַנד 5. דײַן פֿעדער 6. אירע קינדער 7. אײַער הויז 8. זײַן צימער 9. דײַן געלט 10. אונדזער קלוב.

C. Supply the possessive form of the names given in parentheses:

1. איך האָב געלייענט (חיים) בריוו. 2. ער שרײַבט וועגן זײַן (טאַטע) משפּחה. 3. (דער אַלטער ייִד) לעבן איז געווען אַ שווערס. 4. (ה׳ קאַפּלאַנאָוויטש) פֿרוי איז נעכטן געקומען. 5. (די באָבע) אַלע קינדער זײַנען אין אַמעריקע. 6. מען זאָגט, אַז (רחל) ברודער איז געשטאָרבן. 7. (דער מענטש) זאַכן האָט מען שוין געבערענגט. 8. איך ווייס גאָרניט וועגן מײַן (זיידע) לעבן. 9. איך האָב זיך באַקענט מיט ה׳ (ווײַנשטיין) טעכטער. 10. וואָס ווייסטו וועגן (אַנטיוכוס) צײַטן?

D. 1. Form adjectives out of the following geographical names

a) by adding the suffix —ער:

1. מאָנטרעאָל 2. דעטרויט 3. לאָס־אַנדזשעלעס 4. לאָנדאָן 5. פּאַריז 6. קאַנאַדע.

b) by dropping final —ע, and adding —אַנער:

1. אַמעריקע 2. מעקסיקע 3. אַפֿריקע.

2. Form sentences containing each of the above adjectives.

E. Supply the correct form of the adverb designating place:

1. פֿון (וווּ) קומסטו? 2. (וווּ) ביסטו געווען? 3. ווי לאַנג ביסטו שוין (דאָ)? 4. ווען ביסטו (דאָ) געקומען? 5. איך גיי איצט (דאָרטן). 6. איך טראָג (דאָרטן) אַ מתּנה פֿאַר די קינדער. 7. דו ביסט שוין (דאָרטן) אַ מאָל געווען? 8. ניין, איך גיי (דאָרטן) דאָס ערשטע מאָל. 9. דער טאַטע פֿאָרט דורך (דאָרטן) אַלע טאָג. 10. זיי זײַנען געקומען (דאָ) צו גאַסט און ווילן ניט אַוועקפֿאָרן פֿון (דאָ). 11. (וווּ) קען מען זיי שיקן? 12. ביז (וווּ) וועסטו פֿאָרן מיט דער באַן? 13. איך וועל פֿאָרן מיט דער באַן ביז באָסטאָן, און פֿון (דאָרטן) וועל איך פֿאָרן מיט אַן אויטאָ. 14. איר וווינט (דאָ)? 15. ניין, מיר וווינען ניט ווײַט פֿון (דאָ).

F. Translate into Yiddish:

1. We hope for a warm day. 2. I haven't received a letter from anybody today. 3. We hope that Avrom will not leave until we are able to go with him. 4. Meanwhile we must live here. 5. We received (a) part [of the] money, but not all of it (=the whole). 6. The men have to remain here and the women have to go there. 7. It is not far from here. 8. We are glad that nobody came. 9. Why is the child hiding from us? 10 This child always hides or runs away. 11. Thank you for the gift. 12. Rivke, Esther, and their husbands visited us yesterday. 13. When was this newspaper printed? 14. The trouble is that these children are always fighting. 15. Is this the end of the road? 16. I have forgotten the road from here. 17. Between us, I am glad that they are coming here. 18. I saw them once, three years ago. 19. We received your gifts ahead of (=before the) time. 20. I liked them very [much].

YIDDISH COMPARED TO ENGLISH

Many similarities can be observed between English and Yiddish cognates. In a thoroughgoing historical study of the two languages, the common Germanic parents of the modern cognates can be traced. Some Yiddish words have almost identical "cousins" in English: fish — פֿיש, finger — פֿינגער, full — פֿול, lip — ליפּ, and so on. Often a systematic correspondence between sounds can be established on the basis of similar words. English *d*, for example, corresponds in many words to Yiddish ט: hand — האַנט, wind — ווינט, dead — טויט, door — טיר, etc. English *th* often corresponds to

Yiddish ד, as in earth — ערד, brother — ברודער, cloth — קלייד, thank — דאַנק. Initial English *t* frequently matches Yiddish צ (ten — צען, to — צו), while medial and final *t* correspond to ס: forget — פֿאַרגעס(ן), foot— פֿוס, great — גרויס, hot— הייס.

There are outstanding similarities, too, between Yiddish and English grammar, especially in contrast to German. The almost exclusive application of the possessive to nouns denoting animate objects is a case in point. Likewise, construction of Yiddish sentences resembles the English pattern more than the German, in which the verb is frequently far removed from the subject.

An interesting difference between Yiddish and English lies in the formation of verbs. Yiddish achieves a wealth of different meanings by adding verbal prefixes and adverbial complements to one verb, where English resorts to different verbs. Here are fifteen verbs which consist of קומען plus a prefix or a complement:

אָ'פּקומען	*suffer*	קומען	*come*
או'נטערקומען	*come by, join somewhat later*	אוי'פֿקומען	*arise*
		אָ'נקומען	*arrive*
אוי'סקומען	*seem*	צו'קומען	*approach*
פֿאָ'רקומען	*happen*	אי'בערקומען	*survive*
נאָ'כקומען	*accede*	בײַ'קומען	*overcome*
או'מקומען	*perish*	מי'טקומען	*come along*
דו'רכקומען	*come to terms*	באַקומען	*receive*

In translating these fifteen verbs, English words with eleven different stems must be used. Some of the fourteen Yiddish prefixes and complements which accomplish this differentiation in meaning have a similar effect on almost any verb to which they may be attached. Thus מיט־ has the meaning of *along with*: מי'טנעמען *take along*, מי'טגיין *go along* (=*join in going*), מי'טעסן *eat together* (*with*), מי'טאַרבעטן *work together* (*collaborate*), and so on. There are many complements with constant meaning. Other complements have meanings which are not so constant. Thus אונטער־ occurs with the meaning *under, below*: או'נטערשרײַבן *sign* (=*underwrite*), או'נטער־שטעלן, או'נטערלייגן *put underneath;* but it also has the meaning *slightly*: או'נטערזינגען *sing to oneself, hum;* או'נטערהינקען *limp slightly,* and so on.

A systematic study of Yiddish prefixes and complements forms part of a more advanced course.

LESSON 15

פֿופֿצנטע לעקציע

די ייִדישע נבֿיאים

אַ נבֿואה פֿון תּנך

ייִדן רופֿט מען אַ מאָל „דאָס פֿאָלק פֿון בוך", ווײַל זיי האָבן גע־ברענגט דער וועלט דעם תּנך. די גאַנצע וועלט לייענט און לערנט דעם תּנך אין העברעיִשן אָריגינאַל און אויף אַנדערע שפּראַכן. אין תּנך געפֿינען מיר אַזאַ נבֿואה פֿונעם גרויסן נבֿיא ישעיה:

און עס וועט זײַן אין סוף פֿון די טעג,
שטאַרק וועט שטיין דער באַרג פֿון גאָטס הויז.
אַלע פֿעלקער וועלן צו אים שטראָמען,
און אַ סך פֿעלקער וועלן גיין און וועלן זאָגן:
קומט, לאָמיר אַרויפֿגיין צו דעם באַרג פֿון גאָט,
צום הויז פֿון דעם גאָט פֿון יעקבֿ;
און ער וועט אונדז לערנען פֿון זיינע וועגן,
און מיר וועלן גיין אין זײַנע שטעגן;
ווײַל פֿון ציון וועט אַרויסגיין לערנונג
און גאָטס וואָרט פֿון ירושלים.
און ער וועט מישפּטן צווישן די פֿעלקער.
און זיי וועלן שמידן זייערע שווערדן אויף אַקער־אײַזנס
און זייערע שפּיזן אויף צווײַגמעסערס.
אַ פֿאָלק קעגן אַ פֿאָלק וועט ניט אויפֿהייבן קיין שווערד,
און מען וועט זיך מער ניט לערנען קיין מלחמה.

אַ מעשׂה מיט אליהו־הנבֿיא

אַ מאָל זײַנען געווען צוויי ברידער, ייִדישע בעל־מלאָכות. זיי האָבן שווער געאַרבעט און גוט פֿאַרדינט. איין מאָל האָט אַ רײַכער מאַן אין דער שטאָט, ווו זיי האָבן געוווינט, געוואָלט פֿאַרקויפֿן איינס פֿון זײַנע גרויסע הײַזער. קיינער פֿון די קריסטן אין שטאָט האָט ניט געהאַט גענוג געלט צו קויפֿן דאָס הויז. האָבן עס די צוויי ברידער געקויפֿט.

האָבן די קריסטן געזאָגט: „זעט, ייִדן נעמען שוין ווידער אונדזערע זאַכן!" און זיי האָבן באַשלאָסן צו נעמען נקמה אין די צוויי ברידער. האָט מען אונטערגעוואָרפֿן לעבן הויז פֿון די ברידער אַ טויטן און מען האָט געזאָגט, אַז די ייִדן האָבן אומגעברענגט אַ קריסט צו ניצן זײַן בלוט אויף פּסח. מען האָט די ברידער אַרײַנגעזעצט אין תּפֿיסה.

אַ לאַנגע צײַט זײַנען זיי געזעסן אין תּפֿיסה, און אַלע טאָג האָט מען געפֿונען נײַע „עדות" וואָס האָבן „געזען", ווי די ייִדן האָבן אומגעברענגט דעם קריסט און געניצט זײַן בלוט. האָט מען די ייִדן געמישפּט און זיי פֿאַרמישפּט צום טויט.

אין דער נאַכט פֿאַר דער עקזעקוציע האָט זיך איינעם פֿון די ברידער געחלומט, אַז עס קומט צו אים אליהו־הנבֿיא, אַן אַלטער מאַן מיט אַ ווײַסער באָרד און גוטע, ווייכע אויגן, און זאָגט צו אים: „פֿאַרליר ניט דעם בטחון, מײַן זון. איך וועל ראַטעווען דיך און דײַן ברודער. שלאָף רויִק, גאָט האָט אײַך ניט פֿאַרגעסן."

דער טאָג פֿון דער עקזעקוציע איז געקומען. דער מלך און דאָס גאַנצע פֿאָלק זײַנען געקומען זען, ווי מען הענגט אויף די ייִדן. די צוויי ברידער זײַנען שוין געשטאַנען לעבן דער תּליה. נאָר פּלוצלינג איז געוואָרן אַ טומל צווישן פֿאָלק. אַן אַלטער מאַן מיט אַ שווערד אין דער האַנט האָט זיך דורכגעריסן צום מלך און האָט אויסגעשריגן:

„מלך! די צוויי ברידער זײַנען אומשולדיק. זיי האָבן גאָרניט געטאָן. שולדיק זײַנען די!" און ער האָט אים געוויזן די זעקס מענטשן וואָס האָבן אונטערגעוואָרפֿן דעם טויטן און וואָס זײַנען געזעסן צווישן פֿאָלק, נאָענט צו דער תּליה.

מען האָט געברענגט די זעקס מענטשן פֿאַרן מלך. זיי האָבן זיך מודה געווען. מען האָט באַלד באַפֿרײַט די צוויי ברידער און זיי געברענגט אין זייער נײַ הויז וואָס זיי האָבן געקויפֿט. די ברידער האָבן געדאַנקט גאָט, וואָס ער האָט זיי געשיקט אליהו־הנבֿיא, און האָבן געשאָנקען אַ גרויסן טייל פֿון זייער געלט פֿאַר אָרעמע.

די מעשׂה און אַ סך אַנדערע מעשׂיות דערציילט דאָס ייִדישע פֿאָלק וועגן דעם גוטן אליהו־הנבֿיא.

VOCABULARY

* דאָס אויג (ן) eye
אוי׳ס | שרײַען (אוי׳סגעשריגן) to cry out
* אוי׳פֿ | הייבן (אוי׳פֿגעהויבן) to lift, to raise
* אוי׳פֿ | הענגען (אוי׳פֿגעהאָנגען) to hang
או׳משולדיק innocent
או׳נטער | וואַרפֿן (או׳נטערגעוואָרפֿן) to "plant"
* אַזאַ׳ (*plural*: אַזעלכע) such
* אליהו־הנבֿיא [ELYO'HU-HANO'VI] the prophet Elijah
דער אַקער־אײַזן (ס) plowshare
אַרוי׳ס | גיין (איז אַרוי׳סגעגאַנגען) proceed
אַרוי׳פֿ | גיין (איז אַרוי׳פֿגעגאַנגען) to ascend
דער אָריגינאַ׳ל original
* אַרײַנ | זעצן put (into prison)
* באַפֿרײַען to set free
* דער באַרג (בערג) mountain
* די באָרד (בערד) beard
דער בטחון [BITOKhN] faith
* דאָס בלוט blood
דער בעל־מלאָכה (—ות) [BALME-LOKhE— -*s*] artisan
* ברענגען bring
דאַנקען to thank
דו׳רכ | רײַסן זיך (דו׳רכגעריסן) to push one's way through
* די האַנט (הענט) hand
* דאָס וואָרט (ווערטער) word
* ווײַזן (געוויזן) to show
ווייך soft
וועגן ways
* זיצן (איז געזעסן) to sit

* חלומען זיך [KhO'LEMEN] to dream
עס חלומט זיך מיר I dream
* דער טויט death
דער טויטער (*inflected like an adjective*) corpse
* דער טומל uproar
* יעקבֿ [YANKEV] (*here figuratively*) the Jewish people; *also, man's name* (*Yiddish equivalent of* Jacob)
ירושלים [YERUShOLAIM] Jerusalem
ישעיה [YEShAYE] Isaiah
* לאַנג long
די לערנונג learning
לערנען to teach
מאָל: * אַ מאָל sometimes, once
מודה: *זיך מודה געווען [MOYDE] confessed
* מישפּטן [MI'ShPETN] to judge; to try
* מער ניט no more
* די נאַכט (נעכט) night
* נאָענט close
די נבֿואה [NEVUE] prophecy
* דער נבֿיא (ים) [NOVI—NEVIIM] prophet
די נקמה [NEKOME] revenge
דער עדות (—) [EYDES] witness
די עקזעקוציע execution
* פּלוצלינג suddenly
דער פּסח [PEYSEKh] Passover
אויף פּסח for Passover
פֿאַרמישפּטן [FARMIShPETN] to condemn
דער צוויי׳גמעסער (ס) pruning hook

ציון [TSIEN] Zion
* ראַ'טעווען to save
* רויִק peaceful, calm
* רופֿן (גערופֿן) to call
די שווערד (ן) sword
שולדיק guilty
* שטאַרק strong
דער שטעג (ן) path
שטראָמען to stream
* שלאָפֿן (געשלאָפֿן) to sleep
שמידן (אויף) to forge (into)
* שענקען (געשאָנקען) to give away (as a gift)
די שפּיז (ן) spear
די תּליה [TLIYE] gallows
* דער תּנך [TANA'Kh] Old Testament
* די תּפֿיסה (—ות) [TFISE— -S] prison

QUESTIONS

1. פֿאַר וואָס רופֿט מען ייִדן „דאָס פֿאָלק פֿון בוך"? 2. פֿון וועלכן נבֿיא איז די נבֿואה? 3. פֿון וואָס האָבן די צוויי ברידער פֿאַרדינט? 4. וואָס האָבן זיי גע־קויפֿט פֿאַר זייער געלט? 5. וואָס האָבן די קריסטן פֿון שטאָט געזאָגט? 6. ווי האָבן זיי נקמה גענומען אין די צוויי ברידער? 7. וואָס האָט מען געטאָן מיט די צוויי ברידער? 8. אויף וואָס האָט מען זיי פֿאַרמישפּט? 9. וואָס האָט זיך געחלומט איינעם פֿון די ברידער? 10. וואָס האָט אים אליהו־הנבֿיא געזאָגט? 11. ווער איז געקומען זען די עקזעקוציע? 12. וואָס איז געשען, ווען די ברידער זײַנען שוין געשטאַנען לעבן דער תּליה? 13. וואָס האָט דער אַלטער מאַן געטאָן? 14. וואָס האָט דער מלך געטאָן? 15. וואָס האָבן די ברידער געטאָן, ווען זיי זײַנען געקומען צוריק אַהיים?

GRAMMAR

1. Future Tense

ער **וועט** אונדז באַלד **רופֿן** He will call us soon

The future tense is formed by adding the infinitive of the verb to the appropriate form of the auxiliary, which is conjugated as follows:

איך וועל רופֿן	מיר וועלן רופֿן
דו וועסט רופֿן	איר וועט רופֿן
ציִ וועסטו רופֿן?	זיי וועלן רופֿן
ער וועט רופֿן	

2. Future Tense of **איז דאָ** and **איז ניטאָ**

עס **איז דאָ** גענוג: עס **וועט** זײַן גענוג

עס **איז ניטאָ** קיין געלט: עס **וועט ניט זײַן** קיין געלט

In the future tense, **דאָ** in expressions meaning "there will be" is omitted, while **ניט** is substituted for **ניטאָ**.

3. Avoiding Redundant Verbs

לייבל קען ייִדיש, **אָבער זײַן ברודער** קען **ניט** קיין ייִדיש

In the above sentence, the second clause contains some sentence units which are included in the first clause and some which are new. In Yiddish, redundancy of this type is avoided by expressing *only the new units* in the second clause:

לייבל קען ייִדיש, אָבער זײַן ברודער ניט	Leybl knows Yiddish, but his brother does not

Thus, if the verb in the second clause is the same as in the first, it is not expressed. In English, where this omission is impossible, the auxiliary "do" is substituted for the verb. In Yiddish, no such substitution is made.

איך פֿאַרשטיי די מעשׂה. און דו?	I understand the story. Do you?
מיר איז געפֿעלן דאָס בוך, און אים אויך	I liked the book, and he did too

איך פֿאַרשטיי ניט קיין כינעזיש און איך האָב עס קיין מאָל ניט פֿאַרשטאַנען

הײַנט אַרבעט איך, אָבער מאָרגן װעל איך ניט אַרבעטן [אָבער מאָרגן ניט]

If the verb in the second clause is the same, but in a different tense from that of the first clause, the entire verbal construction must be expressed. Sometimes, as in the last example, the entire verbal construction is omitted without loss of clarity, but it is an error to express or omit only part of the verbal construction. Thus:

דו װעסט מיר העלפֿן? יאָ, [איך װעל דיר העלפֿן]	Will you help me? Yes, I will
ניין, [איך װעל דיר ניט העלפֿן]	No, I will not
איר האָט זי געזען? יאָ, [מיר האָבן זי געזען]	Have you seen her? Yes, we have
ניין, [מיר האָבן זי ניט געזען]	No, we have not

Expressions like **איך אויך**, **דו אויך**, **ער אויך** usually correspond to *so do (did, shall, am) I, so do (did, will, are) you,* etc.; **איך אויך ניט**, **דו אויך ניט** correspond to *neither do (did, shall, am) I,* etc.

ער גייט אין שול, און איך אויך	He goes to school, and so do I
ער װעט ניט גיין אין שול, און איך אויך ניט	He won't go to school, and neither shall I

4. Uncompleted Action Continuing into the Present

איך אַרבעט שווער	I *have been working* hard (and still am)

איך שרײַב איר אַלע טאָג I *have been writing* her every day
ווי לאַנג ביסטו שוין דאָ? How long *have* you *been* here?
איך בין דאָ פֿון נעכטן אָן I *have been* here since yesterday

Incomplete action which continues into the present (expressed in English by the progressive form "have been –ing") is rendered in Yiddish by the present tense.

EXERCISES

A. Conjugate in the future tense:

1. באַפֿרײַען 2. מישפּטן 3. אַוועקפּאָרן 4. באַהאַלטן זיך.

B. Replace the dashes by the auxiliary for the future tense:

1. ווען —— אליהו־הנבֿיא שוין קומען? 2. איך —— אים ווײַזן דעם
וועג אַהער. 3. וואָס —— איר אונדז ברענגען, ווען איר —— קומען?
4. אפֿשר —— זיי אונדז קענען ראַטעווען? 5. מיר —— אײַך שענקען
אַ שיינע מתּנה. 6. וואָס —— (ד)ו טאָן דאָרטן? 7. ווו —— זי וווינען?
8. בײַ נאַכט —— זיך מיר חלומען אַן אַלטער מאַן מיט אַ לאַנגער
באָרד. 9. עס —— ניט קלעקן קיין ברויט. 10. עס — גיין אַ רעגן.

C. Retell the passage, אַ נבֿואה פֿון תּנך, in your own words.

D. Translate into Yiddish:

1. I understand Yiddish, but my friend does not. 2. He can drive a car. Can his wife? 3. I will help you, and my husband will, too. 4. Should I ask my mother for the book? No, don't. 5. Everybody is (=All are) coming to visit us. Is Yitskhok, too? 6. Please show me your room. I will not! 7. Sometimes I play soccer, and sometimes I do not. 8. Is Philadelphia far from New York? No, it isn't. 9. I haven't taken your book, but perhaps my sister has. 10. Yesterday Khaim was at your house, but tomorrow he won't be. 11. Were you at home when I called you? Yes, I was. 12. Such things should not be bought; but they are, anyway. 13. The child was very peaceful yesterday, but now it isn't. 14. He wants to visit you. Does he indeed? 15. I see that you like such stories. So do I. 16. Yankev gave (שענקען) me a gift today, but the others didn't. 17. I couldn't sleep at night. Neither could Dovid. 18. My daughter Rivke wants to sit at the table, and so does my little son. 19. Suddenly I understood everything, but the children didn't. 20. Why is

your hand so white? I don't know why it is. 21. The people there made a great uproar, as they always do. 22. He has beautiful brown eyes, but his brother doesn't. 23. Do you ever (אַ מאָל) use such strong words? No, I never do. 24. The road here *(place to which)* was very long, but we are already close to the city. 25. I like the mountains. Who doesn't?

E. Give the Yiddish equivalents of *I dreamed, you dreamed, he dreamed,* etc.

F. Translate into Yiddish:
1. I have been hearing many good things about you. 2. Where have you been living? 3. My brother has been going to school in New York [for] two years. 4. Has your grandfather been in the United States very long? 5. Yes, he has been here [for] a long time. 6. I have been getting this newspaper every day. 7. I have been buying at (=in) this store. 8. I haven't been sleeping enough. 9. How long has this table been standing in the room? 10. I have been throwing out all [the] old magazines.

G. Translate into Yiddish:
KHAIM: Father, our teacher told us today that people are descended from monkeys (שטאַמען פֿון מאַלפּעס).
FATHER: Indeed? Maybe (=It can be that) you are, but I am not.

H. Translate into Yiddish:

ROKHL'S LETTER

THE MOTHER: Rohkl, what are you doing?
ROKHL: I am writing a letter to my friend.
THE MOTHER: I did not know you could *(present tense)* write!
ROKHL: I can't, but my friend can't read anyway.

JEWISH LANGUAGES

Until the fall of the First Temple, that is until the 6th century B.C., the Jews spoke practically pure Hebrew, the language of the Bible. Subsequently, however, their language became more and more influenced by Aramaic, a Semitic tongue which was extremely widespread in the Near East until as late as the 8th century A.D. The majority of the Jews gradually switched to Aramaic as their vernacular. The Talmud, concluded in the 6th century A.D., was written in that language. In the meantime, the Jews in the Hellenistic world adopted Greek, and with the spread of Islam, Arabic became the spoken language of many Jews in Mediterranean countries. In Persia, too, the Jews developed Jewish versions of the local dialects. Those Jews that moved into Italy and other Romanized countries acquired Latin and, later on, the Romance languages of the Middle Ages. Of all these languages, peculiar Jewish versions came into existence. The Jews of Spain created a Jewish language of their

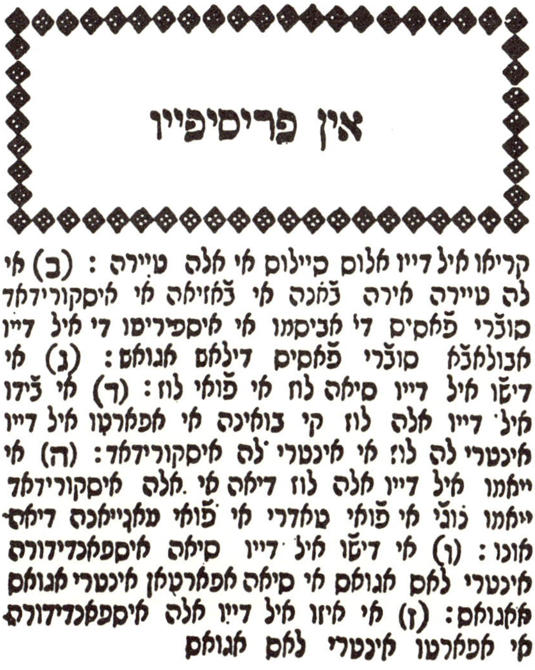

אין פריסיפייו

קריאו איל דייו אלום כיילום אי אלה טיירה : (ב) אי
לה טיירה איר‎ה בֿאנה אי בֿאזיאה אי איסקורידאד
סוברי פֿאסים די אביסמו אי איספיריטו די איל דייו
אבולאבֿא סוברי פֿאסים דילאם אגואם: (ג) אי
דישו איל דייו סיאה לוז אי פֿואי לוז: (ד) אי צֿידו
איל דייו אלה לוז קי בואינה אי אפארטו איל דייו
אינטרי לה לוז אי אינטרי לה איסקורידאד: (ה) אי
יאמו איל דייו אלה לוז דיאה אי אלה איסקורידאד
יאמו נוני אי פֿואי טארדי אי פֿואי מאנייאנה דיאה
אונו: (ו) אי דישו איל דייו סיאה איספאנדידורה
אינטרי לאם אגואם אי סיאה אפארטאן אינטרי אגואם
אאגואם: (ז) אי איזו איל דייו אלה איספאנדידורה
אי אפארטו אינטרי לאם אגואם

דער אָנהייב פֿון חומש אויף לאַדינאָ

own, Dzhudezmo (also called Judeo-Spanish in research literature). An archaic form of the language used in sacred literature is called Ladino. Dzhudezmo is today used by colonies of Sephardic (Spanish and Portuguese) Jews in the entire Mediterranean area, and also by immigrants from those lands to the Americas. Yiddish was born around the year 1000, when French and Italian Jews began migrating to the Rhineland.

The phenomenon of Jewish language creation in various parts of the world is one of the most interesting topics in the study of Jewish and general culture. It is the task of the linguist and the social scientist to delineate the common features in the various Jewish languages; thus he will be able to outline what is specific in Jewish life and culture, as well as to trace the similarities and contrasts between various Jewish communities. This field is of great interest to general sociologists, too, for they can compare the adjustment of originally similar groups in various environments as well as study the functioning of a cultural minority in different settings.

Of all the languages created by the Jews in the diaspora, Yiddish is most richly developed and is furthest removed from its origin. It has the largest literature and the greatest number of speakers.

הער נאָר, דו שיין מיידעלע

הער נאָר, דו שיין מיידעלע,
הער נאָר, דו פֿײַן מיידעלע,
וואָס וועסטו טאָן אין אַזאַ ווײַטן וועג?
וואָס וועסטו טאָן אין אַזאַ ווײַטן וועג?

איך וועל גיין אין אַלע גאַסן,
איך וועל שרײַען „וועש צו וואַשן!" —
אַבי מיט דיר צוזאַמען זײַן,
אַבי מיט דיר צוזאַמען זײַן.

הער נאָר, דו שיין מיידעלע,
הער נאָר, דו פֿײַן מיידעלע,
וואָס וועסטו עסן אין אַזאַ ווײַטן וועג?
וואָס וועסטו עסן אין אַזאַ ווײַטן וועג?

ברויט מיט זאַלץ וועל איך עסן,
טאַטע און מאַמע וועל איך פֿאַרגעסן —
אַבי מיט דיר צוזאַמען זײַן,
אַבי מיט דיר צוזאַמען זײַן.

הער נאָר, דו שיין מיידעלע,
הער נאָר, דו פֿײַן מיידעלע,
אויף וואָס וועסטו שלאָפֿן אין אַזאַ ווײַטן וועג?
אויף וואָס וועסטו שלאָפֿן אין אַזאַ ווײַטן וועג?

איך בין נאָך אַ יונגע פֿרוי,
איך קען שלאָפֿן אויף אַ בינטל שטרוי —
אַבי מיט דיר צוזאַמען זײַן,
אַבי מיט דיר צוזאַמען זײַן.

HER NOR DU SHEYN MEY-DE - LE HER NOR DU FAYN MEY - DE - LE
VOS VES-TU TON — IN A-ZA VAY—TN VEG VOS VES-TU TON —
IN A - ZA VAY—TN VEG IKh VEL GEYN IN A-LE GA-SN IKh VEL ShRA-YEN
VESh TsU VA-ShN A - BI MIT DIR TsU - ZA - MEN ZAYN A - BI MIT DIR TsU - ZA- MEN ZAYN

אַבי, only (*plus infinitive*), as long as
דאָס בינטל bundle
דאָס ברויט bread
וואַשן to wash
דאָס וועש laundry
די זאַלץ salt
יונג young
דאָס מיי׳דעלע little girl
נאָר: הער נאָר listen!
פֿײַן pretty
שטרוי straw
אַ בינטל שטרוי bundle of straw
שרײַען to shout

LESSON 16

זעכצנטע לעקציע

פֿילאָסאָפֿיע

אַ בחור האָט געדאַרפֿט חתונה האָבן, האָט ער געדאַרפֿט זיך באַ־קענען מיט דער כּלה. ער איז אָבער געווען אַ גרויסער נאַר און ער האָט מורא געהאַט, אַז ווען ער וועט גיין צו גאַסט צו דער כּלה, וועט ער ניט וויסן וועגן וואָס צו רעדן. האָט זײַן טאַטע אויף אים רחמנות געהאַט און אים געגעבן אַן עצה: „ווען דו וועסט קומען צו דער כּלה, זאָלסטו אָנהייבן רעדן וועגן ליבע. נאָך דעם וועסטו רעדן וועגן משפּחה. צום סוף זאָלסטו רעדן וועגן פֿילאָסאָפֿיע".

האָט דאָס דער בחור גוט געדענקט. ער איז געקומען צו דער כּלה. אַלע זײַנען געזעסן בײַם טיש, חתן־כּלה און די מחותּנים. נאָך דעם זײַנען די מחותּנים אַרויסגעגאַנגען און האָבן געלאָזט דעם חתן און די כּלה אַליין. דער בחור האָט געוווּסט, אַז ער דאַרף רעדן וועגן ליבע, וועגן משפּחה און וועגן פֿילאָסאָפֿיע. פֿרעגט ער די כּלה: „איר האָט ליב לאָקשן?" זאָגט זי: „יאָ, פֿאַר וואָס זאָל איך ניט ליב האָבן קיין לאָקשן? ווער האָט פֿײַנט לאָקשן?" האָט ער שוין געענדיקט מיט ליבע. פֿרעגט ער ווײַטער: „איר האָט אַ ברודער?" ענטפֿערט די כּלה: „ניין, קיין ברודער האָב איך ניט." דאָס הייסט, אַז דער בחור האָט שוין גערעדט וועגן ליבע און וועגן משפּחה אויך, און ער דאַרף נאָך רעדן וועגן פֿילאָסאָפֿיע. פֿרעגט ער בײַ דער כּלה: „און אויב איר וואָלט געהאַט אַ ברודער, וואָלט ער ליב געהאַט לאָקשן?"

פֿריִער מוז מען קענען

אין כעלעם איז געווען אַ טיפֿער טײַך. אין איין וואָך האָבן זיך דאָרטן דערטרונקען צוויי מענטשן בעת זיי האָבן זיך געבאָדן. ווען די כעלעמער ייִדן האָבן דאָס געהערט, האָבן זיי באַשלאָסן:

„דאָס טאָר מער ניט געשען. פֿון איצט אָן טאָר קיינער ניט אַרײַנגיין אין וואַסער, אויב ער קען ניט פֿריִער שווימען."

זיבן מיט זיבן איז עלף

אַ כעלעמער ייִדענע איז אַ מאָל אַרײַנגעגאַנגען אין אַ קראָם און האָט געקויפֿט אַ הערינג און אַ לעבל ברויט. „וויפֿל קאָסט דאָס?״ האָט זי געפֿרעגט דעם קרעמער.

„פֿערצן גראָשן,״ ענטפֿערט איר דער קרעמער.

„פֿאַר וואָס פֿערצן?״ פֿרעגט די ייִדענע. „איך מיין, אַז עלף.״

רעכנט דער קרעמער: דער הערינג קאָסט זיבן גראָשן און דאָס לעבל ברויט אויך זיבן גראָשן. איז צוזאַמען, דאַכט זיך, פֿערצן.

„איך ווייס ניט, ווי א י ר ציילט,״ זאָגט די ייִדענע, „נאָר איך בין זיכער, אַז זיבן מיט זיבן איז עלף.״

„וואָס רעדט איר?״

„איך וועל אײַך באַלד דערקלערן, פֿון וואַנען איך ווייס, אַז זיבן מיט זיבן איז עלף. איך האָב געהאַט פֿיר קינדער, ווען מײַן מאַן איז געשטאָרבן. האָב איך ווידער חתונה געהאַט, און מײַן צווייטער מאַן האָט שוין געהאַט פֿיר קינדער פֿון זײַן ערשטער פֿרוי. נאָך דעם האָבן מיר געהאַט דרײַ קינדער צוזאַמען. דאָס הייסט, אַז יעדערער פֿון אונדז האָט געהאַט זיבן קינדער, און צוזאַמען האָבן מיר עלף. איצט גלייבט איר שוין?״

שפּריכווערטער

עס ניט די לאָקשן פֿאַר שבת.

כאַפּ ניט די לאָקשן פֿאַר די פֿיש.

יעדער מענטש ווייסט, אַז ער וועט שטאַרבן, אָבער קיינער וויל עס ניט גלייבן.

VOCABULARY

- * אויב if
- אַרויס|גיין (איז אַרויסגעגאַנגען) to go out
- אַרײַנ|גיין (איז אַרײַנגעגאַנגען) to go in
- באָדן זיך (געבאָדן) to bathe
- * דער בחור (ים) [BOKhER—BO'KhERIM] young man
- * בעת [BEYS] while
- * דאָס ברויט bread
- * גלייבן to believe
- דער גראָשן (ס) small Polish coin
- * דאַכט זיך it seems
- * דאַרפֿן to be supposed to
- ער האָט געדאַרפֿט he was supposed to

• כע׳לעמער (*uninflected adjective*) inhabitant of Khelem; *in Yiddish folklore,* a proverbial fool
דער לאָקש (ן) noodle
• ליב האָבן to love; to like
• די ליבע love
דאָס לעבל loaf
אַ לעבל ברויט a loaf of bread
• מורא האָבן [MOYRE] to fear
דער מחותּן (ים) [MEKhUTN— MEKhUTO'NIM] (actual or prospective relation by marriage)
• דער נאַר (נאַראָנים) fool
• עלף eleven
ענדיקן to finish
• די עצה (—ות) [EYTSE— -S] piece of advice
• פֿײַנט האָבן to dislike; to hate
די פֿילאָסאָפֿיע philosophy
• דער פֿיש (—) fish
• פֿערצן fourteen
• ציילן to count
• קאָסטן to cost
• דער קרעמער (ס) storekeeper
• רחמנות האָבן [RAKhMONES] to take pity
• רע׳כענען (רעכן, רעכנסט, רעכנט, רע׳כענען; גערעכנט) to figure
• שווימען (געשווומען) to swim

דערטרינקען זיך (דערטרונקען) to be drowned
• הייסט: דאָס הייסט that is
דער הערינג herring
• וואָלט (*plus past participle*) would
• דאָס וואַסער water
ווײַטער next
• זיבן seven
זיכער certain
• חתונה האָבן [KhA'SENE] to get married
חתונה האָבן מיט to marry
• דער חתן (ים) [KhOSN— KhASA'NIM] fiancé, bride-groom-to-be
חתן־כּלה [KhOSN-KALE] bride and groom, engaged couple
• דער טײַך (ן) river
• טיף deep
• די יי׳דענע (ס) Jewess; *especially* a petty, sentimental, talkative Jewess
• יעדער each
• יע׳דערער each one; everybody
• די כּלה (—ות) [KALE— -S] fiancée, bride-to-be
כאַפּן to grab
כעלעם Khelem (town in Poland (*Official Polish spelling: Chelm*)

QUESTIONS

1. פֿאַר וואָס האָט דער בחור מורא געהאַט? 2. וואָסער עצה האָט אים זײַן טאַטע געגעבן? 3. וואָס איז געשען, ווען ער איז געקומען צו דער כּלה? 4. וואָס האָט דער בחור געפֿרעגט בײַ דער כּלה וועגן ליבע? 5. וואָס האָט ער געזאָגט וועגן משפּחה? 6. וואָס האָט ער געפֿרעגט וועגן פֿילאָסאָפֿיע?

7. וואָס איז געשען אין כעלעם? 8. וואָס האָבן די כעלעמער יִדן באַשלאָסן? 9. וואָס האָט די יִדענע געקויפֿט? 10. וויפֿל האָט יעדער זאָך געקאָסט? 11. וויפֿל האָט געקאָסט אַלץ צוזאַמען? 12. וואָס האָט געמיינט די יִדענע? 13. פֿאַר וואָס איז זי געווען זיכער, אַז זיבן מיט זיבן איז עלף?

14. ווי פֿאַרשטייט איר דאָס שפּריכוואָרט „עס גיט די לאָקשן פֿאַר שבת"?

GRAMMAR

1. Numerals

1 **איין, איינס**	6 **זעקס**	11 **עלף**	16 **זעכצן**
2 **צוויי**	7 **זיבן**	12 **צוועלף**	17 **זי'בעצן**
3 **דרײַ**	8 **אַכט**	13 **דרײַצן**	18 **אַכצן**
4 **פֿיר**	9 **נײַן**	14 **פֿערצן**	19 **נײַנצן**
5 **פֿינף**	10 **צען**	15 **פֿופֿצן**	20 **צוואַנציק**

2. One

In counting off *numbers as such,* **איינס** is used for *one:*

איינס, צוויי, דרײַ, פֿיר

But when *one object* is specified, the proper numeral is **איין. איין** is inflected exactly like a possessive adjective in the singular (see p. 131):

איין מאַן, **איין** פֿרוי, **איין** קינד
גאָט איז **איינער**; אַ מאַמע איז **איינע**
איינער פֿון די מענער; **איינע** פֿון די פֿרויען; **איינס** פֿון די קינדער

3. Periphrastic Verbs

חתונה האָבן — פֿײַנט האָבן
ליב האָבן — רחמנות האָבן
מורא האָבן

Many Yiddish verbs, called *periphrastic,* consist of an invariable element and an auxiliary which is conjugated in all tenses. They are comparable to such English verbs as "to be afraid." **זײַן, האָבן,** and several others occur as auxiliaries in periphrastic verbs.

Note that the invariable element, like a complement, occupies the third fixed place in the sentence:

איך האָב ליב מײַן מאַמע; איך האָב זי ליב
איך האָב ליב געהאַט מײַן מאַמע; איך האָב זי ליב געהאַט
איך וועל ליב האָבן מײַן מאַמע; איך וועל זי ליב האָבן

4. מיינען and גלייבן

מיינען and **גלייבן** both mean *to believe.* If the emphasis is on the content of the opinion, on what is believed as opposed to something else that might be believed, the verb **מיינען** is used. This verb is always followed by an object clause beginning with **אַז.**

איך מיין, אַז מיר דאַרפֿן גיין	I believe (think) that we ought to go
איך מיין, אַז עס איז קאַלט	I believe (think) that it is cold

If the emphasis is on the firmness of the conviction, as opposed to disbelief, the verb **גלייבן** is used.

איך קען עס ניט גלייבן	I cannot believe it
צי גלייבט ער אין גאָט?	Does he believe in God?

Avoid using the verb **דענקען,** the cognate of "think," which in Yiddish denotes thinking only in a philosophic sense.

5. יעדערער and יעדער

יעדערער פֿאַרשטייט עס ווי ער וויל	Everyone understands it as he wants to
איך קען יעדערע פֿון די מיידלעך	I know everyone of these girls

The pronoun **יעדערער,** meaning *each one, everyone, everybody,* is inflected as follows:

	MASCULINE	FEMININE
NOMINATIVE	יע׳דערער	יע׳דערע
ACCUSATIVE	יע׳דערן	יע׳דערע
DATIVE	יע׳דערן	יע׳דערער

In referring to groups containing both men and women, the masculine form is used:

איך האָב גערעדט מיט יעדערן פֿון די מענטשן	I have spoken with everyone of these people

יעדער, used before nouns, means *each, every.* It is not inflected:[1]

יעדער מאַן, יעדער פֿרוי און יעדער קינד	every man, every woman and every child

[1] An alternate form of this pronoun is described in the synopsis of grammar, p. 313.

6. Phrases with פֿיל

ווי פֿילז[2]	how many, how much?
אַזוי פֿיל = אַזאַ סך	so many, so much
צו פֿיל	too many, too much
זייער פֿיל = זייער אַ סך	very many, very much

Together with the above adverbs, the word **פֿיל** is used instead of **אַ סך** to denote *many, much*. With **זייער**, either word may be used.

7. Mathematical Expressions

\+ **פּלוס** [PLus], **און, מיט**
— **מינוס**
x **מאָל**
: **געטייל'ט אויף**
= **איז, איז גלײַך**

8:2=4 אַכט געטיילט אויף צוויי איז (גלײַך) פֿיר

8. Indirect Questions

איך הער ניט, ווער **עס** רעדט	I cannot hear who is speaking
זאָג מיר, ווער **עס** איז געקומען	Tell me who came
איך ווייס ניט, וואָס **עס** וועט געשען	I don't know what will happen

In indirect questions in which the interrogative pronoun (i.e. **וואָס** or **ווער**) is the subject, **עס** is inserted after the subject. This is not done, however, when the interrogative pronoun functions as a sentence unit other than the subject.

דו קענסט נעמען וואָס דו ווילסט	You can take what you want
איך ווייס, וועמען צו רופֿן	I know whom to call

EXERCISES

A. Conjugate in the past, future, and imperative:

1. ליב האָבן די שול 2. רחמנות האָבן אויפֿן קינד 3. מורא האָבן.

B. Write four Yiddish sentences with **מיינען** and four with **גלייבן**.

C. Write out the following expressions in words:

2+14=16	8+7=15	10+1=11	19–17=2
2 × 4=8	3 × 5=15	16 : 4=4	8–1=7
12 : 6=2	12–4=8	2 × 9=18	10 × 2=20
12 : 2=6	4+3=7	14 : 7=2	9 : 9=1

---

[2] Usually spelled **וויפֿל**.

152 COLLEGE YIDDISH

D. Supply the proper forms of יעדערער or יעדער:

1. —— טאָג ברענגט נײַע זאַכן. 2. —— האָט געלייענט שלום־עליכמס מעשׂיות פֿאַר ייִדישע קינדער. 3. איך וועל רעדן מיט —— פֿון די טעכטער. 4. —— קינד דאַרף גיין אין שול. 5. איך וויל ווײַזן מײַן הויז —— פֿון אײַך. 6. צי האָט —— פֿאָלק זײַן לאַנד? 7. פֿון —— כעלעמער לאַכט מען. 8. ער וויל מיר דערציילן וועגן —— בוך וואָס ער לייענט. 9. אַ מאָל איז —— ייִדישער בחור געגאַנגען אין חדר, אָבער ניט —— מיידל האָט זיך געלערנט. 10. איך וועל —— פֿון אײַך געבן דאָס געלט, און זאָל —— טאָן מיט דעם, וואָס ער וויל.

E. Form complete sentences, making indirect questions of the clauses given in parentheses:

1. איך געדענק קיין מאָל ניט (וואָס חלומט זיך מיר?). 2. דערצייל מיר (ווער איז געווען בײַ דיר?). 3. ער האָט מיר געזאָגט (וואָס רעכנט ער?). 4. ענטפֿער מיר (ווער זײַנען די בחורים?). 5. חיים פֿרעגט (ווער האָט ניט ליב קיין ברויט?). 6. איך זע ניט (ווער קען אים העלפֿן?). 7. די קינדער הערן ניט (וואָס זאָגט איר זיי?). 8. איך האָב פֿאַרגעסן (ווער האָט געשריבן דאָס בוך?). 9. קיינער פֿאַרשטייט ניט (ווער האָט געקענט טאָן אַזאַ זאַך?). 10. איך בין געזעסן און האָב געקוקט (וואָס וועט געשען?).

F. Translate into Yiddish:

1. How much are (=cost) these books? 2. Each book is (=costs) three dollars. 3. I don't believe it. 4. I am afraid that they cost much (money). 5. (That is) I don't have that (=so) much money. 6. I hate to eat at home when my family is not there. 7. Have you heard that I will marry this girl? 8. I love her (you know). 9. Is she rich? 10. No, not too rich. 11. Is she beautiful? 12. Well, she is clever. 13. When a fool is silent, it is believed that he is clever. [*Proverb*] 14. Every fool thinks that he is clever. [*Proverb*] 15. A fool gives, a clever person takes. [*Proverb*] 16. A fool has a beautiful world. [*Proverb*] 17. Fools grow without (אָן) rain [*Proverb*] 18. A fool says what he knows and a clever [one] knows what he says. [*Proverb*] 19. When did this young man become engaged (=a bridegroom)? 20. It seems that Khane will become engaged (=a bride) soon. 21. I pity these poor people. 22. God, have pity upon

us. 23. I hate people who shout. 24. But I also don't like people who give advice to everybody. 25. The child was afraid, so it hid. 26. The students are supposed to count up to (=until) twenty. 27. When it is hot, we go swimming (*infinitive*) in the river. 28. The river is deep. 29. We fish (כאַפּן פֿיש) in the river. 30. What are you figuring? 31. When you get married, I will give you a gift. 32. He feels [as] good (*see p.* 124) as a fish in water.

YIDDISH PROVERBS

Jewish folklore is of great interest not only to people studying Jewish culture, but also to students of comparative folklore. That there are similarities in the folklore of distant peoples is a well-known fact. But the more the actual processes of folklore diffusion are studied, the more the active role of the Jews as agents of diffusion is brought to light. Because of their wide dispersion and their participation in trade and commerce, both international and local, the Jews were for centuries in a position to carry popular lore from one Old-World country to another.

Yiddish folklore contains many elements adopted from other peoples. But even greater is the number of original Jewish proverbs, jokes, anecdotes, legends, and songs created in the Biblical and Talmudic tradition, as well as in the context of subsequent Jewish collective experience. Much of this is still unrecorded. Only a small part has, so far, been translated into other languages.

Yiddish proverbs deal with many subjects. They concern both everyday life and man's highest pursuits. Many of them are based on puns; some of them rhyme and are therefore not completely translatable into idiomatic English, as the examples below, and elsewhere in this volume, will show. But even in translation these proverbs retain some of their original peculiar flavor.

About human nature, for example, the Jews say: "What three people know is no secret."

Lack of imagination is criticized in the proverb: "A worm lying in horseradish thinks there is nothing sweeter in the world." Lack of moderation is the theme of this: "Show a pig a finger, and he will want the whole hand." About excessive readiness to criticize, the Jews say: "Don't show a fool unfinished work." The following are some observations on the ways of life: "He who dances at all weddings will weep after all deaths"; "One needs luck even in bad luck"; "The cart rests in the winter, the sleigh in the summer, the horse never."

About faces the Jews say: "You can tell a fool by his face and a wise man by his eyes." About words: "Words should be weighed, not counted."

Regarding the frequent exposure of Jews to expropriation and expulsion, there is this proverb: "Jewish wealth is like snow in March."

And of an alternative to persecution, namely conversion to Christianity, the Jews say with their tongues in their cheeks: "A Jew is better off than a convert: he can still be converted, while a convert cannot."

טום־באַלאַלײַקע

שטייט אַ בחור און ער טראַכט,
טראַכט און טראַכט אַ גאַנצע נאַכט:
וועמען צו נעמען און ניט פֿאַרשעמען,
וועמען צו נעמען און ניט פֿאַרשעמען.

טום־באַ־לאַ־לאַ, טום־באַ־לאַ־לאַ, טום־באַלאַלײַקע,
טום־באַ־לאַ־לאַ, טום־באַ־לאַ־לאַ, טום־באַלאַלײַקע,
טום־באַלאַלײַקע, שפּיל באַלאַלײַקע,
טום־באַלאַלײַקע, פֿרײלעך זאָל זײַן.

מײדל, מײדל, כ'װעל בײַ דיר פֿרעגן,
װאָס קען װאַקסן, װאַקסן אָן רעגן?
װאָס קען ברענען און ניט אױפֿהערן?
װאָס קען בענקען, װײנען אָן טרערן?

טום־באַ־לאַ־לאַ ...

נאַרישער בחור, וואָס דאַרפֿסטו פֿרעגן?
אַ שטיין קען וואַקסן, וואַקסן אָן רעגן.
ליבע קען ברענען און ניט אויפֿהערן.
אַ האַרץ קען בענקען, וויינען אָן טרערן.

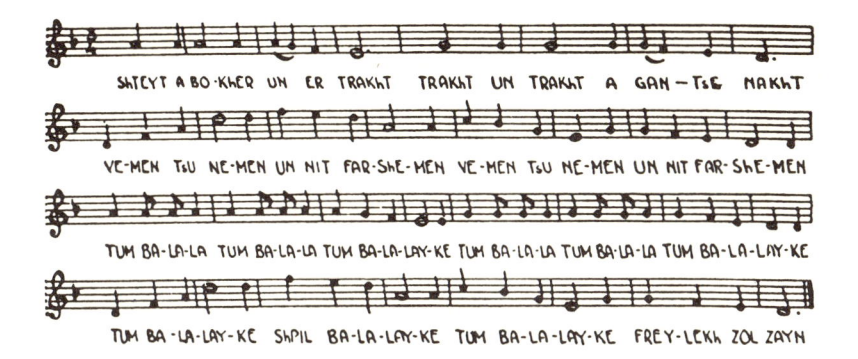

טום-באַ-לאַ-לאַ . . .

SHTEYT A BO-KHER UN ER TRAKHT TRAKHT UN TRAKHT A GAN-TSE NAKHT
VE-MEN TSU NE-MEN UN NIT FAR-SHE-MEN VE-MEN TSU NE-MEN UN NIT FAR-SHE-MEN
TUM BA-LA-LA TUM BA-LA-LA TUM BA-LA-LAY-KE TUM BA-LA-LA TUM BA-LA-LA TUM BA-LA-LAY-KE
TUM BA-LA-LAY-KE SHPIL BA-LA-LAY-KE TUM BA-LA-LAY-KE FREY-LEKH ZOL ZAYN

אָן	without
די באַלאַלײַקע	balalaika
בענקען	to long
דאָס האַרץ	heart
וויינען	to cry
די טרער (ן)	tear
כ'וועל = איך וועל	
נאַריש	foolish
פֿאַרשעמען	to humiliate
דער שטיין	stone

LESSON 17

זיבעצנטע לעקציע

ייִדישע סטאַטיסטיק

אין 1840 (אַכצן הונדערט פערציק) זײַנען געווען אויף דער וועלט אַן ערך 4,500,000 (פיר מיליאָן פינף הונדערט טויזנט) ייִדן. פון זיי האָבן נאָר 50,000 (פופציק טויזנט) געוווינט אין אַמעריקע. אין 1939 (נײַנצן הונדערט נײַן און דרײַסיק), פאַר דער לעצטער וועלט־מלחמה, זײַנען געווען אויף דער וועלט 16,728,000 (זעכצן מיליאָן זיבן הונדערט

ייִדן אויף די פינף קאָנטינענטן, 1840—1966

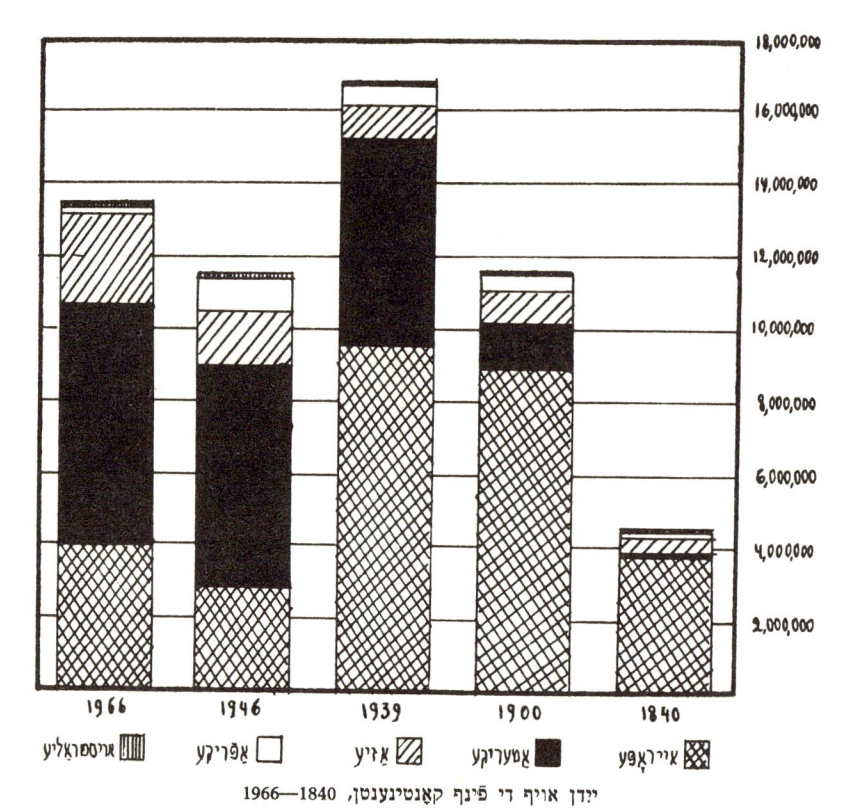

אַכט און צוואַנציק טויזנט) ייִדן. פֿון זיי זײַנען 57 (זיבן און פֿופֿציק) פּראָצענט געווען אין אייראָפּע און 33 (דרײַ און דרײַסיק) פּראָצענט אין אַמעריקע. אין 1945, שאַצט מען, זײַנען געבליבן אויף דער וועלט עלף מיליאָן ייִדן; אַנדערע שאַצן אַפֿילו, אַז נאָר 10,395,000 (צען מיליאָן דרײַ הונדערט פֿינף און נײַנציק טויזנט) ייִדן זײַנען געבליבן לעבן. אין 1966 איז די צאָל ייִדן אין דער וועלט געווען אַן ערך 13,500,000 (דרײַצן אַ האַלב מיליאָן): אַן ערך 50 (פֿופֿציק) פּראָצ׳ אין אַמעריקע, 30 (דרײַסיק) פּראָצ׳ אין אייראָפּע (צוזאַמען מיט די אַזיאַטישע טיילן פֿון רוסלאַנד און טערקײַ), 18 (אַכצן) פּראָצ׳ אין אַזיע, 1.5 (אַנדערטהאַלבן) פּראָצ׳ אין אַפֿריקע און ווייניקער ווי אַ האַלבער פּראָצענט אין אויסטראַליע. פֿון די ייִדן אין אַזיע וווינען מער ווי 90 (נײַנציק) פּראָצענט אין ישׂראל.

בײַ די אַלע צאָלן מוז מען זאָגן „מען שאַצט" אָדער „אַן ערך", ווײַל אין אַ סך לענדער, און אויך אין די פֿאַראייניקטע שטאַטן, פֿרעגט ניט דער צענזוס, צו וואָסער פֿאָלק די מענטשן געהערן.

דער זייגער גייט ניט

אַ כּלעמער ייִנגל איז געקומען צו דער מאַמע און האָט געוויינט: „מאַמע, מײַן זייגער איז געפֿאַלן!"

„אוי ווי, יעקעלע," האָט די מאַמע געשריגן. „וויין ניט און זע בעסער, צי ער גייט נאָך!"

„צי ער גייט?" האָט יעקעלע געפֿרעגט און נאָך מער געוויינט. „ניין, ער גייט ניט, ער ליגט אויף דער ערד!"

ווער האָט דיר דערציילט?

— טרעף, ווען מײַן טאָכטער האָט חתונה.
— זונטיק?
— ניין.
— מאָנטיק?
— ניין.
— דינסטיק?
— ניין.
— מיטוואָך? דאָנערשטיק? פֿרײַטיק?
— ניין, ניין, ניין.
— שבת צו נאַכטס?
— יאָ. ווי האָסטו געטראָפֿן? אפֿשר האָט מען דיר שוין דערציילט?

VOCABULARY

	אוי וויי!	dear me
	אייראָפּעיִש	Europeạn
	אָנדערטהאַלבן	one and a half[1]
*	אפשר	perhaps [EFShER]
	בעסער	rather
	גיין: דער זייגער גייט	the watch is working
	געהערן	to belong
*	דאָ'נערשטיק	Thursday
*	דינסטיק	Tuesday
*	דרײַסיק	thirty
*	אַ האַלב	half, a half[1]
*	הונדערט	a hundred
*	וויינען	to cry
*	זונטיק	Sunday
*	דער זייגער	watch, clock
*	טרעפֿן (געטראָפֿן)	to guess
	יע'קעלע	*boy's name*
*	ליגן (איז געלעגן)	to lie
*	מאָנטיק	Monday
*	מיטוואָך	Wednesday
*	מער	more
	נאַכט: * פֿרײַטיק צו נאַכט	Friday evening
*	שבת צו נאַכט	Saturday evening
*	נײַנציק	ninety
	די סטאַטיסטיק	statistics
*	עיקר: דער עיקר	mainly [DERIKER]
	ערד: אויף דער ערד	on the ground
	ערך: אַן ערך	[ANEREKh] approximately
*	דער פּראָצע'נט (—)	percent[2]
	פּראָצע'נט ייִדן	the percentage of Jews
*	פֿאַלן (איז געפֿאַלן)	to fall
*	פֿופֿציק	fifty
*	פֿערציק	forty
*	פֿרײַטיק	Friday
	די צאָל (ן)	number
*	צולי'ב	because of
*	צי	whether
	דער צענזוס	census
*	שאַצן	to estimate
*	שבת	Saturday [shABES]
*	די שעה (ען)	hour [sho] [2]
*	שרײַען (געשריגן)	to shout

QUESTIONS

1. ווען זײַנען געווען מער ייִדן אויף דער וועלט — אין 1840 אָדער אין 1939? וויפֿל מער? 2. וויפֿל ייִדן זײַנען געווען אין אַמעריקע מיט הונדערט יאָר צוריק? 3. וויפֿל ייִדן האָט מען אומגעברענגט אין דער צווייטער וועלט־מלחמה? 4. וויפֿל פּראָצענט פֿון ייִדישן פֿאָלק איז דאָס געווען? 5. וויפֿל פּראָצענט ייִדן וווינען הײַנט אין אַמעריקע? 6. וויפֿל ייִדן וווינען אין ישׂראל? 7. פֿאַר וואָס קען מען זאָגן, אַז ייִדן זײַנען הײַנט דער עיקר אַן אַמעריקאַנער פֿאָלק?

8. ווי הייסן די טעג פֿון דער וואָך?

---

[1] See p. 209. [2] See p. 200.

GRAMMAR

1. Larger Numerals

20	צוואַנציק	100	הונדערט
21	איין און צוואַנציק	101	הונדערט איינס
22	צוויי און צוואַנציק	102	הונדערט צוויי
23	דרײַ און צוואַנציק...	103	הונדערט דרײַ...
30	דרײַסיק	110	הונדערט צען
31	איין און דרײַסיק...	111	הונדערט עלף...
40	פֿערציק	120	הונדערט צוואַנציק
50	פֿופֿציק	124	הונדערט פֿיר און צוואַנציק
60	זעכציק	200	צוויי הונדערט
69	נײַן און זעכציק	300	דרײַ הונדערט
70	זי׳בעציק	400	פֿיר הונדערט...
80	אַכציק	613	זעקס הונדערט דרײַצן
90	נײַנציק	1000	טויזנט

1648 { The number: טויזנט זעקס הונדערט אַכט און פֿערציק
The year: זעכצן הונדערט אַכט און פֿערציק }

2000 צוויי טויזנט
3400 דרײַ טויזנט פֿיר הונדערט
3420 דרײַ טויזנט פֿיר הונדערט צוואַנציק
3478 דרײַ טויזנט פֿיר הונדערט אַכט און זי׳בעציק
10,000 צען טויזנט
22,900 צוויי און צוואַנציק טויזנט נײַן הונדערט
425,000 פֿיר הונדערט פֿינף און צוואַנציק טויזנט
1,000,000 איין מיליאָ׳ן
4,000,000 פֿיר מיליאָ׳ן
140,000,000 הונדערט פֿערציק מיליאָ׳ן
0 נול

Note that *a hundred* is just **הונדערט**, without any article. **אַ הונדערט** means *about a hundred.* Similarly, **אַ טויזנט** means *about a thousand.*

3.5 — דרײַ **פּונקט** פֿינף
45.19 — פֿינף און פֿערציק **פּונקט** נײַנצן

2. Days of the Week

Sunday זונטיק
Monday מאָנטיק
Tuesday דינסטיק
Wednesday מיטוואָך
Thursday דאָ׳נערשטיק
Friday פֿרײַטיק
Saturday [shABES] שבת
Day before yesterday איי׳ערנעכטן
Yesterday נעכטן
Today הײַנט
Tomorrow מאָרגן
Day after tomorrow אי׳בער מאָרגן

3. Telling Time

וויפֿל איז דער זייגער? What time is it?
וויפֿל אַ זייגער (וועסטו קומען)? At what time (will you come)?

פֿיר אַ זייגער

25 מינוט נאָך עלף
(=עלף פֿינף און צוואַנציק)

פֿינף מינו׳ט צו אַכט
(=זיבן פֿינף און פֿופֿציק)

האַלב פֿיר
(=דרײַ דרײַסיק)

עס איז עלף אַ זייגער אין דער פֿרי	It is 11 o'clock a.m. (=in the morning)
זי וועט קומען 9:30 אין אָוונט	She will come [at] 9:30 p.m. (=in the evening)
די שפיל הייבט זיך אָן 2:40 נ״מ (נאָך מיטאָג)	The play starts [at] 2:40 p.m.
11:30 פֿ״מ (פֿאַר מיטאָג)	11:30 a.m.
12 בײַ טאָג; 12 בײַ נאַכט	12 noon; 12 midnight
אין צוויי שעה אַרו׳ם	two hours later
מיט פֿינף מינו׳ט צורי׳ק	five minutes ago

No preposition is used before expressions of time:

ער איז געקומען דרײַ אַ זייגער	He came at three o'clock
איך וועל בלײַבן דרײַ מינו׳ט	I will stay for three minutes

Here are a few more idioms about watches and clocks:

דער זייגער גייט	The watch is working
דער זייגער שטייט	The watch has stopped
דער זייגער לויפֿט	The watch is fast (=running)
דער זייגער קריכט	The watch is slow (=crawling)
בײַ צײַטנס	On time

Other ways of denoting time will be described at a more advanced stage.

4. Age

ווי אַלט זײַט איר?	How old are you?
איין און צוואַנציק	Twenty-one
איך בין אַלט איין און צוואַנציק יאָר	I am twenty-one years old

EXERCISES

A. On the basis of the following table, answer the questions which are given on p. 162.

אימיגראַציע אין די פֿאַראייניקטע שטאַטן, 1908—1965[3]

יאָר	אימיגראַנטן	ייִדישע אימיגראַנטן	פּראָצענט ייִדן
1908—1914	6,709,357	656,397	9.8
1915—1920	1,602,680	79,921	5.0
1921—1924	2,344,599	272,268	11.6
1925—1932	1,895,325	76,133	4.0
1933—1943	499,998	168,128	33.6
1944—1959	3,180,838	191,693	6.0
1960	265,398	6,622	2.5
1961	271,344	7,102	2.6
1962	283,763	9,325	3.3
1963	306,260	10,750	3.5
1964	292,248	9,300	3.2
1965	296,697	7,800	2.6
1908—1965	17,948,507	1,495,439	8.3

1. וויפֿל אימיגראַנטן זײַנען געקומען אין די פֿאַראייניקטע שטאַטן אין די יאָרן 1908—1924? 2. וויפֿל פֿון זיי זײַנען געווען ייִדן? 3. וויפֿל פּראָצענט איז דאָס? 4. אין וואָסערע יאָרן איז געווען דער גרעסטער (biggest) פּראָצענט ייִדן צווישן די אימיגראַנטן? 5. פֿאַר וואָס מיינט איר, זײַנען געקומען אַזוי ווייניק אימיגראַנטן צווישן 1915—1920? 6. פֿאַר וואָס זײַנען געקומען אַ סך מער ייִדן נאָך 1933? 7. וויפֿל אימיגראַנטן זײַנען געקומען אין די פֿאַראייניקטע שטאַטן צווישן 1908 און 1965? 8. וויפֿל ייִדן, שאַצט מען, זײַנען געווען צווישן זיי?

B. Substitute the names of the days, or the hours, for the phrases given in parentheses:

1. הײַנט איז דינסטיק. איך בין געווען אין שול (אייערנעכטן) און (נעכטן), אָבער (מאָרגן) וועל איך ניט גיין און (איבער מאָרגן) אפֿשר אויך ניט. 2. נעכטן איז געווען דאָנערשטיק. (מאָרגן) וועט קומען מײַן ברודער און ער וועט בלײַבן ביז (איבער מאָרגן). 3. איצט איז פֿיר אַ זייגער. איך וועל ענדיקן אַרבעטן (אין צוויי שעה אַרום). 4. (מיט

---

[3] Source, 1908–1943: U.S. Immigration and Naturalization Services of the Department of Justice. Starting with 1944, Jews entering the U.S. have no longer been recorded as such, cf. YIVO, *The Classification of Jewish Immigrants and Its Implications,* New York, 1945, 154 pp. The figures for the years following 1944, therefore, are based on estimates. Cf. *The American Jewish Year Book,* vols. 62-67, 1961-1966, and *Annual Report of the Immigration and Naturalization Service,* Washington, D.C., 1966.

צוואַנציק מינוט צוריק) האָב איך געגעסן. 5. (אין דרײַ שעה אַרום)
וועלן מיר עפּעס עסן. 6. איצט איז צוואַנציק נאָך עלף פֿאַר מיטאָג.
די שפּיל הייבט זיך אָן (אין דרײַ שעה אַרום).

C. Supply the missing phrases:

1. אין צען מינוט אַרום וועט שוין זײַן האַלב נײַן. איצט איז ——.
2. צוועלף אַ זייגער —— שײַנט די זון און צוועלף אַ זייגער —— שײַנט די לבֿנה. 3. מײַן זייגער ווײַזט 14 מינוט צו נײַן און ער גייט ריכטיק. דײַן זייגער ווײַזט שוין 7 מינוט צו נײַן. דאָס הייסט, אַז דײַן זייגער ——. 4. אויף מײַן זייגער איז ערשט האַלב זיבן און אויף דײַן זייגער איז שוין צען צו זיבן. מײַן זייגער —— אָדער דײַן זייגער ——.

D. Write out the following expressions in Yiddish:

365 + 100=465	877–389=488	100 × 10=1000
216 : 18=12	69–46=23	13,002–9,852=3,150
423 × 803=339,669	14–14=0	1100 × 0=0

E. Translate into Yiddish, writing out numerals in full:

1. A year has 365 days. 2. If we (shall) leave (from) here by train at 5:45 p.m., we will come home before 12 midnight. 3. But it seems that there is no train at 5:45 p.m. 4. You will have to wait for two hours, because the train leaves at 7:48. 5. Every day I eat at half past seven. 6. At 5 minutes past 8 I go to school, and I remain there for six or seven hours. 7. Sometimes (=Once) I have to remain only three hours. 8. In the evening I often study for two hours. 9. I finish working around 10 o'clock. 10. In the United States there are over two hundred million people. 11. He gave me $100 to buy (him) new parts for his old car. 12. Yiddish was (already) spoken a thousand years ago. 13. I want you to visit us on Thursday again. 14. Please come at 8:30, and come on time. 15. You can even come at 8 o'clock. 16. Perhaps I will bring my wife and my children, even if it is Friday night. 17. On Monday I have to go to work at 7:40, and the children have to go to school at 8:20. 18. Guess how old I am. 19. I believe 24. 20. No, you haven't guessed [it]. I am only 22. 21. How old was your father when he came to America? 22. He was between thirty and forty. 23. But my mother came to this country

when she was three years old. 24. The child has been crying for two hours (already). 25. What time is it now? I don't know, my watch has stopped. 26. I think it is 3:17, but perhaps my watch is slow. 27. I am afraid that my watch is a little fast. 28. The big clock says (=shows) 3:18, while my watch says (=shows) 3:26 (already). 29. Four days ago it fell in[to] water, and I don't understand why it's still working. 30. A watch that has stopped is better than (ווי) a watch that works badly; for even a watch that has stopped shows the correct time twice a day. [*Yiddish proverb*] 31. I wrote my sister yesterday; perhaps she will get my letter tomorrow or the day after. 32. I cannot talk to you while I read.

THE YIDDISH PRESS

Three Yiddish dailies were published in the United States in 1968: דער טאָג־מאָרגן־זשורנאַל (*The Day-Morning Journal*), די מאָרגן־פֿרײַהײט (*The Morning Liberty*), and דער פֿאָרווערטס (*The Forward*). The first of these came about through the merger, early in 1953, of two separate newspapers. The oldest daily now in existence is the *Forward*, founded in 1897. The first Yiddish periodical in the United States was the weekly די פּאָסט (*The Post*) in 1870-71.

The first Yiddish daily in the world seems to have been דער ייִדישער טעלעגראַף (*The Jewish Telegraph*), which appeared in Bucharest, Rumania, from 1877 to 1878. Since then the Yiddish press has developed tremendously. Between 1935 and 1937 there were as many as 230 Yiddish periodicals in Poland alone; included in this number were 27 dailies and 100 weeklies.

In Czarist Russia, the birth of a Yiddish press was delayed for a long time by heavy government restrictions. As early as 1823, an attempt was made to publish a Yiddish paper, *The Observer on the Vistula*. Between the twenties and sixties, several unsuccessful attempts were made to obtain the government's permission to publish a newspaper in Yiddish. Not until 1862 did the קול מבֿשׂר [KOYL MEVASER], *The Announcing Voice*, appear in Odessa as a Yiddish supplement to a Hebrew weekly. *The Announcing Voice* was an important milestone in Yiddish journalism. It educated the modern reader, enriched and standardized the language, and introduced

Mendele Moykher-Sforim and many other important writers. Incidentally, the very first article of the first issue dealt with the American Civil War.

As far as we know, the semi-weekly called קוראַנטן (*Courants*), which appeared in Amsterdam, Holland, in 1686, was the first periodic newspaper ever to be published in Yiddish; but the Yiddish press never developed extensively in Western Europe until the beginning of the twentieth century.

In 1968, Yiddish dailies were also published in Tel Aviv, Israel (1); Paris, France (3); Buenos Aires, Argentina (3). The number of periodicals, ranging from publications appearing three times a week to monthlies, is listed as 119: U.S.A. and Canada, 44; Central and South America, 29; Europe, 22; Israel, 17; South Africa, 4; Australia and New Zealand, 2.

LESSON 18

אַכצנטע לעקציע

ניט זײַן היטל

„עס איז גאָרניט שײן,“ האָט אַ כעלעמער געזאָגט צו אַ קלײן ייִנגל אין גאַס. „דו זעסט, אַז עס גײט אַן אַלטער מענטש, און דו נעמסט ניט אַראָפּ פֿאַר אים דאָס היטל.“

„עס מאַכט ניט אױס,“ האָט דאָס ייִנגל געענטפֿערט. „עס איז ניט מײַן היטל, עס איז מײַן ברודערס.“

דאָס הײסט אַלט?

„דו װײסט, דוד, מײַן זײדע איז שױן אַלט פֿינף און אַכציק יאָר!“

„דאָס רופֿסטו ׳אַלט׳? װען מײַן זײדע װאָלט געלעבט, װאָלט ער שױן הײַנט אַלט געװען 102 יאָר!“

דער זײגער אױפֿן טורעם

מ ש ה: פֿאַר װאָס זײַנען דאָ זײגערס פֿון דרײַ זײַטן פֿון טורעם פֿון ראָטהױז?

אַ בֿ ר ה ם: דו װײסט ניט? װען אײנער קוקט, װיפֿל עס איז דער זײגער, זאָלן אַנדערע דערװײַל ניט דאַרפֿן װאַרטן.

דער נודניק

„דאָקטער, איר מוזט מיר העלפֿן.“

„װאָס טוט אײַך װײ?“

„מיר טוט גאָרניט װײ, אָבער איך רעד אָפֿט צו זיך אַלײן.“

„דאָס מאַכט ניט אױס. איך רעד אױך אַ מאָל צו זיך אַלײן.“

„יאָ, דאָקטער, אָבער איר װײסט ניט, סאַראַ נודניק איך בין!“

בולבעס

זונטיק בולבעס, מאָנטיק בולבעס,
דינסטיק און מיטװאָך בולבעס,

דאָנערשטיק און פֿרײַטיק בולבעס;
שבת אין אַ נאָווענע אַ בולבע־קוגעלע,
זונטיק ווײַטער בולבעס.

אָבער בולבעס, ווײַטער בולבעס,
נאָך אַ מאָל און ווידער בולבעס,
הײַנט און מאָרגן בולבעס;
שבת נאָכן טשאָלנט אַ בולבע־קוגעלע,
זונטיק ווײַטער בולבעס.

ברויט מיט בולבעס, פֿיש מיט בולבעס,
וואָרעמעס און וועטשערע בולבעס,
אָבער און ווידער בולבעס;
שבת נאָכן טשאָלנט אַ בולבע־קוגעלע,
זונטיק ווײַטער בולבעס!

בעס - בול וואַך - מיט און פּיק - דינס · בעס - בול טיק - מאָנ בעס - בול טיק - זונ
אַ נע - ווע - נאָ אַ אין בת - ש בעס - בול טיק - פֿרײַ און שטיק - נער - דאָ
בעס - בול טער - ווײַ טיק - זונ לע - גע - קו - בע - בול

VOCABULARY

again אָבער
to matter אויס | מאַכן
it doesn't matter עס מאַכט ניט אויס
אַראָפּ | נעמען (אַראָפּגענומען) to take off
potato [BU*L*BE] (ס) די בולבע
potato pudding (ך) דאָס בולבע־קו׳געלע
cap דאָס היטל
dinner דאָס וואָ׳רעמעס
to hurt (וויי געטאָן) וויי טאָן
my hand hurts me מיר טוט וויי די האַנט

again ווײַטער
supper די וועטשערע
side די זײַט
tower דער טורעם
a Sabbath dish (prepared on the previous day) דער טשאָלנט
for a change נאָ׳ווענע: אין אַ נאָווענע
once again נאָך אַ מאָל
bore דער נודניק
what a . . . . . . סאַראַ
what a person! סאַראַ מענטש!
town hall דאָס ראַטהויז

EXERCISES

A. Translate into Yiddish:

1. My uncle and aunt are arriving (=coming) by train at 4:32 p.m. 2. They have been in Canada and in the United States, and now they are going to Mexico. 3. I want to be on time and see them when they (will) come. 4. If it will rain they will not see much in the city. 5. They will lose too much time if I don't show them the city myself. 6. While they are (will be) here, they are supposed to live at our house, that is, at my father's house. 7. I was married a year ago. 8. I'm afraid that I won't be able to give them very much time. 9. I can be with them for two hours tomorrow, (that is) Saturday, and for three or four hours the day after tomorrow. 10. I dislike taking (*infinitive*) people there. 11. I hoped that my brother would (*future*) have pity on me and help me, but he did not. 12. He advised me to ask our (=the) uncle and aunt to come home. 13. I said: "Thanks, but I have enough advice (*plural*)." 14. It seems that they will have to remain at home on Saturday night. 15. What's the matter? 16. I've suddenly forgotten her name (=how she is called). 17. From now on please wait until the end. 18. I am glad that you dream about such good things. 19. The children met yesterday, and they are fighting (already) today. 20. She hopes to get married a year from now.

B. Change the singular nouns into the plural and the plural nouns into the singular; make the appropriate changes in the article.

דער טיש	די כּלה	די טיילן
די צרות	דאָס מיידל	דער פּעדלער
דער נבֿיא	דאָס אויג	די יאָרן
דער זייגער	די עצה	די פּאָגראָמען
דער נאַר	די תּפֿיסות	די האַנט
די טײַכן	די קראָם	דאָס וואָרט
די פֿרוי	דער קרעמער	די וועגן
די חדרים	די שיף	די שנײַדערס
דער קריסט	די ייִדענע	דער חתן
די בערד	די בחורים	די מאַנען
די מענער	די בערג	די באָבע

C. Translate into Yiddish:

1. My mother knows English, but my grandmother doesn't. 2. Are you reading or aren't you? 3. Moyshe will go with us, but Rokhl will not. 4. I cannot answer you, but the teacher might (=perhaps yes). 5. Joseph is and always has been a good student. 6. Will you stop crying or won't you? 7. The Jews in Palestine spoke Hebrew once, and are doing so again today. 8. If tomorrow will be a warm day, let us go swimming in the river as we always do. 9. I cannot believe this about Khaim, and I probably never shall. 10. I did not know whether Moyshe would (*future*) come, but I am glad that in the end he did.

D. Conjugate in the past, present, and future tenses, and in the imperative:

1. חתונה האָבן 2. אָװעקפֿאָרן 3. באַהאַלטן זיך 4. שלאָגן זיך.

E. Supply in place of each dash the possessive form of the noun or the possessive adjective, as the case may be:

1. (די מאַמע) —— ברודער איז אַװעקגעפֿאָרן. 2. (איך) װער האָט
גענומען —— פֿעדער? 3. (חנה) איך װיל לייענען —— בריװ. 4. (יצחק)
װי געפֿעלט דיר —— חבֿר? 5. (איר) איך קען ניט געפֿינען —— בוך.
6. (דער גוטער זיידע) מיר געפֿעלט —— װײַסע באָרד. 7. (ה' ראַבינאָ־
װיטש) צי האָט איר זיך שוין באַקענט מיט —— קינדער? 8. (דו) זײַ
רויִק, איך װעל ניט נעמען —— זאַכן. 9. (דער אַלטער ייִד) װי געפֿעלט
דיר —— עצה? 10. (ער) איך האָב אים געברענגט —— צען דאָלאַר.

F. Translate into Yiddish:

1. How long have you been called Mrs. Falker (already)? 2. My father has been in this country for 24 years. 3. I could not believe that so many Yiddish books were printed between the two wars. 4. Please remember that I was not supposed to tell you this. 5. I know that there will be trouble(s). 6. My father himself tells it to everyone. 7. Every boy knows this. 8. (So) I'll keep quiet about it. 9. I'll give you some (=a) good advice: have pity on Shloyme. 10. Even brothers fight sometimes.

G. Put the adjectives in the predicate into the appropriate inflected form:

1. די נאַכט איז קאַלט און פֿינצטער. 2. דער וועג איז לאַנג אָבער ניט שלעכט. 3. דער בחור איז זייער שטאַרק. 4. די כּלה איז אַזוי שיין! (=אַזאַ...). 5. דער טאָג איז ליכטיק. 6. די צײַטונג איז נײַ. 7. אַ סך ייִדן אין אייראָפּע זײַנען אָרעם. 8. די ייִדן פֿון כעלעם זײַנען ניט געווען זייער קלוג. 9. די לבֿנה איז ווײַס. 10. די אַרבעט איז ניט שווער.

H. Translate into Yiddish:

1. My mother was born in 1895. 2. She came to the United States in 1916. 3. She was 21 years old then. 4. She married my father in 1918, when she was 23. 5. My father was 28. 6. At what time does your class begin? 7. At 9:10. 8. (So) you have a lot of (=very much) time. 9. No, it's 8:30 already. 10. I think your watch is fast. 11. No, your watch is slow. 12. Indeed? Oh, yes, I see that it has stopped. 13. Well, I'll see you tonight (=today in the evening) at 7.

ייִדן אין די פֿאַראייניקטע שטאַטן, 1966[1]

שטאַט	באַפּעלקערונג	ייִדן	פּראָצענט
אָהײַאָ (אָ')	10,305,000	160,720	1.56
אײַאָוואַ	2,747,000	7,765	0.28
אײַדאַהאָ (אײַדאַ')	694,000	500	0.07
אילינאָי (איל')	10,722,000	283,625	2.65
אינדיאַנאַ (אינד')	4,918,000	23,610	0.48
אַלאַבאַמאַ (אַלאַ')	3,517,000	9,465	0.27
אַלאַסקאַ	272,000	190	0.07
אָקלאַהאָמאַ (אָקלאַ')	2,458,000	6,530	0.27
אַריזאָנאַ (אַריז')	1,618,000	20,485	1.27
אָרעגאָן (אָרע')	1,955,000	9,045	0.46
אַרקאַנסאָ (אַרק')	1,955,000	3,065	0.16
דזשאָרדזשיע (דזש"ע)	4,459,000	25,060	0.56
דיסטריקט פֿון קאָלאָמביע (ד"ק)	808,000	15,000	1.86
דעלאַווער (דעל')	512,000	8,540	1.67
האַוואַי	718,000	1,000	0.14
וואַשינגטאָן (וואַש')	2,980,000	13,740	0.46
ווײַאָמינג (ווײַאָ')	329,000	710	0.22
וויסקאָנסין (וויס')	4,161,000	32,375	0.78
ווירדזשיניע (וו"ע)	4,507,000	35,850	0.80
וועסט־ווירדזשיניע (וו"וע)	1,794,000	4.810	0.27

1 SOURCE: U.S. Bureau of the Census, *Current Population Reports, Population Estimates*, Series P-25, No. 350, October 5, 1966, as given in *The American Jewish Year Book*, Vol. 68, 1967. More recent estimates are not available.

שטאַט	באַפֿעלקערונג	ייִדן	פּראָצענט
ווערמאָנט (וו״ט)	405,000	2,330	0.58
טענעסי (טענ׳)	3,883,000	16,680	0.43
טעקסאַס (טעקס׳)	10,752,000	63,925	0.60
יוטאַ	1,008,000	1,600	0.16
לויִזיאַנאַ (ל״אַ)	3,603,000	16,130	0.45
מאָנטאַנאַ (מאָנט׳)	702,000	615	0.09
מאַסאַטשוסעטס (מאַס׳)	5,383,000	258,485	4.80
מיזורי (מיז׳)	4,508,000	80,710	1.79
מינעסאָטאַ (מינ׳)	3,576,000	33,225	0.93
מיסיסיפּי (מיס׳)	2,327,000	4.015	0.17
מישיגאַן (מיש׳)	8,374,000	97,995	1.17
מעיִן (מע׳)	983,000	8,285	0.84
מערילאַנד (מ״ד)	3,613,000	153,415	4.25
נאָרט־דאַקאָטאַ (נ״ד)	650,000	1,285	0.20
נאָרט־קאַראָלײַנאַ (נ״ק)	5,000,000	9,155	0.18
ניו־דזשוירזי (נ״דזש)	6,898,000	363,265	5.27
ניו־האַמפּשיר (נ״ה)	681,000	4.260	0.63
ניו־יאָרק (נ״י)	18,258,000	2,518,680	13.79
ניו־מעקסיקאָ (נ״מ)	1,022,000	3,645	0.36
נעבראַסקאַ (נעב׳)	1,456,000	8,550	0.59
נעוואַדאַ (נעוו׳)	454,000	2,380	0.52
סאַוט־דאַקאָטאַ (ס״ד)	682,000	525	0.08
סאַוט־קאַראָלײַנאַ (ס״ק)	2,586,000	7,085	0.27
פּענסילווייניע (פּ״ע)	11,582,000	444,465	3.84
פֿלאָרידאַ (פֿל״אַ)	5,941,000	143,770	2.42
קאָלאָראַדאָ (קאָלאָ׳)	1,977,000	23,140	1.17
קאַליפֿאָרניע (קאַליפֿ׳)	18,918,000	650,085	3.44
קאַנזאַס (קאַנ׳)	2,250,000	3,515	0.16
קאָנעטיקאָט (קאָנ׳)	2,875,000	103,835	3.61
קענטאָקי (ק״י)	3,183,000	11,200	0.35
ראָד־אײַלאַנד (ר״א)	898,000	21,840	2.43
צוזאַמען	195,857,000	5,720,000	2.92

I. On the basis of the table above, answer the following questions in Yiddish, writing out the numbers in full:

1. וויפֿל ייִדן, שאַצט מען, זײַנען געווען אין די פֿאַראייניקטע שטאַטן אין 1966? 2. וויפֿל פּראָצענט פֿון דער באַפֿעלקערונג איז דאָס געווען? 3. וויפֿל ייִדן זײַנען געווען אין שטאַט (state) קאַליפֿאָרניע? 4. ווי גרויס איז די גאַנצע באַפֿעלקערונג פֿון שטאַט ראָד־אײַלאַנד? 5. וויפֿל ייִדן זײַנען דאָרטן געווען? 6. ווו זײַנען געווען מער ייִדן: אין אײַאָווע אָדער אין דיסטריקט פֿון קאָלאָמביע? 7. ווו האָבן געוווינט מער מענטשן: אין יוטאַ צי אין ווערמאָנט? 8. אין וואָסער שטאַט ווױנען צום מערסטן (most) ייִדן? 9. אין וואָסער שטאַט ווױנען צום ווײניקסטן (fewest)

ייִדן? 10. אין וואָסער שטאַט איז דער פּראָצענט ייִדן דער גרעסטער
(biggest) ? 11. וויפֿל פּראָצענט? 12. אין וואָסער שטאַט איז דער פּראָ־
צענט ייִדן דער קלענסטער (smallest)? 13. וויפֿל פּראָצענט? 14. וויפֿל
ייִדן וווינען אין וואַשינגטאָן, ד״ק? 15. וויפֿל ייִדן וווינען אין שטאַט
וואַשינגטאָן?

REVIEW QUESTIONS

Answer the following questions in English:

1. When did most Jewish immigrants come to the United Sates?
2. What economic and political factors caused great numbers of Jews to emigrate?
3. Why did Russian conscription laws weigh so heavily upon the Jews?
4. About how many Jewish immigrants came to the United States from Eastern Europe from 1908 to 1965?
5. What were the "scientific" theories behind American legislation restricting immigration?
6. Are these theories still held by social scientists?
7. When were the immigration laws based on quotas by country of origin changed?
8. Why have American restrictions on immigration hit the Jews particularly hard?
9. Is it true that Yiddish פֿיש is derived from English "fish"?
10. Cite a correspondence between some type of English and Yiddish sound and give an example.
11. What are some of the similarities between Yiddish and English grammar?
12. What is the characteristic difference between Yiddish and English as far as the use of verbal stems is concerned?
13. When did Hebrew cease to be a spoken language?
14. What language did the Jews speak around the beginning of the Christian era?
15. What monumental Jewish work was written in Aramaic?
16. What were some of the languages adopted by the Jews in the dispersion?

Lesson 18

17. What is Dzhudezmo?
18. Out of what languages have the Jews created their own variations?
19. What is the value of the comparative study of various Jewish languages?
20. What is the place of Yiddish among the several Jewish languages?
21. How has the historical situation of the Jews favored their role as carriers of folklore among various peoples?
22. What are some of the main sources of Yiddish folklore?
23. Show how traditional Jewish life is reflected in some proverbs.
24. Which are the Yiddish dailies in the United States today?
25. What was the first Yiddish periodical in the United States?
26. When and where was the first known periodical in Yiddish published?
27. How would you characterize the development of the Yiddish press in pre-war Poland?
28. What was the significance of the *Koyl Mevaser* to Yiddish journalism?
29. What was the first known Yiddish daily?
30. In what year was the combined circulation of Yiddish dailies in the United States at a peak?

LESSON 19

נײַנצנטע לעקציע

צוויי גרויסע פּערזענלעכקייטן

איינער פֿון די גרעסטע געלערנטע אין דער ייִדישער געשיכטע איז געווען רשי. ער האָט געלעבט פֿון 1040 ביז 1105 אין טרוּאַ (פֿראַנקרײַך). ווען ער איז געווען אַ יונגער בחור, איז ער געפֿאָרן איבער שטעט און לענדער און האָט זיך געלערנט. ער האָט געלערנט ניט נאָר גמרא, נאָר אויך שפּראַכן, מאַטעמאַטיק און מעדיצין. נאָך דעם איז ער געקומען צוריק קיין טרוּאַ און האָט אָנגעהויבן פֿירן אַ ישיבֿה. ער איז געוואָרן זייער באַרימט; עס זײַנען געקומען צו אים תּלמידים פֿון אומעטום. קיין געלט האָט ער אָבער פֿון זײַנע תּלמידים קיין מאָל ניט גענומען. ער און זײַן משפּחה האָבן געלעבט נאָר פֿון זייער ווײַנגאָרטן.

רשי האָט געשריבן אַ פּירוש אויף תּנך און אויף גמרא. ביז רשין איז געווען זייער שווער צו לערנען גמרא. די שפּראַך פֿון דער גמרא איז אַ שווערע, און די ענינים אַליין אויך. רשי האָט די שווערע זאַכן דערקלערט. אָפֿט האָט ער מיט איין וואָרט געענטפֿערט אויף עטלעכע פֿראַגעס מיט איין מאָל. אַלץ וואָס רשי זאָגט איז קורץ און קלאָר. דערפֿאַר האָבן ייִדישע געלערנטע געזאָגט: אין רשיס צײַטן איז טינט געווען אַזוי טײַער ווי גאָלד.

רשי האָט מיגלעך געמאַכט, אַז אַפֿילו קליינע קינדער זאָלן קענען לערנען גמרא אין חדר. דורך זײַן פּירוש זײַנען דער תּנך און די גמרא געוואָרן ביכער פֿאַרן גאַנצן פֿאָלק. עס איז דאָ אַ לעגענדע, אַז ווען רשי האָט געענדיקט זײַן פּירוש אויף חומש, איז צו אים געקומען משה רבנו, האָט אים געגעבן אַ קוש און האָט געזאָגט: „נאָר דו האָסט פֿאַרשטאַנען, וואָס איך האָב געמיינט.״

נאָך אַ גרויסע פּערזענלעכקייט איז געווען ר׳ מאיר פֿון ראָטנבורג. ער איז געווען אַ באַרימטער רבֿ אין דײַטשלאַנד אין דרײַצנטן יאָרהונדערט. פֿאַר ייִדן איז דעמאָלט געווען אַ שלעכטע, אַ טרויעריקע צײַט. קריסטן האָבן באַשולדיקט ייִדן, אַז זיי ברענגען אום קריסטלעכע קינדער,

און דערפֿאַר האָבן זיי אַ סך ייִדן אומגעברענגט. מען האָט געברענט ייִדישע הײַזער; אין מינכן האָט מען אונטערגעצונדן די שול און פֿאַרברענט דאָרטן הונדערט אַכציק ייִדן. אין פּאַריז האָט מען פֿאַרברענט אין די גאַסן ייִדישע ביכער.

אַ סך ייִדן זײַנען דעמאָלט אַנטלאָפֿן פֿון דײַטשלאַנד, און צווישן זיי אויך ר׳ מאיר מיט זײַן משפּחה. ער האָט געוואָלט פֿאָרן קיין ארץ־ישׂראל. אָבער אויפֿן וועג, אין איטאַליע, האָט מען אים געכאַפּט. קייסער רודאָלף האָט אַרײַנגעזעצט ר׳ מאירן אין תּפֿיסה.

ווען ייִדן האָבן זיך דערוווּסט, אַז זייער גרויסער רבֿ זיצט אין תּפֿיסה, האָבן זיי געוואָלט אויף פֿאַרשיידענע אופֿנים אים באַפֿרײַען. דער קייסער האָט געזאָגט, אַז ער וועט אים באַפֿרײַען, אויב מען וועט אים באַצאָלן דערפֿאַר. האָבן ייִדן אָנגעהויבן צו קלײַבן געלט. ווען מען האָט עס געברענגט רודאָלפֿן, האָט ער גענומען דאָס געלט, אָבער ר׳ מאירן באַפֿרײַט האָט ער ניט. ער האָט פֿאַרלאַנגט נאָך. ווען ר׳ מאיר האָט זיך דערוווּסט, אַז מען קלײַבט געלט אים צו באַפֿרײַען, האָט ער געזאָגט, אַז בעסער וועט ער שטאַרבן אין תּפֿיסה אײדער מען זאָל באַצאָלן רודאָלפֿן. מען טאָר ניט ווײַזן דעם קייסער, האָט ער געזאָגט, אַז ער קען קריגן געלט בײַ ייִדן אויף אַזאַ אופֿן. און ר׳ מאיר איז געבליבן אין תּפֿיסה נאָך זיבן יאָר.

דער שטאָלצער רבֿ איז טאַקע געשטאָרבן אין תּפֿיסה אין יאָר 1293, און אַפֿילו נאָך זײַן טויט האָט מען ניט געוואָלט אַרויסגעבן זײַן גוף. אין דרײַסיק יאָר אַרום האָט אַ ייִד פֿאַרדינט אַ גרויסע מיצווה: ער האָט באַצאָלט וויפֿל מען האָט פֿאַרלאַנגט, און מען האָט אים אַרויסגעגעבן ר׳ מאירס גוף. סוף־כּל־סוף האָט מען ר׳ מאירן מקבר געווען אויף אַ ייִדישן בית־עולם.

VOCABULARY

* אומעטו׳ם everywhere

או׳נטער | צינדן (או׳נטערגעצונדן) to set fire to

* דער אופֿן (ים) [OYFN—OYFANIM] way

איבער שטעט און לענדער through cities and countries

איטאַליע Italy

אײדער ← בעסער

* אין ... אַרו׳ם later

אין אַ יאָר אַרום a year later

* אַנטלויפֿן (איז אַנטלאָפֿן) to flee

אַרוי׳ס | געבן (אַרוי׳סגעגעבן) to produce

* באַצאָלן to pay

* באַרי׳מט famous

176 COLLEGE YIDDISH

באַשו׳לדיקן to accuse
* דער בית־עולם (ס) [BESOYLEM— -s] cemetery
* בעסער ... איידער better ... than
* דער גוף (ים) body
* דער געלע׳רנטער (*inflected like an adjective*) scholar
* גערע׳כט right
(גרעסט) greatest
* דערוויסן זיך (דערוווּ׳סט) to find out
* דערפֿאַ׳ר therefore
דרײַצנט thirteenth
* דאָס ווײַב (ער) wife (*according to the feelings of some speakers, a little less respectful than* פֿרוי)
דער ווײַ׳נגאָרטן vineyard
* וויכטיק important
* טײַער expensive
* די טינט ink
טרואַ׳ Troyes (city in France)
* טרוי׳עריק sad
* דער יאָ׳רהונדערט (ער) century
* יונג young
* די ישיבֿה (—ות) [YESHIVE— -s] traditional higher school
* כאַפּן to catch
* די לעגענדע (ס) legend
די מאַטעמאַטיק mathematics
מאיר [MEYER] *man's name*
מיינען to mean
מינכן Munich (city in Germany)
* די מיצווה (מיצוות) [MITSVE— -s] commandment, good deed
מיגלעך possible
די מעדיצי׳ן medicine

* מקבר זײַן [MEKABER] (*periphrastic verb*) to bury (*past tense*: האָט מקבר געווען)
משה רבנו [MOYSHE RABEYNU] Moses (our teacher)
נאָך more
* סוף־כּל־סוף [SOFKL-SOF] finally
* ע׳טלעכע several
* דער ענין (ים) [INYEN—INYONIM] matter
פּאַרי׳ז Paris
דער פּירוש commentary [PEYRESh]
די פּערזע׳נלעכקייט[1] (ן) personality
פֿאַרברענען to burn up
* פֿאַרלאַנגען to demand
פֿירן to conduct
* פֿלי׳ען (איז געפֿלויגן) to fly
* די פֿראַגע (ס) question
* פֿראַנקרײַך France
צורי׳ק back
* קורץ short
קוש: * געבן אַ קוש to kiss
* דער קייסער (קייסאָרים) emperor
* קלאָר clear
* קלײַבן (געקליבן) to collect
קריסטלעך Christian
ר׳ [REB] Rabbi (*title*)
* דער רבֿ (רבנים) [ROV—RABONIM] rabbi
רבנו ← משה רבנו
רש״י [RAShE] *initials of the name* ר׳ שלמה יצחקי [REB ShLOYME YITSKhOKI], *famous Jewish commentator of the 11th century*
די שול synagogue
* שטאָלץ proud

1 [PERZE'NLEKhKAYT]. Cf. note on p. 121.

QUESTIONS

1. ווען האָט רשי געלעבט? 2. ווו האָט ער געלעבט? 3. וואָס האָט רשי געלערנט? 4. פֿון וואַנען זײַנען געקומען תּלמידים צו רשין? 5. פֿון וואָס האָט רשי געלעבט? 6. וואָס האָט רשי געשריבן? 7. פֿאַר וואָס איז דאָס געווען אַזוי וויכטיק? 8. פֿאַר וואָס זאָגט מען, אַז אין רשיס צײַט איז „טינט געווען אַזוי טײַער ווי גאָלד“? 9. וואָס דערציילט מען וועגן רשין און משה רבנו? 10. ווו איז ראָטנבורג? 11. ווען האָט ר׳ מאיר דאָרטן געלעבט? 12. פֿאַר וואָס זײַנען אַ סך ייִדן דעמאָלט אַנטלאָפֿן פֿון דײַטשלאַנד? 13. ווו האָט מען געכאַפּט ר׳ מאירן? 14. וואָס האָט מיט אים דער קייסער געטאָן? 15. וואָס האָבן ייִדן געטאָן צו באַפֿרײַען ר׳ מאירן? 16. וואָס האָט ר׳ מאיר אַליין געזאָגט צו די ייִדן? 17. ווו איז ר׳ מאיר געשטאָרבן? 18. וואָסער מיצווה האָט אַ ייִד פֿאַרדינט?

GRAMMAR

1. Avoiding Redundant Nouns

ביכער האָט איר? יאָ, מיר האָבן נײַע און אַלטע (ביכער)	Do you have books? Yes, we have new [ones] and old [ones]
וואָסער העפֿט ווילסטו? איך וויל אַ בלויע (העפֿט)	What kind of notebook do you want? I want a blue [one]

In Yiddish an adjective is used without a noun in order to avoid redundancy, and no equivalent to the English pronoun "one" should be added. When there is no adjective which could be used alone, the noun itself must be repeated:

איר האָט אַ סך העפֿטן, טאָ גיט מיר אַ העפֿט	You have many notebooks; (so) give me one (*i.e.*, any of them)

The only case in which forms of **איינער** are used in the second clause is when *the numeral one* is specified:

דו האָסט צוויי פֿעדערס, טאָ גיב מיר איינע	You have two pens, so give me *one*

Adjectives can be used as sentence units as if they were nouns, but they are inflected as adjectives:

דער אַלטער	The old man
אַ געלערנטער האָט אָנגעשריבן דאָס בוך	A scholar has written this book
אָרעמע און פֿריילעכע	Poor and jolly (people) (*Title of a book by Sholom Aleichem*)

2. Use of נאָך

שרײַב מיר נאָך אַ בריוו	Write me *another* letter
אין אָוונט זײַנען געקומען נאָך מענטשן	In the evening *more* people came
איך וויל לייענען נאָך דרײַ ביכער	I want to read three *more* books
ווער נאָך איז דאָרטן געווען?	Who *else* was there?

The adverb **נאָך** is translatable as *more, else, another* in the sense of *additional.* It precedes the article or numeral to which it refers. Note the distinction:

גיב מיר נאָך אַ בוך	Give me another (=one more) book
גיב מיר אַן אַנדער בוך	Give me another (=a different) book

In negative statements, the equivalent of **נאָך** is **מער**:

וואָס נאָך? מער גאָרניט	What else? Nothing else
ווער נאָך? מער קיינער ניט	Who else? Nobody else

3. Idiomatic Distinctions

דאָס איז דער **וועג** קיין שיקאַגאָ	This is the *way* to Chicago
טו עס ניט אויף דעם **אופֿן**	Don't do it this *way*

דער וועג means *way=road.*

דער אופֿן [OYFN], *plural* **אופֿנים** [OYFANIM], means *way=method, manner.* It is usually preceded by the preposition **אויף**:

מען קען עס ניצן אויף צוויי אופֿנים	It can be used in two ways
ער האָט מיר געגעבן די **רעכטע** האַנט, ניט די לינקע	He gave me his *right* hand, not his left
דאָס איז **ריכטיק**. דו האָסט **ריכטיק** געענטפֿערט	That is *right.* You answered correctly
דו ביסט **גערעכט**, דאָס געלט איז דײַנס	You are *right,* this money is yours

רעכט means *right* as opposed to **לינק** *left.*

ריכטיק means *right=true, correct,* as in "the right answer."

גערעכט means *right,* referring to the person who knows the right answer or the right thing to do, as "You are right," "Moyshe is in the right."

איך בין געגאַנגען און האָב **געטראָגן** מײַנע ביכער
איך בין געפֿאָרן און האָב **געפֿירט** מײַנע ביכער

טראָגן means *carry* and is used in conjunction with **גיין** *walk.*

פֿירן means *carry* and is used in conjunction with **פֿאָרן** *ride, travel.*

פֿאָרן **מיט** דער באַן to go by train
פֿאָרן **מיט** דער שיף to go by boat
פֿליִען **מיטן** אַעראָפּלאַן to go by plane

מיט is the preposition used when indicating the means of transportation.

EXERCISES

A. Translate into Yiddish:

1. I demand three more days to answer your question. 2. Perhaps you will both come once more? 3. We must collect another $100 this week. 4. There are too many people here; where else can I run (away) to? 5. What more do you want? 6. Please ask me another (=an additional) question 7. Now ask me another (=a different) question. 8. I want to walk [some] more. 9. How can I invite (=call) more people? Our house is so small! 10. We cannot stay here [any] longer (=more). 11. I want to think about this [some] more. 12. This is my brother. I have another brother in San Francisco. 13. I want you to do nothing else now. 14. I will see him now, but I will never see him again (=more). 15. I need much more time. 16. How else can I say the same thing in Yiddish? 17. How many more days will we have to wait? 18. I have been everywhere and I cannot walk any more (already). 19. He estimated that there were 350 people there.

B. Supply the proper forms of either **אופֿן** or **וועג** as the case may be:

1. מען קען דאָס ליד זינגען אויף פֿאַרשיידענע ——. 2. מען קען פֿאָרן קיין באָסטאָן דורך פֿאַרשיידענע ——. 3. לאָמיר עס מאַכן אויף אַזאַ ——. 4. איך קען אויף קיין —— ניט פֿאַרשטיין, וואָס דו זאָגסט. 5. פֿאַר וואָס דאַרפֿן מיר גיין אויף אַזאַ לאַנגן ——? 6. איך שרײַב אַלע מאָל אויפֿן זעלביקן ——. 7. איך זע אָבער, אַז דו שרײַבסט אויף אַן אַנדער ——. 8. עס קען זײַן, אַז דײַן —— איז אויך אַ גוטער. 9. די

קינדער גייען הײַנט אויף אַנדערע ——. 10. דאָס איז אַ גוטער —— צו פֿאַרדינען אַ ביסל געלט. 11. הער נאַר, דו שיין מיידעלע: וואָס וועסטו טאָן אין אַזאַ ווײַטן ——?

C. Translate into Yiddish:

1. This week I read two books: a short and interesting one and a long (=big) one that was very sad. 2. The Rabbi has two sons. He is sending one to Europe. 3. The other one studies in a *yeshive*. 4. Is this river deep? 5. This century is an important one. 6. She showed me his letters, and I read one. 7. Then she gave me one. 8. The new cars are the expensive ones. 9. You see the new ones everywhere. 10. I saw several old ones.

D. Supply the proper forms of טראָגן or פֿירן:

1. איך בין געפֿאָרן אַהיים מיט אַן אויטאָ און האָב —— אַלע מײַנע זאַכן. 2. אויב דיר איז שווער צו גיין, פֿאַר וואָס —— (ד)ו די ביכער? 3. לאָז מיך —— דײַנע זאַכן ביז אַהיים. 4. שלמה איז געפֿאָרן צו דער שוועסטער און האָט מיט זיך —— שיינע מתּנות. 5. איך קען ניט פֿליִען קיין ניו־יאָרק, ווײַל איך —— צו פֿיל זאַכן.

E. Translate into Yiddish:

1. Rabbi Yehude Khosid (יהודה חסיד) was a great Jewish scholar. 2. He lived in Germany from 1150 to 1217. 3. He was a good and pious man. 4. When he was young, he studied so much that he soon knew more than (ווי) his teachers. 5. People traveled (from) far to hear his wise words. 6. Rabbi Yehude was a proud and strong person. 7. Once a man came to Rabbi Yehude and said: "Rabbi, it is too hard for me to be pious. The commandments are too hard." 8. "Well (=So) what do you want of me?" Rabbi Yehude asked. 9. "Tell me a commandment that is really an important one," the man answered. 10. "If there were (=would be) only one commandment, I could do it." 11. "All right (=Good)," said Rabbi Yehude. "I will tell you one: 12. 'Never tell a lie'." 13. "This I will never do," the man said. "Thank you, Rabbi." 14. One night he wanted to steal (גנבֿענען [GA'NVENEN]) [some] money, but he understood that he would have to tell a lie afterwards. 15. As a result (=So) he didn't steal (געגנבֿעט) it. 16. Once a friend gave him money to keep (=hide), and when he came to

take the money back, the man did not want to give it to him. 17. He wanted to say that it had been stolen (*past tense*). 18. But that would have been a lie. 19. Finally he understood that if one does not tell a lie one cannot do wrong (שלעכטס). 20. He understood how wise and beautiful had been (*past tense*) Rabbi Yehude's words. 21. In his book, *The Book of the Pious*,[2] Rabbi Yehude tells the following (=such a) story. 22. Once a king called a wise man and asked him for (an) advice. 23. He wanted to pay him money for the advice, but the wise [one] did not want to take it. 24. "Why don't you want my money?" asked the king. 25. "You need not give me money, because you will not do what I tell you, anyway." 26. "And I cannot take money which a king takes from the poor." 27. There are many legends about Yehude Khosid in the Yiddish מעשׂה־בוך. 28. It was printed the first time in Basle (באַזל) in 1602. 29. The book is translated (איבערזעצן) into (אויף) English.[3]

F. Supply the proper forms of רעכט, ריכטיק, or גערעכט:

1. אויב דאָס איז ——, קענסטו עס שרײַבן מיט טינט. 2. ער האָט מיך
געכאַפּט פֿאַר דער —— האַנט. 3. דו רעדסט ניט ——. 4. דו ביסט
טאַקע ——. 5. ער דערציילט די מעשׂה זייער קלאָר, אָבער ניט ——.
6. מײַן זיידן האָט מען מקבר געווען אויף דער —— זײַט פֿון בית־
עולם. 7. דאַכט זיך, אַז דו ביסט ניט ——. 8. אַפֿילו אַ גרויסער
געלערנטער איז אַ מאָל ניט ——.

G. Translate into Yiddish

EVERYBODY IS (=ALL ARE) RIGHT

1. Two Jews quarreled (צעקריגן זיך). 2. They decided to go to the rabbi to find out who (of them) was (*present tense*) right. 3. The rabbi heard what [the] one said, and answered: 4. "You are right." 5. Then he heard what the second said, and answered: 6. "You are also right." 7. The rabbi's wife heard everything, and (*consecutive*) she asked: 8. "How can they both (ביידע) be right?" 9. The rabbi thought and thought and said: 10. "My wife, you are indeed also right!"

---

[2] The title of the original is ספר חסידים [SEYFER KhSIDIM].

[3] The English title is *Ma'aseh Book*.

JEWISH EDUCATION

Beginning with the present millennium, a unique system of education came into being among the Jews of Central and Eastern Europe. It has been observed that the traditional Jewish way of life was in itself an education. Children were charged with duties at an early age, and every festive occasion provided for their participation. But even adults were expected by the community to improve their knowledge and conduct by life-long study.

To understand traditional Jewish education, it is important to grasp the role which the ideal of learning played in Jewish thinking. Learning was the supreme value of life. Lullabies contained such sentiments as תּורה[4] איז די בעסטע סחורה[5] (*learning is the best ware*) or "Grow up, my child, to be a learned rabbi." Almost every Jewish man, and many women, were literate at a time when the surrounding non-Jewish populations could neither read nor write; and this result was achieved without any state support, only through the voluntary efforts of the community. If there was an aristocracy in Jewish life, it was an aristocracy of scholarship.

The elementary school, דער חדר, was a popular and democratic institution. There was hardly a boy who failed to attend it at least for several years between the ages of four and thirteen. The teacher, called דער רבי or דער מלמד [MELAMED] would teach the boys (חדר־ייִנגלעך) the alphabet, and then go on to the study of the Pentateuch. The method of word for word translation into Yiddish which they used may be thought faulty from the standpoint of present-day language teaching, but it endowed every word in the Bible with rich associations in the minds of the pupils. Quite early, the Rashi commentary was also included in the instruction. The teachers taught their pupils their duties as Jews and the rules of prayer and conduct. The stories and parables which the teachers told to illustrate their points left indelible impressions on the minds of the students.

The higher school was די ישיבֿה [YESHIVE]. Almost every town had *khadorim,* but only certain towns had *yeshives.* Not all parents could afford to send their sons to a *yeshive* out of town; but provisions were made by the community to help the poorer students. A family in a *yeshive* town would invite a student to eat with them on

---

4 [TOYRE] 5 [SKHOYRE]

a given day of the week; and the lucky student who received seven such invitations was provided with at least one meal a day. Inviting a student was considered a good deed; and the whole town was thus supporting public education through the institution of עסן טעג.

The basic text in the *yeshive* was the Talmud (די גמרא), the collection of laws, opinions, and parables which has served as the law of the Jews almost since the destruction of the Temple. Studying consisted in analyzing the law and comparing its parts, as well as in explaining its application to everyday life. Of a person who knows the Talmud well, it is said: ער קען לערנען. A man well versed in it is called למדן [LAMDN] plural: למדנים [LAMDONIM] *or* לומדים [LOMDIM].

Yeshive students were usually given assignments to complete on their own, and their own study, supplemented by group discussion, helped them perfect their knowledge of the Talmud. After completing his studies, a student could receive authorization (סמיכה [SMIKhE]) to be a rabbi.

Because the study of the Talmud was carried on to so large a degree by individuals or small groups, there were informal study groups in almost every synagogue, for almost every place of worship had a set of religious books (ספֿרים [SFORIM]) available.

The rise of secular interests among Jewish youth, especially in the second half of the nineteenth century, somewhat weakened the traditional system of education, and a number of readjustments were effected. Meanwhile, a system of secular Yiddish schools was created. There, all general subjects were taught in Yiddish; particular attention was paid to Jewish subjects, such as Jewish history, Yiddish and Hebrew language and literature. Hebrew secular schools, too, came into existence.

אויפֿן פּריפּעטשיק

אויפֿן פּריפּעטשיק ברענט אַ פֿײַערל
און אין שטוב איז היים,
און דער רבי לערנט קליינע קינדערלעך
דעם אַלף-בית.

זאָגט זשע קינדערלעך, געדענקט זשע, טײַערע,
וואָס איר לערנט דאָ.
זאָגט זשע נאָך אַ מאָל און טאַקע נאָך אַ מאָל:
קמץ-אַלף — אָ!

אַז איר וועט, קינדערלעך, עלטער ווערן,
וועט איר אַליין פֿאַרשטיין,
וויפֿל אין די אותיות ליגן טרערן
און וווי פֿיל געוויין.
זאָגט זשע ...

אַז איר וועט, קינדערלעך, דעם גלות שלעפּן,
אויסגעמוטשעט זײַן,
זאָלט איר פֿון די אותיות כּוח שעפּן —
קוקט אין זיי אַרײַן!
זאָגט זשע ...

A-FN PRI-PE-TShIK BRENT A FA-YE-RL UN IN ShTUB IZ
HEYS UN DER RE-BE LE-RNT KLEY-NE KIN-DER-LEKh DEM A-LEF-
BEYS UN DER RE-BE LE-RNT KLEY-NE KIN-DER-LEKh DEM A-LEF-BEYS
ZOGT ZhE KIN-DER-LEKh GE-DENKT ZhE TA-YE-RE VOS IR LE-RNT
DO ZOGT ZhE NOKh A MOL UN TA-KE NOKh A MOL KO-METS-A-LEF
O ZOGT ZhE NOKh A MOL UN TA-KE NOKh A MOL KO-METS-A-LEF O

VOCABULARY

אַז when
אויסגעמוטשעט exhausted
דער אַלף־בית [A'LEFBEYS] alphabet
קוקן | אַרײַ'ן to look into
דער גלות [GOLES] the exile
דעם גלות שלעפּן to carry the burdens of a Jew in exile
דאָס געוויי'ן weeping
זשע then
די טרער (ן) tear
דער כּוח [KOYEKh] strength

לערנען to teach
עלטער older
דער פּריפּעטשיק fireplace
דאָס פֿײַערל fire
קי'נדערלעך dear children
קמץ־אַלף [KO'METS-A'LEF] the letter א
די שטוב (שטיבער) room
שלעפּן to carry
שעפּן to draw

LESSON 20

צוואַנציקסטע לעקציע

אין אַ נײַער דירה

די גאָרדאָנס פֿאָרן אַריבער אין אַ נײַער דירה אין אַן אַנדער טייל שטאָט. די נײַע דירה איז אַ גרעסערע, זי האָט פֿיר צימערן און דרײַ אַרײַנגעבויטע אַלמערס. עס זײַנען געקומען טרעגערס מיט אַ משׂא־אויטאָ אַריבערצופֿירן אַלע מעבל.

ווען דער משׂא־אויטאָ מיט די מעבל איז אָנגעקומען צו דער נײַער דירה, איז שוין ה׳ גאָרדאָן דאָרטן געווען. ער האָט געוויזן די טרעגערס, וווּ אַלץ צו שטעלן.

„די צוויי בעטן וועלן שטיין אין שלאָפֿצימער. שטעלט זיי אַוועק צווישן דער טיר און דעם פֿענצטער. די פֿאָליצע שטעלט אַוועק אויף יענער זײַט.“

„וווּ דאַרף ליגן דער טעפּעך?“ האָט איינער פֿון די טרעגערס געפֿרעגט.

„זײַט אַזוי גוט און לייגט אים אַוועק אין וווינצימער. זאָל ער ליגן אין מיטן צימער.“

מען טראָגט אַרויף די פּיאַנע. „די פּיאַנע דאַרף שטיין אין וווינצימער,“ זאָגט ה׳ גאָרדאָן. „שטעלט זי אַוועק הינטער יענעם גרויסן טיש, אָבער שטעלט זי ניט אַרויף אויפֿן טעפּעך, איך בעט אײַך. דאָס בילד וועל איך אַליין אויפֿהענגען.“

„און די רויטע שטולן, וווּ דאַרפֿן זיי שטיין?“

„אָט די פֿיר שטולן וועלן בלײַבן אַרום דעם גרויסן טיש אין וווינצימער. צוויי פֿון דער זײַט, צוויי פֿון יענער זײַט. יענע אַנדערע קענט איר אַרײַנטראָגן אין קליינעם שלאָפֿצימער. שטעלט זיי אַוועק לעבן דער סאָפֿע.“

די טרעגערס גייען אַראָפּ צום לעצטן מאָל און טראָגן אַרויף פֿר׳ גאָרדאָנס קאָמאָד. איצט שטייט שוין אַלץ אויפֿן אָרט. ה׳ גאָרדאָן באַצאָלט די טרעגערס, און זיי פֿאָרן אַוועק מיטן משׂא־אויטאָ.

נאָך אַ פּאָר

אַ ייִד האָט געטראָפֿן אויף דער גאַס אַ כעלעמער. זעט ער, אַז דער כעלעמער טראָגט איין שוך אַ שוואַרצן און איין שוך אַ ברוינעם. פֿרעגט ער בײַם כעלעמער:

„וואָס איז מיט אײַך, ר׳ ייִד? איר גייט אַרום אין איין שוך אַ שוואַרצן און איינעם אַ ברוינעם!"

„איר ווײַסט מסתּמא לאַכן," זאָגט אים דער כעלעמער, „אָבער אין דער היים האָב איך נאָך אַזאַ פּאָר שיך!"

גראַמאַטיק

אַ לערער האָט געפֿרעגט אַ ייִנגל אין קלאַס: „וואָס איז ׳הויזן׳ — איינצאָל צי מערצאָל?"

„אויבן איז איינצאָל, אונטן איז מערצאָל." האָט דאָס ייִנגל געענט־פֿערט.

אַ כעלעמער אין באַן

אַ כעלעמער האָט געדאַרפֿט אַוועקפֿאָרן אין אַן אַנדער שטאָט. האָט ער געקויפֿט אַ בילעט און איז אַרײַן אין באַן. אין וואַגאָן זײַנען שוין געזעסן אַ סך ייִדן, און געפֿאָרן זײַנען זיי, ווי מען איז אָפֿט געפֿאָרן אין רוסלאַנד: אָן בילעטן. מען האָט נאָר געגעבן עפּעס דעם קאָנדוקטאָר, ער זאָל לאָזן וויסן, ווען עס קומט דער קאָנטראָליאָר.

פֿאָרט מען. פּלוצלינג עפֿנט דער קאָנדוקטאָר די טיר פֿון וואַגאָן און שרײַט אַרײַן: „ראַטעוועט זיך! דער קאָנטראָליאָר!"

קריכן די ייִדן אַרונטער אונטער די בענק און לייגן זיך דאָרטן אַוועק. דער כעלעמער זעט, אַז אַלע לייגן זיך, לייגט ער זיך אויך.

עס קומט אַרײַן דער קאָנטראָליאָר. זעט ער, אַז דער וואַגאָן איז פּוסט, אָבער פֿון אונטער אַ באַנק קוקט אַרויס אַ פּאָר שטיוול. הייבט ער אָן צו ציִען און ציט אַרויס דעם כעלעמער.

„אײַער בילעט?" פֿרעגט ער אים.

„אָט איז ער," זאָגט דער כעלעמער און ווײַזט אים זײַן בילעט.

„אויב איר האָט אַ בילעט, צו וואָס האָט איר זיך באַהאַלטן אונטער דער באַנק?"

„איך האָב געזען, אַז אַלע קריכן," זאָגט דער כעלעמער, „בין איך אויך געקראָכן!"

VOCABULARY

אויבן above (*adverb*)
אונטן below (*adverb*)
* אונטער under
אָט here (*in pointing*)
די איינצאָל singular
* דער אַלמער (ס) closet
* אָן without
* אָ'נקומען (איז אָ'נגעקומען) to arrive
* דער אָרט (ערטער) place
אַרי'בער | פֿאָרן (איז אַריבערגע־פֿאָרן) to move (*intransitive*)
אַרי'בער | פֿירן to move (goods)
אַרײַ'נגעבויט built in
די באַנק (בענק) seat
* דאָס בילד (ער) picture
* דער בילע'ט (ן) [BI*L*E'T] ticket
* די בעט (ן) bed
די גראַמאַטיק grammar
גרעסער larger
* די דירה (—ות) [DIRE— -S] apartment
די הויזן trousers (*plural*)
הינטער behind
דער וואַגאָ'ן railroad car
דער וווי'נצימער living room
* זאָל ער, זאָלן זיי let him, let them
* די זײַט (ן) side
זעצן to seat
* זעצן זיך to sit down
* די טיר door
* דער טעפּעך (ער) rug
* טראָגן (געטראָגן) to carry; to wear
דער טרעגער (ס) mover, carrier
* טרעפֿן (געטראָפֿן) to meet
* יענער that; that one
* לאָזן וויסן to inform
* לייגן to put
* לייגן זיך to lie down
דער מיטן middle
* אין מיטן in the middle (of)
* מסתּמא [MISTOME] probably
די מעבל furniture (*plural*)
די מערצאָל plural
* דער משׂא־אויטאָ (ס) [MA'SE-OYTO] truck
די סאָפֿע sofa
* ע'פֿענען (עפֿן, עפֿנסט, עפֿנט, ע'פֿענען; געעפֿנט) to open
די פּאָ'ליצע (ס) shelf
* די פּאָר (—) pair
* פּוסט empty
* די פּיאַנע piano
* ציִען (געצויגן) to pull
דער קאָמאָ'ד dresser
דער קאָנדוקטאָר (ן) conductor
דער קאָנטראָליאָ'ר (ן) inspector
* קריכן (איז געקראָכן) to crawl
* רויט red
* דער שוך (שיך) shoe
* די שטול (ן) chair
* דער שטיוול (—) boot
* שטעלן to put
שטעלן זיך to stand up
דער שלאָ'פֿצימער bedroom

QUESTIONS

1. מיט וואָס איז די נײַע דירה אַנדערש פֿון דער אַלטער? 2. ווער פֿירט אַריבער די מעבל? 3. וואָס דערקלערט ה׳ גאָרדאָן די טרעגערס? 4. וויפֿל שלאָפֿצימערן זײַנען דאָ אין דער דירה? 5. וואָס וועט שטיין אין

ווינצימער? .6 ווו וועט שטיין דער קאַמאָד? .7 ווו דאַרף שטיין די פּיאַנע? .8 צי האָט דער כעלעמער געהאַט אַ בילעט פֿאַר זיך? .9 ווי זײַנען די אַנדערע מענטשן געפֿאָרן אָן בילעטן? .10 וואָס האָט דער קאָנדוקטאָר אַרײַנגעשריגן אין וואַגאָן? .11 וואָס האָבן די ייִדן געטאָן? .12 וואָס האָט דער כעלעמער געטאָן? .13 ווי האָט דער קאָנטראָליאָר אים געפֿונען? .14 וואָס האָט זיך דער קאָנטראָליאָר דערוווּסט פֿונעם כעלעמער?

GRAMMAR

1. Meaning of Adverbial Complements

צוריקקומען פֿון שול — to come back from school
אַרײַנגיין אין אַנדערן צימער — to go into the other room
אַרויפֿטראָגן די מעבל פֿון גאַס — to carry the furniture up from the street

In the above examples, the adverbial complements צוריק—, אַרײַנ—, and אַרויפֿ— are combined with familiar verbs to modify their meanings. Following are ten of the more important complements which have meanings connected with motion.

אַוועק— *away*:

אַוועקלייגן — to put away, put down
אַוועקגיין — to go away

אַראָפּ— *down, downstairs*:

אַראָפּפֿאַלן — to fall down
אַראָפּטראָגן — to carry down (stairs)

אַרויס— *out*:

אַרויסשיקן — to send out
אַרויספֿאָרן — to ride out

אַרויפֿ— *up, upstairs*:

אַרויפֿקוקן — to look up
אַרויפֿגיין — to go up(stairs)

אַרומ— *about, around*:

אַרומפֿאָרן — to travel about
אַרומטראָגן — to carry about

אַרונטער— *under, underneath*:

אַרונטערלייגן — to put underneath
אַרונטערוואַרפֿן — to throw underneath

אַריבער— *across, over*:

אַריבערברענגען — to bring over, to bring across
אַריבערשפּרינגען — to jump across

—אַריַי'נ— *in:*

אַרײַנקומען	to come in
אַרײַנשרײַען	to shout in

—צוזאַ'מענ— *together:*

צוזאַמענברענגען	to bring together
צוזאַמענרופֿן	to call together

—צורי'ק— *back:*

צוריקרופֿן	to call back
צוריקנעמען	to take back

The meanings of other adverbial complements are reserved for a later stage. Verbs having complements other than the above ten will therefore continue to be listed in the vocabulary and in the glossary as separate items.

2. Adverbial Complements Used Alone

ער **איז אַרײַן** און **איז** ווידער **אַרויס**	He came in and went out again
ער וועט **אַוועק** אין אַ שעה אַרום	He will leave in an hour from now
איך **מוז אַרויס** פֿון דאַנעט	I must get out of here

In the past participles or infinitives of verbs composed of **גיין** or **קומען** and the adverbial complement **—אַוועק**, **—אַראָפּ**, **—אַרויס**, **—אַרויף**, **—אַרונטער**, **—אַריבער**, or **—אַרײַנ**, the adverbial complement is frequently used alone; in this case **גיין**, **געגאַנגען**, **קומען**, **געקומען** are implied.

איך בין אַרײַן אין צימער
ער איז אַריבער די גאַס
זי איז אַרויף אין שלאָפֿצימער
דאָס קינד איז אַרונטער אונטערן טיש

3. Idiomatic Verbs of Position

דאָס בוך **ליגט** אויפֿן טיש	The book is (lying) on the table
די שטול **שטייט** אין צימער	The chair is (standing upright) in the room

In describing the location of things, the verbs **ליגן** or **שטיין** are commonly used, depending on the position of the object. **ליגן** means *to lie flat,* as a book on a table, a rug on the floor, a person in bed. **שטיין** means *to stand upright,* as furniture in a room, books on a shelf, people in the street.

A similar distinction is maintained in "verbs of putting":

ער **לייגט** דאָס בוך אויפֿן טיש	He puts the book (flat) on the table
ער **שטעלט** די שטול אין צימער	He puts the chair (upright) in the room

There is a corresponding relationship between **זיצן** *to sit* as a verb of position and **זעצן** *to seat* as a verb of putting:

זײַן קינד **זיצט** אויף דער סאָפֿע	His child sits on the sofa
ער **זעצט** דאָס קינד אויף דער סאָפֿע	He seats the child on the sofa

All three "verbs of putting," coupled with **זיך**, are applied to people moving by themselves:

ער **לייגט זיך** אין בעט	He lies down (=puts himself) in bed
ער **שטעלט זיך** אויפֿן טיש	He stands up (=puts himself) on the table
ער **זעצט זיך** אויף דער סאָפֿע	He sits down (=seats himself) on the sofa

Thus the following possibilities exist:

	IN POSITION	PUTTING	MOVING BY ONESELF
FLAT	ליגן (געלעגן)	לייגן (געלייגט)	לייגן זיך (געלייגט זיך)
UPRIGHT	שטיין (געשטאַנען)	שטעלן (געשטעלט)	שטעלן זיך (געשטעלט זיך)
SEATED	זיצן (געזעסן)	זעצן (געזעצט)	זעצן זיך (געזעצט זיך)

Note that **שטיין** means *to stand; to stay* (=*to remain*) is always **בלײַבן**.

4. That and Those

יענע שטול איז אונדזערע	That chair is ours
וואָס האָט איר אין **יענעם** צימער?	What do you have in that room?
איך וויל ווידער רעדן מיט **יענער** פֿרוי	I want to speak to that woman again

The pronoun **יענער** *that* is inflected as follows:

<table>
<tr><th></th><th>MASCULINE</th><th>FEMININE</th><th>NEUTER</th><th>PLURAL</th></tr>
<tr><td>NOMINATIVE</td><td>יענער</td><td rowspan="2">יענע</td><td rowspan="2">יענץ</td><td rowspan="3">יענע</td></tr>
<tr><td>ACCUSATIVE</td><td rowspan="2">יענעם</td></tr>
<tr><td>DATIVE</td><td>יענער</td><td>יענעם</td></tr>
</table>

LESSON 20

The forms of the pronoun are the same whether it is used as an adjective or a noun. The only distinction is made in the possessive:

יענעם מענטשנס טאַטע; יענעמס טאַטע that man's father; that one's father

יענער פֿרױס מאַן; יענערס מאַן that woman's husband; that one's husband

When יענער is used as an adjective, its possessive form is identical with that of the dative. When used as a noun, the possessive endings are —מס in the masculine and —רס in the feminine.

To emphasize the demonstrative meaning of the definite article, אָט is frequently placed before it. The stress falls on the article.

אָט דער צימער; אָט די בעט; אָט דעם טיש; אָט די מײדלעך

EXERCISES

A. Translate into Yiddish:

1. My teacher wrote (into) in my notebook that I write very well. 2. Let us collaborate (=work together) on this. 3. I didn't hear you come in (=when you came in). 4. My friends left here (=went away from here) by train three days ago. 5. We want to build in a closet in this room, if possible. 6. Khaim doesn't like to crawl out of bed in the morning. 7. I wanted to embrace (=take around) her. 8. When I was Bar-Mitsve I outgrew (=grew over) all my friends. 9. I have nothing to read now, because I have given away all my old books. 10. Such a fool should not be let out among people. 11. How can I let you into the house with such shoes? 12. Tell the boy not to crawl around (=that he should not crawl around). 13. I don't know how to get back the money that he took away. 14. Please take those shoes out of the closet. 15. When my grandfather came (over) to the United States he also brought over his whole family. 16. On Sunday I will call together the whole club. 17. The club includes (=takes in) Khaim and Moyshe, too. 18. This child probably cannot yet add up (=figure together) thirteen and eighteen. 19. It seems that something fell out. 20. Put the paper away until you finish eating.

B. Supply the appropriate forms of ליגן, (זיך) לייגן, שטיין, or שטעלן (זיך):

1. אויב עס איז דאָ פֿאַר מיר אַ בריוו, —— אים אַוועק אויף מײַן טיש. 2. איך בין געווען קראַנק און איך דאַרף נאָך —— אין בעט דרײַ טעג. 3. —— ניט דאָס בוך אַזוי ווײַט; איך וויל עס האָבן נאָענט לעבן זיך. 4. איך האָב אַרײַנגעלייגט —— מײַנע אַלטע שיך אין אַלמער און האָב אַרויסגענומען די נײַע. 5. דער משׂא־אויטאָ —— לעבן אונדזער הויז. 6. דער שניי —— נאָך אַלץ אויף די גאַסן. 7. אויב דער פֿעטער און די מומע וועלן קומען צו גאַסט, וועלן מיר זיי —— שלאָפֿן אין גרויסן שלאָפֿצימער. 8. איך ווייס ניט, ווו איך זאָל —— די נײַע מעבל. 9. אפֿשר קען דער טיש —— לעבן דער פּיאַנע? 10. ניין, דאָרטן —— דאָך דער טעפּעך.

C. Supply the appropriate forms of יענער:

1. ווער איז —— מיידל? 2. איך ווייס ניט, איך קען ניט —— מיידלעך. 3. —— טאָג בין איך ניט געווען אין ניו־יאָרק. 4. חנה וווינט אויף —— גאַס. 5. —— בוך האָב איך ניט געלייענט. 6. דערצייל מיר עפּעס וועגן —— ייִנגל. 7. איך האָב געניצט אַלע —— זאַכן. 8. ——ס קינדער גייען ניט אין שול. 9. דאָס איז —— דאָקטערס אויטאָ. 10. איך דאַרף מיט אײַך רעדן וועגן —— ענין.

D. Write a theme of 150 to 200 words, entitled מײַן דירה. The following additional words may be of use:

garage דער גאַראַ׳זש
floor (story) דער גאָרן
bathroom דער וואַ׳שצימער
armchair דער פֿאָטע׳ל
kitchen די קיך

E. Translate into Yiddish:

1. If one cannot [go] over, one must [go] under. [*Yiddish proverb*] 2. If one cannot [go] over, one *must* [go] over. [*Proverb*] 3. Sit down on that chair. 4. My father had hoped (*past tense*) to stay, but he had to leave. 5. In the meantime, where will you put (upright) the candles? 6. Tonight (=Today in the evening) we will seat (the) grandfather there and (the) grandmother near him. 7. Why is your left eye so red? 8. Could you give me another pair of shoes? 9. He came in to discuss (=talk about) the matter. 10. I was informed that the tickets have to be bought soon.

11. Do you think we will arrive before 3:30 p.m.? 12. Let him stand in the middle of the room. 13. Stop pulling the rug from that side. 14. Without the children it seems that the whole house is empty. 15. Whose picture is this? 16. The ticket which I drew (=pulled out) will probably win. 17. He put the paper under the door. 18. Meet me in the same place as always. 19. We are very proud of (=with) our new apartment. 20. It was very hard to find one.

F. Translate into Yiddish:

THE KHELEM JEWS BUILD A SYNAGOGUE
(דער בית־מדרש [BESME'DREsh])

1. The Khelem Jews decided to build a synagogue. 2. (So) they had to bring wooden beams (קלעצער) from the forest. 3. The forest was on a mountain near the town. 4. (So) the Khelemians climbed (=went up on) the mountain and brought down many beams. 5. There was one wise [person] in Khelem. 6. (So) he asked them: "Why do you have to carry down the beams from the mountain?" 7. "You could roll them down (אַראָפּקײַקלען), you know." 8. The Khelemians realized (=saw) that he was (=is) right. 9. (So) they carried the beams back up (=on) the mountain. 10. Then they rolled them down.

JEWISH HUMOR

Jewish humor is known the world over. Various attempts have been made to delineate the characteristics of the Jewish joke. Sigmund Freud, among others, was greatly interested in the problem. One student of Jewish humor, Immanuel Olsvanger, has stated that the essence of a Jewish joke lies in its "superclimax" which follows a "pseudo-climax." To illustrate this thesis, he cites a similar story as it appears in a non-Jewish and a Jewish version. A Syrian, trying to explain the secret of telegraphy to his friend, says: "Imagine a huge dog with its head in Beirut and its tail in Damascus. Pull the dog's tail in Damascus, and the bark will be heard in Beirut." This punchline, however, is only the "pseudo-climax" in the Jewish version, in which a man says to his friend: "Imagine, instead of the wire, a dog: its head in Kovno, its tail in Vilna. Pull the tail in Vilna, and the bark will be heard in Kovno." "Yes, I see," says the friend, "but how does wireless work?" "The very same way, but without the dog."

Even if the technique of the Jewish joke may be hard to generalize, its subject matter and philosophy can be characterized. It satirizes indiscriminate hatred of Jews no less than the attempts of Jews to escape it. It reflects social relations among Jews and non-Jews, and those between different social strata within the Jewish group. Note the biting irony of the following joke: "Says the rich man to his servant: 'That beggar is breaking my heart; I can't stand his misery. Throw him out!'"

Yiddish jokes can be classified in certain large categories. Many of them pertain to individual towns and communities, such as the jokes about the Jews of Khelem, or to regions and provinces: the *litvak,* for example, usually figures as a dispassionate and cold-blooded person. Many stories are told about certain jesters and pranksters: Motke Khaba'd is a famous prankster in folk stories of Vilna, while He'rshele Ostropolyer is characteristic of the southeastern regions. Some occupations are also favorite butts for jokes. Tailors, coachmen, and matchmakers belong to this group. In America, rabbis, particularly the reform rabbis, have been added.

Jewish life in America, with its wide diversity and its considerable social mobility, lends itself well to humorous comment, and the great number of American Jewish jokes which are told should be collected and studied from a comparative point of view.

LESSON 21

איין און צוואַנציקסטע לעקציע

טעאָדאָר הערצל

ד״ר טעאָדאָר הערצל איז געווען דער ערשטער אין זײַן דור, וואָס האָט געוואָלט שאַפֿן אַ ייִדישע מלוכה אין ארץ־ישׂראל. ער האָט געטראַכט, אַז אויב ייִדן וועלן האָבן אַ מלוכה, וועלן זיך ענדיקן זייערע צרות. לויט זײַן פּלאַן האָבן ייִדן פֿון דער גאַנצער וועלט, דער עיקר די אָרעמע, געדאַרפֿט אַריבערפֿאָרן קיין ארץ־ישׂראל און דאָרטן בויען אַ ייִדיש לאַנד. צו די וואָס האָבן געמיינט, אַז אַזאַ זאַך איז ניט מיגלעך, האָט הערצל געזאָגט: „אויב איר ווילט נאָר, איז עס ניט קיין מעשׂהלע.״ טויזנטער יאָרן, פֿון דער צײַט ווען מען האָט זיי אַוועקגעטריבן פֿון ארץ־ישׂראל, איז בײַ פֿרומע ייִדן געווען אַ חלום, אַז ייִדן וועלן זיך אומקערן אַהין. אַ סך פֿרומע ייִדן זײַנען געפֿאָרן קיין ארץ־ישׂראל ווען זיי זײַנען אַלט געוואָרן, ווײַל זיי האָבן געוואָלט דאָרטן שטאַרבן. יעדער פּסח בעטן ייִדן אין דער הגדה, אַז איבער אַ יאָר זאָלן זיי שוין זײַן אין ירושלים. אָבער דער פּלאַן צו קריגן פֿאַר ייִדן אַן אייגענע מלוכה איז אין הערצלס צײַט געווען אין גאַנצן אַ נײַער.

ד״ר הערצל האָט געלעבט זייער אַן אינטערעסאַנט לעבן. ער איז געבוירן געוואָרן אין 1860 אין בודאַפּעשט (אונגערן). ער האָט זיך געלערנט אין אוניווערסיטעט אין ווין, און נאָך דעם איז ער געוואָרן אַ שרײַבער פֿאַר אַ צײַטונג. ווען ער איז געווען אין פֿראַנקרײַך, האָט אים דאָרטן טיף אָנגערירט דער אַנטיסעמיטיזם. ער איז דעמאָלט געקומען צום אויספֿיר, אַז ייִדן זײַנען ניט זיכער אין קיין איין לאַנד אין אייראָפּע, אַפֿילו ניט אין דעם פֿרײַען פֿראַנקרײַך. אין 1896 איז אַרויסגעגאַנגען הערצלס בוך, **די ייִדישע מלוכה**, וואָס אין אים האָט הערצל דערקלערט זײַן פּלאַן. קיין פֿולע אַסימילאַציע פֿאַר ייִדן איז ניט מיגלעך, האָט הערצל געשריבן, ווײַל דער אַנטיסעמיטיזם לאָזט ניט. דערפֿאַר מוזן ייִדן שאַפֿן אַ נאַציאָנאַלע מלוכה, וואָס אין איר זאָלן זיי האָבן אַ מערהייט.

צום אָנהייב האָט הערצל ניט געטראַכט, אַז די מלוכה דאַרף זײַן

דווקא אין ארץ־ישׂראל. שפּעטער האָט ער אָנגעהויבן פֿאַרלאַנגען דווקא ארץ־ישׂראל.

אין אויגוסט 1897 האָט הערצל גערופֿן דעם ערשטן ציוניסטישן קאָנגרעס אין באַזל (שווייץ). אין אָוונט, נאָך דער ערשטער זיצונג פֿון קאָנגרעס, האָט הערצל אַרײַנגעשריבן אין זײַן טאָגבוך: „הײַנט האָב איך געשאַפֿן די ייִדישע מלוכה.” און אַזוי האָט זיך אָנגעהויבן דער פּאָליטישער ציוניזם. הערצל איז אַ סך אַרומגעפֿאָרן און האָט אַרומגערעדט מיט מיניסטאָרן פֿון פֿאַרשיידענע מלוכות די פּלענער וואָס ער האָט געהאַט. ער האָט אַליין געלעבט מיטן אידעאַל פֿון אַ ייִדישער מלוכה און האָט אָנגעצונדן אַ סך טויזנטער מענטשן מיט דעם אידעאַל. ער איז געשטאָרבן בײַ דער אַרבעט אין ווין אין יולי 1904 — לאַנג איידער זײַן חלום איז געוואָרן וואָר. אָבער זײַן נאָמען לעבט. אין אַ סך שטעט אין ישׂראל הייסן וויכטיקע גאַסן נאָך הערצלען, און עס איז אַפֿילו דאָ אַ גאַנצע נײַע שטאָט וואָס הייסט הרצליה.

VOCABULARY

* אָדער ... אָדער either . . . or

אַוועק | טרײַבן (אַוועקגעטריבן) to drive away

אויגוסט August

דער אויספֿיר conclusion

אום | קערן זיך to return

אונגערן Hungary

* דער אוניווערסיטעט (ן) university

* דער אידעאַל (ן) ideal

* אייגן (דער אייגענער) own

* איידער before

דער אָנהייב beginning

* צום אָנהייב at the beginning, at first

* אָנ | הייבן זיך (אָנגעהויבן) to begin (*intransitive*)

דער אַנטיסעמיטיזם anti-Semitism

* אָנ | רירן to touch

די אַסימילאַציע assimilation

* די אַרבעט work

באַזל Basle (city in Switzerland)

בודאַפּעשט Budapest (capital of Hungary)

* גאַנץ: אין גאַנצן altogether

* געבוירן ווערן (*periphrastic verb*) to be born

* דווקא [DAFKE] necessarily

* דער דור (ות) [DOR—DOYRES] generation

די הגדה [HAGODE] book read on Passover, *sometimes called* Haggadah

הרצליה [HERTSLIA] Herzliya (town in Israel)

די וואָר reality

ווין Vienna

* זיכער certain, secure; sure

די זיצונג session

* דער חודש (חדשים) [KHOYDESH—KHADOSHIM] month

* דער חלום (ות) [KHOLEM—KHALOYMES] dream

דאָס טאָגבוך diary
יאָר: איבער אַ יאָר next year
יולי July
* לויט according to
דער מיניסטער (...אָ׳רן) minister
* די מלוכה (—ות) [MELUKhE— -S] state
די מערהייט[1] majority
דאָס מעשׂהלע [MA'YSELE] fairy tale
* דער נאָמען (נעמען) name
נאַציאָנאַ׳ל national
* ע׳נדיקן זיך to end (*intransitive*)
* עסטרײַך Austria
פּאָליטיש political
* דער פּלאַן (פּלענער) plan, idea
* פּסח [PEYSEKh] Passover
* פֿול full
* דער ציוניזם [TSIENIZM] Zionism
ציוניסטיש Zionist (*adjective*)
דער קאָנגרע׳ס congress
* שאַפֿן (געשאַפֿן) to create
די שווייץ Switzerland
* דאָס שטיקל small piece
שפּעטער later on
* דער שרײַבער (ס) writer

QUESTIONS

1. מיט וואָס איז הערצל וויכטיק אין דער ייִדישער געשיכטע? 2. וואָס איז געווען הערצלס פּלאַן? 3. וואָס האָט הערצל געזאָגט צו די וואָס האָבן אין זײַן פּלאַן ניט געגלייבט? 4. וואָס ווײַזט אונדז, אַז ארץ־ישׂראל איז אַן אַלטער ייִדישער חלום? 5. ווען און ווּ איז הערצל געבוירן געוואָרן? 6. ווּ האָט ער זיך געלערנט? 7. וואָס האָט הערצלען אַזוי שטאַרק אָנגערירט, אַז ער האָט אָנגעהויבן טראַכטן וועגן ייִדישע ענינים? 8. אין וועלכן בוך האָט הערצל דערציילט זײַנע פּלענער? 9. וואָס איז געווען דער אויספֿיר פֿון הערצלס בוך די ייִדישע מלוכה? 10. מיט וואָס האָט זיך אָנגעהויבן דער פּאָליטישער ציוניזם? 11. וואָס האָט הערצל געטאָן, אַז זײַן אידעאַל זאָל ווערן וואָר? 12. ווען און ווּ איז הערצל געשטאָרבן?

GRAMMAR

1. Relative Clauses

The man *who* is sitting at the table is my father	דער מענטש **וואָס** זיצט בײַם טיש איז מײַן טאַטע
The thing *which* is on the table is a book	די זאַך **וואָס** ליגט אויפֿן טיש איז אַ בוך
The man *whom* you see is my father	דער מענטש **וואָס** דו זעסט איז מײַן טאַטע
The thing *which* you see is a book	די זאַך **וואָס** דו זעסט איז אַ בוך

Relative clauses in which the relative pronoun is the subject or direct object of the clause are formed just as in English. The *relative*

[1] [MERHAYT]. Cf. note on p. 121.

pronoun װאָס corresponds to English "which," "who," "whom," and "that."

דער מענטש, װאָס זײַן פּלאַן איז גע־װען...	The man *whose* idea it was...
די פֿרױ, װאָס אירע קינדער שפּילן זיך...	The woman *whose* children are playing...

In relative clauses, denoting possession, the normal possessive adjective is retained, and is preceded by װאָס. The combination of װאָס *plus* the possessive adjective thus corresponds to English "whose."

דער מענטש, װאָס מיט אים האָב איך גערעדט...	The man *with whom* I spoke...
די קינדער, װאָס װעגן זײ האָב איך דיר דערצײלט...	The children *about whom* I told you...
די מלוכה, װאָס אין איר האָבן ייִדן...	The state *in which* the Jews...

In relative clauses denoting a prepositional relation, the normal preposition and pronoun are also retained, and are preceded by װאָס. The combination of װאָס *plus* preposition *plus* pronoun corresponds to the English construction "preposition *plus* whom *or* which."

The above constructions represent only one way of forming relative clauses in Yiddish; others are reserved for a more advanced stage.

Note that the preposition in a Yiddish relative clause can never stand at the end, as in the English sentence "The man I spoke with." Nor can the relative pronoun be omitted as in the English expressions "the man I see" or "the land I love."

2. Two Nouns in Succession

An important idiomatic construction in Yiddish consists of a noun followed by another noun without an article. The three most common uses of this construction are:

(1) PARTITIVE. The first noun denotes a part of the thing denoted by the second noun:

דער טײל שטאָט	this part [of the] city
דער שפּיץ באַרג	the summit [of the] mountain
די זײַט גאַס	this side [of the] street

דער סוף וואָך the end [of the] week[2]
די העלפֿט חודש this half [of the] month
דער מיטן צימער the middle [of the] room

For the second noun, the *definite* article is implied; therefore, when the *indefinite* article is required, פֿון cannot be omitted. For example:

דער שפּיץ פֿון אַ באַרג the summit of *a* mountain

(2) QUANTITIVE. The first noun denotes a quantity or number of the thing denoted by the second noun:

מיליאָנען מענטשן millions [of] people
אַ סך ביכער a lot [of] books
אַ פּאָר הויזן a pair [of] pants
אַ פּאָר זאַכן a couple [of] things
אַ שטיקל פּאַפּיר a small piece [of] paper
אַ גלאָז מילך a glass [of] milk
אַ ביסל געלט a bit [of] money

(3) CATEGORIZING. The first noun denotes the category to which the thing denoted by the second noun belongs:

די שטאָט ניו־יאָרק the city [of] New York
דער שטאַט קאָנעטיקאָט the state [of] Connecticut
דער חודש אויגוסט the month [of] August
דאָס יאָר 1939 the year 1939
דער מין מענטש the species [of] man

Note that a preposition *is* necessary in Yiddish constructions like the following:

דער טאַטע פֿון די קינדער the father of the children
דער מענטש פֿון ניו־יאָרק the man from New York
ברענג עס פֿון אַנדערן צימער Bring it from the other room; etc.

3. Plural of Some Numerals and Nouns

הונדערט, צוויי הונדערט, דרײַ הונדערט מענטשן — הונדערט**ער** מענטשן, אַ סך הונדערט**ער**...

טויזנט, צוויי טויזנט, דרײַ טויזנט מענטשן — טויזנט**ער** מענטשן, אַ סך טויזנט**ער**...

אַ מיליאָן, צוויי מיליאָן — מיליאָנ**ען**, אַ סך מיליאָנ**ען**...

The numerals **הונדערט**, **טויזנט**, and **מיליאָן**, when denoting precise

[2] **דער סוף־וואָך** the weekend

numbers, retain their singular forms; when denoting no definite number, however, they are used in the plural, as in English.

The same rule applies to nouns which represent units of measurement, such as **דאָלאַר** *dollar,* **יאָר** *year,* **שעה** *hour,* or **מינוט** *minute.*

אײן דאָלאַר, צוואַנציק דאָלאַר, הונדערט דאָלאַר — אַ סך דאָלאַרן, אַלטע דאָלאַרן,
אַמעריקאַנער און קאַנאַדער דאָלאַרן...

אײן יאָר, דרײַ יאָר, אַכציק יאָר — אַ סך יאָרן, די אַלטע יאָרן...

דרײַ שעה — אַ סך **שעהען**

פֿינף מינוט — אַ סך **מינוטן**

4. Supporting —ע— in Adjectives

אַן אײגן לאַנד; דאָס איז אונדזער אײגנס
מײַן אײגענער ברודער, מײַן אײג**ע**נע שוועסטער

In many adjectives, the base of which ends in syllabic ן—, a *supporting* —ע— is inserted before the —נ— in all inflected forms, except in the *predicate neuter* in ס—.

In the vocabulary, a form with the supporting —ע— will be given in parentheses:

אײגן (דער אײ׳גענער)

EXERCISES

A. Change the second sentence in each pair into a relative clause of the first sentence. For example:

דאָס בוך איז ניט מײַנס (דו לייענסט עס):
דאָס בוך וואָס דו לייענסט איז ניט מײַנס.

1. די בעט איז מײַן טאַטנס (זי שטייט אין אַנדערן צימער). 2. דער מענטש איז דאָ שוין נעכטן געווען (ער וועט הײַנט קומען). 3. דאָכ מיידל קען איך אויך (דו האָסט זי דאָרטן געזען). 4. דאָס בוך איז טאַקע אינטערעסאַנט (דו האָסט מיר דערציילט וועגן אים). 5. געדענקסט יענעם אַלטן? (דו האָסט זיך באַקענט מיט אים בײַ מיר אין דער היים). 6. די מענטשן האָבן געאַרבעט פֿאַרן ציוניזם (הערצל האָט זיי אָנגעצונדן מיט דעם אידעאַל). 7. דער מענטש איז געווען הערצל (זײַן פּלאַן איז געווען צו שאַפֿן אַ ייִדישע מלוכה). 8. דער לערער האָט געהייסן גערשמאַן (פֿון אים האָב איך זיך דערוווּסט וועגן ציוניזם). 9. די מענטשן האָבן מיך ליב (איך אַרבעט מיט זיי). 10. די קינדער וועלן זיכער באַלד קומען (איך וואַרט אויף זיי). 11. דער מענטש בין איך (זײַן פּלאַן גע־

פֿעלט דיר אַזוי). 12. מײַן ברודער איז ניטאָ (מיט אים ווילסטו דווקא
רעדן). 13. עסטרײַך־אונגערן איז געווען אַ מלוכה (אין איר האָבן גע־
לעבט אַ סך פֿעלקער). 14. די מעשׂה האָט זיך שלעכט געענדיקט (דו
האָסט זי מיר דערציילט). 15. די ייִנגלעך האָבן געמאַכט אַ גרויסן טומל
(איך בין געזעסן צווישן זיי).

B. Write full Yiddish sentences containing the equivalents of the following expressions:

1. On the side of the . . . 2. The second half of the . . . 3. A couple of the . . . 4. A couple of parts of the . . . 5. In the middle of the . . . 6. Many thousands of . . . 7. This pair of . . . 8. A small piece of . . . 9. The year 1848 . . . 10. The city of . . . 11. The month of . . . 12. The matter of money . . . 13. The percent[age] of new students . . . 14. The ship *Lusitania* . . . 15. In the whole country of France . . . 16. The Freedman family . . . 17. A lot of anti-Semitism . . . 18. A bit of . . .

C. Wherever necessary, supply the plural endings:

1. פֿיר טויזנט— מענטשן. 2. אַלע מיליאָנ— ייִדן. 3. אַ סך טויזנט—
קינדער. 4. הונדערט— יאָרן. 5. הונדערט דאָלאַר—. 6. הונדערט טוי־
זנט— דאָלאַר—. 7. הונדערטער טויזנט— דאָלאַר—. 8. דאָס זײַנען
קאַנאַדער דאָלאַר—. 9. אַ סך יאָר—. 10. גענוג שעה—. 11. פֿיר און
צוואַנציק שעה—. 12. פֿופֿצן מינוט—.

D. Translate into Yiddish:

1. When the book in which Herzl told about his plans was published (=went out), Herzl became famous throughout (=in) Europe. 2. At first many people thought that such a thing was not possible. 3. Others believed that it was (=is) very bad for [the] Jews. 4. "How can the Jews have a state of their own (=own state)?" they asked. 5. "If they would create a state, they would be a people." 6. It was thought that the Jews were only a religion (רעליגיע). 7. If the Jews are a people, how will they be looked upon in the countries of Europe, in which they live? 8. It was thought that the time when the Jews were a people was past (=ended). 9. Many Jews were afraid that (the) Zionism would help (the) anti-Semitism. 10. Herzl wanted to convene (=call together) the first Zionist congress in the city of Munich (מינכן),

but the Jews who lived there did not let him. 11. Herzl was a proud [man], and he was not afraid. 12. He was so sure of (=in) his work that he demanded that everyone (should) help him. 13. Herzl went to see the emperor of Turkey (טערקײַ).14. Palestine was then a part of Turkey. 15. There was a plan according to which [the] Jews were (supposed) to buy land (ערד) in Palestine. 16. Herzl figured that there were enough rich Jews who could buy the land which the Jews needed. 17. The emperor of Turkey did not like this plan. 18. But many young Jews left their homes (=went away from the home) to work in Palestine and to build the country. 19. The new state could not be created without such young people who believed in this dream. 20. The country of Palestine was called by Herzl himself "The Old-New Country." 21. It is interesting that Herzl never went to a Jewish school, and when he was young he had little to do with Jews. 22. He lived in a time of great assimilation. 23. Herzl remembered his grandfather whom he [had] loved. 24. His grandfather was a pious Jew. 25. Like all pious [ones] he lived with the dream of going (=to go) to Palestine to die. 26. Herzl was a great man and he became very important in Jewish history.

E. Translate into Yiddish:

1. He was born in a different generation altogether. 2. Dovid always talks about his own ideas. 3. The book begins well but ends badly. 4. I did not hear your name at first (=in the beginning). 5. According to him, life is very hard there. 6. Do you really (=necessarily) want this apartment? 7. You can take it either now or next year. 8. I am not altogether sure that I will be there before you will come. 9. Is your university really good? 10. I cannot go (=let myself in) deeply into this.

PERETZ

Yitskhok Leybush Peretz is widely read and studied as one of the three classic Yiddish writers. While Mendele Moykher-Sforim is considered the grandfather of modern Yiddish literature, Peretz is often referred to as its father. He was a many-sided writer of poetry, prose, and drama, a master of style, the tender protector of every promising talent, and the inspirer of two generations of Yiddish writers. He stirs his readers with his search for the eternal and the divine in the lives of both the high-placed and the humble.

In addition to playing a purely literary role, Peretz was also a great inquirer into problems of Jewish personality and culture in times of spiritual confusion.

Born in Zamoshtsh,[3] Poland (then Russia), in 1852, he was brought up, like most East-European Jews at that time, along strictly orthodox lines. But the great cultural clash had set in: Jewish culture of pre-emancipation days was changing under the impact of invading westernization. Many youths were dissatisfied with the traditional ways of their environment which, they felt, placed their thinking in fetters. Peretz, too, was swept by this discontent; but while most Jewish intellectuals of that time were simply throwing overboard everything that belonged to their historic past, Peretz believed in the continuation of Jewish life. To him, Jewishness was not a set of petrified culture patterns, but rather "the Jewish way of looking at things, . . . the universal spirit as it is embodied in the Jewish soul."[4] In our times he declared,

> Jewish life must burst into blossom again. With the Bible as the germinating seed and with folk symbols and folk legends as dew and rain, the field will sprout again.

Of those who discarded the Jewish cultural ideals "which we select for future development," Peretz said:

> You deserted those who preach the joy of living and are forced to endure suffering, and you escaped to those who preach suffering and live a life of joyous abandon.

He did not, however, expect the intellectual to stay in Jewish life for the benefit of "the masses." "If you do not want to suffer with our people, you need not do so," he exclaimed. "If you cannot love our people, it can get along without your love." It is rather for the sake of his own personal happiness that the modern Jew should identify

---

[3] Polish spelling: Zamość.

[4] This and the subsequent quotations are from the volume of the YIVO Bilingual Series: *Peretz*, translated and edited by Sol Liptzin, Yiddish Scientific Institute—YIVO, New York, 1947, 380 pp.

himself with the Jewish community, and thus avoid the position of the marginal man who really belongs nowhere.

This by no means implied forgetting the lofty ideals of humanity. Peretz was well aware of them:

> All roads lead to the ideal man, but each people has its own specified road. ... We want to ... worship at our own altar in our own way. ... Jewishness must struggle for the right to create a world culture according to its light.

In his day, Peretz fired the imagination of great numbers of estranged and confused intellectuals. When he died in 1915, over 100,000 persons paid tribute to him at his funeral, and the anniversary of his death was regularly observed at his grave in the Warsaw cemetery, even in the years of the ghetto. Today, Peretz' message takes on new significance, for American Jews of the younger generation, like Peretz' contemporaries, are perplexed by the meaning of their Jewishness and must redefine their position in the world at large.

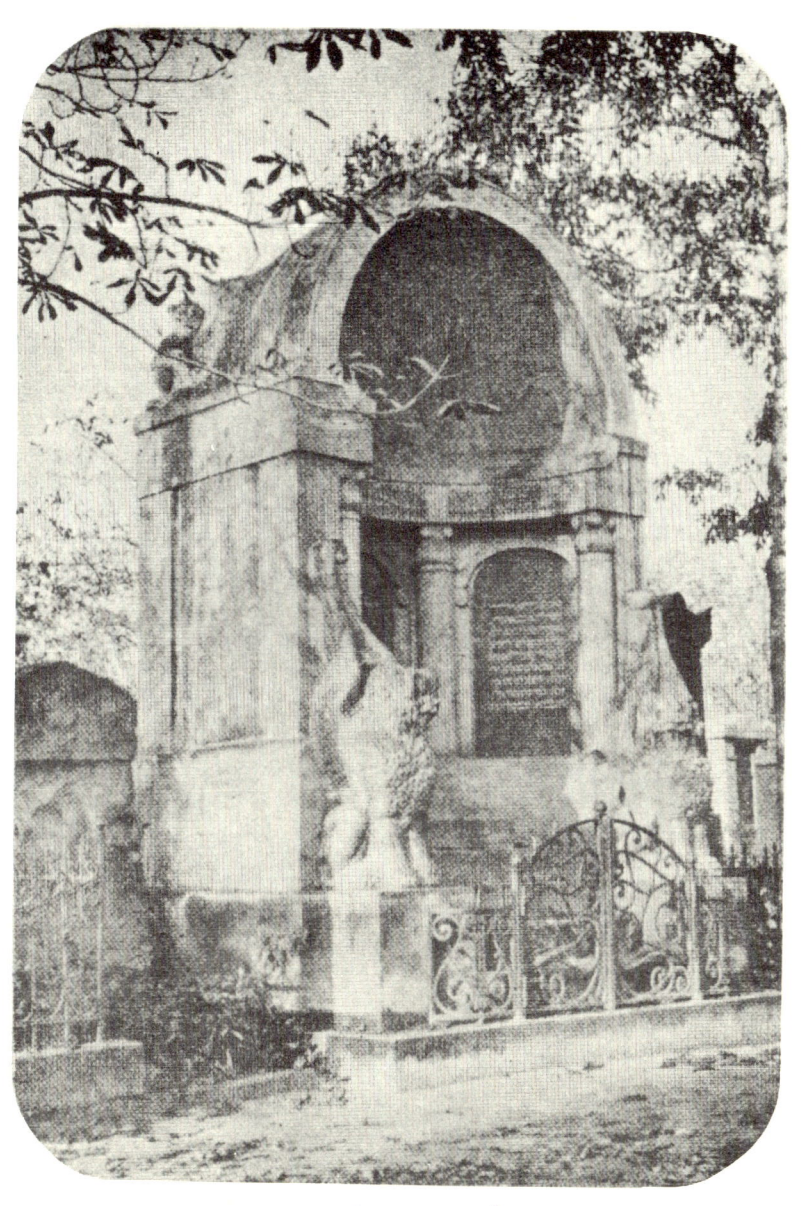

דער אוהל־פּרץ (פּרצעס קבֿר) אין וואַרשע

LESSON 22

צוויי און צוואַנציקסטע לעקציע

אַ רעטעניש

אַן אַלטער ייִד איז געשטאָרבן און האָט געלאָזט אַ צוואה, אַז נאָך זײַן טויט זאָל מען צעטיילן זײַנע זאַכן צווישן זײַנע זין: דעם ערשטן זון אַ העלפֿט, דעם צווייטן זון אַ דריטל און דעם דריטן — אַ נײַנטל.

ווען מען איז געקומען זען, וואָסערע זאַכן דער ייִד האָט געלאָזט, האָט מען געפֿונען, אַז עס זײַנען געבליבן נאָר זיבעצן זילבערנע לעפֿל, און מער גאָרניט.

וואָס טוט מען? ווי צעטיילט מען זיבעצן אויף צוויי, אויף דרײַ און אויף נײַן? קיינער האָט ניט געוווּסט וואָס צו טאָן.

איז געקומען אַ קליין ייִנגל און האָט געזאָגט: „איך וועל אײַך געבן אַן עצה." און ער האָט זיי טאַקע געגעבן אַ גוטע עצה: מען האָט די לעפֿל צעטיילט, יעדערער האָט געקראָגן זײַן טייל, און קיין איין לעפֿל האָט מען ניט געדאַרפֿט צעברעכן.

טרעפֿט, וואָסער עצה דאָס ייִנגל האָט זיי געגעבן.

ענטפֿער:

דאָס ייִנגל איז געלאָפֿן און האָט געליגן בײַ עמעצן נאָך איין לעפֿל, עס זאָל זײַן צוזאַמען אַכצן. נאָך דעם האָט ער זיי צעטיילט אַזוי:

אַ העלפֿט דעם ערשטן זון — 9 לעפֿל
אַ דריטל דעם צווייטן זון — 6 לעפֿל
אַ נײַנטל דעם דריטן זון — 2 לעפֿל

צוזאַמען 17 לעפֿל

איז געבליבן נאָך איין לעפֿל — האָט ער יענעם לעפֿל צוריקגעגעבן דעם מענטשן, וואָס בײַ אים האָט ער אים געליגן.

עס מאַכט אים ניט אויס

אַ שדכן איז אַ מאָל געקומען צו אַ ייִד און געזאָגט: "מזל-טוב, איך
האָב פֿאַר אײַך אַ רײַכע כּלה פֿון אַ פֿײַנעם ייִחוס. זי איז גאָרניט מיאוס,
און געזונט איז זי אויך, זי האָט נאָר אײן קלײנעם חסרון: זי הערט
שלעכט אויף אײן אויער." זאָגט דער ייִד: "דאָס מאַכט מיר גאָרניט
אויס." "יאָ, נאָר איר דאַרפֿט װיסן," זאָגט דער שדכן, "אַז זי זעט
שלעכט אויף אײן אויג — זי איז אַ מאָל געװען קראַנק." "דאָס מאַכט
מיר אין גאַנצן ניט אויס." "און עס איז דאָ נאָך אײן זאַך: די רעכטע
האַנט איז אַ ביסל קירצער װי די לינקע." "אָ, דאָס מאַכט אויך ניט
אויס." "נו, איך מוז אײַך שױן זאָגן דעם גאַנצן רײנעם אמת: זי הינקט
אויף אײן פֿוס." "דאָס מאַכט מיר זיכער ניט אויס."

פֿאַרשטײט דאָס ניט דער שדכן, פֿרעגט ער דעם ייִד: "װי קען דאָס
זײַן, אַז קײן זאַך מאַכט אײַך ניט אויס?" זאָגט דער ייִד: "פֿאַר װאָס
זאָל עס מיר אויסמאַכן? איך װעל סײַ װי סײַ מיט איר ניט חתונה האָבן.
איך האָב שױן אַ װײַב."

אויף װאָס דאַרף מען דעם קאָפּ?

צװײ כעלעמער האָבן אַ מאָל גערעדט. זאָגט אײנער:

"איך פֿאַרשטײ, אַז דער מענטש דאַרף האָבן די הענט צו נעמען,
די פֿיס צו גײן, די אויערן צו הערן, די אויגן צו זען, די נאָז צו שמעקן,
די צונג צו לעקן, די צײן צו קײַען, דאָס מויל צו שפּײַען; אָבער אויף װאָס
דער מענטש דאַרף האָבן דעם קאָפּ — דאָס פֿאַרשטײ איך ניט."

"נאָר אײנער," ענטפֿערט דער אַנדערער, "װאָס פֿאַרשטײסטו ניט?
װען דער מענטש װאָלט ניט געהאַט קײן קאָפּ, טאָ אויף װאָס װאָלט
ער געטראָגן דעם הוט?"

שפּריכװערטער

בעסער דרײַ טעג געזונט אײדער אײן טאָג קראַנק.

אַ קראַנקן פֿרעגט מען, אַ געזונטן גיט מען.

לײג זיך ניט מיט אַ געזונטן קאָפּ אין אַ קראַנקער בעט.

װען פֿרײט זיך אַן אָרעמער? װען ער פֿאַרלירט און געפֿינט.

אַ חסרון — די כּלה איז צו שײן!

VOCABULARY

* אוי'ס | מאַכן to matter
עס מאַכט מיר ניט אויס it doesn't matter to me
* דער אויער (ן) ear
אויף with; for
איינער: נאַר איינער you fool, you
* דער אמת [EMES] truth
* געזו'נט healthy, well
אַ דריטל a third
* האַלב half (*adjective*)
* דער הוט (היט) hat
הינקען to limp
זי'לבערן silver (*adjective*)
דער חסרון [KHISORN] defect
דער ייִחוס [YIKHES] ancestry
* לאָזן to leave
* לויפֿן (איז געלאָפֿן) to run
* לײַען (געליגן) to (*plus dative*) lend to
* לײַען בײַ... to borrow from
* לינק left
* אויף לינקס to the left
דער לעפֿל (—) spoon
לעקן to lick
* דאָס מויל (מײַלער) mouth
* מזל־טובֿ [MA'ZLTOV] congratulations
* מיאוס [MIES] ugly
* די נאָז (נעזער) nose
אַ נײַנטל a ninth
* ע'מעצער somebody (*accusative-dative*: עמעצן)
דער ענטפֿער answer
* דער פֿוס (פֿיס) foot
* פֿײַן fine, nice
* דער צאָן (ציין) tooth
די צוואה [TSAVOE] last will
די צונג tongue
* צעברעכן (צעבראָכן) to break
* צעטיילן to divide
* דער קאָפּ (קעפּ) head
* קיין זאַך... ניט nothing
קײַען to chew
קירצער shorter
* ריין clean, pure
דאָס רע'טעניש riddle
* רעכט right
* אויף רעכטס to the right
* דער שדכן (ים) [shATKhN—shATKhONIM] matchmaker
שמעקן to smell
שפּײַען to spit

QUESTIONS

1. וואָס האָט דער ייִד געשריבן אין זײַן צוואה? 2. וואָסערע זאַכן האָט ער געלאָזט נאָכן טויט? 3. פֿאַר וואָס איז געווען שווער זיי צו צעטיילן צווישן די זין? 4. ווער האָט געגעבן אַן עצה? 5. וווהין איז דאָס ייִנגל געלאָפֿן? 6. וויפֿל לעפֿל האָט דער ערשטער זון געקראָגן? 7. דער וויפֿל־טער זון האָט געקראָגן צוויי לעפֿל? 8. צי איז דאָס מער ווי אַ נײַנטל? 9. וואָסערע חסרונות האָט די כּלה געהאַט? 10. וואָס האָט דער שדכן פֿאַרגעסן צו פֿרעגן צום אָנהייב?

11. אויף וואָס, מיינט דער כעלעמער, דאַרף אַ מענטש די נאָז? 12. אויף וואָס, מיינט ער, דאַרף ער דעם קאָפּ?

13. ווי פֿאַרשטייט איר דאָס שפּריכוואָרט „לייג זיך ניט מיט קיין גע־זונטן קאָפּ אין אַ קראַנקער בעט”?

GRAMMAR

1. Numeral Adjectives

1st	דער ערשטער, די ערשטע, דאָס ערשטע, דעם ערשטן
2nd	דער צווייטער, די צווייטע, דאָס צווייטע, דעם צווייטן
3rd	דער דריטער
4th	דער פֿערטער
5th	דער פֿינפֿטער etc.
6th	דער זעקסטער
7th	דער זי׳בעטער
8th	דער אַכטער

These are the numeral adjectives from one to eight. Numeral adjectives are inflected like ordinary adjectives, but they do not form regular adverbs.

Numeral adjectives from nine to nineteen are formed regularly by adding the suffix —ט— plus the appropriate case and gender ending to the corresponding numeral:

9th	נײַנטער
10th	צענטער
11th	עלפֿטער and so on

In the formation of numeral adjectives of twenty and above, the suffix that is added is —סט—:

20th	צוואַ׳נציקסטער
30th	דרײַ׳סיקסטער
40th	פֿע׳רציקסטער
100th	הו׳נדערטסטער
1000th	טוי׳זנטסטער

In compound numerals only the last element is adjectival:

23rd	דרײַ און צוואַנציקסטער
47th	זיבן און פֿערציקסטער
119th	הונדערט נײַנצנטער
4683rd	פֿיר טויזנט זעקס הונדערט דרײַ און אַכציקסטער

דער וויפֿלטער is an interrogative numeral adjective used when an answer in the form of a numeral adjective is expected:

דער וויפֿלטער זון זײַט איר?	Which son are you? (The first, second, third . . .?)
איך בין **דאָס פֿערטע** קינד אין אונדזער משפּחה	I am the fourth child in our family

2. Fractional Numerals

איין דריטל (אַ דריטל)	one third
דרײַ פֿערטל	three fourths
פֿינף צוועלפֿטל	five twelfths
אַכט און זעכציק הונדערטסטל	sixty-eight hundredths
זעכציק אַכטהונדערטסטל	sixty eight-hundredths
פֿיר מיט פֿיר נײַנטל	four and four ninths

The denominator of a fraction is denoted by a *fractional numeral,* which is formed by adding **ל—** to the base of the corresponding numeral adjective. The fractional numeral may retain its singular form, whatever the numerator of the fraction.

3. *Half*

צוויי אַ האַלב	two and a half
פֿיר אַ האַלב	four and a half
צוועלף אַ האַלב	twelve and a half

In cardinal numbers, *a half* is expressed by the addition of **אַ האַלב**. A special numeral is **אַנדערטהאַלבן** *one and a half.*

Half as an adjective is inflected regularly:

אַ האַלב**ער** טאָג	half a day
אַ האַלב**ע** שעה	half an hour
אַ האַלב יאָר	half a year

Half as a noun is **די העלפֿט**:

אַ העלפֿט פֿון אַלע מענטשן	half of all people
אַ העלפֿט איז מער פֿון אַ דריטל	a half is more than a third
נעם די העלפֿט פֿונעם געלט פֿאַר זיך	take half of the money for yourself

4. Names of the Months

January	**יאַ'נואַר**	July	**יולי**
February	**פֿע'ברואַר**	August	**אויגו'סט**
March	**מאַרץ**	September	**סעפּטעמבער**
April	**אַפּרי'ל**	October	**אָקטאָבער**
May	**מייַ**	November	**נאָוועמבער**
June	**יוני**	December	**דעצעמבער**

5. Dates

דער 24סטער פֿעברואַר 1940	the 24th of February, 1940
דעם 24סטן פֿעברואַר 1940 [1]	(*Accusative*) on the 24th of February, 1940
פֿון 9טן ביזן 12טן מאַרץ	from March 9th to 12th
דער וויפֿלטער איז הייַנט?	What is today's date?

6. Nouns in Expressions of Time

מיר האָבן דאָרטן געוווינט **אַ גאַנצן חודש**	We lived there *for* a whole month
איך לערן זיך שוין **יאָרן**	I have been studying *for* years
דער שרייַבער וועט **מאָנטיק** רעדן בייַ אונדז	The writer will speak to us *on* Monday
זומער וועל איך אַרויספֿאָרן פֿון שטאָט	*In* the summer I will leave the city
איך וויל עס ענדיקן **די שעה**	I want to finish it *during* this hour

Nouns denoting specific times and dates, *at* or *during* which events take place, take the accusative in Yiddish. In such expressions, no preposition is used in place of the English "for" or "on." But:

מיר זייַנען געקומען **אויף** אַ חודש	We came *for* a month
איך בלייַב דאָ **אויף** דריי יאָר	I am staying *for* three years
ער וואַרט שוין **אויף** מאָנטיק	He is waiting *for* Monday
אויפֿן זומער קומען צו אונדז געסט	Visitors are coming to us *for* the summer
לייַ מיר דייַן העפֿט **אויף** אַ מינוט	Lend me your notebook *for* a minute

---

[1] This form is used in dating letters.

LESSON 22

Nouns denoting *intended duration* are in the dative, preceded by the preposition אויף, but never by any other preposition.

Note the constructions:

אין אַ חודש אַרום, אין צוויי יאָר אַרום A month *from now*, two years *from now*

מיט אַ יאָר צוריק, מיט אַ שעה צוריק A year *ago*, an hour *ago*

EXERCISES

A. Write out the following dates in Yiddish:
1. February 3, 1940. 2. October 18, 1929. 3. May 14, 1928. 4. September 17, 1905. 5. July 4, 1776. 6. November 11, 1918. 7. August 29, 1492. 8. October 1, 1802. 9. January 31, 1941. 10. June 6, 1944. 11. What is today's date?

B. Translate into Yiddish:
1. In the summer I went to live with my uncle and aunt. 2. (The) school ended on Friday, June 22nd. 3. For three days I did nothing at all. 4. Then I started (=traveled) out. 5. I went by train for four hours. 6. I wanted to stay with them for the whole summer, but my sister wanted to return (=travel back) home for the month of August. 7. (So) we stayed with my family for one and a half months only. 8. We arrived on Tuesday. 9. Two days later two of my friends came. 10. We were very glad that they came. 11. We went swimming (*infinitive*) in the river for a couple of hours every day. 12. Everyone was well the whole time. 13. I had been (*past tense*) there four years ago with someone whom you don't know. 14. We were far from the whole world, and we did not even receive newspapers. 15. Nothing mattered. 16. Nobody knew what date it was (=is). 17. My aunt and uncle lived in the right half of the house and we used the left half. 18. Everything was fine and clean. 19. Once my cousin lent me his bicycle (דער װעלאָ-סיפּעד), and I fell off (=down from) it. 20. I could have broken my (=a) leg. 21. I did not tell anybody about it, because my cousin would not lend me the bicycle a second time if he knew (=would know) about it. 22. How does one go to the park from here? 23. I will tell you the truth: I

don't know. Perhaps to the right, perhaps to the left. 24. Is your uncle really a matchmaker? 25. Why is your nose so red? 26. You have been running around too much. 27. If you want to wear this hat, wear it, but it's ugly. 28. Did you get married? Congratulations!

C. Write a theme of 100 to 150 words entitled: א חסרון — די כלה איז צו שיין!

D. Write out the following expressions in Yiddish:

$\frac{3}{4} \times \frac{3}{4} = \frac{9}{16}$; $9\frac{1}{8} + 2\frac{1}{4} = 11\frac{3}{8}$; $\frac{2}{3} + 3\frac{2}{3} = 4\frac{1}{3}$;
$2\frac{2}{3} \times 4 = 10\frac{2}{3}$; $10\frac{1}{2} - \frac{3}{16} = 10\frac{5}{16}$; $17 \div 8 = 2\frac{1}{8}$.

E. Translate into Yiddish:

1. Two and a half dollars. 2. Five and a half hours. 3. A day and a half (=one and a half days). 4. Half a minute. 5. Half a dollar. 6. Half of the country. 7. Don't give me more than half. 8. Ten and a half thousand. 9. Half a night. 10. Over half of all people. 11. I want this half of the newspaper.

F. Translate into Yiddish:

A CLEVER QUESTION

A small boy once asked his mother:
"Mother, when one dies, does one die for the rest of one's life (=for his whole life)?"

A CLEVER ANSWER

"What is today's date?"
"I don't know."
"But you have a newspaper in [your] hand (you know)!"
"Yes, but it is yesterday's (=of yesterday)."

G. Translate into Yiddish:

Yitskhok Leybush Peretz was born in Zamoshtsh on May 18, 1852. 2. His family was of honored (=great) ancestry. 3. There were many great rabbis in the family. 4. When Peretz was three years old, he began to go to *kheyder*. 5. When he was (=became) six years old, he was already studying the Talmud. 6. He was a very clever boy, but he didn't like *kheyder*. 7. It was too small and crowded (ענג) for him. 8. When he was fifteen, he was given the key (שליסל) to a private library (אַ פּריװאַטע ביבליאָטעק) in his city. 9. Peretz found many books there and read them all. 10. He learned a couple of languages. 11. Those books opened his eyes upon (=on) the great world. 12. When he was twenty-five, that is in 1877, he became a lawyer (אַדװאָקאַט). 13. A year later, he got married. 14. In 1887 he gave up law (=ceased being a lawyer) and moved to Warsaw. 15. He became a writer. 16. He did much in Jewish matters. 17. In 1899 he was put into prison for three months because he spoke at a clandestine meeting (אױף אַן אומלעגאַלער פֿאַרזאַמ-לונג). 18. When he was set free, he wrote for a magazine which was called *The Jew.* 19. In this magazine [there] were printed many of Peretz' famous stories and poems (=songs). 20. He remained an important leader (פֿירער) in Jewish life until his (=the) death. 21. Peretz died in Warsaw on April 3, 1915. 22. Over a hundred thousand people came to his funeral (לװיה [LEVAYE]). 23. He was buried in the (אױפֿן) cemetery in Warsaw. 24. On every anniversary of his death thousands of people came to his grave (קבֿר [KEYVER]). 25. Even in the ghetto people remembered him and celebrated (געפּראַװעט) his ninetieth birthday (געבױרן־טאָג).

THE TRADITIONAL JEWISH CALENDAR

The traditional Jewish calendar (לוח LUEKh]) has been adhered to by the Jews for many centuries. Holidays are still reckoned by it, and the "Jewish date" is frequently given on Jewish publications.

THE MONTHS. The Jewish month consists of 29 or 30 days. There are 12 months in a year, but seven years in every 19-year cycle are leap years, which contain a 13th month. The names of the months are as follows:

YIDDISH NAME		CONVENTIONAL "ENGLISH" EQUIVALENT
תּישרי	Tishre	Tishri
חשװן	Khezhvn	Heshvan
כּיסלו	Kislev	Kislev
טבֿת	Teyves	Tebeth
שבֿט	Shvat	Shevat

YIDDISH NAME		CONVENTIONAL "ENGLISH" EQUIVALENT
אָדר א	Oder Alef	1st Adar
אָדר ב	Oder Beyz[2]	2nd Adar[2]
ניסן	Nisn	Nissan
אייר	Ier	Iyar
סיוון	Sivn	Sivan
תּמוז	Tamez	Tammuz
אָב	Ov	Ab
אלול	Elel	Elul

Tishre usually starts in September or October of the common calendar; Khezhvn coincides with October or November, and so on.

THE DAYS OF THE MONTH. The days of the month are designated not by Arabic numerals, but by Jewish letters corresponding to numbers. The system of designating numbers by letters is as follows:

ת	ש	ר	ק	צ	פ	ע	ס	נ	מ	ל	כ	י	ט	ח	ז	ו	ה	ד	ג	ב	א
400	300	200	100	90	80	70	60	50	40	30	20	10	9	8	7	6	5	4	3	2	1

יא=11; יב=12; יג=13;
כ=20; כא=21; כג=23; כט=29; לו=36;
נד=54; פז=87; צט=99;
ריט=219; תסה=465;
תק=500; תר=600; תש=700; תשלז=737.

Note the special forms: טו=15 and טז=16.

Here are the dates of certain Jewish holidays:

א תּישרי	Rosheshone
י תּישרי	Yonkiper
טו—כב תּישרי	Sukes
כג תּישרי	Simkhes-Toyre
כה כּיסלו—ב טבֿת	Khanike
יד אָדר	Purim
טו—כב ניסן	Peysekh
יח אייר	Leg Boymer
ו—ז סיוון	Shvues
ט אָב	Tishebov

2 Also called ואָדר [VE'ODER]; leap year only.

These numerals are used not only in dates, but also in many proverbs, sayings, and standing expressions.

THE YEAR. The years are reckoned from the creation of the world according to the chronology of the Bible. Thousands are usually left unexpressed, although they can be indicated if necessary. For example:

192 — — קצב
304 — — שד
753 — — תשנג
821 — — תתכא
936 — — תתקלו
3279 — — ג׳רעט
4782 — — ד׳תשפב
5689 — — ה׳תרפט

To obtain the Jewish year, the number 3760 must be added to the corresponding year of the Common Era (A. D.). Thus 1492, the year when America was discovered by Columbus, and when the Jews were expelled from Spain, is the Jewish year רנב, since 1492 +3760 yields 5252, abbreviated to 252 by omitting the thousands.

Try to compute the following Jewish years:

1897 (the year of the first Zionist Congress and of the founding of the Jewish labor organization called דער בונד);

1943 (the year of the uprising in the Warsaw ghetto).

To obtain the common year from a Jewish year, the same number, 3760, must be subtracted. However, if the thousands are not expressed in the Jewish year, the number 1240 may be added instead, at least for all dates since the year 1240 A.D. (Jewish year 5000). For example, the year תח, famous in Jewish history for the Cossack massacres, is the year 1648 A.D., since 408+1240=1648 (or 5408–3760=1648).

Try to compute the following common years:

ד׳תתנו (the year of the first Crusade, marked by massacres of Jews);

ה׳תרכד (the year in which Mendele Moykher-Sforim began writing in Yiddish, a milestone in Yiddish literature).

LESSON 23

דרײַ און צוואַנציקסטע לעקציע

די ייִדישע נאָז

אַ סך מענטשן מיינען, אַז לויט דער נאָז קען מען וויסן, ווער עס איז אַ ייִד און ווער ניט. די „ייִדישע נאָז”, זאָגט מען, האָט אַ ספּעציעלע הויקערדיקע פֿאָרעם. אָבער צי איז דאָס טאַקע אמת? וואָס זאָגט וועגן דעם די אַנטראָפּאָלאָגיע?

אַן אַנטראָפּאָלאָג האָט אַ מאָל אויסגעפֿאָרשט די פֿאָרעם פֿון דער נאָז בײַ 4,000 ייִדן אין ניו־יאָרק. אָט וואָס ער האָט געפֿונען:

פֿאָרעם פֿון דער נאָז	מענער	פֿרויען
גלײַכע	57%	59%
קורצע	22%	14%
הויקערדיקע („ייִדישע”)	14%	13%
ברייטע	6%	14%

פֿון דעם זעען מיר, אַז לויט דער פֿאָרעם פֿון דער נאָז קען מען ניט וויסן, ווער עס איז אַ ייִד.

כאָטש עס זײַנען ניטאָ קיין ריינע ראַסעס, זײַנען אָבער דאָ ראַסנ־דיקע טיפּן. טייל אַנטראָפּאָלאָגן וואָס האָבן דעם ענין אויסגעפֿאָרשט האָבן געפֿונען בײַ ייִדן צוויי הויפּטטיפּן: אַן אָריענטאַלישן טיפּ און אַן אַרמענאָיִדן. דער אָריענטאַלישער טיפּ האָט אַ הויכן, ווערטיקאַלן שטערן, אַ גלײַכע אָדער אַ ביסל הויקערדיקע נאָז, גרויסע באַקן, גרויסע ליפּן און אויגן. אין יאָר 1938 האָט מען געשאַצט, אַז אַ דריטל פֿון אַלע ייִדן אין פּוילן און רוסלאַנד זײַנען פֿון אָט דעם טיפּ. דער אַרמענאָיִ־דער טיפּ איז דאָ ניט נאָר בײַ ייִדן, נאָר אויך בײַ אַרמענער און אַנדערע פֿעלקער. מענטשן פֿונעם אַרמענאָיִדן טיפּ האָבן קײַלעכדיקע קעפּ, משופּעדיקע שטערנס, גרויסע הויקערדיקע נעזער און קליינע מײַלער. די האָר זײַנען בײַביידע טיפּן שוואַרצע.

די מערהייט ייִדן אויף דער וועלט זײַנען ניט קיין „ריינע סעמיטן”, נאָר פֿון אויסגעמישטע אַנטראָפּאָלאָגישע טיפּן. למשל אין ליטע פֿאַר דער צווייטער וועלט־מלחמה האָבן 15 פּראָצענט ייִדן געהאַט בלאָנדע האָר און כמעט 50 פּראָצענט ייִדן האָבן געהאַט העלע אויגן.

אויף וואָס דאַרף מען אַ נאָמען?

מען האָט אַ מאָל געפֿרעגט בײַ אַ כעלעמער:
„צו וואָס גיט מען יעדער קינד אַ נאָמען?"
האָט דער כעלעמער געענטפֿערט:
„מען זאָל וויסן, צי עס איז אַ ייִנגל צי אַ מיידל."

אַזוי הויך!

אין כעלעם האָט מען געהערט וועגן אַנדערע שטעט און לענדער אויך.

דרײַ קינדער אין כעלעם האָבן זיך דערציילט מעשׂיות וועגן די ניו־יאָרקער וואָלקן־קראַצערס. זאָגט איינער:

„די וואָלקן־קראַצערס אין ניו־יאָרק זײַנען אַזוי הויך, אַז אויף די דעכער ליגט דער שניי אַ גאַנץ יאָר."

זאָגט דער אַנדערער:

„דאָס איז נאָך גאָרניט. אויף די הויכע גאָרנס איז דאָרטן די לופֿט אַזוי שיטער, אַז מענטשן מוזן טראָגן מיט זיך זויערשטאָף צו אָטעמען."

זאָגט דער דריטער:

„די וואָלקן־קראַצערס זײַנען אַזוי הויך, אַז מצה אויף פּסח באַקט מען דאָרטן חנוכּה־צײַט, ווײַל עס נעמט פֿון האַרבסט ביז פֿרילינג אַרויפֿצופֿירן די מצה מיטן ליפֿט."

שפּריכווערטער

ר' משה מעג, מאָשקע טאָר ניט.
געלט איז קײַלעכדיק.

VOCABULARY

אויס|מישן to mix
אויס|פֿאָרשן to investigate
אַזיאַטיש Asiatic
אָט וואָס here is what
* אָ'טעמען to breath
* אמת true [EMES]
דער אַנטראָפּאָלאָ'ג (ן) anthropologist
די אַנטראָפּאָלאָגיע anthropology
אַנטראָפּאָלאָגיש anthropological
אָריענטאַליש Oriental
אַרמענאָיִד Armenoid (pertaining to racial type prevailing in Anatolia, Armenia and Caucasia)
דער אַרמענער (—) Armenian
* די באַק (ן) cheek
באַקן to bake

• ביידע both
בלאָנד blond
• ברייט wide
• דער גאָרן (ס) floor (=story)
• גלײַך straight
דער דאַך (דעכער) roof
• די האָר (—) hair
• דער האַרבסט fall (=autumn)
• הויך tall, high
• הויפּט־ main (*stressed prefix*)
הוי׳קערדיק hooked
• העל light (in color)
דער וואָ׳לקן־קראַצער (ס) sky-scraper (*literally,* cloud-scraper)
ווערטיקאַ׳ל vertical
דער זוי׳ערשטאָף oxygen
זיך each other
טייל some
דער טיפּ (ן) type
• כּמעט almost [KIMA'T]
• כאָטש although
• די לופֿט air
ליטע Lithuania
• די ליפּ (ן) lip
• דער ליפֿט (ן) elevator
• למשל for example [LEMOSHL]
מאָשקע *pejorative form of the name* Moyshe
• מעגן (ער מעג) may
די מערהייט majority
די מצה *unleavened* [MATSE] *bread eaten during Passover, sometimes called* matzah
משופּעדיק sloping [MESHU'PEDIK]
דער סעמי׳ט (ן) Semite
• ספּעציע׳ל special; especially
• דאָס פּנים (ער) [PONEM—PE'NEMER] face
די פֿאָרעם (פֿאָרמען) form
• דער פֿרילינג spring
• קײַ׳לעכדיק round
ראַ׳סנדיק racial
די ראַסע (ס) race
דער שטערן (ס) forehead
שיטער thin
• שמאָל narrow

QUESTIONS

1. צי האָט מען אויסגעפֿאָרשט ייִדן אַנטראָפּאָלאָגיש? 2. וויפֿל טיפּן נעזער האָט אַן אַנטראָפּאָלאָג געפֿונען בײַ ייִדן? 3. וואָסער טיפּ נאָז האָט ער געפֿונען בײַ דער מערהייט ניו־יאָרקער ייִדן? 4. וויפֿל פּראָצענט ייִדן האָבן הויקערדיקע נעזער? 5. צי איז אמת, אויב אַזוי, אַז מען קען וויסן לויט דער נאָז, ווער עס איז אַ ייִד? 6. צי איז דאָס ייִדישע פֿאָלק אַ ריינע ראַסע? 7. וואָס זײַנען די ראַסנדיקע הויפּטטיפּן בײַ ייִדן? 8. וואָס איז דער אַרמענאָ׳ידער טיפּ? 9. צי איז ער דאָ נאָר בײַ ייִדן? 10. וואָס איז דער אָריענטאַלישער טיפּ? 11. צי האָבן אַלע ייִדן שוואַרצע האָר?

12. וואָס האָבן די קינדער אין כעלעם געהערט וועגן ניו־יאָרקער וואָלקן־קראַצערס?

13. ווי וואָלט איר דערקלערט די צוויי שפּריכווערטער אויף ז׳ 217?

GRAMMAR

1. Idiomatic Verbs

אַלע קינדער **מוזן** גיין אין שול All children *must* go to school
דו **דאַרפֿסט** אים זאָגן וואָס צו טאָן You *ought* to tell him what to do

The verbs **מוזן** and **דאַרפֿן** correspond, approximately, to *must* and *ought.*

איך מעג דאָ גיין? May I walk here?
יאָ, דו מעגסט Yes, you may
ניין, דו טאָרסט ניט No, you may not (mustn't)

ער מעג means *he is permitted to* (*he may*). In a negative statement, **ער טאָר ניט** is used. Thus:

איך מעג — איך טאָר ניט
דו מעגסט — דו טאָרסט ניט
ער מעג — ער טאָר ניט
מיר מעגן — מיר טאָרן ניט

The following distinction in using the verb **קענען** should also be noted:

דײַן ברודער איז דאָ? Is your brother here?
ער **קען** זײַן דאָ He *can* (*could*) be here (i.e. it is possible for him to be here)
עס קען זײַן, אַז ער איז דאָ He *may* be here (i.e. it is possible that he is here)

קענען means both *can* and *may;* but to avoid ambiguity, the construction **עס קען זײַן אַז** is frequently used in Yiddish with the meaning of *may.*

2. Avoiding the Possessive

ער וווינט מיט **דער** מאַמע He lives with *his* mother
ער האָט געעפֿנט **די** אויגן He opened *his* eyes

Whenever the possessive relationship is obvious, the definite article is usually substituted for the possessive adjective.

דאָס געלט איז **בײַ אים** אין **דער** האַנט The money is in *his* hand
איך זע עס **בײַ איר** אויפֿן פּנים I see it in *her* face
בײַ זײַן ברודער אין **דער** היים in his *brother's* house

In expressions of place the possessive adjective or the possessive form of the noun is avoided, and is replaced by the appropriate pronoun or noun in the dative preceded by the preposition **בײַ**.

בײַ מיר אין מויל *is more idiomatic than* אין מײַן מויל;
בײַ משהן אין קלאַס *is more idiomatic than* אין משהס קלאַס.

3. Emphasizing Pronouns or Adverbs

אָט **דאָס** וויל איך = אָט **וואָס** איך וויל	This is what I want
אָט **דאָס** איז ער = אָט **ווער** ער איז	That is who he is
אָט **דערפֿאַר** איז ער אַוועק = אָט **פֿאַר וואָס** ער איז אַוועק	That is why he left
אָט **דעמאָלט** שרײַבט ער = אָט **ווען** ער שרײַבט	That's when he writes
אָט **דאָ** וווין איך = אָט **ווו** איך וווין	That's where I live
אָט **אַזוי** טוען מיר עס = אָט **ווי** מיר טוען עס	This is how we do it
אָט מיט **דעם** טוען מיר עס = אָט מיט **וואָס** מיר טוען עס	That is what we do it with
אָט וועגן **דעם** האָב איך דיר דערציילט = אָט וועגן **וואָס** איך האָב דיר דערציילט	This is what I told you about

A demonstrative pronoun or an adverb is emphasized when it is preceded by **אָט**. The stress is on the pronoun or adverb.

An alternate method of emphasizing a pronoun or adverb is to use its interrogative counterpart preceded by **אָט**. The interrogative pronoun or adverb is not treated as a separate sentence unit. In this construction, the stress is on **אָט**.

Either type of idiomatic Yiddish construction may be used when the pronoun or adverb needs to be emphasized; a literal translation from English is inadmissible.

4. Definite Article

דאָס לעבן איז שווער	Life is difficult
דער טויט איז טרויעריק	Death is sad
דער פֿרילינג איז געקומען	Spring has come
דער אַנטיסעמיטיזם איז אַלט	Anti-Semitism is old
די אַנטראָפּאָלאָגיע ווײַזט אונדז, אַז . . .	Anthropology shows us that . . .

In general, the use of the definite article in Yiddish corresponds to English usage, but many abstract nouns which are used without an article in English in their generic ("non-partitive") sense do have an article in Yiddish.

On the other hand, *the Jews,* meaning *the Jewish people,* is almost always **ייִדן**.

ייִדן זײַנען אַ פֿאָלק פֿון עלף מיליאָן *The Jews* are a people of eleven million

בײַ ייִדן זײַנען דאָ צוויי הויפּטטיפּן There are two main types among *the Jews*

EXERCISES

A. Make negative statements out of the affirmative ones and vice versa:

1. איר מעגט דאָ בלײַבן ביז האַרבסט. 2. וואַרט, דו טאָרסט נאָך ניט אַרײַנגיין. 3. איך האָב דאָך ניט געטאָרט זאָגן קיין וואָרט. 4. יעדערער מעג עפּעס זאָגן. 5. די הויפּטזאַך וועסטו ניט טאָרן זען. 6. איך האָב ניט געוווּסט, צי מען מעג זיי לײַען די לעפֿל. 7. דו דאַרפֿסט ניט גיין מיט מיר, אָבער דו מעגסט. 8. דו מוזסט ענטפֿערן אויף אַלץ. 9. זי טאָר ניט עסן אַזוי פֿיל. 10. פֿאַר וואָס דאַרף ער דווקא איצט אַוועקגיין?

B. Translate into Yiddish:

1. Sore may come soon. 2. The boy is so tall that he cannot enter (=go in) through this door. 3. You may take the elevator to the fifth floor. 4. It may work. 5. But it almost never works. 6. You must stand straight. 7. My sister may have written to me, but I never received the letters. 8. This must be your brother, because you both have the same hair and eyes. 9. You mustn't say such words. 10. You ought to stay with us in the spring.

C. Make the following phrases more idiomatic by avoiding the possessive adjective or the possessive form of the noun:

1. איך העלף מײַן מאַמען אַרבעטן. 2. וואָס האָסטו אויף דײַן ליפּ? 3. איך בין נעכטן געווען אין ה׳ שטיינס קראָם. 4. דער תּלמיד האָט אויפֿגעהויבן זײַן האַנט. 5. חיים האָט צעבראָכן זײַן רעכטן פֿוס. 6. פֿרילינגצײַט וועל איך פֿאָרן צו מײַן זיידן און צו מײַן באָבע. 7. איך האָב געלאָזט די זאַכן אין חיימס דירה. 8. צי קען איך דאָ אַוועקשטעלן מײַנע שיך?

D. Translate into Yiddish:

1. This is how he told the story. 2. That is where you may walk and here is where you may not. 3. Life may be hard,

but one must live. 4. May I come in? 5. Can I help you? 6. Yes, this is what you can do. 7. You may put all these things in the big closet, but you must not mix them [up]. 8. That's how much it costs. 9. I would like (=want) to visit you during the fall. 10. Although you have little money, you could give me a dollar. 11. The main thing is not to be afraid. 12. Can one have black hair and light eyes at (=in) the same time? 13. Yes, my sister, for example. 14. The air is very good here. 15. Why should we walk up? We can ride up in (=with) the elevator. 16. The main street is wide and straight, but the other streets are narrow. 17. It is hard to believe that this is the capital (=main city). 18. The room is so small that one can hardly (=almost not) breathe in it. 19. I find that during a holiday I work very little (during Passover, for example). 20. He has a lot of plans in his head (*no article*). 21. Esther's right hand is strong. 22. The child's mind (=head) really works well. 23. This is a true story. 24. Take the elevator to the sixth floor. 25. Which floor (*1st, 2nd, 3rd?*) does he live on? 26. This is how round his head is. 27. This is where both people met. 28. This is the girl I am going to marry. 29. Autumn is beginning. 30. This is where I work.

JEWISH FAMILY NAMES

Jewish family names in this country, if they have not been Anglicized beyond recognition, are sometimes fascinating clues to events or situations several hundreds of years back. Legally, it was over a hundred years ago that all inhabitants of Austria-Hungary, the different German states, and Russia, were required to assume formal family names. However, many names registered at that time with the authorities go back to much older surnames or nicknames.

Many family names are connected with towns and cities in Europe; some refer to occupations; many others are derived from popular first names.

Here are a few sample names of the various groups:

From first names: Abraham—Abramson, Abramovitch, Abramsky, Abrahams, etc.; Jacob—Jacobson, Jacubowitz, Jacobovsky, Jacoby, and many others.

LESSON 23 223

From names of cities and countries: Berlin—Berlin, Berliner, Berlinsky; Warsaw—Warshaw, Warshawsky, Warshawer; Poland—Pollack; Speyer (Germany) —Spiro, Shapiro, Sapir, etc.; Prague—Prager, and others.

From names of occupations: שוסטער (*cobbler*)—Shuster, Shusterman; שנײַדער (*tailor*)—Schneider, Snyder, Shneiderman; רבי (*rabbi*) —Rabinowitz, Rabiner, Rabin, and so on.

From Hebrew initials: Shalit, derived from the initials שליט״א of the phrase שיחיה לאורך ימים טובים [SHEYIKhYE LEOYREKh YOMIM TOYVIM] *may he live long and happily;* Katz, derived from the initials כ״ץ of כהן צדק [KOYEN TSEDEK] *the good Aaronite.*

Certain combinations were considered elegant at the time that legal family names became a requirement, especially those beginning with -גרינ, -גאָלד, -רויזנ, -עפּל (*green, gold, roses, apple*), etc.; and ending in -בערג, -בלום, -בלאַט, -פֿעלד, -קראַנץ (*mountain, flower, leaf, field, wreath*), and so on. Many of these were imposed in purely German form. From these we have family names like Rosenthal, Rosenberg, Rosenfeld, Rosenbaum, Rosenzweig, and innumerable other combinations, many of which today appear in this country in Anglicized versions. Still other names, less pleasant ones, were at that time forced upon the Jews by government officials.

LESSON 24

פֿיר און צוואַנציקסטע לעקציע

דער גאָלדענער לייטער

מיט איבער צוויי טויזנט יאָר צוריק האָט אין ארץ־ישׂראל געלעבט אַ גרויסער ייִדישער לערער. געהייסן האָט ער ר׳ שמעון.

האָט מען אַ מאָל געפֿרעגט ר׳ שמעונען: פֿון אַלע גוטע מעשׂים וואָס אַ מענטש קען טאָן, וואָס איז דאָס בעסטע?

האָט ר׳ שמעון געענטפֿערט: „צדקה איז דאָס בעסטע. צדקה איז ווי אַ גאָלדענער לייטער פֿון דער ערד ביזן הימל. אַכט שטאַפּלען האָט דער לייטער. ווער עס דערגרייכט דעם שפּיץ, דער העלפֿט ברענגען משיחן אויף דער וועלט.

„דעם ערשטן שטאַפּל פֿון דעם לייטער דערגרייכט דער מענטש וואָס גיט צדקה מיט דער האַנט, אָבער ניט מיטן האַרצן.

„דעם צווייטן שטאַפּל דערגרייכט דער וואָס גיט סײַ מיט דער האַנט, סײַ מיטן האַרצן.

„דעם דריטן שטאַפּל דערגרייכט דער וואָס גיט פֿרײַ און ברייט־האַרציק, אָבער נאָר ווען מען בעט בײַ אים.

„צום פֿערטן שטאַפּל קומט דער וואָס גיט צדקה פֿרײַ און ברייט־האַרציק נאָך איידער מען בעט בײַ אים; אָבער ער גיט עס די וואָס דאַרפֿן זײַן הילף, און זיי פֿילן זיך דורך דעם פֿאַרשעמט.

„דער פֿינפֿטער שטאַפּל איז פֿאַר די וואָס גיבן פֿרײַ, אַפֿילו ווען מען בעט זיי ניט, און וואָס ווייסן ניט, ווער עס קריגט זייער צדקה, כאָטש די וואָס קריגן זי ווייסן, ווער עס האָט די צדקה געגעבן.

צום זעקסטן שטאַפּל קומען אַרויף די וואָס גיבן פֿרײַ און ווייסן, ווער עס קריגט זייער צדקה, כאָטש די וואָס קריגן זי ווייסן ניט, פֿון וועמען זי קומט.

„דעם זיבעטן שטאַפּל דערגרייכן די וואָס גיבן ברייט איידער מען בעט בײַ זיי, און זיי ווייסן ניט, ווער עס קריגט די צדקה, און די וואָס קריגן זי ווייסן ניט, ווער עס האָט זי געגעבן.

„אָבער דעם אַכטן שטאַפּל דערגרייכן נאָר די וואָס פֿירן צו דעם, אַז מענטשן זאָלן מער ניט דאַרפֿן קריגן קיין צדקה: די וואָס לערנען אויס מענטשן אַ מלאָכה, פֿאַרשפּרייטן וויסן, גיבן אַרבעט דעם וואָס האָט ניט, אַזוי אַז אַלע זאָלן האָבן גענוג.״

צום סוף האָט ר׳ שמעון געזאָגט: „אַזעלכע מעשׂים זײַנען ניט ווייניקער וויכטיק ווי לערנען תּורה. זיי זײַנען דער שפּיץ פֿונעם גאַל־דענעם לייטער.״

יאָמע

יאָמע, יאָמע, שפּיל מיר אַ לידעלע,
וואָס דאָס מיידעלע וויל.
דאָס מיידעלע וויל אַ קליידעלע האָבן,
דאַרף מען גיין דעם שנײַדער זאָגן.
— ניין, מאַמעשי, ניין,
דו קענסט מיך ניט פֿאַרשטיין.
דו ווייסט ניט, וואָס איך מיין.
איך האָב אַ שלעכטע מאַמע
און זי קען מיך ניט פֿאַרשטיין.

יאָמע, יאָמע, שפּיל מיר אַ לידעלע,
וואָס דאָס מיידעלע וויל.
דאָס מיידעלע וויל אַ פּאָר שיכעלעך האָבן,
דאַרף מען גיין דעם שוסטער זאָגן.
— ניין, מאַמעשי, ניין,
דו קענסט מיך ניט פֿאַרשטיין.
דו ווייסט ניט וואָס איך מיין.
איך האָב אַ שלעכטע מאַמע
און זי קען מיך ניט פֿאַרשטיין.

יאָמע, יאָמע, שפּיל מיר אַ לידעלע,
וואָס דאָס מיידעלע וויל.
דאָס מיידעלע וויל אַ חתנדל האָבן,
דאַרף מען גיין דעם שדכן זאָגן.

— יאָ, מאַמעשי, יאָ,
דו קענסט מיך שוין פֿאַרשטיין.
דו ווייסט שוין, וואָס איך מיין.
איך האָב אַ גוטע מאַמע
און זי קען מיך שוין פֿאַרשטיין.

YO-ME YO-ME SHPIL MIR A LI-DE-LE VOS DOS MEY-DE-LE VIL DOS MEY-DE-LE VIL A KLEY-DE-LE HO-BN
DARF MEN GEYN DEM SHNAY-DER ZO-GN NEYN MA-ME-SHI NEYN DU KENST MIKH NIT FAR-SHTEYN
DU VEYST NIT VOS IKH MEYN IKH HOB A SHLEKH-TE MA-ME UN ZI KEN MIKH NIT FAR-SHTEYN

VOCABULARY

אוי'ס | לערנען to teach
דאָס בעסטע best
ברייט'האַרציק generous
גאָלדן (דער גאָ'לדענער) golden
דערגרייכן to reach
דאָס האַרץ (האַרצן :.*dat*) heart
די הילף aid
דער הימל heaven; sky
ווי than
ווייניקער less
דאָס וויסן knowledge
דאָס חתנדל [KHO'SNDL] bride-groom (*endearing*)
יאָמע *endearing form of* בנימין [BENYOMEN], Benjamin
דאָס לי'דעלע little song
דער לייטער ladder
די מאַ'מעשי Mommy
דאָס מיי'דעלע little girl
מיינען to mean
די מלאָכה [MELOKHE] occupation

די מעשׂים [MAYSIM] (*plural*) deeds
משיח [MESHIEKh] Messiah
סײַ... סײַ both . . . and
די ערד earth
פֿאַרשע'מט humiliated
פֿאַרשפּרייטן to spread
פֿילן זיך to feel
פֿירן to lead
די צדקה [TSDOKE] charity
דאָס קליי'דעלע little dress
דער שוסטער shoemaker
דער שטאַפּל (ען) step
דאָס שי'כעלע (ך) little shoe
שמעון [SHIMEN] *man's name* (*Yiddish equivalent of* Simeon, Simon)
דער שפּיץ top
די תּורה [TOYRE] the Jewish Law (*usually referred to in English as* Torah)

EXERCISES

A. Translate into Yiddish:

1. The groom must kiss the bride. 2. Khaim fell and broke his left arm (=hand). 3. The money doesn't count (=matter) any more (=already), because the matter is finished. 4. Somebody says that you have more money. Is this a true story? 5. No, I have nothing else. 6. Either give me the book as a gift or lend it to me for a week. 7. Stand up on the chair, or stand there near the window. 8. Now come down. 9. When were you born? 10. I was born on September 29, 1907. 11. We got an apartment in this part of the city. 12. On holidays we will probably have time to do what we want. 13. Why does he touch his left ear all the (=the whole) time? 14. I don't like to lend my good pen to anybody. 15. Please let us know when you will arrive, so we can meet you. 16. Let him stay in his own house. 17. At first he wanted to speak to you only (=necessarily). 18. Surely it wasn't too important. 19. The holiday began yesterday and will end the day after tomorrow. 20. It seems that this is the main matter which we have to talk about. 21. Although the house is almost full, perhaps we can ask a couple of people more to come. 22. I like both pairs of shoes, but I want you to give me the brown one. 23. Remember that I only want one.

B. Conjugate in the present, past and future tenses, and imperative:

1. שטיין 2. אַוועקלייגן זיך 3. געבוירן ווערן 4. אָנקומען.

C. Write four sentences with each of the following words:

1. אופֿן 2. וועג 3. טראָגן 4. פֿירן 5. גערעכט 6. ריכטיק.

D. Supply the appropriate forms of ליגן, (זיך) לייגן, שטיין, or שטעלן (זיך), as the case may be:

1. זאָלן די ליכטלעך —— אויפֿן טיש. 2. אין אָוונט האָב איך —— אין בעט. 3. —— אַוועק די לעפֿל אין אַלמער. 4. איך בעט דיך, —— אַרויף אויף דער שטול. 5. אויב דו ווילסט קענען טאַנצן, דאַרפֿסטו קוקן, ווו דו —— די פֿיס. 6. ער האָט אַרויפֿ—— זײַן האַנט אויף מײַנער.

E. Translate into Yiddish:

1. You may shout as much as (=how much) you want, but

nobody can help you anyway. 2. You are in my hands (*singular*) now. 3. I told you that you should never come into this house, but you did. 4. No one must come here. 5. I may demand anything from you. 6. I will tell you once more, and this will be the last time. 7. You may come only if you are called. 8. Do you think that this can be done differently? 9. Yes, here is how it should be done. 10. She may want to know how to say "piano" in Yiddish. 11. He doesn't know it himself; (so) let him ask the teacher. 12. One must not judge anybody who is not present (=here). 13. May I sit down on that chair? 14. No, you must sit on this chair.

F. Write a theme of 150 to 200 words describing your clothes. Use as many of the following words as possible, as well as those which have already appeared in the vocabulary:

Nouns

די בלוזע (ס) blouse
דער גאַרטל (ען) belt
דער גאַרניטער (ס) suit
די הויזן trousers (*plural*)
דאָס העמד (ער) shirt
די הענטשקע (ס) glove
דאָס וועסטל (עך) vest
דער זאָק (ן) stocking; sock
דער מאַנטל (ען) overcoat
די פּיזשאַמע (ס) pajamas
דער פֿאַרטעך (ער) apron
דאָס קלייד (ער) dress
די קליידער clothes (*plural*)

די קע'שענע (ס) pocket
דאָס רעקל (עך) jacket; skirt
די שאַל shawl
דער שניפּס necktie

Adjectives

באַ'וולנער cotton
וואָ'לענער woolen
לײַ'וונטענער linen

Verbs

אויס | טאָן (אוי'סגעטאָן) to take off
אויסטאָן זיך to get undressed
אָנ | טאָן (אָ'נגעטאָן) to put on
אָנטאָן זיך to get dressed

G. Translate into Yiddish:

1. This year Passover will begin on April 14. 2. During Passover we will be free from school. 3. We will have eight free days. 4. (So) I have made many plans. 5. My brother will be Bar-Mitsve on May 9. 6. My brother is a clever boy and everybody likes him. 7. He may have to say a few words. 8. I must give him some (=an) advice. 9. We asked our whole family to come. 10. Nobody knows how many people will really come. 11. This will be the fourth time

this year that I am to (=will) meet all my uncles, aunts, and cousins. 12. Many years ago Bar-Mitsve was a very important matter. 13. A boy who was (=became) 13 years old became a man. 14. He had to fulfill (=do) the commandments which all Jews obey (=do). 15. From then on he himself was judged for the things he did, not his father or mother. 16. He had to show everyone what he [had] learned. 17. Is this the truth or another lie? 18. Show me how you made it. 19. I may decide to go with you. 20. He never speaks; either he shouts or he is silent.

H. Change the singular nouns into the plural and the plural nouns into the singular; make the appropriate changes in the article.

די בעטן	די פּיאַנע	די שרײַבערס	דער גאָרן
דער בית־עולם	די ליפּן	דאָס בילד	דער בילעט
דער יאָרהונדערט	דער אוניווערסיטעט	די גופֿים	דער חודש
די טעפּעכער	דער רבֿ	דער ענין	די דירות
די קייסאָרים	דער חלום	די אופֿנים	די ווײַבער
די מלוכות	די טירן	דער אידעאַל	דאָס שטיקל
די זײַט	די פֿיס	די פּנימער	דער אַלמער
די מײַלער	די נאָז	דער קאָפּ	דער נאָמען
די שיך	דער משא־אויטאָ	די דורות	דער צאָן
דער געלערנטער	די לעגענדעס	דער שדכן	די ערטער
די שטולן	דער אויער	די באַקן	די האָר

I. Change the second sentence in each pair into a relative clause of the first sentence:

1. דער בית־עולם איז אין ניו־יאָרק (אויף אים האָט מען מקבר געווען מײַן זיידן). 2. די מעשׂה איז ניט אמת (דו האָסט זי געהערט). 3. דו פֿאַרלאַנגסט פֿון מיר זאַכן (זיי זײַנען ניט מיגלעך). 4. איך וויל לײַען דאָס בוך יצחקן (זײַן טאַטע איז זייער קראַנק). 5. דאָס איז דאָס מיידל (אויף איר וואַרטן מיר אַלע). 6. איך האָב זיך שוין דערוווּסט וועגן דעם רבֿ (דו האָסט מיר דערציילט וועגן אים). 7. איך האָב געגעבן די מתּנה די קינדער (צוליב זיי האָב איך זי געקויפֿט). 8. דאָס איז דער שרײַבער (זײַן בוך איז איצט אַרויסגעגאַנגען). 9. ער האָט איצט אַ נײַעם נאָמען (ער איז ניט אַזוי לאַנג ווי דער אַלטער). 10. איך האָב פֿאַרלוירן מײַן פֿעדער (אָן איר קען איך ניט שרײַבן).

J. Translate into Yiddish:

THE JEWISH BANDIT (גזלן [GAZLEN])

1. A poor Jew once heard that there were bandits [GAZ-

LONIM] in the world. 2. He had no money and had not eaten (*past tense*) anything for a couple of days (already). 3. (So) he decided to become a bandit himself. 4. He left his town and went to the big forest (דער וואַלד) not far from the town. 5. The forest was uninhabited (=empty), and for two days nothing happened. 6. On the third day the bandit heard (that) someone approaching (=is arriving). 7. He stood (up) in the middle of the road. 8. The man who approached (=arrived) was a Jew from another town. 9. He stopped (=remained standing [*infinitive*]). 10. (So) the bandit said to him: "Give me your money. If not, I will kill you." 11. Said the other [one]: "You are crazy (משוגע [MEshUGE]). 12. I am a poor Jew, and I have a wife and children. 13. How can I give you [all] my (whole) money? 14. And how can you kill me? 15. Don't you have pity on my children?" 16. The bandit thought a little and answered: 17. "It is really true. I pity your children. 18. (So) give me a ruble (רובל)." 19. "What do you think?" the other [one] shouted. 20. "Am I rich? How can I suddenly give you a ruble." 21. "Well, (so) give me ten kopecks (קאָפּעקעס)." 22. "Are you crazy? Even a rich [man] does not give ten kopecks as alms (אַ נדבֿה [NEDOVE])." 23. "Well, all right, give me a cigarette (פּאַפּיראָס)." 24. "I myself don't smoke and where can (=should) I get you a cigarette in the middle of this forest?" 25. "Well, give me a pinch of snuff (אַ שמעק טאַביקע)," the bandit said. 26. "That you can have (=get). Why not?" 27. And he gave him a pinch of snuff and went out of the forest unharmed (בשלום [BEshOLEM]).

REVIEW QUESTIONS

Answer the following questions in English:

1. In what way was the traditional Jewish life an education in itself?
2. What evidence is there of the high regard which the Jews had for learning?
3. Who attended the *kheyder?*
4. What was studied there?
5. What are some of the differences between a *kheyder* and a *yeshive?*

LESSON 24

6. What was the role of the Talmud in traditional Jewish education?
7. How did the new secular schools differ from the traditional system?
8. What feature has been found typical of Jewish jokes?
9. What subject matter is frequently treated by Jewish humor?
10. What are some categories into which Jewish jokes can be classified?
11. Why does Jewish life in America lend itself so well to humorous comment?
12. When and where did Peretz live?
13. What was his position in Yiddish literature?
14. What caused the discontent among Jewish youth in Peretz' time?
15. How did Peretz' reaction differ from that of the assimilationists?
16. Why, according to Peretz, would the young intellectual benefit by remaining a cultured Jew?
17. In what ways did the Jewish people pay tribute to Peretz?
18. What is the importance of the *luekh?*
19. How many days are there in the Jewish month?
20. How often does leap year occur?
21. Enumerate the months of the Jewish year.
22. With what months of the common calendar does the month of *Tamez* usually coincide?
23. What day of the month is designated by י״ח?
24. Which holiday occurs on the 14th of *Oder?*
25. In what Jewish year did Israel become an independent state (1948)?
26. What year in the general calendar corresponds to the Jewish year ה׳ תרמח?
27. In what Jewish year did the United States declare its independence?
28. Enumerate some Jewish family names derived from women's first names.
29. What are some family names derived from names of countries?
30. What initials does the name Katz represent?

LESSON 25

פֿינף און צוואַנציקסטע לעקציע

שבת

ווען גאָט האָט באַשאַפֿן די וועלט, האָבן די טעג פֿון דער וואָך זיך צעקריגט, ווער פֿון זיי עס איז דער שענסטער און ווער עס איז דער וויכטיקסטער. האָט געזאָגט דער ערשטער טאָג: „איך בין גרעסער און וויכטיקער פֿון אײַך אַלע, ווײַל מיט מיר צוזאַמען האָט גאָט באַשאַפֿן דעם טאָג און די נאַכט, און ער האָט אָפּגעטיילט ליכטיק פֿון פֿינצטער. ווען ניט איך, וואָלט נאָך אַלץ געווען וויסט.‟

האָט דער צווייטער טאָג געזאָגט: „ניין, איך בין וויכטיקער. דעם צווייטן טאָג האָט גאָט געמאַכט דעם גרויסן בלאָען הימל. ווי וואָלט די וועלט אויסגעזען אָן מיר, אָן דעם הימל?‟

האָט געזאָגט דער דריטער טאָג: „און ווו בין איך? דעם דריטן טאָג איז געוואָרן די ערד, און גראָז און ביימער האָבן אָנגעהויבן וואַקסן. בין איך דער שטאַרקסטער און דער וויכטיקסטער.‟

דער פֿערטער טאָג האָט אויך ניט געוואָלט נאָכגעבן. אָן אים וואָלטן קיין זון, קיין לבֿנה און קיין שטערן ניט געווען. דער פֿינפֿטער טאָג האָט געטענהט, אַז מיט אים האָט גאָט באַשאַפֿן די פֿייגל און די פֿיש אין ים, איז ער ניט ווייניקער וויכטיק ווי די אַנדערע. דער זעקסטער טאָג האָט געזאָגט, אַז מיט אים זײַנען געוואָרן די חיות, און דער עיקר די מענטשן, איז ער דער וויכטיקסטער פֿון אַלע.

האָט זיך אַראָפּגעלאָזט איבער זיי אַ נײַער טאָג, דער לעצטער טאָג, דער זיבעטער. „און ווער ביסטו?‟ האָבן די אַנדערע טעג אים געפֿרעגט.

„איך בין שבת.‟

„און וואָס טוסטו?‟

„גאָרניט.‟

האָבן די טעג געשמייכלט: „אָבער זאָג אונדז, וואָס האָט גאָט מיט דיר באַשאַפֿן אויף דער וועלט?‟

„מיט מיר איז געקומען אויף דער וועלט די ר ו.‟

די טעג האָבן געקוקט איינער אויפֿן אַנדערן און ניט פֿאַרשטאַנען.

„גאָט האָט אַלץ געענדיקט, האָט ער דעם זיבעטן טאָג גערוט,“ האָט שבת געזאָגט. „דורך מיר האָט דער באַשעפֿער געבענטשט די גאַנצע ערד. דערפֿאַר בין איך דער הייליקסטער טאָג.“

האָט די זון געזאָגט: „אויב גאָרניט טאָן, דאַרף איך אויפֿהערן שײַנען דעם זיבעטן טאָג.“

האָט שבת געזאָגט: „ניין, דו טאָרסט ניט אויפֿהערן. דו מוזסט שײַנען אייביק, אַניט וועט חרובֿ ווערן די וועלט.“

האָט די ערד געזאָגט: „אויב רו איז די גרעסטע זאַך, דאַרף איך אויפֿהערן אַרויסצוגעבן גראָז אוןביימער דעם זיבעטן טאָג.“

אָבער שבת האָט איר געענטפֿערט: „דו מוזסט אייביק אַרויסגעבן גראָז און ביימער. די וועלט טאָר ניט חרובֿ ווערן.“

„און דו?“ האָבן אַלע געפֿרעגט.

„איך,“ האָט דער שבת געזאָגט, „בין די הייליקע רו. רוען דאַרף דער מענטש וואָס אַרבעט אויף דער ערד. רוען דאַרפֿן אַפֿילו דער שקלאַף און דער אָקס. ווען דער מענטש וועט רוען, וועט פֿאַר אים די זון שײַנען ליכטיקער, די גאַנצע וועלט וועט זײַן אַ הייליקערע. דורך מיר וועט אַ מאָל אויך קומען רו פֿאַר אַלע וואָס לײַדן, די רו פֿאַר אַלע אויף דער וועלט.“

און ווען דער שבת האָט געענדיקט רעדן, האָט זיך דערהערט אַ קול פֿון הימל: „אַלע טעג זײַנען הייליק, און שבת, דער טאָג פֿון רו, איז דער הייליקסטער!“

איז ווידער געוואָרן שלום. אַלע טעג האָבן זיך גענומען פֿאַר די הענט און אָנגעהויבן טאַנצן און זינגען אַרום דעם שבת, לכּבֿוד שבת.

איבערדערציילט לויט ב. י. ביאַלאָסטאָצקין

VOCABULARY

- * אויס | זען (אויס׳געזען) to look (appear)
- אייביק eternal; for ever
- איינער אויפֿן אַנדערן one upon the other
- אַני׳ט otherwise
- אָ׳פּ | טיילן to separate
- דער אָקס (ן) ox
- אַראָ׳פּ | לאָזן זיך to descend
- באַשאַפֿן (באַשאַפֿן) to create
- דער באַשעפֿער Creator
- * דער בוים (ביימער) tree
- * בלאָ blue
- * בענטשן to bless
- בעסער better
- דאָס גראָז grass
- דערהערן זיך to be heard
- * הייליק holy

234 College Yiddish

* דער הימל (ען) sky; heaven
וויסט void
ווען ניט ... . . . if not for . . .
* די חיה (—ות) [KHAYE— -S] animal
חרובֿ ווערן [KHOREV] (*periphrastic verb*) to be destroyed
* טענהן (געטענהט) [TAYNEN—GE-TAYNET] to claim, to maintain
* דער ים (ען) [YAM—YAMEN] sea
* לײַדן (געליטן) to suffer
נאָ׳כ | געבן (נאָ׳כגעגעבן) to give in
דער נאָ׳ענטסטער next

נעמען זיך פֿאַר די הענט to take each other's hand
די ערד earth
* דער פֿויגל (פֿייגל) bird
* צעקריגן זיך to quarrel
דאָס קול [KOL] voice
די רו rest
רוען to rest
* דער שטערן (—) star
שײַנען to shine
* דער שלום [SHOLEM] peace
* דער שקלאַף (ן) slave

QUESTIONS

1. ווען האָבן זיך די טעג פֿון דער וואָך צעקריגט? 2. וועגן וואָס האָבן זיי זיך צעקריגט? 3. וואָס האָט געטענהט דער ערשטער טאָג? 4. וואָס האָט געזאָגט דער צווייטער טאָג? 5. וואָס האָט גאָט באַשאַפֿן דעם דריטן טאָג? 6. וואָס האָט געזאָגט דער נאָענטסטער טאָג? 7. מיט וואָס איז דער זעקסטער טאָג געווען וויכטיק? 8. וואָס האָט שבת געבראַכט מיט זיך? 9. וואָס האָבן די זון און די ערד געזאָגט דעם שבת? 10. וואָס האָט שבת געענטפֿערט? 11. וואָס האָט געזאָגט דאָס קול פֿון הימל? 12. צי איז געוואָרן שלום?

GRAMMAR

1. Comparative

אַ ריינער צימער; אַ ריינערער צימער a clean room; a cleaner room
אַ פֿריילעכע שטאָט; אַ פֿריילעכערע שטאָט a gay city; a gayer city
אַ נײַ הויז; אַ נײַער הויז a new house; a newer house

The comparative of adjectives is formed by adding —ער to the base of the adjective. The comparative may then be inflected according to gender, case, and number by means of the usual adjective endings:

שטאָלץ: שטאָלצער

דער שטאָ׳לצערער, דעם שטאָ׳לצערן, די שטאָ׳לצערע, דאָס שטאָ׳לצערע, אַ שטאָלצער(ס)

In many adjectives, the vowel of the base changes in the comparative:

אַלט — עלטער
קאַלט — קעלטער
לאַנג — לענגער
קלאָר — קלערער
נאָענט — נע'ענטער
שמאָל — שמעלער
קלוג — קליגער
פֿרום — פֿרימער
קורץ — קירצער
געזו'נט — געזינטער
קליין — קלענער
גרויס — גרעסער
שיין — שענער
הויך — העכער

Several adjectives are completely irregular in the comparative:

גוט — בעסער
שלעכט — ערגער

Also:

אַ סך — מער, מערער

From now on, the comparative of an adjective which is subject to a change in its base vowel will be listed in the vocabulary in parentheses.

After a comparative, the preposition פֿון or the conjunction ווי are used interchangeably, and are equivalent to English "than." פֿון is followed by a dative, while ווי requires a nominative.

שענער פֿון איר = שענער ווי זי
גרעסער פֿון מיר = גרעסער ווי איך

2. Superlative

דער ריינסטער צימער the cleanest room
די פֿריילעכסטע שטאָט the gayest city
דאָס נײַסטע הויז the newest house

To form the superlative, —סט— plus the proper case or gender ending is added to the base form of the adjective. Adjectives, the bases of which change in the comparative, retain that change in the superlative:

לאַנג — לענגער — דער לענגסטער
קליין — קלענער — דער קלענסטער
שלעכט — ערגער — דער ערגסטער

There is no superlative form without a case or gender ending. If the base of the adjective ends in —ס, only —ט— plus the proper ending is added in the superlative.

וויַיס — וויַיסער — דער וויַיסטער
גוט — בעסער — דער בעסטער

Note that the superlative of נאָענט is usually דער נעʼענטסטער *the nearest.* The special form דער נאָʼענטסטער means *the next.*

EXERCISES

A. Supply the comparative form for the adjectives given in italics:

1. יצחק איז אַ *גוטער* חבֿר. 2. ווען זייַן פֿרוי איז געוואָרן *קראַנק*, האָט ער גערופֿן אַ *גוטן* דאָקטער. 3. זעץ זיך בײַם *קליינעם* טיש, זײַ אַזוי גוט. 4. ווען זי שמייכלט, איז איר פּנים *שיין*. 5. איך האָב אַ *שווערע* אַרבעט. 6. איך טראָג *אַלטע* שיך. 7. די צווייטע מלחמה איז געווען אַ *לאַנגע*. 8. זײַן לינקע האַנט איז דאַכט זיך *קורץ*. 9. ווער איז *רײַך* אין אײַער משפּחה? 10. דער אַעראָפּלאַן איז אַ *נײַער*. 11. לאָמיר גיין מיטן *גלײַכן* וועג. 12. אויב דו וועסט אָנצינדן די ליכטלעך, וועט דער צימער ווערן אַ *ליכטיקער*. 13. שרײַ אויף אַ *הויך* קול, אויב דו ווילסט, ער זאָל דיך הערן. 14. די גאַס איז אַ *ברייטע* אָבער אַ *קורצע*. 15. זי איז אָבער אַ *שיינע*. 16. ווער האָט פֿאַרדינט *אַ סך* געלט? 17. ער האָט מיר געגעבן *אַ סך* עצות.

B. Rewrite the above sentences, using the superlative form of the adjectives. Omit sentences 16 and 17.

C. Translate into Yiddish:

1. A Jew without a beard is better than a beard without a Jew. [*Proverb*] 2. On a colder day one should wear warmer clothes. 3. Every child thinks that it has the best mother in the world. 4. Saturday is the holiest day. 5. This sea is larger and deeper than that one. 6. Which tree is taller? 7. That one is the tallest. 8. He claims that this is the most interesting book which he has read. 9. I think that today was the hottest day of the year. 10. Soon it will become colder. 11. If you won't eat more, you (yourself) will suffer. 12. This is the brightest star in (=on) the sky. 13. I will

wait until the water will be warmer. 14. (The) father blessed his oldest son. 15. The best thing would be to have peace and not to quarrel (more). 16. Which bird is (=appears) prettier? 17. I dislike this room because it is much darker than the other. 18. My father went to the best *kheyder* in his town. 19. The biggest trouble is that this water will not suffice. 20. It seems that your watch is newer than mine. 21. Please come a little closer. 22. What is the name of the smallest bird in the world? 23. My grandfather has an even longer beard than this man. 24. Moyshe is probably the most peaceful of us all; he may also be the strongest. 25. It is wiser not to demand anything now. 26. Although this pen is more expensive than that one, it looks uglier. 27. He came (here) by (=with) the shortest route (=way). 28. This is the best way to do it. 29. What is more important? 30. This picture is the most beautiful of all. 31. The warmest bed is (the) mother's. [*Proverb*] 32. The quietest (שטיל) child is forgotten. [*Proverb*] 33. (It is) better (to have) an ugly patch (די לאַטע) than a beautiful hole (די לאָך). [*Proverb*] 34. The worst life is better than the best death. [*Proverb*] 35. The best horse (דאָס פֿערד) needs a whip (די בײַטש), the wisest man (an) advice. [*Proverb*]

YIDDISH FOLK SONGS

The folk songs which are included in this textbook are but a minute sample of the vast number of folk songs which the Jewish people has created. Experience has shown that even people who know little Yiddish derive no end of satisfaction from singing Yiddish folk songs. The feelings which the songs express are easily appreciated even though their content is often far removed from the present.

Apart from their emotional and entertainment value, folk songs are a rich source of insight into Jewish attitudes and culture patterns. A scientific study of them is therefore highly rewarding, both from the point of view of the text and of the music.

In times of greatest suffering the Jews put their feelings into song. Even during the years of the great catastrophe in World War

II, the Jews in the German-made ghettos sang old songs and created scores of new ones—songs of love and of fear, of defiance and even of hope.

The range of topics treated in Yiddish folk songs is wide. There are songs of children and of mothers, of students and of soldiers. There are orphans' songs and wedding songs, devotional and holiday songs, ballads, fantasies, and many, many love songs. The song הער נאָר, דו שיין מיידעלע (p. 144) expresses love and desire just as other songs bring out the bitterness of separation or the disappointments of unrequited love. Some of these songs are well up-to-date, others reflect a bygone age when a child had no say in the choice of a mate and had to abide by the decision of his parents. In the song יאָמע (p. 225) we see a girl waiting for her mother to guess her thoughts, not daring to speak out directly.

There are folk songs which can be considered "international," since their themes are found in the folk songs of many nations. As in the case of proverbs, the Jews have been active carriers of many such songs from nation to nation. In the case of certain song patterns which are found all over Europe, such as that of "The Song of the Kid" (חד גדיא [KHAD GADYE] sung during Passover, there seems to be general agreement that it was the Jews who spread them among their neighbors.

The borderline between folk songs and formal poetry is, as in other languages, quite fluid. Starting with the oldest times we have examples of poems becoming folk songs as their true authors are gradually forgotten; we witness this process in our own day, too. The song אויפֿן פּריפּעטשיק (p. 183) is sung as a folk song although it was written by M. Varshavski only two generations ago. On the other hand we see folklore motifs and patterns enriching artistic literature; Peretz' writings are a conspicuous example.

פּאַפּיר איז דאָך ווײַס

פּאַפּיר איז דאָך ווײַס און טינט איז דאָך שוואַרץ.
צו דיר, מײַן זיס לעבן, ציט דאָך מײַן האַרץ!
כ'וואָלט שטענדיק געזעסן דרײַ טעג נאָך אַנאַנד
צו קושן דײַן שיין פּנים און צו האַלטן דײַן האַנט.

נעכטן בייַ נאַכט בין איך אויף אַ חתונה געווען,
פֿיל שיינע מיידלעך האָב איך דאָרט געזען.
פֿיל שיינע מיידלעך — צו דיר קומט ניט גאָר,
צו דייַנע שוואַרצע אייגעלעך, צו דייַנע שוואַרצע האָר.

אַך, דו ליבער גאָט, הער אויס מייַן פֿאַרלאַנג!
דעם עושר גיסטו כּבֿוד מיט אַ שיינעם גאַנג.
מיר גיב אַ שטיבעלע אויף דעם גראָז דעם גרינעם,
אַז איך מיט מייַן זיס לעבן זאָלן וווינען דרינען.

PA-PIR IZ DOKh VAYS UN TINT IZ DOKh ShVARTs TsU DIR MAYN ZIS
LE-BN TsIT DOKh MAYN HARTs Kh'VOLT ShTEN-DIK GE-ZE-SN DRAY
TEG NOKh A-NAND TsU KU-ShN DAYN ShEYN PO-NEM UN TsU HAL-TN DAYN HANT

אוי׳ס | הערן to hear	דער כּבֿוד honor [KOVED]
דאָס איי׳געלע (ך) dear little eye	כ׳וואָלט = איך וואָלט
אַנאַ׳נד ← נאָך אַנאַנד	ליב dear
גאַנג: מיט אַ שיינעם גאַנג bountifully	נאָך אַנאַ׳נד in a row
גאָר ← ניט גאָר	ניט גאָר = גאָרניט
דאָס גראָז grass	דער עושר rich man [OYShER]
גרין green	דאָס פּאַפּי׳ר paper
דאָרט = דאָרטן	דער פֿאַרלאַ׳נג request
דרינען in it	פֿיל = אַ סך
האַלטן to hold	קומען צו to be like
זיס sweet	קושן to kiss
די חתונה wedding [KhA'SENE]	דאָס שטי׳בעלע little house
	שטענדיק always, any time

LESSON 26

זעקס און צוואַנציקסטע לעקציע

מאָטקעס סעודה

מאָטקע חבד האָט אַ מאָל פֿאַרבעטן אויף אַ סעודה אַלע זײַנע גוטע-פֿרײַנד. ווען אַלע האָבן זיך געזעצט צום טיש, האָט מאָטקע געהייסן, מען זאָל געבן עסן. האָט מען געבראַכט פֿאַר יעדערן אַ גלאָז וואַסער און מער גאָרניט. מאָטקעס פֿרײַנד האָבן דאָס ניט געקענט פֿאַרשטיין, האָבן זיי אים געפֿרעגט: „מאָטקע, אַזאַ בעל-הבית ביסטו? דו האָסט דאָך אונדז פֿאַרבעטן אויף אַ סעודה, טאָ פֿאַר וואָס גיט מען אונדז נאָר וואַסער צו טרינקען?"

זאָגט מאָטקע: „דאָס האָב איך געהייסן געבן וואַסער, מײַנע טײַערע געסט, און איך וועל אײַך באַלד דערקלערן פֿאַר וואָס. איך האָב געטראַכט ווי מכבד צו זײַן אײַך צום פֿײַנסטן און צום שענסטן, האָב איך באַשלאָסן אײַך צו געבן פֿיש. אָבער ווען איך בין געגאַנגען אין מאַרק קויפֿן פֿיש און האָב געפֿרעגט אַ פֿויער: 'פֿיש האָסטו?', האָט ער געזאָגט: 'יאָ, און מײַנע פֿיש זײַנען זיסער ווי צוקער'. טראַכט איך: אויב צוקער איז זיסער פֿון פֿיש, איז דאָך בעסער מכבד צו זײַן די געסט מיט צוקער! גיי איך קויפֿן צוקער אַנשטאָט פֿיש. זאָגט מיר דער קרעמער: 'איך האָב זייער גוטן צוקער, ער איז טאַקע זיסער ווי האָניק.' טראַכט איך: אויב האָניק איז זיסער ווי צוקער, איז דאָך האָניק בעסער! זאָגט מיר אָבער די פֿרוי וואָס פֿאַרקויפֿט האָניק: 'אַזאַ האָניק האָט איר נאָך ניט געזען, מאָטקע. ער איז ריינער פֿון בוימל אַפֿילו!' זאָג איך: 'טאָ גיט מיר בעסער בוימל, אויב איר האָט'. זאָגט די פֿרוי: 'אַ פֿראַגע, צי איך האָב בוימל! מײַן בוימל איז דאָך קלערער ווי וואַסער!' איר פֿאַרשטייט שוין? אויב צוקער איז געשמאַקער פֿון פֿיש, און האָניק איז זיסער פֿון צוקער, און בוימל איז ריינער פֿון האָניק, און וואַסער איז קלערער אַפֿילו פֿון בוימל, איז דאָך וואַסער בעסער פֿון אַלץ! נו, האָב איך געהייסן אײַך געבן וואַסער, ווײַל איך וויל, אַז מײַנע געסט זאָלן קריגן נאָר דאָס בעסטע."

ווער שטאַרבט?

אַ ייִד האָט געהאַלטן בײַם שטאַרבן. האָט ער גערופֿן זײַן פֿרוי און זײַנע קינדער. ווען אַלע האָבן זיך געשטעלט אַרום זײַן בעט, האָט ער געזאָגט: „קינדער, איך גיי שוין פֿון אײַך אַוועק, וויל איך, איר זאָלט וויסן, אַז אַלע מײַנע ביכער לאָז איך מײַן עלטסטן זון, חיימען".

„צו וואָס דאַרף חיים דײַנע ביכער?" רײַסט אים איבער זײַן פֿרוי. „בעסער לאָז זיי פֿאַר משהן".

„פֿאַר משהן לאָז איך איבער ביידע גאַרניטערס און מײַן נײַ רעקל".

„די קליידער וואָלסטו געדאַרפֿט לאָזן חיימען", זאָגט ווידער די פֿרוי.

„מײַן זילבער", זאָגט ווײַטער דער ייִד, „לאָז איך איבער פֿאַר מײַן ייִנגערער טאָכטער חנהן".

„דאָס זילבער וואָלט גאָר בעסער געווען פֿאַר אסתּרן", רײַסט אים ווידער איבער די פֿרוי.

מיט די לעצטע כּוחות הייבט זיך דער ייִד אויף פֿון בעט און פֿרעגט: „וואָס איז, שׂרה? ווער שטאַרבט דאָ, דו אָדער איך?"

שפּריכווערטער

צו וואָס דאַרף מען האָניק, אויב צוקער איז זיס?

געשמאַק איז דער פֿיש אויף יענעמס טיש.

בעסער איין אַלטער פֿרײַנד ווי נײַע צוויי.

שלאָף גיכער, מען דאַרף די קישנס.

אַז מען שיקט אַ נאַר אויפֿן מאַרק, פֿרייען זיך די קרעמערס.

VOCABULARY

- * איבער|רײַסן (איבערגעריסן) to interrupt
- * אַנשטאָט instead of
- דער בוימל olive oil
- * דער בעל־הבית (בעלי־בתּים) [BALEBO'S—BALEBATIM] owner; host
- * דער גאַסט (געסט) guest
- * גאָר *emphatic adverb used to strengthen a statement made when some other statement is expected. Corresponds to such English phrases as* of all things, of all people
- * דער גאַרניטער (ס) suit
- דער גוטער־פֿרײַנד (גוטע־פֿרײַנד) close friend

* גיך fast

די גלאָז (גלעזער) drinking glass

* געשמאַ'ק tasty

האַלטן בײַם . . . (געהאַלטן) (*plus infinitive*) to be about to

דער האָניק honey

* הייסן to order

* דאָס זילבער silver

* זיס sweet

* טרינקען (געטרונקען) to drink

* דער כּוח (ות) [KOYEKh— KOYKhES] (*singular and plural*) strength

מאָטקע חבד [KhABA'D] Motke Khabad, famous wit and prankster in Vilna in the middle of the nineteenth century

* דער מאַרק (מערק) market

* מכבד זײַן [MEKhABED] (*periphrastic verb*) to treat (*past tense*: ער האָט מכבד געווען)

די סעודה [SUDE] festive meal

* דער פּויער (פּויערים) peasant

* פֿאַרבעטן (פֿאַרבעטן) to invite

* דער פֿרײַנד (—) friend

דער צוקער sugar

דער קישן (ס) pillow

* די קליידער clothes, clothing

* דאָס רעקל (עך) jacket

QUESTIONS

1. מיט וואָס האָט מאָטקע מכבד געווען זײַנע פֿרײַנד? 2. וואָס האָט ער געוואָלט געבן זײַנע געסט? 3. פֿאַר וואָס האָט ער באַשלאָסן צו קויפֿן צוקער אַנשטאָט פֿיש? 4. וואָס האָט געזאָגט דער קרעמער וועגן דעם צוקער? 5. טאָ וואָס האָט מאָטקע ווײַטער געטאָן? 6. פֿאַר וואָס האָט מאָטקע צום סוף גאָר געגעבן וואַסער צו דער סעודה? 7. צי זעט מען פֿון דער מעשׂה, וואָסער מענטש מאָטקע איז געווען?

8. וואָסער עצה האָט די ייִדענע געגעבן איר מאַן וועגן זײַנע ביכער?

9. וואָס האָט זי אים געהייסן טאָן מיט די קליידער? 10. וואָס האָט איר דער מאַן געענטפֿערט?

11. דערקלערט די פֿינף שפּריכווערטער אויף ז' 241.

GRAMMAR

1. Comparative and Superlative of Adverbs

חיים גייט גיך; מאָטל גייט **גיכער**; אַבֿרהם גייט **צום גיכסטן**

אסתּר רעדט שיין; חנה רעדט **שענער**; שׂרה רעדט **צום שענסטן**

The comparative of the adverb is identical with the comparative of the corresponding adjective, without case or gender endings.

In the superlative, no such form without endings exists; instead, the adverb is formed by adding the masculine-neuter dative form of the adjective in the superlative (i.e. the form in —סטן) to the preposition **צום**:

צום פֿריַיסטן	most freely
צום פֿריי׳לעכסטן	most gaily
צום זי׳כערסטן	most securely
צום גליַיכסטן	most straight
צום העכסטן	most highly, etc.
צום ערגסטן	worst
צום ווײ׳ניקסטן	least
צום מערסטן	most

2. Indefinite Amount or Number

צוקער איז זיס	Sugar is sweet
איר האָט צוקער?	Do you have *any* sugar?
יאָ (, צוקער האָבן מיר). ניין (, קיין צוקער האָבן מיר ניט)	Yes, we have *some*. No, we don't have *any*
געלט איז קיַילעכדיק	Money is round
איר האָט געהאַט געלט?	Did you have *any* money?
יאָ (, געלט האָבן מיר געהאַט). ניין (, קיין געלט האָבן מיר ניט געהאַט)	Yes, we had *some*. No, we didn't have *any*

Nouns denoting an indefinite amount of material or an indefinite number of objects need no article, whether they are subjects or objects in a sentence.

English uses "some" in opposition to "none," but no equivalent thereof is used in Yiddish. Where "some," however, is used in opposition to "all," Yiddish uses **אַנדערע** or **טייל**:

טייל ווערטער פֿאַרשטיי איך אַנדערע ווערטער פֿאַרשטיי איך	I understand some words (but not all)

English "any" has two equivalents in Yiddish, depending on its function. When used with the meaning "none" in a negative statement, it corresponds to the negative article **קיין**. When used, however, with the meaning "every, all" in an affirmative statement, it is rendered in Yiddish by **יעדער**:

נעם ניט קיין ביכער	Don't take any books (=take none)
דו מעגסט נעמען יעדער בוך	You may take any (=every) book

3. Emphasizing a Sentence Unit

איך בין דאָ געווען	I was here
דאָס בין א י ך דאָ געווען	It was I who was here
מײַן שוועסטער שפּילט פּיאַנע	My sister is playing the piano
דאָס שפּילט מײַן ש ו ו ע ס ט ע ר **פּיאַנע**	It is my sister who is playing the piano

In order to give special emphasis to the subject, a sentence may be started with **דאָס**, the subject itself being placed after the verb. This is an idiomatic construction and word-by-word translations from English must be carefully avoided.

דו האָסט גערעדט מיט מענדלען, אָבער	You spoke to Mendl, but
איך האָב **גאָר** גערעדט מיט חיימען	I spoke to Khaim, *of all people* I, *on the other hand,* spoke to Khaim Khaim was the one I spoke to
ער איז געפֿאָרן קיין מאָנטרעאָל	He went to Montreal
זי איז **גאָר** געפֿאָרן קיין שיקאַגאָ	She, *on the other hand,* went to Chicago She went to Chicago, *of all places* Chicago was the place she went to

The adverb **גאָר**, as mentioned on p. 241, is used to strengthen a statement made when a different statement is expected in its place. Thus it often corresponds to such English phrases as "of all people," "on the other hand," "Imagine!," and the like. The negative equivalent of the adverb is **גאָרניט**.

איך האָב געמיינט, אַז ער איז אַלט 24 יאָר, אָבער ער איז **גאָר** 27	I thought he was 24, but he is (*imagine!*) 27
ווי לאַנג ביסטו געווען אין אייראָפּע? איך בין **גאָרניט** געווען אין אייראָפּע	How long were you in Europe? I haven't been in Europe *at all*

EXERCISES

A. Supply the comparative form for the adverbs given in italics:

1. חנה רעדט גוט ייִדיש. **2. אַבֿרהם לייענט** גיך, **אָבער יעקבֿ שרײַבט** פֿרײַ. **3. דו ווּעסט** קענען **צוזאַמענקלײַבן** אַ סך געלט. **4. דײַן יונגער** ברודער רעדט שיין. **5. איך** בין געפֿאָרן ווײַט. **6. עס ווּעט** זײַן פֿריילעך, **אויב אַלע** גוטע־פֿרײַנד וועלן קומען. **7. חיים** זינגט שלעכט, **אָבער**

LESSON 26

ער טאַנצט פֿײַן. 8. דער לערער האָט עס קלאָר געזאָגט. 9. משה האָט עס געמאַכט קלוג. 10. וויכטיק איז צו קומען בײַ צײַטנס.

B. Rewrite the sentences in exercise A, using the superlative of the adverbs.

C. Translate into Yiddish:

1. There isn't any water in this room. 2. Is there any water on the second floor? 3. Yes, there is some there, although there wasn't any yesterday. 4. I can probably find some there now. 5. Are there any countries where there are still slaves? 6. I can drive any car. 7. I am not strong (=haven't any strength). 8. It is nice (=fine) of you to give me (an) advice, but I don't need any. 9. Are there any words which you don't understand? 10. You may call me by (=with) my first name. 11. You may come at (=to) any time. 12. Some words are very difficult. 13. If you have some time, please come to see (=visit) us. 14. We are inviting some guests. 15. Some guests live far [away].

D. Translate into Yiddish:

1. I bought many new clothes yesterday. 2. How much did the suit cost? 3. I didn't buy any suit. 4. Why did you buy a brown jacket, of all things? 5. Mother is the one who bought it for me. 6. I know where she bought it; they have some beautiful things there. 7. Some of the clothes which they sell are very expensive. 8. Will we be able to ask some questions? 9. Yes, you may ask some. 10. Some girls get married when they are 18. 11. My friend was sick and he needs (דאַרף האָבן) sun[light]. 12. Some (=a little) sun[light] is good for him, but not too much. 13. The doctor is the one who ordered him to remain at home. 14. I would like (=want) some blue ink; do you have any? 15. We have some green ink, but no blue or black. 16. I am about to leave. 17. Ask the owner whether you can come in. 18. He was about to pay but he saw that he did not have enough money with him (=himself). 19. Although the Germans were already on the verge of losing (=about to lose) the war, they still killed and burned Jews. 20. The teacher interrupted the student. 21. Treat me to (=with)

some sweet things. 22. You are a good host, because everything which I ate and drank was very tasty. 23. Instead of staying (=to stay) here, come for a walk with me. 24. Why did you leave then, of all times? 25. But I did not leave (גאַרניט). 26. If you will go more slowly (פּאַמעלעך), you will get (=come) there much faster.

ATTITUDE WORDS AND FORMS

Like all languages, Yiddish has sets of synonyms which are not quite interchangeable in the language, since each synonym has a certain emotional connotation and can be used properly only in a given context. Many such differentiations in terms are connected with religious practices and objects. דער תּנך [TANA'Kh], for example, refers exclusively to the Jewish Bible (Old Testament); otherwise, the word די ביבל must be used. דאָס בוך and דער ספֿר [SEYFER] both mean *book;* but the latter denotes only a religious book. Similarly דאַווענען *to pray* refers only to a Jew's prayer; in other cases more general words, such as the periphrastic verb תּפֿילה טאָן [TFILE], must be used.

Yiddish is rich in all kinds of "attitude words." Among them are adverbs and phrases which add nothing to the matter which is spoken of, but which reveal some attitude of the speaker. Attitude words are comparable to such English phrases as "God forbid" or "Thank heaven." Like these English expressions, they go back in many cases to a belief in the magic of words. There is, for example, the popular belief that beauty and goodness are not to be praised openly, for they are thus pointed out to the "evil eye" that watches humanity and strives to impair all excessive merit. From this belief there arose the custom of saying קיין עין־הרע [KEYN EYNORE] *no evil eye!* whenever something was praised. Today the phrase is an expression which reveals the satisfaction or admiration of the speaker, without reference to the old folk belief.

Another attitude word is נעבעך. It expresses pity. For example:

ער איז נעבעך קראַנק He is sick, poor fellow

Two attitude words which plague translators from Yiddish into English are דאָך and דען. When a speaker uses דאָך, he wishes to indicate the obviousness of his observation. Thus:

ער איז נאָך אַ קינד	He is still a child
ער איז דאָך נאָך אַ קינד!	He is still a child, you know; can't you see that he is still a child?

דען, on the other hand, is used in questions, and indicates the speaker's doubt of a statement previously made, or a thought previously entertained. For instance:

ישׂראל איז אין אַפֿריקע?	Is Israel in Africa?
ישׂראל איז דען אין אַפֿריקע?	Israel isn't in Africa, is it?

Typical of the expressiveness of Yiddish are the diminutives, the systematic study of which is reserved for a more advanced stage. Diminutives, practically always of the neuter gender, can be formed from almost every noun. The diminutive indicates smallness but also a feeling of tenderness and endearment on the part of the speaker. The folk song יאָמע, given on p. 225, contains quite a number of diminutives: דאָס חתנדל [KHO'SNDL] *dear little bridegroom* דאָס לי'דעלע *little song;* also דאָס קליי'דעלע *little dress;* דאָס שי'כעלע *little* shoe; די מאַ'מעשי *Mommy.* Sometimes the diminutive has a specialized meaning. Thus דאָס מעשׂהלע [MAY'SELE] means not only *little story,* but also *fairy tale;* דאָס היטל means *cap,* while דער הוט denotes *hat.*

Most nouns have two degrees of diminutive, one expressing greater tenderness than the other:

ליד — לידל, לידעלע

Adjectives, and in some cases verbs, also have diminutives:

אַ ברייטער — אַ ברייטלעכער, אַ ברייטינקער

עסן — עסינקען

On the other hand, a great number of words are capable of forming pejorative forms, which reflect the contempt of the speaker. An example of this is the form *Moshke* of the name *Moyshe.* Or, a lowly tailor might be called, with contempt, דער שנײַדערו'ק.

These few examples testify to a dimension of the Yiddish language which is not easily represented in translation.

LESSON 27

זיבן און צוואַנציקסטע לעקציע

דער פֿאָטער פֿון ייִדישן טעאַטער

דער פֿאָטער פֿון מאָדערנעם ייִדישן טעאַטער איז געווען אַבֿרהם גאָלדפֿאַדען (1908—1840). ער האָט געהאַט אַזאַ פֿײַנעם געשמאַק און אַזאַ גרויסן ענטוזיאַזם פֿאַר זײַן אידעאַל, אַז ער האָט אַוועקגעגעבן זײַן גאַנץ לעבן אויף בויען אַ ייִדישן טעאַטער, און די טראַדיציע וואָס ער האָט אָנגעהויבן לעבט נאָך ביז הײַנט. כאָטש ער האָט זיך קיין מאָל ניט געלערנט קיין מוזיק (ער האָט אַפֿילו ניט געקענט לייענען און שרײַבן קיין נאָטן), האָט ער אָבער גוט געקענט אויסטראַכטן אַ טרויעריק ליד, אַ פֿריילעכן טאַנץ, אַן אָפּערעטע וואָס זאָל קענען טיף אָנרירן דעם ייִדישן עולם.

אַ מאָל האָבן ייִדן ניט געהאַלטן פֿון שפּילן טעאַטער, און דערפֿאַר איז קיין ייִדישער טעאַטער כּמעט ניט געווען. אָבער אַן אַלטע טראַדיציע פֿון פּורים־שפּילן איז געווען, און פֿון זינגען און טאַנצן האָבן דאָך ייִדן אַוודאי געהאַלטן. דאָס אַלץ האָט גאָלדפֿאַדען אויסגעניצט באַלד ווי ער האָט אָנגעהויבן שרײַבן זײַנע ערשטע זאַכן.

די אַרבעט איז געגאַנגען שווער, און גאָלדפֿאַדען האָט זיך שטאַרק געמאַטערט. קיין אַקטיאָרן זײַנען כּמעט ניט געווען, קיין טעאַטער־בנינים אַוודאי ניט. אין רומעניע, וווּ גאָלדפֿאַדען האָט דעמאָלט געוווינט, זײַנען ייִדן געווען אָרעם, האָט מען קיין סך געלט פֿאַר בילעטן בײַם עולם ניט געקענט נעמען. פֿלעגט טאַקע גאָלדפֿאַדען אָפֿט דאַרפֿן פֿאַרשטעלן ערגעץ וווּ אין אַ פּשוטער שטאַל. פֿאַרדינט האָט ער זייער ווייניק. פֿון שרײַבן אָפּערעטעס און שפּילן אין זיי האָט מען דעמאָלט ניט געקענט לעבן.

מען דערציילט, אַז גאָלדפֿאַדען פֿלעגט אָפֿט זיך אויפֿכאַפּן בײַ נאַכט און עס פֿלעגט אים פּלוצלינג אײַנפֿאַלן אַ ליד. פֿלעגט ער אויפֿשטיין און פֿאַרשרײַבן די ווערטער אויף אַ שטיקל פּאַפּיר, כּדי זיי ניט צו פֿאַרגעסן ביז אין דער פֿרי.

נאָך עטלעכע יאָר שפּילן איז גאָלדפֿאַדן אַוועקגעפֿאָרן פֿון רומעניע. אין עסטרײַך און אין רוסלאַנד זײַנען זײַנע אָפּערעטעס זייער געפֿעלן, און גאָלדפֿאַדן איז גיך געוואָרן באַרימט. אָבער אָפֿילו שפּעטער, ווען מען האָט זײַנע לידער אומעטום געזונגען, איז ער געבליבן אָרעם. אין אַ סך שטעט און שטעטלעך האָט ער געפּרוּווט עפֿענען אַ טעאַטער, אָבער ער פֿלעגט דעם טעאַטער באַלד מוזן פֿאַרמאַכן, ווײַל אין ערגעץ פֿלעגט ניט קומען קיין גרויסער עולם. און ווידער פֿלעגט ער גיין איבער די גאַסן אַ הונגעריקער. גייענדיק אַזוי איין מאָל אין לעמבערג האָט ער געהערט דורך אָפֿענע פֿענצטער פֿון אַ רײַך ייִדיש הויז, ווי מען זינגט דאָרטן זײַנע לידער. „צי ווייסן די בעלי־בתּים,“ האָט ער דעמאָלט געטראַכט, „אַז אַזוי נאָענט צו זיי גייט אַרום דער שרײַבער פֿון די לידער און האָט ניט וואָס צו עסן?“

אין צאַרישן רוסלאַנד האָט מען ניט געטאָרט פּשוט שפּילן טעאַטער; מען האָט געמעגט שפּילן נאָר אויב די רעגירונג האָט דערלויבט יעדער פֿאָרשטעלונג באַזונדער. אין 1883 האָט די צאַרישע רעגירונג אין גאַנצן פֿאַרווערט צו שפּילן טעאַטער אויף ייִדיש. האָבן ייִדישע אַקטיאָרן אויסגעטראַכט אַ פּלאַן, אַז זיי וועלן גאָר שפּילן טעאַטער אויף „דײַטש“, און זיי פֿלעגן טאַקע אַרײַנמישן אַ סך דײַטשע ווערטער אין זייערע ראָלעס, כּדי די רעגירונג זאָל מיינען, אַז דאָס איז דײַטשער טעאַטער.

אַבֿרהם גאָלדפֿאַדן

אָבער דאָס איז געווען זייער שווער; ניט אַלע מאָל האָט מען געקענט אָפּנאַרן די רעגירונג. צוליב דעם האָט מען ביז דער רעוואָלוציע פֿון 1905 כּמעט ניט געשפּילט קיין ייִדישן טעאַטער אין רוסלאַנד. גאָלדפֿאַדן אַליין איז אַוועקגעפֿאָרן קיין ניו־יאָרק.

ווען גאָלדפֿאַדן איז געקומען קיין אַמעריקע, האָט ער שוין אין די פֿאַראייניקטע שטאַטן געפֿונען אַ פֿײַנעם ייִדישן טעאַטער — אַ טעאַטער וואָס אַנדערע האָבן געשאַפֿן, אָבער וואָס איז אַרויסגעוואַקסן פֿון דער טראַדיציע וואָס גאָלדפֿאַדן האָט אָנגעהויבן מיט יאָרן פֿריִער. זיצנדיק דאָס ערשטע מאָל אין אַ ייִדישן טעאַטער אין ניו־יאָרק האָט זיך גאָלדפֿאַדן שטיל געפֿרייט, און אַ גליקלעכער האָט ער

געשעפּטשעט צו זיך אַליין: „מײַן ייִדישער טעאַטער! די אַרבעט פֿון מ ײַ נ ע הענט!"

שפּריכוואָרט

ווייניקער עולם — גרעסער די שׂימחה.

VOCABULARY

* אוודאי [AVADE] certainly
* אויס | טראַכטן to invent
* אויס | ניצן to make use of
* אויפֿ | כאַפּן זיך to wake up
* אויפֿ | שטיין (איז אויפֿגעשטאַנען) to get up
* איינ | פֿאַלן (איז איינגעפֿאַלן) to occur

מיר איז איינגעפֿאַלן אַ פּלאַן an idea occurred to me

אָפּ | נאַרן to fool

די אָפּערעטע (ס) operetta

* אָפֿן (דער אָפֿענער) open
* דער אַקטיאָר (ן) actor

אַרײַנ | מישן to mix in

באַזונדער separately

באַלד ווי as soon as

דער בנין (ים) [BINYEN—BINYONIM] building

* גליקלעך happy

דער געשמאַק taste

דערלויבן to permit

* האַלטן פֿון ... (געהאַלטן) to approve of, to be fond of
* הו'נגעריק hungry

דער טאַנץ (טענץ) dance

* דער טעאַטער (ס) theater

די טראַדיציע tradition

* כּדי צו [KEDE'Y] in order to
* כּמעט ניט [KIMA'T] hardly

לעמבערג Lemberg (city in Galicia; belonged to Austria until the end of World War I)

מאָדערן modern

מאַ'טערן זיך to drudge

* די מוזי'ק music (*i.e.* the art of music *or* the sounds of music)

די נאָטן written music (*plural*)

* דער עולם audience, [OYLEM] public

דער ענטוזיאַזם enthusiasm

* ערגעץ ווו somewhere
* אין ערגעץ ... ניט nowhere, anywhere
* דאָס פּאַפּי'ר paper
* פּרוּוון to try
* פּשוט [POSHET] simple
* דער פֿאָטער (ס) father (more formal than טאַטע)

פֿאַרווערן to prohibit

* פֿאַרמאַכן to shut, to close

די פֿאָ'רשטעלונג performance

פֿאָ'ר | שטעלן to perform

פֿאַרשרײַבן (פֿאַרשריבן) to write down

פֿלעגט used to

* פֿרי early
* אין דער פֿרי in the morning

צאַריש Czarist

די ראָלע (ס) part, role
רומעניע Rumania
די רעגירונג government
די רעוואָלוציע [REVO*L*UTSYE] revolution
די שטאַל stable
* שטיל quiet

שעפּטשען (געשעפּטשעט) to whisper
די שפּיל play
* שפּעט late
שפּרינגען (איז געשפּרונגען) to jump
די שׂימחה [SIMKhE] joy; party

QUESTIONS

1. ווען איז גאָלדפֿאַדן געבוירן געוואָרן? 2. צי האָט ער אַ מאָל געלערנט מוזיק? 3. טאָ ווי האָט ער געקענט ווערן דער פֿאָטער פֿון ייִדישן טעאַטער? 4. פֿאַר וואָס איז אַ מאָל ניט געווען קיין ייִדישער טעאַטער? 5. צי הייסט דאָס, אַז מען האָט אין גאַנצן ניט געשפּילט קיין טעאַטער ביז גאָלדפֿאַדענען? 6. צי איז אמת, אַז פֿאַר אים זײַנען ניט געווען קיין ייִדישע לידער און טענץ? 7. פֿאַר וואָס איז גאָלדפֿאַדנס אַרבעט געווען אַזאַ שווערע? 8. וווּהין איז גאָלדפֿאַדן אַוועקגעפֿאָרן פֿון רומעניע? 9. וואָס האָט גאָלדפֿאַדן איין מאָל געהערט אין לעמבערג? 10. וואָס האָבן ייִדישע אַקטיאָרן געפּרוּווט טאָן אין רוסלאַנד, ווען די צאַרישע רעגירונג האָט פֿאַרווערט צו שפּילן טעאַטער אויף ייִדיש? 11. ווו האָט גאָלדפֿאַדן געוווינט זײַנע לעצטע יאָרן? 12. פֿאַר וואָס האָט זיך גאָלדפֿאַדן אַזוי געפֿרייט אין ייִדישן טעאַטער אין ניו־יאָרק?

GRAMMAR

1. Present Participle Used as an Adverb

זעענדיק אַז קיינער איז ניטאָ אין דער היים בין איך אַוועקגעגאַנגען	*Seeing* that nobody was home, I left
גייענדיק אויף דער גאַס האָב איך געטראָפֿן משהן	*As I was walking* in the street, I met Moyshe
ער האָט געגעסן **שווײַגנדיק**	He ate *in silence*

The present participle of a verb is formed by adding **דיק—** to the first or third person plural form of the present tense. The following verbs are exceptions:

מיר, זיי ווייסן — ווי׳סנדיק
מיר, זיי ווילן — ווע׳לנדיק
מיר, זיי גיבן — גע׳בנדיק
מיר, זיי זײַנען — זײַ׳ענדיק

זײַענדיק אין באָסטאָן בין איך קראַנק געוואָרן	While I was in Boston I became sick

In the present participle of complemented verbs, the adverbial complement is prefixed to the participle, and the entire form is spelled as one word:

אָנהייבן: אָ׳נהייבנדיק
אויפֿהערן: אוי׳פֿהערנדיק
אַוועקפֿאָרן: אַווע׳קפֿאָרנדיק

In the above examples, the present participle has been used as an adverb of time.

2. Present Participle Used as an Adjective

The present participle can also be used as an adjective; when so used, the customary adjective endings for case and gender are added to it:

דער לאַכנדיק**ער** מענטש
דעם לאַכנדיק**ן** מענטש
די לאַכנדיק**ע** מענטשן
דאָס לאַכנדיק**ע** קינד
אַ לאַכנדיק קינד

Note that the present participle *cannot* be used as a noun in Yiddish. The English form in *–ing* has a number of functions which the present participle in Yiddish does not share. Care must therefore be taken not to use the present participle in Yiddish in rendering phrases such as "I am sitting" (Yiddish: present tense) or "Smoking is prohibited" (Yiddish: infinitive; see below).

3. Infinitives as Nouns

רייכערן איז פֿאַרווערט	*Smoking* is prohibited
ער לעבט פֿון **שרײַבן** אין אַ צײַטונג	He makes a living by *writing* for a newspaper
ער האַלט ניט פֿון **זינגען** לידער	He doesn't approve of *singing* songs
איך ווייס גאָרניט וועגן **קויפֿן** קליידער	I know nothing about *buying* clothes
לאַכן איז געזונט; דאָקטוירים הייסן **לאַכן** (שלום־עליכם)	*Laughing* is wholesome, doctors prescribe *laughing* (Sholom *Aleichem*)

The infinitive is used in Yiddish when a verb is the subject of a sentence, its object, or the object of a preposition. In this usage it usually corresponds to the English gerund in *–ing*.

4. Repeated Action

גאָלדפֿאַדן **פֿלעגט שרײַבן** לידער	Goldfaden used to write songs
ער **פֿלעגט** זייער שווער **אַרבעטן**	He used to work very hard

To denote an action which was repeated more than once in the past, the infinitive of the desired verb is added to the auxiliary **פֿלעג**, which is conjugated as follows:

איך פֿלעג (גיין)
דו פֿלעגסט (גיין)
ער פֿלעגט (גיין)
מיר פֿלעגן (גיין)
איר פֿלעגט (גיין)
זיי פֿלעגן (גיין)

5. Conditional

אויב דו **וואָלטסט געקומען**, **וואָלט** איך דאָ **געבליבן**	If you came (had come), I would stay (would have stayed) here
ווען דו **וואָלטסט** ניט **געשריגן**, **וואָלט** דאָס קינד ניט **מורא געהאַט**	If you didn't shout, the child would not be afraid
וואָס **וואָלטסטו געטאָן**, אַז דו **וואָלטסט געהאַט** אַ מיליאָן דאָלאַר?	What would you do if you had a million dollars?

In conditional sentences, the conditional of the verb is used in both clauses. The conditional form of a verb consists of its past participle added to the auxiliary **וואָלט**, which is conjugated as follows:

איך וואָלט (געגאַנגען)
דו וואָלטסט (געגאַנגען)
ער וואָלט (געגאַנגען)
מיר וואָלטן (געגאַנגען)
איר וואָלט (געגאַנגען)
זיי וואָלטן (געגאַנגען)

The conjunctions **אויב**, **ווען**, and **אַז** are used interchangeably to mean *if*.

Other ways of forming conditional sentences will be explained at a more advanced stage.

EXERCISES

A. From the verbs given in parentheses, form present participles used as adjectives in sentences 8, 9, 10, and as adverbs in all others:

1. (שמייכלען) האָט ער געפֿרעגט בײַ דער מיידל ווי זי הייסט. 2. זי האָט אויף אים געקוקט (שווײַגן) און האָט גאָרניט געענטפֿערט. 3. (קוקן) אויף זיי איז מיר אײַנגעפֿאַלן אַ פלאַן. 4. ניט (קענען) קיין ייִדיש האָב איך מיט אים גערעדט אויף ענגליש. 5. (אַרויסגיין) פֿון דער היים האָב איך געזען אַז עס רעגנט. 6. (זיצן) לעבן פֿענצטער איז מיר געוואָרן זייער קאַלט. 7. ניט (טאָרן) זאָגן קיין ליגן האָב איך באַשלאָסן צו שווײַגן. 8. מיר האָבן דאָ ניט קיין (לויפֿן) וואַסער. 9. זײַן מאַמע איז אַן (אַרבעטן) פֿרוי. 10. ווי שיין די (ברענען) ליכטלעך זעען אויס! 11. איך האָב ליב צו לייענען (ליגן) אין בעט. 12. (זײַן) אויף דער שׂימחה האָב איך געטראָפֿן רבֿקהן. 13. איך בין אַוועק ניט (וויסן), אַז דו וואַרטסט. 14. (וועלן) אײַך העלפֿן האָט ער אײַך געשיקט דאָס געלט.

B. Make up sentences containing the following infinitives used as nouns:

1. האָפֿן 2. מורא האָבן 3. באַהאַלטן זיך 4. אַרײַננעמען
5. מישפטן 6. אַנטלויפֿן 7. געבוירן 8. אויסטראַכטן.

C. Translate into Yiddish:

1. When we heard that a Yiddish theater had been opened (*past tense*), we decided to go [to] see it, because we are fond of Yiddish theater. 2. The day before yesterday I went downtown (=in town) in order to buy tickets for everybody. 3. Last night (=Yesterday in the evening) my whole family went to the (=in) theater. 4. An old Yiddish operetta was performed. 5. It was called *Shulamis* (שולמית). 6. It is Goldfaden who wrote it. 7. The play was very good, and the audience liked it. 8. I liked especially the playing of the main actor. 9. The play included (=took in) singing and dancing. 10. Some of the songs are very famous. 11. Looking at the performance I thought that we ought to go to the theater more often. 12. Although the seats (=places) are more expensive near the stage (די בינע), it is good to sit close to the stage. 13. After the play I asked whether there were (*present tense*) any more Yiddish theaters in the city. 14. I am told that there are others, but they

are not as (=so) good. 15. They perform operettas about girls who left their fiancés, mothers who lost their daughters, husbands who left their wives, and so on (=further). 16. The music in the play was good. 17. I have heard it somewhere. 18. I always sleep better near an open window, and I do not find it (=it is not) difficult to wake up. 19. One can get up faster in the morning than in the daytime. 20. It occurs to me that you have hardly eaten today. 21. I didn't go anywhere; I simply stayed at home. 22. Although the child is hungry, it is very quiet. 23. Try to write with this pen in order to see whether it writes well on this paper. 24. I was there for several happy weeks. 25. Certainly I am the owner of this house.

D. Conjugate in the conditional:

1. אָנצינדן 2. אויסטראַכטן 3. רחמנות האָבן.

E. Conjugate in the פֿלעג form:

1. גײן שפּאַצירן 2. שפּילן זיך 3. מכבד זײַן.

F. Make conditional sentences out of the following:

1. דו זאָגסט אים, אַז דו האָסט ניט קײן געלט, לײַט ער דיר עטלעכע דאָלאַר. 2. דו גיסט מיר דײַנע זאַכן, נוץ איך זײ אויס. 3. אויב דו װעסט מיר ניט אַלץ דערקלערן, װעל איך ניט װיסן װאָס צו טאָן. 4. די מעשׂה האָט זיך גוט געענדיקט, האָבן מיר זײער געלאַכט. 5. ער איז קראַנק, ליגט ער אין בעט. 6. ער איז אַן אמתער אַקטיאָר, שפּילט ער גוט און רעדט קלאָר. 7. ער האָט אַ בעסערע אַרבעט, מאַטערט ער זיך ניט אַזױ. 8. ער רעדט מיט מיר אַזױ, ענטפֿער איך אים ניט. 9. איך באַשליס צו באַצאָלן, באַצאָל איך. 10. דאָס מײדל געפֿעלט מיר, האָב איך מיט איר חתונה. 11. איך טראָג שײנע קלײדער, מײנט מען, אַז איך בין רײַך. 12. איך האַלט בײַם אַװעקגײן ערגעץ װוּ, רײַס איך איבער די אַרבעט. 13. עס רעגנט, קען מען ניט גײן שפּאַצירן. 14. איך האָב אַלײן געקויפֿט דעם אויטאָ, פֿאַרקויף איך אים מער ניט. 15. איך װײַז אים דעם װעג, װײסט ער שוין װי צו גײן.

G. Translate into Yiddish:

HE FORGOT HIS COAT (דער מאַנטל)

1. Khelem Jews are so famous that when a Jew is asked: "Are you from Khelem?" he answers: "You are a fool yourself!" 2. A Khelemian once went away to another city.

3. When he arrived there he saw that he had forgotten (*past tense*) his coat at home. 4. (So) he [therefore] sent the following (=such a) letter to his wife in Khelem. 5. "Dear Sore! Send me your coat which I forgot at home. 6. I write 'your coat,' because if I would write 'my coat,' you would read 'my coat' and you would send me yours. 7. And what would I do with your coat? 8. Therefore I write simply 'your coat,' so you should read 'your coat' and send me mine. 9. Be well. Your husband, Yankl."

THE PHILOSOPHY AND INFLUENCE OF THE *KHSIDIM*

The *khsidim* (חסידים, sometimes referred to as "Hassidim" in English texts) represent a powerful school of thought in the past two centuries of Jewish history. Beginning in the province of Podolia, the movement eventually swept through almost all of Poland, Galicia, and the Ukraine, and penetrated to a lesser degree even into Lithuania and White Russia, despite the resistance of its opponents, the *misnagdim* (מתנגדים). The *khsidim* stress devotion and religious intent more than learning; they believe that a man can serve God not only by specific prayers but by all his deeds. Their ideal was democratic, for it freed the poor and less educated members of the community of the contempt in which they had been held by the more learned. Ecstatic love of God became an important value; and God is worshipped by the *khsidim* in joy rather than in sadness. The place of the rabbi, called *rebe* (רבי) instead of *rov,* was raised to a new prominence. The followers of the *rabeim* celebrate them as their leaders and intercessors with the Lord. A *khosid* considers it a good deed to visit his *rebe* at least once a year, usually for important holidays. Many *rabeim* have been saintly men, thoroughly aware of their responsibilities in the face of the authority which they wielded over their adherents.

The founder of the movement was Reb Yisroel Bal Shem Tov, usually referred to as *der Bal-She'm* or, by his Yiddish initials, as *der Besht.* The Bal-Shem gained a reputation as a miracle worker and became a popular hero. He preached the new religious philosophy as he went from town to town. Of the Bal-Shem it was said that he was one of the Thirty-six Good Men (see p. 276), and scores of wondrous tales are told about his sayings and exploits. Many other *rabeim* also were picturesque persons and became the subjects of folk stories and legends.

Artistic forms, such as stories, songs, and dances are an essential element in the life of the *khsidim,* and they have been stimuli to modern Jewish art. The moral tales of one *rebe,* Reb Nakhmen Bratslaver, are unsurpassed for their artistic imagination and moral significance. Peretz and other Yiddish writers adopted and developed numerous motives of *khsidic* lore. Typical *khsidic* melodies without words, called *nigunim* (ניגונים), are among the most popular Jewish songs; they turn up again and again in the more formal works of present-day Jewish composers. The *khsidim* also cultivate the dance as an expression of religious joy; some of their traditional themes reappear constantly in the Jewish dance. Thus the movement of the *khsidim* has been influential beyond the immediate sphere of religion, in which it started. Whatever one's attitude towards *khsidic* teachings, one may take it for granted that *khsidic* lore contains many elements which are yet to develop and expand in the Jewish culture of tomorrow.

אַ חסידישער ניגון

LESSON 28

אַכט און צוואַנציקסטע לעקציע

ייִדישע לייענערינס און שרײַבערינס

פֿון אַלע ליטעראַטורן אויף דער וועלט איז אפֿשר ניטאָ קיין איינע, וואָס אין איר האָבן פֿרויען געשפּילט אַזאַ גרויסע ראָלע ווי אין דער ייִדישער.

אין דער ייִדישער בילדונג זײַנען פֿרויען אַ מאָל געשטאַנען אויף זייער אַ נידעריקן אָרט. ייִנגלעך האָבן געלערנט תּורה אין חדר, און מענער האָבן דאָס גאַנצע לעבן פֿאַרברענגט אַ סך צײַט אין בית־מדרש בײַם לערנען און דאַווענען. מיידלעך האָבן זיך ווייניק געלערנט. זיי האָבן געדאַרפֿט אַרבעטן אין דער היים, פֿאַרנעמען זיך מיט די קלענערע קינדער, העלפֿן זייערע מאַמעס. ווען זיי פֿלעגן חתונה האָבן, פֿלעגט זייער לעבן אָפֿט ווערן נאָך שווערער. אין אַ סך משפּחות זײַנען די פֿרויען געווען די פֿאַרדינערינס. אַ סך פֿרויען האָבן געאַרבעט ווי דינסטן, קרעמערינס אָדער שנײַדערינס. אויף אַזאַ אופֿן האָבן פֿרויען געהאָלפֿן אויפֿהאַלטן די משפּחה וואָס איז אַזאַ וויכטיקע אינסטיטוציע בײַם ייִדישן פֿאָלק.

אַזוי ווי פֿרויען האָבן זיך ווייניק געלערנט, האָבן זיי ניט געקענט קיין סך העברעיִש און האָבן ניט געקענט אויסניצן די ספֿרים, וואָס פֿון זיי האָבן זייערע מאַנען און ברידער געלערנט. דערפֿאַר האָט מען פֿאַר זיי אָנגעהויבן צו שרײַבן, און שפּעטער צו דרוקן, ספֿרים אויף ייִדיש. עס זײַנען אַרויסגעגאַנגען אַזוי פֿיל פֿאַרשיידענע ספֿרים און ביכער, אַז עס איז געוואָרן אַ גאַנצע פֿרויען־ליטעראַטור.

פֿון 15טן ביזן 19טן יאָרהונדערט, קען מען רעכענען, זײַנען פֿרויען געווען די וויכטיקסטע לייענערס און קויפֿערס פֿון ייִדישע ביכער. ווען מען לייענט הײַנט די אַלטע ליטעראַטור, באַמערקט מען, אַז סײַ דער אינהאַלט, סײַ די פֿאָרעם זײַנען זייער אָפֿט צוגעפּאַסט ספּעציעל פֿאַר די לייענערינס. די ביכער רעדן ניט אַרום די שווערע טיילן פֿון דער גמרא, נאָר זיי זײַנען פֿול מיט גרינגע, שיינע מעשׂיות און מיט משלים, וואָס פֿון זיי דאַרף מען אָפּלערנען ווי זיך צו פֿירן אין לעבן. אָפֿט לייענען

מיר טאַקע אין אָט די ייִדישע ביכער, אַז זיי זײַנען געשריבן „פֿאַר פֿרויען און פֿאַר מענער וואָס זײַנען אַזוי ווי פֿרויען, דאָס הייסט זיי קענען ניט לערנען".

ניט נאָר לייענערינס זײַנען געווען, נאָר אויך שרײַבערינס. די אינטערעסאַנטסטע שרײַבערין פֿון דער עלטערער ייִדישער ליטעראַטור איז גליקל האַמל. ווען סוף זיבעצנטן און אָנהייב אַכצנטן יאָרהונדערט האָט זי אָנגעשריבן אַ בוך זכרונות. געשריבן האָט זי עס פֿאַר אירע קינדער, זיי זאָלן וויסן ווי זיך צו פֿירן. דאָס בוך איז אַן אינטערעסאַנטע אויטאָביאָגראַפֿיע, שיין געשריבן, און מען פֿילט אין איר סײַ דעם טרויער, סײַ די שׂימחות פֿון יענער צײַט. גליקל האָט געוווינט אין פֿאַר־שיידענע ייִדישע קהילות אין דײַטשלאַנד. אַ לאַנגע צײַט האָט זי געוווינט אין דער שטאָט האַמל, און פֿון דאָרטן קומט איר נאָמען. זי האָט אַליין געזען ייִדן וואָס זײַנען אַנטלאָפֿן פֿון כמעלניצקיס פּאָגראָמען. זי האָט אויך געזען, ווי די שבתי־צבֿי־באַוועגונג כאַפּט אַרום דאָס ייִדישע לעבן. ייִדן וואָס האָבן געגלייבט, אַז שבתי־צבֿי איז משיח, האָבן פֿאַר־קויפֿט זייערע זאַכן און האָבן זיך געגרייט צו פֿאָרן קיין ארץ־ישׂראל, ווײַל די גאולה איז שוין נאָענט. דאָס אַלץ האָט גליקל באַשריבן, און דערפֿאַר זײַנען אירע זכרונות אויך אַ וויכטיק היסטאָריש ווערק.

אין דער נײַער ייִדישער ליטעראַטור זײַנען דאָ אַ סך שרײַבערינס. טייל פֿון זיי איז געראָטן אַרײַנצוברענגען דעם ספּעציעלן סטיל פֿון די תּפֿילות פֿאַר פֿרויען, וואָס ייִדישע שרײַבערינס האָבן אַ מאָל געשאַפֿן. אָט די תּפֿילות פֿאַר פֿרויען, געשריבן אויף ייִדיש, רופֿט מען תּחינות.

ייִדענעס

ייִדן האָבן ליב צו דערציילן מעשׂיות וועגן נאַרישע ייִדענעס. אַ ייִדענע, דערציילט מען למשל, איז צוליב עפּעס געוואָרן אין כּעס אויף איר מאַן און האָט באַשלאָסן אים אָפּצוטאָן. האָט זי זיך אָפּגעשניטן די נאָז און געזאָגט: „גוט אויף אים! זאָל ער האָבן אַ ווײַב אָן אַ נאָז!"

אויף אַ קאָנצערט

אַ ייִנגל איז דאָס ערשטע מאָל געגאַנגען מיט דער מאַמע אויף אַ קאָנצערט. האָט ער געזען, ווי די זינגערין זינגט און דער דיריגענט מאַכט מיט די הענט. פֿרעגט ער בײַ דער מאַמע: „פֿאַר וואָס סטראַשעט ער איר?"

זאָגט די מאַמע: „ער סטראַשעט ניט, ער דיריגירט נאָר".

„אויב אַזוי," פֿרעגט דאָס ייִנגל, „טאָ פֿאַר וואָס קוויטשעט זי?"

דאָס טעפּל

אַ ייִדענע האָט אַ מאָל געליגן בײַ אַ צווייטער אַ טעפּל. אין אַ שטיקל צײַט אַרום איז די צווייטע ייִדענע געקומען בעטן דאָס טעפּל צוריק. אָבער ווען זי האָט עס גענומען אין האַנט, האָט זי געזען, אַז דאָס טעפּל איז אַ ביסל צעבראָכן. האָט זי אָנגעהויבן צו שרײַען: „וואָס האָט איר געטאָן מיט מײַן טעפּל? איר האָט דאָך צעבראָכן דאָס טעפּל וואָס איך האָב אײַך געליגן!"

ענטפֿערט די אַנדערע ייִדענע: „שאַ, שרײַט ניט, איך בעט אײַך. ערשטנס איז דאָס טעפּל גאָרניט צעבראָכן. צווייטנס איז עס שוין געווען צעבראָכן איידער איר האָט עס מיר געליגן. און דריטנס האָב איך בײַ אײַך קיין מאָל ניט געליגן קיין טעפּל!"

VOCABULARY

די אויטאָביאָגראַפֿיע autobiography

אויפֿ|האַלטן (אויפֿגעהאַלטן) to maintain

* אַזוי ווי since

* דער אינהאַלט contents (*singular*)

די אינסטיטוציע (ס) institution

אָנ|שרײַבן (אָנגעשריבן) to write

אָפּ|טאָן (אָפּגעטאָן) to play a trick on

אָפּ|לערנען to draw an inference

אָפּ|שנײַדן (אָפּגעשניטן) to cut off

אַרויס|גיין (איז אַרויסגעגאַנגען) to be published

אַרום|כאַפּן to engulf

* די באַוועגונג (ען) movement

* באַמערקן to notice

באַשרײַבן (באַשריבן) to describe

די בילדונג education

* דאָס בית־מדרש (בתּי־מדרשים) [BESMEDRESh—BOTE-MEDRO'ShIM] synagogue

די גאולה [GEULE] salvation

גוט אויף אים! serves him right!

גליקל woman's name (*obsolete*)

* געראָטן (איז געראָטן): עס איז מיר געראָטן צו... I succeeded in . . .

* גרייטן זיך to prepare

* גרינג light; easy

* דאַווענען to pray

די דינסט (ן) maid servant

דיריגירן conduct (an orchestra)

דער דיריגע'נט conductor (of an orchestra)

האַמל Hameln (in western Prussia, famous as the town of the Pied Piper)

היסטאָריש historical

דאָס ווערק (—) written work

די זכרונות [ZIKhROYNES] (*plural*) memoirs

דאָס טעפּל pot

דער טרויער grief

* כּעס [KAAS] אין כּעס אויף angry with

כמעלניצקי, Bogdan Khmelnitski, *Cossack leader of the 17th century, notorious for his massacres of Jews*

* די ליטעראַטו׳ר (ן) literature

לערנען: קענען לערנען to be able to read the Talmud

מאַכן מיט... wave

* משיח [MEShIEKh] Messiah

דער משל (ים) [MOShL— MEShOLIM] fable

נאַריש silly

* ני׳דעריק low

דער סטיל style

* סטראַשע | ן to threaten

* סײַ... סײַ both . . . and

דער ספֿר (ים) [SEYFER—SFORIM] sacred book

* פֿאַרברענגען to spend (time)

* פֿאַרנעמען זיך מיט... (פֿאַרנומען) to take care of

די פֿאָרעם form

* פֿילן to feel

* פֿירן זיך to conduct oneself

* צו׳ | פּאַסן to adjust

דער קאָנצע׳רט concert

* די קהילה (—ות) [KEHILE— -S] community

קוויטשע | ן to scream

די ראָלע role

* שאַ hush

שבתי־צבֿי [ShAPSE-TSVI'] *"false Messiah" of the 17th century, sometimes referred to in English as* Sabbatai Zevi

די תּורה [TOYRE] *the Jewish Law, usually referred to in English as* Torah

די תּחינה (—ות) [TKhINE— -S] *prayer for women written in Yiddish*

* די תּפֿילה (—ות) [TFILE— -S] prayer

QUESTIONS

1. וואָסער בילדונג האָבן פֿרויען אַ מאָל געקראָגן בײַ ייִדן? 2. פֿאַר וואָס האָט מען פֿאַר פֿרויען געדאַרפֿט אַרויסגעבן ספּעציעלע ביכער אויף ייִדיש? 3. ביז ווען, קען מען רעכענען, איז די ייִדישע ליטעראַטור געווען צוגעפּאַסט דער עיקר פֿאַר אירע לייענערינס? 4. צי איז אמת, אַז געשריבן האָבן די ביכער נאָר מענער? 5. ווער איז די באַרימטסטע ייִדישע שרײַבערין פֿון דער עלטערער ליטעראַטור? 6. פֿאַר וועמען האָט זי געשריבן אירע זכרונות? 7. מיט וואָס איז איר בוך וויכטיק פֿאַר אונדז הײַנט? 8. פֿאַר וואָס האָבן ייִדן זיך געגרייט צו פֿאָרן קיין ארץ־ישׂראל אין 17טן יאָרהונדערט? 9. צי זײַנען הײַנט דאָ ייִדישע שרײַבערינס?

10. ווי האָט די ייִדענע אָפּגעטאָן איר מאַן?

11. וואָס האָט דאָס ייִנגל ניט געקענט פֿאַרשטיין אויפֿן קאָנצערט?

12. וואָס האָט געזאָגט די ייִדענע וואָס האָט געליגן דאָס טעפּל?

GRAMMAR

1. The Suffix —ער

דער ליי׳ענער	reader
דער שרייַבער	writer
דער קויפֿער	buyer
דער פֿאַרקויפֿער	seller (salesman)

The noun denoting the performer of an action is formed from most verbs by the addition of the suffix —ער to the base of the verb. Yiddish is rich in formations of this kind.

2. Feminine Suffix —ין[1]

די ליי׳ענערין	woman reader
די שרייַ׳בערין	woman writer
די פֿאַרקוי׳פֿערין	woman seller (saleslady)

The female performer of an action is frequently denoted in Yiddish by a feminine noun which is formed by the addition of the suffix —ין to the masculine equivalent.

די לייענערס פֿון דער ייִדישער ליטע־ראַטור	the readers of Yiddish literature
לייענערס און לייענערינס	men and women readers

The masculine noun in the plural applies to men *and* women. It specifies men only by contrast with a feminine noun close-by.

The noun ייִדענע was originally formed from ייִד by the addition of a suffix and meant simply *Jewess*. But it has since taken on the meaning of *petty, sentimental, talkative Jewess*. The normal expression for an adult Jewish woman is אַ ייִדיש־קינד or אַ ייִדישע טאָכטער.

3. Numeral Adverbs

ערשטנס	first (ly)
צווייטנס	secondly
דריטנס	thirdly
פֿערטנס	fourthly

Numeral adverbs are formed by the addition of —נס to the base form of the corresponding numeral adjectives.

---

1 —ין is sounded as a syllabic (N); e.g. לייענערין [LE'YENERN].

LESSON 28

4. "Feeling"

ווי **פֿילסטו זיך**? איך **פֿיל זיך** גוט. איך How do you feel? I feel good. I
פֿיל זיך קראַנק feel sick

The verb **פֿילן זיך** is used when it denotes someone's condition or state of health, and is followed by a predicate adjective.

איך פֿיל זײַן טרויער I feel his grief
איך פֿיל, אַז דאָס איז זייער שלעכט I feel that this is very bad

The verb **פֿילן** is used to describe a feeling *about* something, and is followed by an object noun or clause.

5. Base of Verb Ending in Unstressed ע—

איך סטראַשע	איך קוויטשע
דו סטראַשעסט	דו קוויטשעסט
ער סטראַשעט	ער קוויטשעט
מיר סטראַשען	מיר קוויטשען
איר סטראַשעט	איר קוויטשעט
זיי סטראַשען	זיי קוויטשען

| סטראַשען | קוויטשען |
| געסטראַשעט | געקוויטשעט |

A number of Yiddish verbs have bases which end in unstressed ע—. In such verbs, the ending in the first and third person plural, as well as in the infinitive, is simply ן— (compare p. 55). Verbs the bases of which end in ע—, will be indicated in the vocabulary by a vertical bar before the infinitive ending to distinguish them from verbs in which the ע in the infinitive is due to the preceding consonant:

קוויטשע|ן: איך קוויטשע   ראַ׳טעווע|ן: איך ראַ׳טעווע
but
דאַװנען: איך דאַװן

EXERCISES

A. Translate into Yiddish:

1. Dr. Berg is a specialist in (=knower of) Jewish history. 2. Most (**מערסטע**) Jews who came to the U.S. became workers. 3. The builders of Israel were young people. 4. He who

takes does not give. (=A taker is not a giver). [*Proverb*] 5. Sore is a very fine [story] teller. 6. Who was the winner? 7. Don't speak Yiddish so fast; I am still a beginner. 8. Have you seen my new lighter? 9. Lincoln was the liberator of the slaves. 10. Every watch has two hands *(noun formed from* װײַזן*).* 11. Yesterday I heard a new singer, and she was very good. 12. Please bring me the [can] opener from the other room. 13. She used to work as a saleslady in a large store in New York. 14. My mother is a reader of Yiddish newspapers. 15. My grandfather was a great scholar (=learner). 16. Since you know history so well, tell me something about the movement of the *khsidim*. 17. If you threaten me, I'll get angry. 18. We possess (=have) both written and printed books. 19. This book is very easy for children, but is it appropriate (צוגעפּאַסט)? 20. Do you live on the fourth floor? 21. No, I live much lower, on the first floor. 22. First, I don't feel well (=healthy). 23. Secondly, it is not easy for my parents to live where there is no elevator. 24. Thirdly, it is hard to get an apartment, and we took what we could get (=got). 25. Hush! The whole family is asleep (=sleeps).

B. Write four sentences with פֿילן and four with פֿילן זיך.

C. Translate into Yiddish:

1. My grandfather said that he learned to pray when he was going to *kheyder*. 2. When he came to the United States he noticed that not all Jews were pious. 3. He could not understand why. 4. For some time he himself prayed only on Saturdays. 5. Now he again prays three times a day. 6. On *Yonkiper* I went with my grandfather to the synagogue. 7. I understood the prayers because I know a little Hebrew. 8. I wasn't sure how to conduct myself in a synagogue, but I did what everybody did. 9. I liked the old rabbi with the long white beard. 10. I didn't know that there are such Jews in America. 11. The rabbi looked handsome and proud. 12. After the praying the rabbi spoke to the congregation (=public). 13. Since he spoke in Yiddish, it was easy to understand almost everything. 14. The rabbi said that many Jews in Europe had not yet succeeded

(*past tense*) in finding homes (=to find a home). 15. Many Jews want to leave Europe, but they will not be able to go anywhere for a long time. 16. American Jews, who live more securely and are richer than the Jews in Europe, can help rebuild (=build back) the Jewish communities in Europe. 17. Everyone can help; both those who have relatives in Europe and those who haven't. 18. When the rabbi finished speaking, my grandfather and I went home. 19. I am glad that I went to the synagogue and I am preparing to go again. 20. Did you know that this book was printed in America? 21. What are the contents of this book?

YIDDISH IN AMERICA

When the Jewish immigrants came to America from various parts of Europe, they spoke various dialects of Yiddish. The development of the new standard language, which had begun in the middle of the 19th century, had hardly affected them. In this country their dialects have mixed to some extent, and it is therefore rather difficult to find American Jews who continue speaking exactly their old home dialect.

The Jews, like the other immigrant groups, incorporated many English words into their speech. It seemed to the newly arrived that the more English words they used, the more Americanized they were, and, consequently, the more advanced socially. As a result, the colloquial Yiddish of careless speakers in this country is today heavily polluted with English words. Some interesting shifts in meaning have occasionally taken place. פּיידע, for example, derived from "payday," has come to mean simply *pay, wages*.

Cultured Yiddish speakers in America are careful to differentiate between two sorts of borrowings from English. Those that indicate new, specifically American concepts for which European Jews previously had no designations serve only to enrich and broaden the language and are treated as useful acquisitions. Those, however, that tend to replace good Yiddish words of long standing are not granted a legitimate place in the cultivated language. Hence, from the point of view of standard Yiddish, it is quite incorrect, for instance, to ask אויף וואָסער סטריט? or to say אַ פֿײַנער בוי. The Yiddish word for *street* is גאַס, *boy* is ייִנגל or בחור; thus there is no justification for replacing these words by English ones. בייסבאָל, however, is accepted, since it denotes a concept new to the language. ע'וועניו is another English loanword which has been taken over, since European Yiddish did not distinguish between streets and avenues.

A number of loanwords have become so deeply rooted in American Yiddish or have come to connote institutions so specifically American that they are accepted in the standard language. A trade union called פּראָפֿעסיאָנעלער פֿאראיין in European Yiddish, is thus called only יוניאָן in the United States, just as סינדיקאַ'ט is its equivalent in Latin-American Yiddish. By the same token, סאָבוויי is used by Yiddish speakers even outside America when applied to American subways; with reference to the Paris subway, the French word מעטראָ' (*métro*) is used, and since the French word has also been taken over into Russian, the same designation is applicable to the Moscow subway, too. The overall term is די או'נטערבאַן.

The word ביזנעס appears in non-American Yiddish, too; but in a more theoretical sense, the expressions האַנדל or מיסחר [MISKhER] are preferred. Businessman is usually דער געשעפֿטסמאַן.

An American innovation, גלײַכן *to like,* is considered correct on the colloquial level.

Words from the worlds of industry or sports, which have passed from English into many other languages, are also current in Yiddish. e.g. באַבסלעד, קאָמבײַן, אַסעמבלי־ליניע (ליניע for *line* is an old Yiddish word); בלאָף *bluff,* דזשעז *jazz,* סייף *safe* (*deposit box*), and many others.

LESSON 29

נײַן און צוואַנציקסטע לעקציע

פֿון וואָס לעבן ייִדן?

די פֿאַרטיילונג פֿון ייִדן לויט פּראָפֿעסיעס איז ניט די זעלביקע ווי בײַ דער גאַנצער באַפֿעלקערונג אין די פֿאַראייניקטע שטאַטן. פֿון ערד־אַרבעט האָבן למשל אין 1960 געלעבט 8.1% פֿון אַלע מענער אין אַמעריקע, אָבער מסתּמא ניט מער ווי 1% פֿון אַמעריקאַנער ייִדן.

פֿון אַלע אימיגראַנטן וואָס זײַנען געקומען קיין אַמעריקע צווישן 1900 און 1925 זײַנען 10% געווען ייִדן; פֿון אַלע געשעפֿטסלײַט וואָס זײַנען געקומען — 26% ייִדן; פֿון אַלע שנײַדערס — 65% ייִדן.

ייִדישע שנײַדערס האָבן אַ סך געגעבן אַמעריקע. אַ גרויסן טייל פֿון דער אַמעריקאַנער קליידער־אינדוסטריע האָבן ייִדן אויפֿגעבויט. עס איז געווען אַ צײַט, ווען מען האָט געזאָגט, אַז ייִדן באַקליידן גאַנץ אַמעריקע. אַזוי ווי אַ סך ייִדן זײַנען געווען פֿאַבריק־אַרבעטערס האָבן ייִדן אויך פֿאַרנומען אַ וויכטיקן אָרט אין דער אַמעריקאַנער אַרבעטער־באַוועגונג. ייִדן זײַנען געווען פֿון די ערשטע אינעם קאַמף פֿאַר בעסערע אַרבעט־באַדינגונגען אין דער אַמעריקאַנער אינדוסטריע און אין קאַמף קעגן דער שוויצשאַפּ־סיסטעם. אויך אין אַנדערע לענדער, דער עיקר אין מיזרח־אייראָפּע, האָבן ייִדן פֿאַרנומען אַ גרויסן אָרט אין דער אינדוס־טריע. אין פּוילן זײַנען למשל פֿאַר דער צווייטער וועלט־מלחמה 40% פֿון אַלע באַשעפֿטיקטע ייִדן געווען בעל־מלאָכות און פֿאַבריק־אַרבעטערס.

די ייִדישע אַרבעטער־באַוועגונג אין מיזרח־אייראָפּע איז געווען נאָך מער אַנטוויקלט ווי אין אַמעריקע.

די מיזרח־ייִדן וואָס האָבן אויפֿגעבויט גרויסע קהילות אין מערבֿ־אייראָפּע, למשל אין לאָנדאָן און פּאַריז, זײַנען אויך אין זייער אַ גרויסער מאָס געווען באַשעפֿטיקט אין פֿאַרשיידענע אינדוסטריעס.

אַ טייל פֿון די ייִדן וואָס זײַנען געווען שנײַדערס ווען זיי זײַנען געקומען קיין אַמעריקע האָבן זיך נאָך דעם אַרויפֿגעאַרבעט. אַ סך פֿון די וואָס זײַנען פֿריִער געווען אַרבעטערס אָדער בעל־מלאָכות זײַנען

געוואָרן געשעפֿטסלײַט פֿאַר זיך. זייערע קינדער זײַנען שוין געגאַנגען אין קאָלעדזש און געוואָרן דאָקטוירים, אַדוואָקאַטן, אינזשענירן. צווישן ייִדן זײַנען הײַנט דאָ פּראָפֿעסאָרן, פֿאַרלעגערס, צײַטונג־שרײַבערס. אין צײַט האָבן ייִדן אויך פֿאַרנומען גאַר אַ וויכטיקן אָרט אין פֿילם, אין ראַדיאָ, און טעלעוויזיע. עס איז אינטערעסאַנט, אַז פֿון אַלע באַנקירן און באַנק־באַאַמטע אין די פֿאַראייניקטע שטאַטן זײַנען מסתּמא ווייניקער ווי אַ האַלבער פּראָצענט ייִדן.

אַרבעט זוכן

פֿון ה. לייוויק (1888—1962)

אַרבעט זוכן זײַנען מיר געגאַנגען
האַלטנדיק זיך ביידע פֿאַר די הענט.
פֿינצטער נאָך. די שטאָט האָט נאָך געשלאָפֿן,
גאַסנלאָמפּן האָבן זיך געברענט.

האָבן מיר געקוקט מיט ביידע אויגן
און אין פֿרעמדע טירן זיך געקלאַפּט;
האָבן זיך שוין אַנדערע געפֿעדערט
און פֿאַר זיך די אַרבעט אויסגעכאַפּט.

זײַנען מיר אַהיים צוריק געגאַנגען
און אין הויז צו קומען זיך געשעמט.
האָבן מיר געוואַנדערט איבער גאַסן
האַלטנדיק זיך ביידע פֿאַר די הענט.

אַרויפֿגעאַרבעט זיך

אַ ייִד האָט אַ מאָל שטאָלץ דערציילט, אַז ער האָט פֿיר זין, און אַלע זײַנען אינטעליגענטן: איינער איז אַ דאָקטער, דער צווייטער אַן אַדוואָקאַט, דער דריטער אַ שרײַבער און דער פֿערטער אַ פּראָפֿעסאָר. האָט מען אים געפֿרעגט: „און וואָס זײַט איר אַליין?”

„איך אַליין בין אַ געשעפֿטסמאַן,” האָט דער ייִד געזאָגט, „אָבער גאָט צו דאַנקען, איך פֿאַרדין גענוג, מיר זאָלן אַלע פֿינף קענען לעבן פֿון דעם גאַנץ פֿײַן!”

שפּריכוואָרט

אַ מלאָכה איז אַ מלוכה.

VOCABULARY

* דער אַדוואָקאַ׳ט (ן) lawyer
אוי׳ס | כאַפּן to snatch up (something scarce)
אוי׳פֿ | בויען to build up
דער אימיגראַ׳נט (ן) immigrant
* די אינדוסטריע (ס) industry
* דער אינזשעניע׳ר (ן) engineer
דער אינטעליגע׳נט (ן) intellectual
אַנטוויקלט developed
* די אַרבעט work
* דער אַ׳רבעטער (ס) worker
* די באַדינגונג (ען) condition
דער באַנק־באַאַמטער (*inflected like an adjective*) bank clerk
דער באַנקי׳ר (ן) banker
* די באַפֿע׳לקערונג population
באַקליידן to clothe
באַשעפֿטיקט employed
* דער בעל־מלאָכה (—ות) [BALMELOKhE— -s] artisan
ברענען זיך=ברענען
גאָט צו דאַנקען thank God
דער גאַ׳סנלאָמפּ ← לאָמפּ
* דער געשעפֿטסמאַן (געשעפֿטסלײַט) businessman
* האַלטן (געהאַלטן) to hold, to keep
האַלטן זיך פֿאַר די הענט to hold hands
* דער האַנדל business (trade)

* װאַ׳נדערן to wander
* זוכן to look for
די טעלעוויזיע television
* דער לאָמפּ (ן) lamp
די מאָס measure
* מיזרח East; eastern [MIZREKh]
* די מלאָכה (—ות) [MELOKhE— -s] trade (craft)
* מערבֿ West; western [MAYREV]
די סיסטע׳ם system
די ע׳רדאַרבעט agriculture
די פּראָפֿעסיע occupation
* דער פּראָפֿעסאָר (פּראָפֿעסאָ׳רן) professor
* די פֿאַבריי׳ק (ן) factory
פֿאַר זיך (*stress on preposition*) for oneself, *i.e.* independent
די פֿאַרטיילונג distribution
דער פֿאַרלעגער (ס) publisher
פֿאַרנעמען (פֿאַרנומען) to occupy
* דער פֿילם (ען) film
פֿע׳דערן זיך to rise earlier
* פֿרעמד strange
דער קאַמף struggle
קלאַפּן זיך=קלאַפּן to knock
* דער ראַדיאָ (ס) radio
דער שוויצשאָפּ (שווי׳צשעפּער) sweatshop
* שע׳מען זיך to be ashamed

QUESTIONS

1. צי איז די פֿאַרטיילונג פֿון ייִדן לויט פּראָפֿעסיעס די זעלביקע ווי בײַ דער ניט־ייִדישער באַפֿעלקערונג? 2. אין וואָסער פּראָפֿעסיע זײַנען, למשל, דאָ ווייניקער ייִדן? 3. אין וואָסער פּראָפֿעסיע זײַנען דאָ מער ייִדן? 4. וואָסער ראָלע האָבן ייִדן געשפּילט אין דער אַמעריקאַנער

אַרבעטער־באַוועגונג? 5. וואָסער אָרט האָבן ייִדן פֿאַרנומען אין דער אינדוסטריע אין אַנדערע לענדער? 6. וואָסער אינדוסטריע האָבן ייִדן ספּעציעל געהאָלפֿן אויפֿבויען אין אַמעריקע? 7. ווי האָט אויסגעזען די ייִדישע באַפֿעלקערונג, ווען אַ סך ייִדן האָבן זיך שוין אַרויפֿגעאַרבעט? 8. צי איז אמת, אַז אַ דריטל פֿון אַלע באַנקירן אין אַמעריקע זײַנען ייִדן? 9. דערציילט דעם אינהאַלט פֿון דעם ליד „אַרבעט זוכן" מיט אײַערע אייגענע ווערטער.

GRAMMAR

1. Compound Nouns

Yiddish is rich in many types of compound words, which will be studied systematically at a more advanced stage. One of the most common patterns is that of the compound noun which consists of a combination of two nouns:

די אַרבעטער־באַוועגונג	labor movement
דער גאַסנלאָמפּ	street lamp
דאָס פֿאָלקסליד	folk song
דער שול־חבֿר	school friend

The *second component* determines the gender and the plural form of the compound noun.

If the compound has three syllables or less, it is written as one word. If it has more than three syllables, or if one of the components is a word of Hebrew derivation, the components are separated by a hyphen. Note that Yiddish compounds are never written as two separate words.

2. Points of the Compass

מיזרח	[MIZREKh]	East
דרום	[DOREM]	South
מערבֿ	[MAYREV]	West
צפֿון	[TSOFN]	North

The names of the points of the compass are very often used as parts of compounds, in places where English uses the corresponding adjectives:

מיזרח־אייראָפּע	eastern Europe
מערבֿ־פֿראַנקרײַך	western France
דרום־קאַנאַדע	southern Canada
צפֿון־אַמעריקע	North America

The names of the intermediate compass points can also be used as parts of compounds:

דרום־מיזרח	southeast
דרום־מערבֿ	southwest
צפֿון־מיזרח	northeast
צפֿון־מערבֿ	northwest
דרום־מיזרח־אַזיע	southeastern Asia
צפֿון־מערבֿ־רוסלאַנד	northwestern Russia

Direction is indicated by the preposition **אויף**:

אויף מיזרח	eastward
אויף מערבֿ	westward
אויף צפֿון	northward
אויף דרום	southward

3. Dative of Reference

דער מאַמע געפֿעלט דאָס בוך	Mother likes the book
דער מאַמע טוט וויי דער קאָפּ	Mother has a headache
דער מאַמע האָט זיך געחלומט אַ שײנע זאַך	Mother dreamt of something beautiful
דער מאַמע איז געראָטן אונדז צו גע־פֿינען	Mother succeeded in finding us
דער מאַמע איז אײַנגעפֿאַלן אַ פּלאַן	An idea occurred to Mother
דער מאַמע מאַכט עס ניט אויס	It doesn't matter to Mother

A number of constructions which use a *dative of reference* have already been explained. They usually are related to human experience and require the noun or pronoun denoting the person who has the experience to be in the dative, and the noun denoting the object of the experience to be in the nominative.

It is the dative of reference, also, that is used in such expressions as:

מיר איז קאַלט, **מיר** איז וואַרעם	I am cold; I am warm
מיר איז גוט, **מיר** איז שלעכט	I am well off; I am badly off

4. Use of Tenses in Indirect Discourse

זי האָט געזאָגט, אַז זי **לײַט** דאָס טעפּל	She said that she *was borrowing* the pot
ער האָט ניט געוווּסט, צי איך **בין** אין דער היים	He did not know whether I *was* at home
ער האָט מיר דערקלערט, אַז ער **גייט אַוועק**	He explained to me that he *was leaving*
מיר האָבן געמיינט, אַז עס **איז** צו שפּעט	We thought that it *was* too late
איך האָב געפֿרעגט, ווו דער פּאַרק **איז**	I asked where the park *was*

In indirect discourse, that is in clauses which constitute objects of verbs like **זאָגן, פֿרעגן, וויסן, טראַכטן, מיינען, דערקלערן, דערציילן**, the present tense denotes action simultaneous with the thinking, asking, explaining, etc.

זי האָט געזאָגט, אַז זי **האָט געליגן** דאָס טעפּל	She said that she *had borrowed* the pot [before]
זי האָט געזאָגט, אַז זי **וועט לײַען** דאָס טעפּל	She said that she *would borrow* the pot [later]
ער האָט ניט געוווּסט, צי איך **בין געווען** אין דער היים	He didn't know whether I *had been* at home
ער האָט ניט געוווּסט, צי איך **וועל זײַן** אין דער היים	He didn't know whether I *would be* at home

The past tense in indirect discourse indicates action prior to, while the future tense denotes action that follows the thinking, asking, explaining, etc.

Yiddish and English usage differ widely on this point and literal translation is impossible.

EXERCISES

A. Translate into Yiddish:

1. I have a large book closet (=books closet). 2. My older brother wants to be a university professor. 3. What did you do in the second World War? 4. Come into the nursery (=children's room). 5. Let us learn this Khanike song. 6. Part of my family lives in South America. 7. This could

be a fine wedding gift for Sore. 8. She is going away on her honeymoon (=honey month). 9. My father was a *kheyder* boy and then a *yeshive* student (=young man). 10. He lived in a part of western Russia which later became a part of northeastern Poland. 11. This is an interesting month[ly] magazine. 12. If the child is sick, you ought to take him to a pediatrician (=children['s] doctor). 13. What did you do during (=in) the war years? 14. I have read a book about the Warsaw (*adjective*) ghetto uprising. 15. My uncle is in the clothing industry. 16. Before that he had a book(s) store. 17. Once he gave me a Yiddish-English dictionary (=words book). 18. The Yiddish language was born in western Germany. 19. There is a children['s] theater in New York. 20. He is always dreaming of his homeland. 21. There are not many cities in northwestern Australia. 22. It would probably be better to wear your winter coat. 23. I like piano music, but this music is awful (=ugly). 24. I see that you are not a great letter writer. 25. I have never been in the southwestern part of the United States.

B. Write two sentences with each of the following, to include a dative of reference in every sentence:

1. געפֿעלן 2. חלומען זיך 3. אײַנפֿאַלן 4. געראָטן 5. ווײ טאָן
6. אויסמאַכן 7. זײַן וואַרעם 8. זײַן שלעכט.

C. Translate into Yiddish:

1. My friend told me that he would probably buy a new radio. 2. He explained that his old one no longer worked (=already didn't work) well. 3. I knew that he had bought it a long time ago. 4. I was ashamed that I came so late. 5. Our history teacher told us that the Jews had been good artisans, but many were now workers, and many others would perhaps become businessmen. 6. Her leg hurt her very [much]. 7. She thought she would never be able to walk again (=already). 8. I wandered through the streets looking for the house until I finally found it. 9. It was empty and I saw that everybody had left for the weekend. 10. A strange man came out and asked me who I was. 11. I told him that I knew the people well and I had been there many

times. 12. I asked him when they would come back. 13. He believed they would be back on Monday [at the] latest. 14. I saw an interesting movie yesterday. 15. It showed that we had won the war but not the peace. 16. It showed that in times of crisis (קריזיס) there was not always enough work for the factory workers in this country.

EARLY YIDDISH LITERATURE IN AMERICA

Yiddish-speaking immigrants in the United States produced a series of writers and poets who created an original literature on American soil. To us, who appraise literature mostly for its artistic excellence, this early American Yiddish literature may appear somewhat primitive in contrast to later works of Yiddish authors both in this country and abroad. But what it lacks in aesthetic value and universal interest, it makes up by reflecting the life of the immigrants and their struggles in a country that was new and strange to them.

Yiddish literature in America made its beginnings in the 1870's. It developed to a greater extent in the eighties and nineties, when immigrants began arriving from Russia and Austria-Hungary in great numbers and began to work in the sweatshops as clothing workers, cigar makers, and so on. Labor conditions were so cruel that the immigrants had to improve them in order to survive. The struggle for better living conditions was echoed in the poems of the outstanding writer of that period, Morris Rosenfeld.

The character of Rosenfeld's writings attracted the attention of socially-minded intellectuals interested in the living conditions of the immigrants. Many of his poems were translated into English, and soon after into German, Czech, and other languages. But obviously his poetry was most popular among the Yiddish-speaking public. The main outlet for his poems, as well as those of other authors, were the newspapers. These poems were frequently recited also at workers' meetings. Many were set to music, sometimes by the author himself, and taught to the audiences at labor rallies. No poem is more touching, perhaps, than Rosenfeld's song about his little boy (see page 290).

The early literature of the immigrants was largely dominated by socialist-inspired ideals of labor organization; conservative writers turned out to be less articulate. In the poetry of the time there is evident the joy of being, at last, in a country free from Czarist oppression. But the immigrants were struck by the contrast between political freedom and the desperate poverty which was their lot. The Yiddish poets made ample use of the historic Jewish themes of struggle and liberation. The exodus from Egypt and the revolt of the Maccabees, stories well known to every Jew from his traditional education in the old-country *kheyder,* were interwoven with the contemporary problems which he faced. The age-old concepts were mingled with the hopes for an easier life in a happier and more just America.

LESSON 30

דרײַסיקסטע לעקציע

די ל״ו צדיקים

טאָן גוטס, אַז קיינער זאָל ניט וויסן, איז איינע פֿון די גרעסטע מיצוות בײַ ייִדן, און איינע פֿון די שענסטע ייִדישע לעגענדעס איז טאַקע וועגן די ל״ו צדיקים.

דאָס פֿאָלק דערציילט: אין יעדער דור זײַנען דאָ זעקס און דרײַסיק צדיקים. ווען ניט זיי, וואָלט די וועלט ניט געקענט עקסיסטירן. אָבער זיי זײַנען ניט קיין אָפֿענע צדיקים, נאָר באַהאַלטענע. קיינער ווייסט ניט, ווער זיי זײַנען. זיי זײַנען ניט רײַך און ניט געלערנט. זיי זײַנען שוסטערס, שנײַדערס און אַנדערע אָרעמע בעל־מלאָכות וואָס אַרבעטן שווער אויפֿן שטיקל ברויט. אָבער ווען קיינער זעט ניט, טוען זיי גוטס. ווען אַ למד־וואָווניק הערט, אַז עמעצער איז הונגעריק, ברענגט ער אים עפּעס צו עסן. ווען אַן אָרעמאַן דאַרף ערגעץ ווו באַצאָלן דירה־געלט און האָט ניט, ברענגט אים אַ למד־וואָווניק אַ ביסל געלט. ברענגען האָלץ אַ קראַנקער אַלמנה, אײַנהייצן פֿאַר איר דעם אויוון — דאָס איז אַן אַרבעט פֿאַר אַ למד־וואָווניק. אָבער אויב אין שטאָט דערוויסט מען זיך, אַז דאָרטן איז דאָ אַ למד־וואָווניק, גייט ער באַלד אַוועק. קיינער טאָר ניט וויסן, ווער ער איז. ער וויל ניט קיין כּבֿוד פֿאַר העלפֿן אַנדערע. ער וויל ניט, מען זאָל רעדן וועגן אים.

אויף אַ שטילן, גוטן מענטש וואָס טוט גוטס און וויל ניט קיין כּבֿוד זאָגן ייִדן: ער איז אַ למד־וואָווניק.

אין דער לעגענדע וועגן די ל״ו צדיקים זאָגט דאָס פֿאָלק אַרויס דעם גלויבן, אַז ניט אַלע מענטשן זײַנען שלעכטע; עס איז דאָ אויך גוטסקייט אויף דער וועלט — אַ גוטסקייט, פֿאַר וועלכער מען בעט ניט און מען קריגט ניט קיין שׂכר. ייִדן גלייבן אויך, אַז דורך זײַן אַ גוטער מענטש ברענגט מען נעענטער די צײַט, ווען משיח וועט קומען און וועט אויסלייזן די וועלט.

VOCABULARY

דער אויוון stove

אוי׳ס | לייזן to save

אײַ׳נ | הייצן to start a fire in

די אַלמנה [ALMONE] widow

דער אָרעמאַ׳ן poor man

באַהאַלטן (דער באַהאַ׳לטענער) hidden

דאָס גוטס good

די גוטסקייט goodness

דער גלויבן faith

דאָס דירה־געלט [DI'REGELT] rent

דאָס האָלץ wood

דער כּבֿוד [KOVED] honor

ל״ו [LAMED-VOV] thirty-six *(according to the traditional system of designating numbers by letters, explained on p.* 214).

דער למד־וואָווניק [LAMEDVOVNIK] one of the 36 good men

די לעגענדע (ס) legend

עקסיסטירן to exist

דער צדיק (ים) [TSADEK—TSADI'KIM] saintly man

דער שוסטער shoemaker

דער שׂכר [SKHAR] reward

EXERCISES

A. Translate into Yiddish:

1. I was hoping that you would look gay. 2. I became angry, and we quarreled. 3. Instead of working (=to work) he is preparing to leave. 4. When he woke up in the morning he got up immediately (=soon). 5. It occurred to me to treat him to some candy (=good things). 6. Since you have so much strength, we could make good use of you. 7. They invited us to spend the summer with them. 8. I am fond both of Khaim and of Dovid. 9. When I was in Poland before the war I saw many famous synagogues. 10. In the children['s] sanatorium (סאַנאַטאָריע) near Warsaw there were several hundred children, boys and girls. 11. They were students of Yiddish schools in the whole country. 12. How could he win if he hardly tried? 13. I saw her every day except Thursday. 14. I was on the point of writing (איך האָב געהאַלטן בײַ שרײַבן) you a letter to let you know that I was coming.

B. Supply the proper forms of the present participle of the verbs given in parentheses:

1. (צופּאַסן זיך) צו די באַדינגונגען וועט מיר זײַן גרינגער צו וווינען בײַ אײַך. 2. (באַצאָלן) האָב איך געזען, אַז איך האָב ניט גענוג געלט.

278 COLLEGE YIDDISH

3. (דערוויסן זיך) אַז עס איז שוין צו שפעט בין איך אַוועק אַהיים. 4. (אַראָפּגיין) אויף דער גאַס איז ער געפֿאַלן. 5. (פֿאַלן) האָט ער צעבראָכן אַ פֿוס. 6. איך האָב געקויפֿט אַ (שטיין) לאָמפּ. 7. ער איז אַ (לײַדן) מענטש. 8. (פֿאַרבעטן) חיימען צו אונדז האָב איך אים געבעטן, זײַן שוועסטער זאָל אויך קומען. 9. ער איז אַרויס (פֿאַרמאַכן) די טיר. 10. ער האָט געאַרבעט שווער (אויסניצן) אַלץ וואָס ער קען.

C. Translate into Yiddish:

1. This is where I bought my blue suit which you liked so much. 2. This is how much I paid for it. 3. Why did you buy it here, of all places? 4. It was my friend who treated you to all those sweets (=sweet things). 5. I thought that he would bring me a book, but he brought me a pen. 6. It is I who invented this story. 7. It was Peretz, not Mendele, who wrote the story "Seven Years of Plenty" (=Seven Good Years). 8. It's the 18th, that's what date it is.

D. Supply the comparative forms for the adjectives or adverbs given in italics:

1. דאָס קינד לויפֿט *גיך*. 2. מיר וואָלטן געדאַרפֿט פֿאָרן קיין שיקאַגאָ מיט אַ *גיכער* באַן, אָדער פֿליִען. 3. אײַער קינד איז טאַקע אַ *זיס*. 4. אין אָוונט וועל איך אַוודאי זײַן *הונגעריק*. 5. מען קען דאָס מאַכן אויף אַ פּשוטן אופֿן. 6. דו דאַרפֿסט אַראָפּגיין *נידעריק*. 7. איך האָב איצט אַ *לײַכטע* אַרבעט. 8. חיים האָט שוואַרצע האָר. 9. מײַן זיידנס באָרד איז אַ *ווײַסע*. 10. מײַן שוועסטער איז אַ *גליקלעך* מיידל.

E. Rewrite the above sentences, supplying the superlative forms of the same adjectives.

F. Change the singular nouns into the plural and the plural nouns into the singular; make the appropriate changes in the article.

דער הימל	דער שטערן	דער גאַרניטער	דער אַקטיאָר
די ימען	די אַדוואָקאַטן	דער טעאַטער	די שקלאַפֿן
די באַוועגונג	די געסט	דער בית־מדרש	די אינדוסטריע
די קהילות	דער פֿאָטער	די ליטעראַטורן	דער פֿרײַנד
די אַרבעטערס	דער געשעפֿטסמאַן	די בעל־מלאָכות	די רעקלעך
דער מאַרק	די לאָמפּן	די מלאָכות	די תּפֿילות
דער ראַדיאָ	דער פּראָפֿעסאָר	די פֿילמען	דער בעל־הבית
די כּוחות	דער פּויער	דער פֿויגל	
די ביימער	די חיה	דאָס שטעטל	

G. Translate into Yiddish:

1. Avrom knows some songs, but he doesn't want to sing them now. 2. He doesn't know any music. 3. You can go everywhere. 4. Instead of keeping all those clothes for yourselves, could you give us some? 5. Looking for work is easy but finding [it] is difficult. 6. First of all you are demanding too much. 7. And secondly, you are not a good businessman. 8. I don't approve of dancing. 9. By (=With) threatening (*inf.*) one cannot win. 10. Hush! Somebody might notice you.

H. Make conditional sentences out of the following:

1. איך עס ניט, פֿיל איך זיך ניט גוט. 2. ער רעדט ניט מיאוס, האָט מען אים ליב. 3. דו הערסט ראַדיאָ, װײסטו, װאָס עס געשעט אױף דער װעלט. 4. דו קענסט גוט ייִדיש, פֿאַרשטײסטו יעדער װאָרט. 5. דער אַעראָפּלאַן פֿליט נידעריק, זעט מען אים גוט פֿון דאַנען. 6. דער אָרט איז נעענטער, קען איך קומען אַהין גיכער. 7. די גאַנצע קהילה איז קעגן דעם, קען מען עס ניט טאָן. 8. די לידער װאָס דו זינגסט זײַנען גרינגערע, זינג איך זײ אױך. 9. יצחק האַלט ניט פֿון זינגען, זינגט ער ניט די לידער. 10. איך בין געגאַנגען אַזױ גיך װי דו, קלעקט מיר ניט קיין כּוח צו אָטעמען.

I. Conjugate the following verbs in the past, present, and future tenses, the imperative, the conditional, and the form indicating repeated action:

1. מכבד זײַן (איך האָב מכבד געװען) 2. פֿאַרברענגען 3. אױפֿכאַפֿן זיך 4. אױפֿשטײן.

J. Translate into Yiddish:

THE YOUNG MATCHMAKER

1. An old matchmaker had a pupil, a young matchmaker. 2. Where the old matchmaker went, the young one also went, and studied how to make (=speak) a match (שידוך [shIDEkh]). 3. Once the old one told him: 4. "You know, of course, that a matchmaker must always exaggerate (מגזם זײַן [MEGAZEM ZAYN]). 5. For example, if a girl has a thousand rubles, the matchmaker should say that she has three thousand. 6. From now on, when you go with me, always exaggerate what I say. 7. Thus I will see (already), whether you can be a good matchmaker." 8. The young matchmaker

understood this well. 9. Once they came to a Jew to discuss a match (*see sentence* 2) for his son. 10. As always, the old matchmaker started to speak (the) first. 11. (So) he said: "You ought to know that this girl is from a fine family." 12. (So) the young one interrupted him: 13. "From a fine family? An old famous family of rabbis." 14 "And they are rich people." 15. "Rich? [As] rich as Koyrekh (קורח; *cf. p.* 35)." 16. "And the girl is a beautiful girl." 17. "Beautiful? [As] beautiful as the world." 18. "Only one thing," the old one said, "she has a little hunchback (אַ הויקערל)." 19. "A little hunchback?" asked the young one. 20. "A hunchback (אַ הויקער) like a mountain!"

K. Translate into Yiddish:

THE EXCUSE (דער תּירוץ [TERETS]) OF A COACHMAN (דער בעל־עגלה [BALEGOLE])

1. A man (=Jew) had to leave on [a] Monday. 2. (So) he called a coachman on Sunday and ordered him to come for (נאָך) him Monday evening. 3. The coachman arrived exactly (פּונקט) a week later. 4. The Jew was very angry and shouted at (=on) him: 5. "You were supposed to come a week ago (פֿאַר אַכט טאָגן) Monday (you know)! 6. Must I wait for you for a whole week?" 7. The coachman said: 8. "I am not at fault (שולדיק)." 9. "You aren't at fault? Am I at fault?" 10. The coachman said calmly: 11. "You certainly are not, but neither am I. 12. You told me on Sunday to (=that I should) come on Monday; 13. I forgot on Tuesday, and on Wednesday I saw that I would not be able to come on Thursday, and on Friday evening I could not come because of Saturday, and on Sunday I didn't come because you ordered me to come on Monday, so I really came on Monday. 14. (So) what do you want of me?"

REVIEW QUESTIONS

Answer the following questions in English or in Yiddish:

1. Of what value are folk songs in the study of Jewish culture?
2. What are some topics that are treated in Yiddish folk songs?
3. What has been the role of the Jews in regard to so-called "international" folk songs?

LESSON 30

4. Is the borderline between folk songs and formal literature a stable one?
5. How do certain pairs of synonyms provide an insight into the attitudes of Yiddish speakers?
6. What are attitude words?
7. Explain the derivation of קיין עין־הרע.
8. What is the function of diminutives in Yiddish?
9. When are pejorative forms used?
10. When and where did the movement of the *khsidim* begin?
11. What are their opponents called?
12. What are some of the religious ideals of the *khsidim*?
13. Who was Reb Yisroel Bal Shem Tov?
14. What is Reb Nakhmen Bratslaver known for in Yiddish literature?
15. What artistic forms were cultivated by the *khsidim*?
16. In what way does the influence of the *khsidim* extend beyond the immediate sphere of religion?
17. How did the migration to America affect the dialectal speech of the immigrants?
18. What factors motivated the introduction of English words into Yiddish?
19. Which English loanwords are considered legitimate Yiddish words?
20. What is the chief point of interest of early Yiddish literature in America for present-day readers?
21. When did Yiddish literature in America have its beginnings, and when did it develop more substantially?
22. What social conditions are reflected in early Yiddish literature in America?
23. Who was the outstanding poet of that early period?
24. What traditional Jewish themes were utilized by the writers of that time?

פּאַרטיזאַנער־הימען

דאָס ליד האָט געשריבן הירש גליק פֿון ווילנע, וואָס איז געווען אין געטאָ און איז נאָך דעם געוואָרן אַ פּאַרטיזאַנער. די דײַטשן האָבן אים אומגעברענגט. דאָס ליד איז געווען דער הימען פֿון די ייִדישע פּאַרטיזאַנערס אין דער מלחמה קעגן די דײַטשן, און הײַנט זינגען עס ייִדן אין דער גאַנצער וועלט.

זאָג ניט קיין מאָל, אַז דו גייסט דעם לעצטן וועג,
ווען הימלען בלײַענע פֿאַרשטעלן בלאָע טעג.
קומען וועט נאָך אונדזער אויסגעבענקטע שעה,
עס וועט אַ פּויק טאָן אונדזער טראָט: „מיר זײַנען דאָ!“

פֿון גרינעם פּאַלמענלאַנד ביז לאַנד פֿון ווײַסן שניי
מיר קומען אָן מיט אונדזער פּײַן, מיט אונדזער וויי,
און וווּ געפֿאַלן איז אַ שפּריץ פֿון אונדזער בלוט,
שפּראָצן וועט דאָרט אונדזער גבֿורה, אונדזער מוט.

עס וועט די מאָרגנזון באַגילדן אונדז דעם הײַנט,
און דער נעכטן וועט פֿאַרשווינדן מיטן פֿײַנד.
נאָר אויב פֿאַרזאַמען וועט די זון אין דעם קאַיאָר,
ווי אַ פּאַראָל זאָל גיין דאָס ליד פֿון דור צו דור!

געשריבן איז דאָס ליד מיט בלוט און ניט מיט בלײַ.
ס׳איז ניט קיין לידל פֿון אַ פֿויגל אויף דער פֿרײַ —
דאָס האָט אַ פֿאָלק צעווישן פֿאַלנדיקע ווענט
דאָס ליד געזונגען מיט נאַגאַנעס אין די הענט.

טאָ זאָג ניט קיין מאָל, אַז דו גייסט דעם לעצטן וועג,
ווען הימלען בלײַענע פֿאַרשטעלן בלאָע טעג.
קומען וועט נאָך אונדזער אויסגעבענקטע שעה,
עס וועט אַ פּויק טאָן אונדזער טראָט: „מיר זײַנען דאָ!“

VOCABULARY

אוי׳סגעבענקט long-awaited
באַגילדן to cover with gold
דאָס בלײַ lead, lead pencil
בלײַען leaden
די גבֿורה fortitude [GVURE]
גרין green
דאָרט = דאָרטן
דער הימען anthem
די וואַנט (ווענט) wall
וווּ נאָר wherever
דער ווײ pain
דער טראָט step
דאָס לידל little song
די מאָ׳רגנזון morning sun
דער מוט courage

דער נאַגאַ׳ן (type of) pistol
דאָס פּאַ׳למענלאַנד land of palms
דער פּאַראָ׳ל password
דער פּאַרטיזאַנער guerrilla fighter
פּויק: אַ פּויק טאָן to drum out
די פּײַן anguish
פֿאַרזאַמען to miss
פֿאַרשווינדן to disappear
פֿאַרשטעלן to conceal
דער פֿײַנד enemy
פֿרײַ: אויף דער פֿרײַ free
צעווישן = צווישן
דער קאַיאָ׳ר dawn
שפּראָצן to sprout
דער שפּריץ spurt

SUPPLEMENTARY READINGS

The supplementary readings can be taken up after the past and future tenses have been studied, i.e. beginning with lesson 16.

The vocabulary after each reading covers all "passive" words. The words have not been arranged alphabetically, as in the regular lessons, but in the order, and according to the line or stanza, in which they occur.

The Yiddish abbreviation דימינ׳, which will be found after some nouns and adjectives, stands for דימינוטיוו — the diminutive form, which is explained in outline on p. 247.

דער אוצר

פֿון שלום־עליכם (1916—1859)

אויף יענער זײַט באַרג, הינטערן אַלטן בית־מדרש, געפֿינט זיך אַן אוצר.

אַזוי האָט מען געשמועסט בײַ אונדז אין שטעטל.

נאָר קומען צום אוצר איז ניט אַזוי גרינג. אַז אַלע ייִדן אין שטעטל וועלן לעבן בשלום און וועלן זיך נעמען אַלע אים זוכן, דעמאָלט וועט מען אים געפֿינען.

אַזוי האָט מען געשמועסט בײַ אונדז אין שטעטל.

און אַז אַלע ייִדן וועלן לעבן צופֿרידן, עס וועט ניט זײַן קיין קינאה בײַ ייִדן, קיין שׂינאה, קיין קריג, קיין לשון־הרע, קיין רכילות, און מען וועט זיך נעמען אַלע, וועט מען אָפּזוכן דעם אוצר, און אַז ניט — וועט ער אַרײַן טיף־טיף אין דער ערד אַרײַן...

אַזוי האָט מען געשמועסט בײַ אונדז אין שטעטל, און מען האָט אָנגעהויבן זיך צו שפּאַרן. דער האָט געזאָגט: ער דאַרף זײַן דאָ, דער האָט געזאָגט: ער דאַרף זײַן דאָרטן. און מען האָט ניט אויפֿגעהערט צו אַמפּערן זיך און צו ווערטלען זיך, צו זידלען זיך און צו קריגן זיך — וואָס ווײַטער אַלץ מערער, אַלץ שטאַרקער, און אַלץ איבערן אוצר. און דער אוצר... האָט געזונקען, אַלץ טיפֿער און טיפֿער אין דער ערד אַרײַן.

דער אוצר treasure [OYTSER]
1 הינטערן=הינטער דעם
דער בית־מדרש [BESMEDRESh] small synagogue
געפֿי׳נט זיך=איז דאָ
2 געשמועסט: שמועסן=רעדן
4 בשלום in peace [BEShOLEM]
זיך נעמען to set out to
7 צופֿרידן satisfied
די קינאה [KINE] envy, jealousy
8 די שׂינאה [SINE] hatred
די קריג quarrel
דאָס לשון־הרע [LOShN-HORE] vilification
דאָס רכילות [REKhILES] slander
9 אָ׳פּ | זוכן=געפֿינען
אַז ניט=אויב ניט
10 אין דער ערד אַרײַן into the ground
12 שפּאַרן זיך to dispute
13 אַ׳מפּערן זיך to bicker

װערטלען זיך to pass remarks
14 זידלען זיך to cuss
קריגן זיך to quarrel
װאָס װײַטער אַלץ מערער more and more
15 אַלץ איבערן אוצר=דאָס אַלץ װעגן דעם אוצר
געזונקען: זינקען to sink

די מאַלפּע

פֿון שלמה עטינגער (אַרום 1800—1856)

[I] „װײַז מיר כאָטש אײנע צװישן די חיות,
איך זאָל ניט נאָכמאַכן אירע העװיות!”
אַזוי טוט אַ מאַלפּעלע זיך באַרימען
פֿאַר אַ פֿוקס װאָס איז צו איר געקומען.

[II] דאָס פֿיקסל ענטפֿערט תּיכּף צוריק:
„זאָג נאָר, דו פֿאַרשיװע מאַרשעליק:
װעמען װעט אָבער אײַנפֿאַלן אַ גאַנץ יאָר,
ער זאָל ד י ר װעלן נאָכמאַכן אױף אַ האָר?”

די מאַלפּע ape
I כאָטש at least
איך זאָל ניט נאָכמאַכן=װאָס איך קען ניט נאָכמאַכן
נאָ'כ | מאַכן to imitate
העװיות: די העװיה [HAVAYE— -S] grimace
דאָס מאַ'לפּעלע: די מאַלפּע (דימינ')
טוט זיך באַרימען=באַרי'מט זיך
באַרימען זיך to boast
דער פֿוקס fox
II דאָס פֿיקסל: דער פֿוקס (דימינ')
תּיכּף [TEYKEF] immediately
פֿאַרשיװע mean, cheap
דער מאַ'רשעליק clown
אַ גאַנץ יאָר ever
אױף אַ האָר the least bit

אַ טאָג אין אלול

פֿון מענדעלע מוכר־ספֿרים (1834—1917)

אַ טאָג איז דעמאָלט געװען זײער אַ שײנער, װי עס גיט זיך אױס אַ מאָל אין אלול, אײנער פֿון די געשענקטע טעג. נאָך גאַנץ פֿרי האָט פֿון איר געצעלט דאָרט בײַם עק הימל אַרױסגעשײַנט די זון מיט איר ליכטיק פּנים און, צעטרײַבנדיק ביסלעכװײַז דעם פֿריש קילבלעכן טומאַן, זיך געשפּיגלט אין טױטראָפּנס װאָס האָבן געפֿינקלט, געשפּילט אין אַלערלײ קאָלירן װי די בריליאַנטן. די שאָטנס רוקן זיך מיט דרך־ארץ טריט בײַ טריט אַלץ צוריק און װאָס װײַטער, װײַטער װערט העלער און העלער. פֿרײלעך סװישטשען די װאָרבײטשיקעס, אונטערשפּרינגענדיק מיט די דינע פֿיסלעך אױף די דעכער, אױף די פּלױטן. דאָס — לױפֿן זײ זיך צוזאַמען, עפּעס אַמפּערט מען זיך איבער אַ קערנדל, עפּעס שמועסט דאָ קהל װעגן אַ װיכטיקער זאַך; און דאָס — צעלױפֿן זײ זיך אין באַ־

זונדערע פּאָרלעך, טאַנצנדיק איטלעכער אַקעגן זײַן באַשערטער, וויטען זיך, האַלדזן זיך, ליובען זיך, צאַפּלען, פֿלאַטערן מיט די פֿליגעלעך — און פּיק, פּיק אין קעפּל... מעקענדיק לויפֿן פּלוצלינג ציגן פֿון אַלע געסלעך אַהין, ווו עס פֿאַרקלײַבט זיך די טשערעדע; פֿון דאָרטן גייט זי אויפֿן גאַנצן טאָג אַוועק אין פֿעלד אַרײַן. די קי רירן זיך פּאַמעלעך, מיט סטאַטיק, ווי פֿײַנע בעל־הביתטעס, רויִק, שטיל, נאָר עטלעכע פֿאַרדרייען אַהינטער די קעפּ און לאָזן אַרויס אַ קײִיש נאַרישן „מע" גלאַט אַזוי זיך, אַ גרוס דעם גאַנצן שטעטל ייִדן, אָדער אַ „זײַ געזונט" די פֿאַרבליבענע קעלבלעך. שאָקלענדיק זיך פֿון איין זײַט אויף דער אַנדערער פֿירט דער גאָנער זײַן גאַנץ געזינדל יונגע גענדזלעך, בלאָזט פֿון זיך אַ שרעק, גאָגאָטשעט און לאָזט זיך מיט דער קאָמפּאַניע אַראָפּ אַהין צום וואַסער.

אלול [ELEL] the 12th month in the Jewish calendar, coinciding with September and October

1 גיט זיך אויס: אויסגעבן זיך to happen

2 געשענקטע=געשאָנקענע

גאַנץ=זייער

דאָס געצע׳לט tent

3 דער עק end

צעטרײַ׳בנדיק: צעטרײַבן to scatter

4 בײ׳סלעכווײַז gradually

פֿריש fresh

קילבלעך: קיל (דימינ׳)

(קיל cool)

דער טומאַ׳ן mist

געשפּיגלט: שפּיגלען זיך to be reflected

טויטראָפּנס: דער טויטראָפּן dew drop

5 געפֿינקלט: פֿינקלען to glitter

אַלערליי׳ all kinds of

קאָלירן: דער קאָליי׳ר color

בריליאַנטן: דער בריליאַ׳נט diamond

6 שאָטנס: דער שאָטן shadow

רוקן זיך to move

דער דרך־ארץ [DERKhERETS] respect

טריט בײַ טריט step by step

וואָס ווײַטער . . . אַלץ העלער brighter and brighter

7 סווישטשען to chirp

וואָראָביי׳טשיקעס: דער וואָראָבייטשיק sparrow

8 או׳נטערשפּרינגענדיק: אונטערשפּרינגען to hop

דינע: דין thin

פֿיסלעך: פֿיס (דימינ׳)

דעכער: דער דאַך roof

פּלויטן: דער פּלויט fence

9 דאָס . . . דאָס now . . . now

עפּעס=דאַכט זיך

אַמפּערט: אַ׳מפּערן זיך to bicker

דאָס קע׳רנדל grain

10 קהל [KOOL] the people of the community

צעלויפֿן זיך to scatter

באַזונדער separate

11 פּאָרלעך: דאָס פּאָרל couple

אי׳טלעכער=יע׳דערער

אַקעגן opposite

די באַשערטע beloved

וויטען זיך to greet each other

12 האַלדזן זיך to embrace

ליובען זיך to make love

צאַפּלען to wiggle

פֿלאַ׳טערן to flutter

פֿלי׳געלעך: פֿליגלען (דימינ׳)

(דער פֿליגל wing)

13 קעפּל: דער קאָפּ (דימינ׳)

מע׳קענדיק: מעקען to bleat

ציגן: די ציג goat

געסלעך: גאַסן (דימינ׳)

14 פֿאַרקלײַבט: פֿאַרקלײַבן זיך to gather

די טשע׳רעדע herd

15 דאָס פֿעלד field

קי: די קו cow

רירן זיך to move

פּאַמעלעך slowly

דער סטאַטיק dignity

בעל־הביתטעס: די בעל־הביתטע [BALEBOSTE—-s] lady of status

16 פֿאַרדרייען to turn
אַהינטער backwards
קיִיש cowlike
17 גלאַט אַזוי זיך without reason
דער גרוס greeting, hello
זײַ געזונט=אַ גוטן טאָג
18 פֿאַרבלײַבענע: פֿאַרבלײַבן remaining
שאָ׳קלענדיק: שאָקלען זיך to rock
19 דער גאָנער gander
דאָס גענזינדל: דאָס גענזינד (דימינ׳)
(דאָס גענזינד=די משפּחה)
גענדזלעך: גענדז (דימינ׳)
(די גאַנדז goose)
בלאָזט: בלאָזן פֿון זיך (*literally*) to blow air; (*metaphorically*) to put on airs
20 אַ שרעק=שרעקלעך
גאַגאָטשעט: גאַגאָטשען to gaggle
לאָזט זיך אַראָפּ: אַראָפּלאָזן to descend
די קאָמפּאַניע company

מײַן ייִנגעלע

פֿון מאָריס ראָזענפֿעלד (1862—1923)

[I] איך האָב אַ קליינעם ייִנגעלע,
אַ זונעלע גאָר פֿײַן.
ווען איך דערזע אים, דאַכט זיך מיר,
די גאַנצע וועלט איז מײַן.

[II] נאָר זעלטן, זעלטן זע איך אים,
מײַן שיינעם, ווען ער וואַכט;
איך טרעף אים תּמיד שלאָפֿנדיק,
איך זע אים נאָר בײַ נאַכט.

[III] די אַרבעט טרײַבט מיך פֿרי אַרויס
און לאָזט מיך שפּעט צוריק;
אָ, פֿרעמד איז מיר מײַן אייגן לײַב,
אָ, פֿרעמד מײַן קינדס אַ בליק!

[IV] איך קום צעקלעמטערהייט אַהיים,
אין פֿינצטערניש געהילט.
מײַן בלייכע פֿרוי דערציילט מיר באַלד,
ווי פֿײַן דאָס קינד זיך שפּילט,

[V] ווי זיס עס רעדט, ווי קלוג עס פֿרעגט:
„אָ, מאַמע, גוטע מאַ,
ווען קומט און ברענגט אַ פּעני מיר
דער גוטער, גוטער פּאַ?“

[VI] איך שטיי בײַ זײַן געלעגערל
און זע און הער, און—שאַ!
אַ טרוים באַוועגט די ליפּעלעך:
„אָ, וווּ איז, וווּ איז פּאַ?“

[VII] איך קוש די בלויע אייגעלעך,
זיי עפֿנען זיך „אָ קינד!״
זיי זעען מיך, זיי זעען מיך
און שליסן זיך געשווינד.

[VIII] „דאָ שטייט דײַן פּאַפּאַ, טײַערער,
אַ פּענילע דיר נאַ!״
אַ טרוים באַוועגט די ליפּעלעך:
אָ. ווּ איז, ווּ איז פּאַ?״

[IX] איך בלײַב צעווייטיקט און צעקלעמט,
פֿאַרביטערט, און איך קלער:
ווען דו וואַכסט אויף אַ מאָל, מײַן קינד,
געפֿינסטו מיך ניט מער.

דאָס יִנגעלע: דאָס יִנגל (דימינ׳)
I דאָס זו׳נעלע: דער זון (דימינ׳)
גאָר פֿײַן = זייער אַ פֿײַנס
דערזע׳: דערזע׳ן = זען
מײַן = מײַנע
II זעלטן rarely
וואַכט: וואַכן to be awake
טרעף: טרעפֿן = געפֿינען
תּמיד [TOMED] always
III מײַן אייגן לײַב = מיין קינד
(דאָס לײַב flesh)
מײַן קינדס אַ בליק a glance from my child
IV צעקלע׳מטערהייט depressed
דאָס פֿי׳נצטערניש darkness
געהי׳לט: הילן to wrap
בלייך pale

V דער פּעני penny
VI דאָס געלע׳גערל (דימינ׳) bed
דער טרוים = דער חלום
באַווע׳גט: באַוועגן to move
די לי׳פּעלעך: די ליפּן (דימינ׳)
VII די איי׳געלעך: די אויגן (דימינ׳)
עפֿנען זיך = עפֿענען זיך
שליסן זיך = פֿאַרמאַכן זיך
געשווי׳נד = גיך
VIII דאָס פּענילע: דער פּעני (דימינ׳)
נאַ דיר = איך גיב דיר
IX צעווייטיקט pained
צעקלע׳מט depressed
פֿאַרבי׳טערט embittered
קלער: קלערן = טראַכטן
וואַכסט אויף: אויפֿוואַכן = אויפֿכאַפּן זיך

זאַמד און שטערן

פֿון שמעון פֿרוג (1916—1860)

[I] עס שײַנט די לבֿנה, עס גלאַנצן די שטערן;
די נאַכט שוועבט אויף באַרג און אויף טאָל.
דאָס אַלטיטשקע ביכעלע ליגט פֿאַר מיר אָפֿן,
איך לייען עס, לייען עס טויזנטער מאָל.

[II] איך לייען די הייליקע, טײַערע ווערטער;
מיר הערט זיך אַ שטימע: „איך שווער,

מײַן פֿאָלק, דו וועסט זײַן ווי די שטערן אין הימל,
ווי זאַמד אויפֿן ברעג פֿונעם מער!״

[III] רבונו־של־עולם! עס ווערט ניט פֿאַרפֿאַלן
פֿון דײַנע הבֿטחות קיין איין איינציק וואָרט:
מקוים מוז ווערן דײַן הייליקער ווילן,
אַלץ קומט אין זײַן צײַט, אויף זײַן אָרט.

[IV] און איינס איז שוין טאַקע מקוים געוואָרן—
דאָס פֿיל איך, דאָס ווייס איך געוויס:
מיר זײַנען געוואָרן ווי זאַמד וואָס איז הפֿקר,
וואָס יעדערער טרעט מיט די פֿיס...

[V] יאָ, גאָטעניו, אמת, ווי זאַמד און ווי שטיינער,
צעשפּרייט און צעוואָרפֿן אויף שאַנד און אויף שפּאָט...
נו, אָבער די שטערן די ליכטיקע, קלאָרע—
די שטערן, די שטערן, ווו זײַנען זיי, גאָט?

דאָס זאַמד sand
I גלאַנצן to glisten
שוועבט: שוועבן to float
דער טאָל valley
אַ׳לטיטשקע: אַלטע (דימינ׳)
דאָס בי׳כעלע: דאָס בוך (דימינ׳)
II מיר הערט זיך=איך הער
די שטימע voice
איך שווער: שווערן to swear
דאָס מער=דער ים (*obsolete*)
III רבונו־של־עולם [REBO'YNE-SHEL-OYLEM] Lord of the World
ווערט פֿאַרפֿאַלן: פֿאַרפֿאַלן ווערן to be lost

הבֿטחות: די הבֿטחה [HAFTOKHE— -S] promise
איינציק single
מקוים ווערן [MEKUYEM] to materialize; to be done
דער ווילן will
IV געווי׳ס=זיכער
הפֿקר [HEFKER] stray, ownerless
טרעט: טרעטן to trample
V גאָ׳טעניו=גאָט (*endearing*)
שטיינער: דער שטיין stone
צעשפּריי׳ט dispersed
צעוואָרפֿן scattered
אויף שאַנד און אויף שפּאָט in disgrace and humiliation

איך בין געגאַנגען

פֿון אַבֿרהם רייזען (1876—1953)

[I] איך בין געגאַנגען אין דעם שטילן פֿעלד,
עס האָט דער צער מיך ווײַט געטריבן,
ביז וואַנען איך בין שטיין געבליבן:
איך האָב דערהערט דעם טרויער פֿון דער וועלט.

[II] ס׳איז שטיל געווען, דאָך האָב איך דערהערט,
ווי עמעצער איז שטיל אַרומגעגאַנגען,

און פֿול געוואָרן איז די לופֿט מיט קלאַנגען,
און שטיל געטרויערט האָט די גאַנצע ערד.

[III] און אָט איז נאַכט געוואָרן. די לבֿנה הויך —
איך ווייס ניט ווי אַזוי, פֿון וואַנען —
איז אויפֿן הימל ציטערדיק געשטאַנען
און האָט געטרויערט, דאַכט זיך, אויך.

[IV] און וואָס די גאַנצע וועלט האָט דורכגעלעבט,
אין אַלע אירע צײַטן דורכגעליטן,
האָט שטיל פֿאַרבײַ מיר דורכגעריטן
און דורכגעקלונגען, דורכגעשוועבט . . .

I דאָס פֿעלד field
דער צער [TSAR] sorrow
ביז וואַנען=ביז
שטיין געבליבן: בלײַבן שטיין
דערהע׳רט: דערהערן=הערן
דער טרויער grief
II געוועזן=געווען
דאָך yet
קלאַנגען: דער קלאַנג sound
געטרויערט: טרוי׳ערן to grieve

III אָט=דעמאָלט
ווי אַזוי=ווי
צי׳טערדיק trembling
IV דורכ־ | (*adverbial complement*) by, through
פֿאַרבײַ׳ along, past
דו׳רכגעריטן: רײַטן to ride
דו׳רכגעקלונגען: קלינגען to ring
דו׳רכגעשוועבט: שוועבן to float

די פֿרומע קאַץ

פֿון יצחק לייבוש פּרץ (1915—1852)

דרײַ זינגפֿייגעלעך זײַנען געווען אין איין הויז, און אַלע דרײַ, איינס נאָכן צווייטן, האָט די קאַץ צו רעכט געמאַכט.

עס איז ניט געווען קיין פּשוטע קאַץ, נאָר אַן אמת, אמת פֿרומע נשמה. צען מאָל אַ טאָג האָט זי זיך געוואַשן, און געגעסן האָט זי שטיל, ערגעץ אין אַ זײַט, אין אַ ווינקעלע. אַ גאַנצן טאָג האָט זי איבערגעביסן עפּעס מילכיקס, און ערשט אַז די נאַכט איז צוגעפֿאַלן האָט זי געגעסן פֿלייש, כּשר מויזנפֿלייש.

און ניט געכאַפּט און געשלונגען, ווי פֿרעסערס טוען; נאָר בנעימותדיק, שפּילנדיק. זאָל דאָס מײַזל לעבן נאָך אַ רגע, נאָך אַ רגע . . . זאָל עס אַ ביסל אַרומטאַנצן, ווידוי זאָגן — אַ פֿרומע קאַץ כאַפּט ניט . . .

אַז מען האָט אין הויז אַרײַן דעם ערשטן זינגפֿויגל געבראַכט, האָט זי אויף דעם באַלד רחמנות געקראָגן: „אַזאַ שיינס,” זיפֿצט זי, „אַזאַ קליין פֿייגעלע זאָל קיין עולם־הבא ניט האָבן!”

און עס קען קיין עולם־הבא ניט האָבן, איז זיכער די קאַץ. ערשטנס, אַז מען האָט עס אַרײַנגעזעצט אין אַ שטײַג איז עס אַ חיה־רעה, כאָטש אַ יונג, זיס און

פֿײַן פֿייגעלע. מסתּמא האָלט עס שוין מער פֿון דינאַמיט ווי פֿון שולחן־ערוך.

און צווייטנס, דאָס זינגען אַלײן! דאָס אויסגעלאָסענע זינגען, דאָס פֿײַפֿן, דאָס קוקן אָן דרך־ארץ אין הימל אַרײַן; צי איז אַ מאָל אַ קאַץ אין אַ שטײַג געזעסן? צי האָט אַ מאָל אַ קאַץ אַזוי געפֿײַפֿט?

און אַ שאָד, וויינט דאָס האַרץ אין דער פֿרומער קאַץ. עס איז דאָך אַ לעבעדיקע זאַך, אַ טײַערע נשמה. און וואָס מער עס לעבט, אַלץ מער זינדיקט עס, אַלץ גרעסער וועט זײַן די שטראָף!...

האַ! און אַ הייליק פֿײַער האָט זיך אָנגעצונדן אין דער קאַץ; און זי איז אַרויפֿגעשפּרונגען אויפֿן טיש, וווּ די שטײַג מיטן זינגפֿייגעלע איז געשטאַנען, און —

עס פֿליִען שוין פֿעדערן אין צימער...

*

מען האָט די קאַץ געשלאָגן... זי האָט פֿרום געמיאַוטשעט: מער וועט זי שוין ניט זינדיקן.

מען האָט זי געשלאָגן, פֿאַרשטייט די פֿרומע קאַץ, ווײַל אויפֿן טישטעך זײַנען געבליבן פֿלעקן פֿון בלוט. אַזאַ זאַך מוז מען טאָן גוט, שטיל און פֿרום, עס זאָל קיין פֿעדער ניט פֿליִען, קיין טראָפּן בלוט ניט פֿאַלן.

און — אַז מען האָט דעם צווייטן זינגפֿויגל געקויפֿט און אין הויז געלאָזט, האָט זי אים שוין שטיל און פֿײַן דערוואָרגן און מיט די פֿעדערן צוזאַמען אַראָפּגעשלונגען...

*

מען האָט די קאַץ געשמיסן...

איצט האָט די קאַץ פֿאַרשטאַנען, אַז ניט וועגן די פֿעדערן גייט עס, ניט וועגן פֿלעקן פֿון בלוט אויפֿן טישטעך. דער סוד איז, אַז מען טאָר ניט טייטן! אַז מען דאַרף ליב האָבן, מוחל זײַן...

און די קאַץ פֿילט, ווי עס וואַקסט אין איר דאָס האַרץ פֿון שׂימחה. אויס אַלטע, שלעכטע צײַטן! אויס בלוט פֿאַרגיסן! רחמנות, רחמנות, און נאָך אַ מאָל רחמנות...

און מיט רחמנות איז זי צוגעגאַנגען צום דריטן קאַנאַריק.

„האָב ניט מורא,״ זאָגט זי מיט דער ווייכסטער שטים וואָס איז אַ מאָל אַרויס בײַ אַ קאַץ פֿון האַלדז, „זינדיק ביסטו, נאָר איך וועל דיר קיין שלעכטס ניט טאָן, ווײַל איך האָב רחמנות אויף דיר. אַפֿילו די שטײַג וועל איך ניט עפֿענען, איך וועל דיך אַפֿילו ניט אָנרירן!

„דו שווײַגסט? — זייער גוט! איידער מיאוסע לידער צו זינגען איז שוין בעסער שווײַגן!

„דו צאַפּלסט? — נאָך בעסער! צאַפּל, צאַפּל, מײַן קינד. נאָר ניט פֿאַר מיר. פֿאַר גאָט צאַפּל, פֿאַר זײַן ליבן נאָמען! איך וועל דיר העלפֿן צאַפּלען. פֿון מײַן פֿרומע נשמה וועל איך אָטעמען אויף דיר מיט שטילקייט, זיסקייט און פֿרומקייט...״

און די קאַץ פֿילט, ווי גוט עס איז מוחל צו זײַן, און עס וואַקסט דאָס פֿרימסטע האַרץ אין דער פֿרימסטער ווײַסער קאַץ—

נאָר דער קאַנאַריק קען אין דער קאַצנלופֿט ניט אָטעמען—

עס האָט אים דערשטיקט!

די קאַץ cat

1 זי׳נגפֿייגעלעך: זי׳נגפֿייגל (דימינ׳)
(דער זי׳נגפֿויגל canary)

2 צו רעכט מאַכן to finish off, to kill

3 די נשמה [NEShOME] soul

4 ערגעץ=ערגעץ ווו

5 ווי׳נקעלע: דער ווינקל (דימינ׳)
(דער ווינקל corner)
אי׳בערגעביסן: אי׳בערבײַסן
to have a bite
מילכיקס dairy food
ערשט=נאָר דעמאָלט

6 צו׳געפֿאַלן: צו׳פֿאַלן to fall
דאָס מוי׳זנפֿלייש mouse meat
(די מויז mouse)
(דאָס פֿלייש meat)

7 געשלונגען: שלינגען to swallow, to gobble down
פֿרעסערס: דער פֿרעסער glutton
בנעימותדיק [BENEI'MESDIK] gracefully

8 דאָס מײַזל: די מויז (דימינ׳)
די רגע [REGE] moment

9 ווידוי [VIDE] confession of sins before death

11 רחמנות געקראָגן=רחמנות געהאַט
זיפֿצט: זיפֿצן to sigh
עולם־הבא [OYLEM-HABE] the world to come; a share in the world to come

14 די שטײַג cage
די חיה־רעה [KhAYE-ROE] wild beast

15 דער דינאַמי׳ט dynamite
דער שולחן־ערוך [shULKhN-OREKh] the prescriptions of Jewish ritual

16 אוי׳סגעלאַסענע: אוי׳סגעלאַסן lewd
פֿײַפֿן to whistle

17 דרך־ארץ [DERKhERETS] respect

19 אַ שאָד a pity
דאָס האַרץ heart
לע׳בעדיקע: לע׳בעדיק live

20 וואָס מער ... אַלץ מער the more ... the more
זינדיקט: זי׳נדיקן to sin

21 די שטראָף punishment

22 דאָס פֿײַער fire

25 פֿע׳דערן: די פֿעדער feather

26 געמיאַוטשעט: מיאַוטשען to mew

28 דער טישטעך tablecloth

29 פֿלעקן: דער פֿלעק spot

30 דער טראָפּן drop

32 דערוואָרגן: דערווערגן to strangle

34 געשמיסן: שמײַסן to whip

35 ניט וועגן פֿעדערן גייט עס=ניט וועגן פֿעדערן רעדט מען

36 דער סוד [SOD] secret
טייטן to kill

37 מוחל זײַן [MOYKhL] to forgive

38 אויס no more

39 פֿאַרגיסן to spill

41 דער קאַנאַריק=דער זינגפֿויגל

42 די שטים voice

43 דער האַלדז throat
זינדיק sinful
דאָס שלעכטס wrong

48 צאַפּלט: צאַפּלען to wince

49 זײַן ליבער נאָמען=גאָט

50 די שטילקייט quiet
די זיסקייט sweetness

51 די פֿרומקייט piety

54 די קאַצנלופֿט cat air

55 דערשטי׳קט: דערשטיקן to choke to death

אין וואַרשעווער געטאָ איז חודש ניסן

פֿון בינעם העלער (געבוירן 1908)

[I] אין וואַרשעווער געטאָ איז איצט חודש ניסן.
אויף כּוסות פֿון באָרשט און אויף מצות פֿון קלײַען
דערציילט מען אויף ס'נײַ די אַמאָליקע נסים,
ווי ס'ייִדישע פֿאָלק איז אַרויס פֿון מצרים.
ווי אַלט איז די מעשׂה, ווי אַלט איז דער ניגון!
נאָר איצט בײַ פֿאַרהאַנגענע פֿענצטער דער סדר
גייט אָן, און צעמישט ווערט דער אמת און ליגן,
אַז שווער איז זיי ביידע פֿונאַנדערצושיידן.
כּל־דכפֿין בײַ פֿענצטער פֿאַרשטעלטע און טירן,
כּל־דכפֿין און — ס'שרײַען פֿון הונגער די קינדער,
כּל־דכפֿין בײַ ליידיקע פּסח־מכשירים,
כּל־דכפֿין און — ס'כליפּען די זקנים די בלינדע.

[II] אין וואַרשעווער געטאָ איז איצט חודש ניסן.
מײַן מאַמע טוט אָן אויף איר פּנים דעם שמייכל.
די ליפּן וואָס זײַנען פֿון הונגער פֿאַרביסן,
פֿון יום־טובֿ זיי ווערן איצט מילדער און ווייכער,
די אויגן בײַ איר הייבן ווידער אָן שײַנען,
אַזוי ווי אַ מאָל, אין פֿאַרגאַנגענע יאָרן,
און ס'שוימען אין זיי אויף די ראָזשינקע־ווײַנען
פֿון יענע פֿאַרגאַנגענע, ווײַטע סדרים.
נאָר פּלוצלינג וואַקסט אָן אין זיי גרויליקער חידוש,
מיט שטוינונג צעשטרעקט זי די הענט אירע פֿרומע:
אַנשטאָט אָנצוהייבן דעם סדר מיט קידוש—
די זין הייבן אָן שפֿוך־חמתך צו ברומען...

[III] אין וואַרשעווער געטאָ איז איצט חודש ניסן.
און פֿול שטייט דער כּוס אליהו הנבֿיאס.
נאָר ווער האָט דעם סדר דאָ איבערגעריסן?
געקומען איז טרינקען דער מלאך־המוות...
ווי שטענדיק — די דײַטשישע שפּראַך פֿון מושטירן,
ווי שטענדיק — די שפּראַך פֿון באַפֿעלערס געניטע,
ווי שטענדיק — זיי זײַנען געקומען דאָ פֿירן
אַ טייל פֿונעם ייִדישן פֿאָלק צו דער שחיטה...
נאָר ניין, ס'וועט די געטאָ ניט הערן מער ס'זידלען
פֿון נאַציס וואָס פֿירן אַפּ ייִדן געהעצטע.

מיט בלוט וועט מען ווידער באַשמירן די שטידלען—
מיט בלוט פֿון די פֿרײַע, מיט בלוט פֿון די לעצטע.

[IV] אין וואַרשעווער געטאָ איז איצט חודש ניסן.
פֿון שכן צו שכן ווערט איבערגעגעבן:
דאָס דײַטשישע בלוט זאָל ניט אויפֿהערן גיסן,
כּל־זמן ס׳וועט אַ ייִד אין דער געטאָ נאָך לעבן!
פֿאַר זיי זאָל אין אויגן ניט זײַן קיין הכנעה,
פֿאַר זיי זאָל אין אויגן ניט זײַן מער קיין טרערן,
נאָר שׂינאה און שוים פֿון דער ווילדער הנאה
פֿון שטיין זיי אַנטקעגן, פֿון קענען זיך ווערן!
אָט הער, ווי עס הילכן אין חצות אָפּ די שאָסן,
אָט הער, ווי דער טויט גייט אויף בלוטיקע שפּורן,
אָט הער: די געשיכטע ווערט איצטער פֿאַרשלאָסן
מיט העלדישן אומקום פֿון ליל־השימורים...

I ניסן the 7th month in the Jewish calendar during which Passover occurs, and during which the Warsaw ghetto uprising began

כּוסות: דער כּוס [KOS—KOYSES] wine glass

דער באָרשט beet soup

מצות: די מצה [MATSE— -S] unleavened Passover bread

די קלײַען bran

אויף ס׳נײַ anew

אַמאָליק of old

ס׳ייִדישע=דאָס ייִדישע

מצרים [MITSRAIM] Egypt

דער ניגון [NIGN] melody

פֿאַרהאַנגען draped over

דער סדר [SEYDER] festive Passover meal

גייט אָן: אָנגיין to go on

צעמי׳שט confused

פֿונאַנדערצושיידן=אָ׳פּצוטיילן

כּל־דכפֿין [KOL-DIKhFIN] all the hungry (*a passage in the Passover ritual beginning*: *"Let all the needy come and eat . . ."*)

פֿאַרשטע׳לט: פֿאַרשטעלן to block

ס׳שרײַען=עס שרײַען

ליי׳דיקע=פּוסטע

מכשירים: דער מכשיר [MAKhshER—MAKhshIRIM] vessel

כליפּען to sob

זקנים: דער זקן [ZOKN—SKEYNIM] old man

בלינד blind

II דער שמייכל smile

פֿאַרביסן tight

מילדער: מילד gentle

פֿאַרגאַנגען past

ס׳שוימען אויף: אויפֿשוימען to froth

ראָ׳זשינקע־ווײַנען: דער ראָ׳זשינקע־ווײַן raisin wine

סדרים (*plural of* סדר) [SDORIM]

וואַקסט אָן: אָנוואַקסן to appear

גרוייליק dreadful

דער חידוש [KhIDESh] surprise

די שטוינונג amazement

צעשטרע׳קט: צעשטרעקן to stretch out

קידוש [KIDESh] the benediction over wine

שפֿוך־חמתך [shFOYKh-KhAMOSKho] pour out Thy wrath (*a famous passage in the Passover ritual*)

ברומען to hum

III דער מלאך־המוות [MALEKhAMOVES] Angel of Death

שטענדיק=אַלע מאָל
דײַ׳טשישע=דײַטשע
מושטירן to drill
באַפֿעלערס: דער באַפֿעלער taskmaster
געניט experienced
די שחיטה [shKhITE] slaughter
ס׳וועט=עס וועט
ס׳זידלען=דאָס זידלען invective
פֿירן אָפּ: אָפּפֿירן to lead off
געהעצט hunted
באַשמירן to smear
שטידלען: דער שטידל doorpost
IV דער שכן [shoKhN] neighbor
ווערט איבערגעגעבן
the word is being passed
גיסן to run
כּל־זמן [KOLZMA'N] as long as

די הכנעה [HAKhNOE] humility
טרערן: די טרער tear
די שׂינאה [SINE] hatred
דער שוים froth
ווילד wild
די הנאה [HANOE] thrill
שטיין אַנטקעגן to oppose
ווערן זיך to defend oneself
הילכן אָפּ: אָפּהילכן to resound
דער חצות [KhTSOS] midnight
שאָסן: דער שאָס shot
בלוטיק bloody
שפּורן: די שפּור track
ווערט פֿאַרשלאָסן is being sealed
דער אומקום death
ליל־השימורים [LEYL-HAShIMURIM]
Passover night

עקזעקוציע[1]

פֿון אַבֿרהם סוצקעווער (געבוירן 1913)

[I] גראָב איך אַ גרוב ווי מען דאַרף, ווי מען הייסט!
זוך איך בעת־מעשׂה אין דר׳ערד אויך אַ טרייסט.

[II] אַ גראָב און אַ שניט, און אַ ווערעמל קליין
נעמט צאַפּלען פֿון אונטן — דאָס האַרץ קען צעגיין.

[III] צעשנײַדט אים מײַן רידל, און — ווונדער דערבײַ:
צעשניטענערהייט ווערן צוויי, ווערן דרײַ.

[IV] און ווײַטער אַ שניט, ווערן דרײַ, ווערן פֿיר;
און אַלע די לעבנס באַשאַפֿן דורך מיר?

[V] קומט ווידער די זון אין מײַן טונקל געמיט
און אַ גלויבן נעמט שטאַרקן מײַן אָרעם:

[VI] אויב אַ ווערעמל גיט זיך ניט אונטער דעם שניט,
ביסטו ווינציקער דען פֿון אַ וואָרעם?

די עקזעקוציע execution
I גראָב: גראָבן to dig
דער גרוב pit

בעת־מעשׂה [BEYS-MA'YSE]
meanwhile
אין דר׳ערד=אין דער ערד

[1] בעת דער מלחמה האָבן די דײַטשן געהייסן אַ סך ייִדן גראָבן זייערע אייגענע קבֿרים (graves [KVORIM]) איידער מען האָט זיי אומגעברענגט.

די טרייסט consolation

II אַ גראָב און אַ שניט=איך גראָב און
איך שנייַד (שנייַדן to cut)

דאָס וועירעמל: דער וואָרעם (דימינ׳)

דער וואָרעם worm

נעמט=הייבט אָן

צאַפּלען to wiggle

צעגיי׳ן to melt

III צעשנייַ׳דט: צעשנייַדן to cut up

דער רידל spade

וווּנדער דערבייַ=עס געשעט אַ נס

צעשניטענערהייט=ווען מען האָט עס
צעשניטן

IV באַשאַפֿן=געשאַפֿן

דורך by

V טונקל=פֿינצטער

דאָס געמי׳ט mood

דער גלויבן faith

שטאַרקן=מאַכן שטאַרק

דער אָרעם arm

VI גיט זיך אונטער: אונטערגעבן זיך
to surrender

דער שניט cutting

ווי׳נציקער=ווייניקער

דען *adverb expressing doubt*

SYNOPSIS OF GRAMMAR

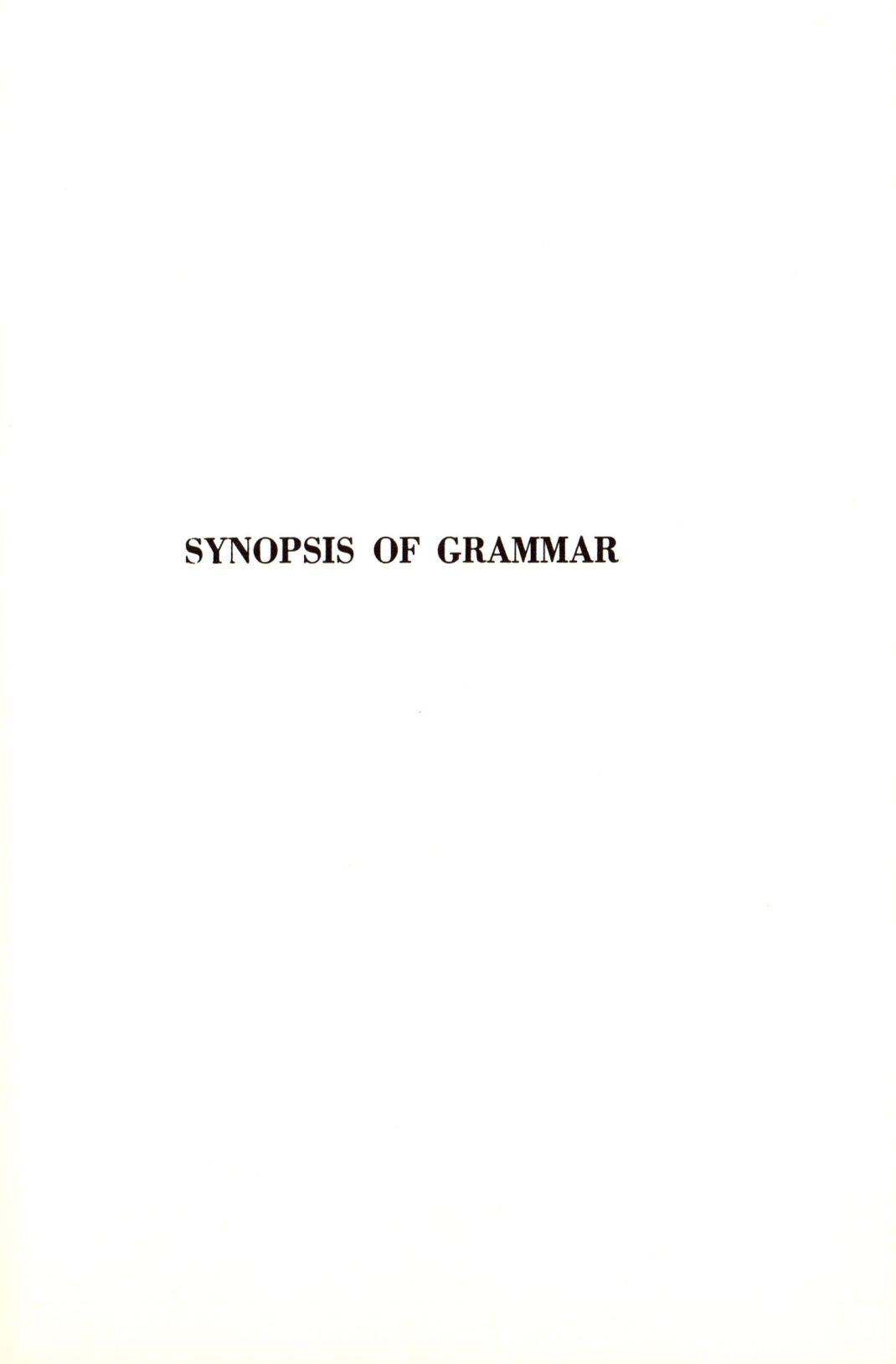

MORPHOLOGY

A. NOUNS

1. Gender.

The gender of Yiddish nouns is expressed by the definite article which accompanies the nouns. There are three genders: masculine, feminine, and neuter. Nouns denoting male beings are usually masculine; those denoting female beings are usually feminine. The gender of nouns which denote inanimate objects cannot always be inferred with certainty either from the meaning or the form of the word. The correct article must therefore be memorized with each new noun.

On articles, see par. 6 below.

2. Plural.

There are several types of plural formation in Yiddish. The type of plural which a given noun takes cannot always be inferred from the singular form of the noun or from its gender. Therefore the plural ending, just like the article, must be memorized with each noun.

The following list classifies all nouns of the active word list according to the type of plural which they take.

a. Plural in ן— or ען—.

דער אַדוואָקאַ׳ט
דער אָונט
דאָס אויג
דער אויער
דער אויפֿשטאַנד
דער אוניווערסיטע׳ט
דער אידעאַ׳ל
דער אינזשעני׳ר
דער אַעראָפּלאַ׳ן (ען)
דער אַקטיאָ׳ר
די אַרבעט
די באַדינגונג (ען)
די באַוועגונג (ען)
די באַן (ען)

די באַק
דער בילע׳ט
די בעט
די גאַס
דער דאָלאַר
דער דײַטש
דער הימל (ען)
די העלפֿט
די העפֿט
די וואָך
דער וועג
די וועלט
די זאַך
די זון (ען)

די זײַט
דער זשורנאַ׳ל
דער טאָוול (ען)
דער טומל (ען)
דער טײַך
דער טייל
די טיר
דער טיש
דאָס יאָר
דער ייִד
דער ים (ען)
דער לאָמפּ
די ליפּ
דער מאַן (ען)

דער מיליאָ׳ן (ען)
די מינו׳ט
דער מענטש
דער סוף
דער פּאָגראָ׳ם (ען)
דאָס פּאַפּיר
דער פּאַרק
דער פּראָפֿעסאָר
די פֿאַבריק
דער פֿילם (ען)
די פֿרוי (ען)
די צײַט
די צײַטונג (ען)
דער צימער

דער קלאַס
דער קלוב
די קראָם (ען)
דער קריסט
די שול
דער שטול
די שיף
דער שניי (ען)
די שעה (ען)
די שפּראַך

b. Plural in ס—.

דער אויטאָ
דער אַלמער
דער אַ׳רבעטער
די באָבע
דער בית־עולם
דער גאָרן
דער גאַרניטער
די געטאָ
דער זייגער

דער זיידע
דער טאַטע
דער טעאַטער
די ייִ׳דענע
דער לאַ׳סטאויטאָ
דאָס לעבן
די לעגענדע
דער לערער
די מאַמע

די מומע
די פּיאַנע
דער פּעדלער
די פֿעדער
דער פֿעטער
דער קרעמער
דער ראַדיאָ
דער רעגן
דער שרײַבער

c. Plural in ער—.

דאָס בילד
דער הונדערט
דאָס ווײַב
דער טויזנט
דער יאָרהונדערט

דאָס ליד
דאָס קינד
דאָס שוועסטערקי׳נד
דער שטיין

d. Plural in ער— with a vowel change.

דער אָרט: ערטער
דער בוים: ביימער
דאָס בוך: ביכער
דאָס הויז: הײַזער
דאָס וואָרט: ווערטער
דאָס לאַנד: לענדער
דער מאַן: מענער

דאָס מויל: מײַלער
די נאָז: נעזער
דער פּלאַן: פּלענער
דאָס פּנים: פּנימער [PONIM—PE’NIMER]
דאָס פֿאָלק: פֿעלקער
דאָס שפּריכוואָרט: שפּרי׳כווערטער

e. Plural without an ending (same form as in the singular).

דער בריוו
דער האָר
דאָס מאָל
די פּאָר
דער פּראָצע׳נט

דער פֿיש
דער פֿענצטער
דער פֿרײַנד
די שוועסטער
דער שטערן

f. Plural without an ending, but with a vowel change.

דער באַרג: בערג
די באָרד: בערד
דער ברודער: ברידער
דער גאַסט: געסט
די האַנט: הענט
דער זון: זין
דער טאָג: טעג
די טאָכטער: טעכטער
דער מאַרק: מערק

די נאַכט: נעכט
דער נאָמען: נעמען
דער פֿויגל: פֿייגל
דער פֿוס: פֿיס
דער צאָן: ציין
דער קאָפּ: קעפּ
דער שוך: שיך
די שטאָט: שטעט

g. Plural in ים— and, occasionally, a vowel change.

דער בחור [BOKHER—BO’KHERIM]
דער גוף [GUF—GUFIM]
דער חבֿר [KHAVER—KHAVEYRIM]

דער חדר [KHEYDER—KHADORIM]
דער חתן [KHOSN—KHASANIM]
דער יום־טובֿ [YONTEV—YONTOYVIM]

דער מלך [MEYLEKh—MLOKhIM]	דער ענין [INYEN—INYONIM]
דער נבֿיא [NOVI—NEVIIM]	דער פּויער [POYER—PO'YERIM]
דער נס [NES—NISIM]	דער תּלמיד [TALMED—TALMIDIM]

h. Plural in ות—, with the dropping of final ה (if any), and, occasionally, a vowel change.

דער בעל־מלאָכה [BALMELOKhe— -s]	די מלוכה [MELUKhe— -s]
דער דור [DOR—DOYRES]	די מלחמה [MILKhOME— -s]
די דירה [DIRE— -s]	די משפּחה [MIShPOKhe— -s]
די חיה [KhAYE— -s]	די מתּנה [MATONE— -s]
דער חלום [KhOLEM—KhALOYMES]	די עצה [EYTSE— -s]
דער כּוח [KOYEKh—KOYKhES]	די צרה [TSORE— -s]
די כּלה [KALE— -s]	די קהילה [KEHILE— -s]
די מיצווה [MITSVE— -s]	די תּפֿילה [TFILE— -s]
די מלאָכה [MELOKhe— -s]	די תּפֿיסה [TFISE— -s]

i. Plural in עך—.

דאָס דריידל	דאָס מיידל
דאָס ייִנגל	דאָס שטיקל
דאָס ליכטל	

j. Nouns inflected like adjectives.

דער געלע'רנטער: געלע'רנטע

k. Irregular plurals.

דער אות: אותיות [OS—OYSYES]
דאָס בית־מדרש: בתּי־מדרשים [BESMEDRESh—BOTE-MEDRO'ShIM]
דער בעל־הבית: בעל־הבתּים [BALEBO'S—BALEBATIM]
דער געשעפֿטסמאַן: געשעפֿטסלײַט
דער דאָקטער: דאָקטוירים
דער חודש: חדשים [KhOYDESh—KhADOShIM]
דער נאַר: נאַראָנים
די מעשׂה: מעשׂיות [MAYSE— -s]
דער קייסער: קייסאָרים
דער רבֿ, רבנים [ROV—RABONIM]

3. Declension of Names.

While common nouns do not have case endings, case endings *are* added to names, both masculine and feminine, in the accusative and dative. The ending is ן—, (or ען— if the name ends in ן—, ם—, syllabic ל—, or a stressed vowel or diphthong).

NOMINATIVE	משה	טײַבל	לינקאָלן
ACCUSATIVE & DATIVE	משהן	טײַבלען	לינקאָלנען

4. Common Nouns Which Are Declined.

A few common nouns are declined:

NOMINATIVE	דער טאַטע	דער זיידע	דער רבי [REBE]
ACCUSATIVE & DATIVE	דעם טאַטן	דעם זיידן	דעם רבין [REBN]

5. Possessive Form.

To obtain the possessive form of a noun, the ending ס— (without an apostrophe) is added to the noun:

אַבֿרהם: אַבֿרהמס
גאָלדבערג: גאָלדבערגס
די מאַמע: דער מאַמעס

However, the ending עס— takes the place of ס— if the noun ends in ס—, ץ—, ש—, טש—, ז—, דז—, זש—, or דזש—:

סאָקראַטעס: סאָקראַטעסעס
פּרץ: פּרצעס
ראַבינאָוויטש: ראַבינאָוויטשעס

If a noun with final ס— has the stress on the last syllable, it takes no ending. In writing, an apostrophe is used as the sign of the possessive:

מאַרקס: מאַרקס׳ בוך
ווײַס: ווײַס׳ חבֿר

The possessive form of a noun in the plural is rarely used.

The following nouns have irregular possessive forms:

דער זיידע: דעם זיידנס
דער טאַטע: דעם טאַטנס
דער ייִד: דעם ייִדנס
דער מענטש: דעם מענטשנס
דער רבי: דעם רבינס [REBNS]

B. ARTICLES

6. Definite Article.

The following are the forms of the definite article for each gender and case:

	MASCULINE	FEMININE	NEUTER	PLURAL
NOMINATIVE	דער	די	דאָס	די
ACCUSATIVE	דעם	די	דאָס	די
DATIVE & POSSESSIVE	דעם	דער	דעם	די

For examples of the use of the definite article, see par. 11 below.

7. Indefinite Article.

The indefinite article in the singular is אַ, except that before words beginning with a vowel it is אַן. In the plural, no indefinite article is used.

In negative statements, the indefinite article is replaced by the negative article קיין. The article קיין is also used in the plural.

איך האָב אַ העפֿט — איך האָב ניט קיין העפֿט
איך האָב העפֿטן — איך האָב ניט קיין העפֿטן

8. Contractions with דעם.

The dative article דעם (masculine and neuter) immediately following a preposition is usually fused with the preposition, as follows:

אויף דעם: אויפֿן	בײַ דעם: בײַם
אונטער דעם: אונטערן	נאָך דעם: נאָכן
איבער דעם: איבערן	פֿאַר דעם: פֿאַרן
אין דעם: אינעם	פֿון דעם: פֿונעם
ביז דעם: ביזן	צו דעם: צום

C. ADJECTIVES

9. Base Form.

The base form of the adjective is the form to which case and gender endings are added.

A few adjectives are never used in their base form:

(זעלביק) דער זע׳לביקער   (לעצט) דער לעצטער

10. Gender Endings.

When an adjective is used before a noun, endings are added to the base of the adjective, according to the gender of the noun. With masculine nouns in the nominative, the ending is —ער; with feminine nouns, it is —ע; with neuter nouns, the adjective has the ending —ע when preceded by the definite article, but no ending when preceded by the indefinite article. In the plural, the ending of the adjective is —ע for all genders, whether used with the article or without it.

דער גרויסער טאָוול	די גרויסע טאָוולען
די גרויסע שטאָט	די גרויסע שטעט
דאָס גרויסע לאַנד	די גרויסע לענדער
אַ גרויס לאַנד	גרויסע לענדער

11. Declension.

An adjective is declined by the addition of the following endings to its base:

	MASCULINE	FEMININE	NEUTER DEFINITE	NEUTER INDEFINITE	PLURAL
NOMINATIVE	—ער	—ע	—ע	——	—ע
ACCUSATIVE	—ן, —ען, —עם	—ע	—ע	——	—ע
DATIVE & POSSESSIVE	—ן, —ען, —עם	—ער	—ן, —ען, —עם	[1] ——	—ע

The ending —ען is used in place of —ן if the base of the adjective ends in a stressed vowel or in —ם.

[1] The ending —ן (or —ען or —עם, if appropriate) is optional in the dative and possessive of neuter adjectives in constructions with the indefinite article:

מיט אַ גוט קינד=מיט אַ גוטן קינד; אַ גוט קינדס=אַ גוטן קינדס

The ending עם— is used in place of ן— if the base of the adjective ends in ן—. The adjective נײַ is an exception in that it, too, takes on the ending עם instead of ען—.

	MASCULINE	FEMININE
NOMINATIVE	דער גוטער מאַן	די גוטע פֿרוי
ACCUSATIVE	דעם גוטן מאַן	די גוטע פֿרוי
DATIVE	דעם גוטן מאַן	דער גוטער פֿרוי
POSSESSIVE	דעם גוטן מאַנס	דער גוטער פֿרויס

	NEUTER DEFINITE	NEUTER INDEFINITE	PLURAL
NOMINATIVE	דאָס גוטע קינד	אַ גוט קינד	די גוטע קינדער
ACCUSATIVE	דאָס גוטע קינד	אַ גוט קינד	די גוטע קינדער
DATIVE	דעם גוטן קינד	אַ גוט[2] קינד	די גוטע קינדער
POSSESSIVE	דעם גוטן קינדס	אַ גוט[2] קינדס	די גוטע קינדערס

Base ending in a stressed vowel:

	MASCULINE	NEUTER DEFINITE	
NOMINATIVE	דער פֿרײַער מענטש	דאָס פֿרײַע לאַנד	All other endings
ACCUSATIVE	דעם פֿרײַען מענטש	דאָס פֿרײַע לאַנד	are the same as for
DATIVE	דעם פֿרײַען מענטש	דעם פֿרײַען לאַנד	גוטער
POSSESSIVE	דעם פֿרײַען מענטשנס		

Base ending in ן—:

	MASCULINE	NEUTER DEFINITE	
NOMINATIVE	דער שיינער מאַן	דאָס שיינע קינד	All other endings
ACCUSATIVE	דעם שיינעם מאַן	דאָס שיינע קינד	are the same as for
DATIVE	דעם שיינעם מאַן	דעם שיינעם קינד	גוטער
POSSESSIVE	דעם שיינעם מאַנס	דעם שיינעם קינדס	

12. Adjectives in the Predicate.

In the predicate, adjectives are without an ending (i.e. they are in their base form), or they are preceded by the indefinite article and have the usual nominative endings; but a *neuter* adjective in the predicate, if used with the indefinite article, has the ending ס—. If the base of the adjective ends in ס—, a second ס is not added.

דער מענטש איז אַלט = דער מענטש איז אַן אַלטער
די פֿרוי איז אַלט = די פֿרוי איז אַן אַלטע
דאָס פֿאָלק איז אַלט = דאָס פֿאָלק איז אַן אַלטס
דאָס לאַנד איז גרויס = דאָס לאַנד איז אַ גרויס

די מענטשן זײַנען אַלט = די מענטשן זײַנען אַלטע
די פֿרויען זײַנען אַלט = די פֿרויען זײַנען אַלטע
די פֿעלקער זײַנען אַלט = די פֿעלקער זײַנען אַלטע
די לענדער זײַנען גרויס = די לענדער זײַנען גרויסע

---

[2] See footnote on p. 307.

13. Supporting —ע—.

In some adjectives, the base form of which ends in syllabic ן—, a supporting —ע— is inserted before the ן— in all inflected forms, except the predicate neuter in ס—.

אָפּן: דער אָ׳פּענער, די אָ׳פּענע, דאָס אָ׳פּענע, דעם אָ׳פּענעם — אַן אָפּנס

גאָלדן: דער גאָ׳לדענער, די גאָ׳לדענע, דאָס גאָ׳לדענע, דעם גאָ׳לדענעם — אַ גאָלדנס

פֿאַרשיידן: פֿאַרשיי׳דענע

14. Comparison.

a. Comparative.

The comparative is formed by adding ער— to the base of the adjective. The comparative may then be inflected according to gender, case, and number by means of the usual adjective endings:

ריין: ריינער — דער ריי׳נערער, די ריי׳נערע, דאָס ריי׳נערע, דעם ריי׳נערן, אַ ריינערס

וואַרעם: וואַ׳רעמער — דער וואַ׳רעמערער, די וואַ׳רעמערע, דאָס וואַ׳רעמערע, דעם וואַ׳רעמערן, אַ וואַ׳רעמערס

b. Superlative.

The superlative is formed by adding —סט— plus the proper case and gender endings to the base of the adjective. There is no superlative form without a case or gender ending.

ריין: דער ריינסטער, די ריינסטע, דאָס ריינסטע, דעם ריינסטן

וואַרעם: דער וואַ׳רעמסטער, די וואַ׳רעמסטע, דאָס וואַ׳רעמסטע, דעם וואַ׳רעמסטן

If the base of the adjective ends in ס—, only —ט— plus the proper ending is added in the superlative:

זיס: דער זיסטער

ווײַס: דער ווײַסטער

c. Changes in the base vowel.

In many adjectives, the stressed vowel of the base changes in the comparative and the superlative. The following is a list of those adjectives on the active word list, the base vowel of which changes in the comparative and the superlative:

אַלט — עלטער — דער עלטסטער	קאַלט — קעלטער — דער קעלטסטער
געזו׳נט — געזינטער — דער געזינטסטער	קורץ — קירצער — דער קירצסטער
גרויס — גרעסער — דער גרעסטער	קלאָר — קלערער — דער קלערסטער
הויך — העכער — דער העכסטער	קלוג — קליגער — דער קליגסטער
יונג — ייִנגער — דער ייִנגסטער	קליין — קלענער — דער קלענסטער
לאַנג — לענגער — דער לענגסטער	שיין — שענער — דער שענסטער
נאָענט — נע׳ענטער — דער נע׳ענטסטער	שמאָל — שמעלער — דער שמעלסטער
פֿרום — פֿרימער — דער פֿרימסטער	

Several adjectives have irregular comparatives and superlatives:

גוט — בעסער — דער בעסטער

שלעכט — ערגער — דער ערגסטער

Also:

אַ סך — מער, מערער

15. Uninflected Adjectives.

Adjectives the bases of which end in ער— or אַנער—, formed from geographical names, are not inflected. They retain the same form in all cases and genders, in the singular as well as in the plural.

דער אַמעריקאַנער ייִד: דעם אַמעריקאַנער ייִד, דעם אַמעריקאַנער ייִדנס, די אַמעריקאַנער ייִדן
די אַמעריקאַנער פֿרוי: דער אַמעריקאַנער פֿרוי, דער אַמעריקאַנער פֿרויס, די אַמעריקאַנער פֿרויען
דאָס אַמעריקאַנער לאַנד: דעם אַמעריקאַנער לאַנד, די אַמעריקאַנער לענדער

16. Possessive Adjectives.

Following are the possessive adjectives in their base forms:

מײַן	*my*	זײַן	*its*
דײַן	*your* (*singular*)	אונדזער	*our*
זײַן	*his*	אײַער	*your* (*plural*)
איר	*her*	זייער	*their*

Possessive adjectives, when preceding a noun in the singular, remain in their base form in all genders. With nouns in the plural, the ending ע— is added to the base.

מײַן חבֿר — מײַנע חבֿרים   דײַן זאַך — דײַנע זאַכן   זײַן קינד — זײַנע קינדער

In the predicate, possessive adjectives have the usual gender endings of all adjectives in the predicate:

מײַן: מײַנער, מײַנע, מײַנס
דײַן: דײַנער, דײַנע, דײַנס
זײַן: זײַנער, זײַנע, זײַנס
איר: אירער, אירע, אירס

אונדזער: אונדזערער, אונדזערע, אונדזערס
אײַער: אײַערער, אײַערע, אײַערס
זייער: זייערער, זייערע, זייערס

When used in the predicate, the possessive adjectives correspond to the English 'long' forms "mine," "yours," "hers," and so on.

With neuter nouns modified by possessives, regular .adjectives have no ending: מײַן גוט קינד (like אַ גוט קינד).

17. Numeral Adjectives.

Numeral adjectives are formed from the corresponding numerals.

Following are the numeral adjectives from 1 to 8:

1 ערשט	3 דריט	5 פֿינפֿט	7 זיבעט
2 צווייט	4 פֿערט	6 זעקסט	8 אַכט

To form adjectives out of the numerals 9 to 19, the suffix ט— is added:

9 נײַן: נײַנט
10 צען: צענט
11 עלף: עלפֿט

To form adjectives out of the numerals 20 and above, the suffix סט— is added:

20 צוואַנציק: צוואַנציקסט
30 דרײַסיק: דרײַסיקסט
100 הונדערט: הונדערטסט

In compound numerals, only the last element is made into an adjective:

23 דרײַ און צוואַנציק: דרײַ און צוואַנציקסט
119 הונדערט נײַנצן: הונדערט נײַנצנט
444 פֿיר הונדערט פֿיר און פֿערציק: פֿיר הונדערט פֿיר און פֿערציקסט

Numeral adjectives are inflected like ordinary adjectives, but they do not form regular adverbs.

ערשט: דער ערשטער, די ערשטע, דאָס ערשטע, אַן ערשט, דעם ערשטן
צווייט: דער צווייטער, די צווייטע, דאָס צווייטע, אַ צווייט, דעם צווייטן
נײַנט: דער נײַנטער, די נײַנטע, דאָס נײַנטע, אַ נײַנט, דעם נײַנטן
דרײַסיקסט: דער דרײַסיקסטער, די דרײַסיקסטע, דאָס דרײַסיקסטע, אַ דרײַסיקסט, דעם דרײַסיקסטן

On numeral adverbs, see par. 25 below.

18. Inflection of אַנדער.

When preceded by the indefinite article אַן or קיין, the adjective אַנדער *other* remains uninflected in all genders and cases of the singular. In the plural, the usual ending ע— is added.

אַן אַנדער מענטש, אַן אַנדער שטאָט, אַן אַנדער לאַנד
אַנדערע מענטשן, קיין אַנדערע מענטשן, די אַנדערע מענטשן

When preceded by the definite article, it is inflected like an ordinary adjective to agree in gender and case with the noun which it precedes:

דער אַנדערער מענטש, די אַנדערע שטאָט, דאָס אַנדערע לאַנד

In the predicate, it is inflected even when preceded by the indefinite article:

דער מענטש איז אַן אַנדערער — די שטאָט איז אַן אַנדערע

D. ADVERBS

19. Adverbs Formed from Adjectives.

An adverb formed from an adjective is identical in form with the base of the adjective:

שיין *beautiful; beautifully*
ריכטיק *correct; correctly*
גוט *good; well*

Some adjectives, namely those which have no base forms, possessive adjectives, numeral adjectives, and superlatives, are incapable of forming regular adverbs.

20. Comparative.

The comparative of an adverb is identical with the comparative of the corresponding adjective without gender or case ending:

וואַרעמער *more warmly*
שענער *more beautifully*

21. Superlative.

The superlative of an adverb consists of צום plus the masculine-neuter dative form of the superlative of the corresponding adjectives (i.e. the form in סטן—).

צום וואַ׳רעמסטן *most warmly*
צום אָפּטסטן *most often*
צום שענסטן *most beautifully*
צום מערסטן *most*

22. Adverbs Indicating Place.

Adverbs indicating place are:

וווּ? *where?* (with prepositions: וואַנען)
דאָ *here* (with prepositions: דאַנען)
דאָרטן *there* (same form used with prepositions)

ווּ: פֿון וואַנען? דורך וואַנען? ביז וואַנען?
דאָ: פֿון דאַנען, דורך דאַנען, ביז דאַנען
דאָרטן: פֿון דאָרטן, דורך דאָרטן, ביז דאָרטן

Separate adverbs are used to indicate "place to which":

וווּהי׳ן? *where to?*
אַהע׳ר *here*
אַהי׳ן *there*

These regular Yiddish adverbs correspond to the rare English words "whither," "hither," and "thither."

23. Additional Adverbs Indicating Place.

וווּ? *where?*
ערגעץ וווּ *somewhere*
אומעטו׳ם *everywhere*
אין ערגעץ ניט *nowhere*

24. Adverbs Indicating Time.

ווען? *when?*
אַ מאָל *sometimes*
אַלע מאָל *always*
קיין מאָל ניט *never*

25. Numeral Adverbs.

Numeral adverbs are formed by the addition of נס— to the base form of the corresponding numeral adjectives:

first (ly) ערשט: ערשטנס
secondly צווייט: צווייטנס
thirdly דריט: דריטנס
fourthly פֿערט: פֿערטנס

SYNOPSIS OF GRAMMAR

E. PRONOUNS

26. Personal Pronouns.

The personal pronouns are as follows:

		NOMINATIVE	ACCUSATIVE	DATIVE
SINGULAR	1ST PERSON	איך	מיך	מיר
	2ND PERSON	דו	דיך	דיר
	3RD PERSON MASCULINE	ער	אים	אים
	FEMININE	זי	זי	איר
	NEUTER	עס	עס	אים
	IMPERSONAL	מען	—	—
PLURAL	1ST PERSON	מיר	אונדז	אונדז
	2ND PERSON	איר	אײַך	אײַך
	3RD PERSON	זיי	זיי	זיי

27. Other Pronouns Indicating Persons.

a. ווער Who

NOMINATIVE	ווער
ACCUSATIVE	וועמען
DATIVE	וועמען
POSSESSIVE	וועמענס

b. ע׳מעצער Somebody, Someone

NOMINATIVE	ע׳מעצער
ACCUSATIVE	ע׳מעצן
DATIVE	ע׳מעצן
POSSESSIVE	ע׳מעצנס

c. יע׳דערער Everybody, Everyone

	MASCULINE	FEMININE
NOMINATIVE	יע׳דערער	יע׳דערע
ACCUSATIVE	יע׳דערן	יע׳דערע
DATIVE	יע׳דערן	יע׳דערער
POSSESSIVE	יע׳דערנס	יע׳דערערס

d. קיינער ניט Nobody, No One

NOMINATIVE	קיינער ניט
ACCUSATIVE	קיינעם ניט
DATIVE	קיינעם ניט
POSSESSIVE	קיינעמס ניט

28. The Pronoun יעדער.

The pronoun יעדער is, as a rule, not inflected. It may be used in its base form in all cases and genders. However, inflected forms of this pronoun, such as are given below, are also admissible:

	MASCULINE	FEMININE	NEUTER
NOMINATIVE	יעדער	יעדע	יעדעס
ACCUSATIVE	יעדן	יעדע	יעדעס
DATIVE & POSSESSIVE	יעדן	יעדער	יעדן

29. Pronouns Indicating Things.

The following pronouns, which are the same in all cases, indicate things.

וואָס	what
עפּעס	something
אַלץ	everything
גאָרניט ‏⎱‎ קיין זאַך ניט ⎰	nothing

30. Demonstrative Pronouns.

דער, די, and דאָס can be used as demonstrative pronouns meaning *this*, *these*. When so used, they are stressed. They are declined exactly like the corresponding definite articles (see par. 6 above).

The pronoun יענער *that* is declined as follows:

	MASCULINE	FEMININE	NEUTER	PLURAL
NOMINATIVE	יענער	יענע	יענץ	יענע
ACCUSATIVE	יענעם	יענע	יענץ	יענע
DATIVE & POSSESSIVE	יענעם	יענער	יענעם	יענע

When used as a noun, the endings of the possessive form of יענער are ‎—מס in the masculine and ‎—רס in the feminine:

יענעמס טאַטע; יענערס טאַטע

F. NUMERALS

31. Numerals.

Numerals from 1 to 20 are listed and explained on p. 149; those above twenty on p. 159.

Methods of indicating time and age are explained on pp. 160-161; the way in which dates are expressed is indicated on p. 210.

32. The Numeral One.

In counting off numbers as such, איינס is used for *one*. But when *one object* is specified, the proper numeral is איין. It is inflected like a possessive adjective: it has no gender or case endings when preceding a noun, but does have endings added when used in the predicate.

איין גאָט, איין שטאָט, איין לאַנד
גאָט איז איינער, די שטאָט איז איינע, דאָס לאַנד איז איינס
איינער פֿון די מענער, איינע פֿון די פֿרויען, איינס פֿון די קינדער

33. Fractional Numerals.

The denominator of a fraction is denoted by a fractional numeral, which is formed by adding —ל to the base of the corresponding numeral adjective. The fractional numeral may retain its singular form, whatever the numerator of the fraction:

דריט: דריטל — אַ דריטל, איין דריטל, צוויי דריטל
פֿינפֿט: פֿינפֿטל — איין פֿינפֿטל, דרײַ פֿינפֿטל, פֿיר פֿינפֿטל
זעכצנט: זע׳כצנטל — דרײַ זעכצנטל, אַכט זעכצנטל, פֿערצן זעכצנטל
דרײַ און פֿערציקסט: דרײַ און פֿערציקסטל — אַכצן דרײַ און פֿערציקסטל
הונדערטסט: הו׳נדערטסטל — פֿינף הונדערטסטל, צוויי און צוואַנציק הונדערטסטל

אַ האַלב is added after a numeral to indicate *a half*. But as an adjective it is inflected regularly:

צוויי אַ האַלב; צען אַ האַלב
אַ האַלבער טאָג, אַ האַלבן טאָג;
אַ האַלבע שעה, אַ האַלב יאָר

אָנדערטהאַלבן means *one and a half*.

G. VERBS

34. Base of Verb.

The base of the verb is the element to which the endings of the present tense are added. It is identical in form with the first person singular of the present tense and the singular imperative.

35. Present Tense.

The following endings are added to the base of the verb to form the present tense:

	SINGULAR	PLURAL
1ST PERSON	——	ן—
2ND PERSON	סט—	ט—
3RD PERSON	ט—	ן—

For example שיק— (*send*):

איך שיק	מיר שיקן
דו שיקסט	איר שיקט
ער שיקט	זיי שיקן

a. No ending in the third person singular.

A few verbs are irregular in that no ending is added in the third person singular. They are:

ער דאַרף, ער וויל, ער זאָל, ער טאָר ניט, ער מוז, ער מעג, ער קען

b. ען— as the ending of the first and third persons plural.

If the base of the verb ends in ן—, ם—, נג—, נק—, syllabic ל—, or a stressed vowel or diphthong, the ending for the first and third persons plural is not ן—, but ען—. For example:

איך נעם: מיר נעמען, זיי נעמען
איך וויין: מיר וויינען, זיי וויינען
איך זינג: מיר זינגען, זיי זינגען
איך טרינק: מיר טרינקען, זיי טרינקען

איך בוי: מיר בויען, זיי בויען
איך זע: מיר זעען, זיי זעען
איך שמייכל: מיר שמייכלען, זיי שמייכלען

c. Base ending in unstressed ע—.

If the base of a verb ends in *unstressed* ע—, the regular endings are added:

איך סטראַשע: מיר סטראַשען, זיי סטראַשען

d. Base ending in ט—.

If the base of a verb ends in ט—, no ending is added in the third person singular or the second person plural:

איך בעט: ער בעט, איר בעט
איך אַרבעט: ער אַרבעט, איר אַרבעט
איך האַלט: ער האַלט, איר האַלט

e. Base ending in ס—.

If the base of a verb ends in ס—, the ending for the second person singular is ט— instead of סט—:

איך עס: דו עסט
איך באַשליס: דו באַשליסט
איך פֿאַרגעס: דו פֿאַרגעסט

f. Base ending in syllabic ן—.

In a number of verbs the bases of which end in syllabic ן—, a "supporting ע" is inserted before the final consonant when adding the plural ending:

איך עפּן, דו עפּנסט, ער עפּנט, מיר ע׳פּענען, איר עפּנט, זיי ע׳פּענען
איך רעכן, דו רעכנסט, ער רעכנט, מיר רע׳כענען, איר רעכנט, זיי רע׳כענען

Note, however:

איך לערן: מיר לערנען, זיי לערנען   איך דאַוון: מיר דאַוונען, זיי דאַוונען

g. Irregular Verbs.

Three verbs are conjugated irregularly in the present tense:

איך בין	איך גיב	איך האָב
דו ביסט	דו גיסט	דו האָסט
ער איז	ער גיט	ער האָט
מיר זײַנען	מיר גיבן	מיר האָבן
איר זײַט	איר גיט	איר האָט
זיי זײַנען	זיי גיבן	זיי האָבן

The verb גנבֿענען represents a conjugational pattern the full treatment of which is not included in the present course.

h. סטו— Form.

If the subject of a sentence is דו *you* and it comes after the verb, the verbal ending for the second person singular is fused with דו into the ending סטו—:

לייענסט + דו = לייענסטו
אַרבעטסט + דו = אַרבעטסטו
פֿאַרגעסט + דו = פֿאַרגעסטו

36. Imperative.

a. Imperative Proper.

The singular imperative is identical in form with the base of the verb. The plural imperative is formed by adding the ending ט—; but if the base ends in ט—, no ending is added:

שיק — שיקט	עס — עסט
זינג — זינגט	בעט — בעט
זע — זעט	אַרבעט — אַרבעט

Also:

האָב — האָט
זײַ — זײַט
גיב — גיט

b. First Person.

A construction corresponding to the imperative for the first person plural is the infinitive (see par. 38 below) added to לאָמיר:

לאָמיר שיקן	*let us send*
לאָמיר זינגען	*let us sing*

c. Third Person.

A construction corresponding to the imperative for the third person is the infinitive added to זאָל ער, זאָלן זיי:

זאָל ער שיקן	*let him send*
זאָלן זיי שיקן	*let them send*

37. Present Participle.

The present participle of a verb is formed by adding דיק— to the form of the first or third persons plural of the present tense:

מיר, זיי שיקן: שיקנדיק	מיר, זיי זעען: זעענדיק
מיר, זיי זינגען: זינגענדיק	מיר, זיי זיצן: זיצנדיק

The following verbs are exceptions:

מיר, זיי גיבן: געבנדיק	מיר, זיי ווילן: וועלנדיק
מיר, זיי ווייסן: ווייסנדיק	מיר, זיי זײַנען: זײַענדיק

The present participle can be changed into an adjective by adding the usual case and gender endings:

זינגענדיק: דער זינגענדיקער, דעם זינגענדיקן, די זינגענדיקע, דאָס זינגענדיקע, אַ זינגענדיק (ס)

On the use of the present participle, see par. 71 below.

38. Infinitive.

The infinitive of a verb is formed by adding an ending to the verbal base. The ending is ן—, (or ען— if the base ends in ן—, ם—, נג—, נק—, syllabic ל—, or a stressed vowel or diphthong). Thus the infinitive, as a rule, is identical in form with the first and third persons plural of the present tense:

שיקן	מיר, זיי שיקן	איך שיק
בעטן	מיר, זיי בעטן	איך בעט
סטראַשען	מיר, זיי סטראַשען	איך סטראַשע
נעמען	מיר, זיי נעמען	איך נעם
װײנען	מיר, זיי װײנען	איך װײן
זינגען	מיר, זיי זינגען	איך זינג
טרינקען	מיר, זיי טרינקען	איך טרינק
בויען	מיר, זיי בויען	איך בוי

Several verbs have irregular infinitives:

1ST & 3RD PERSONS PLURAL	INFINITIVE
מיר, זיי גייען	גיין
מיר, זיי גיבן	געבן
מיר, זיי װײסן	װיסן
מיר, זיי װילן	װעלן
מיר, זיי זײַנען	זײַן
מיר, זיי זעען	זען
מיר, זיי טוען	טאָן
מיר, זיי פֿאַרשטייען	פֿאַרשטיין
מיר, זיי שטייען	שטיין

On the use of the infinitive, see par. 70 below.

39. Future Tense.

The future tense of a verb is formed by the infinitive preceded by the proper form of the future auxiliary, the conjugation of which is illustrated by the following examples:

To go	*To send*
איך װעל גיין	איך װעל שיקן
דו װעסט גיין	דו װעסט שיקן
ער װעט גיין	ער װעט שיקן
מיר װעלן גיין	מיר װעלן שיקן
איר װעט גיין	איר װעט שיקן
זיי װעלן גיין	זיי װעלן שיקן

40. Past Participle.

The past participle of a verb is used in forming the past tense. There are two types of past participles.

a. —ט participles.

Some verbs form the past participle by prefixing גע— to the verbal base and adding the suffix —ט. (If the base ends in —ט, no suffix is added.)

לייענ—: געלייענט
שיק—: געשיקט
אַרבעט—: געאַרבעט

b. ן— participles.

Other verbs form the past participle by prefixing **—גע** and adding the suffix ן— (or ען—) to the base of the verb. In many participles of this type, there is also a change in the base itself.

וואַקסן: איז געוואָקסן　　שרײַב—: געשריבן
קום—: געקומען　　צי—: געצויגן
שטאַרב—: געשטאָרבן

The prefix **—גע** is added to the past participle of verbs only if the stress falls on the first syllable in the present tense.

איך דערקלע׳ר: דערקלע׳רט　　איך באַשלי׳ס: באַשלאָסן
איך באַגרי׳ס: באַגרי׳סט　　איך געפֿי׳ן: געפֿונען

Of the verbs on the active word list, the following have participles in ן—:

אויסזען: אויסגעזען
אויסטאָן: אויסגעטאָן
אויפֿהענגען: אויפֿגעהאַנגען
אויפֿשטיין: איז אויפֿגעשטאַנען
איבעררײַסן: איבערגעריסן
אײַנפֿאַלן: איז אײַנגעפֿאַלן
אָנהייבן: אָנגעהויבן
אַנטלויפֿן: איז אַנטלאָפֿן
אָנצינדן: אָנגעצונדן
אָנקומען: איז אָנגעקומען
באַהאַלטן זיך: באַהאַלטן זיך
באַשליסן: באַשלאָסן
בעטן: געבעטן
גיין: איז געגאַנגען
געבן: געגעבן
געווינען: געוווּנען
געפֿינען: געפֿונען
געפֿעלן: איז געפֿעלן
געראָטן: איז געראָטן
געשע׳ן: איז געשען
האַלטן: געהאַלטן
הייבן: געהויבן

הייסן: געהייסן
העלפֿן: געהאָלפֿן
וואַקסן: איז געוואָקסן
וואַשן: געוואַשן
ווײַזן: געוויזן
ווערן: איז געוואָרן
זינגען: געזונגען
זיצן: איז געזעסן
זען: געזען
טאָן: געטאָן
טראָגן: געטראָגן
טרינקען: געטרונקען
טרעפֿן: געטראָפֿן
לויפֿן: איז געלאָפֿן
ליגן: איז געלעגן
לײַדן: געליטן
לײַען: געליגן
נעמען: גענומען
עסן: געגעסן
פֿאַלן: איז געפֿאַלן
פֿאַרבעטן: פֿאַרבעטן
פֿאַרגעסן: פֿאַרגעסן

פֿאַרלירן: פֿאַרלוירן
פֿאָרן: איז געפֿאָרן
פֿאַרנעמען: פֿאַרנומען
פֿאַרשטיין: פֿאַרשטאַנען
פֿליִען: איז געפֿלויגן
ציִען: געצויגן
צעברעכן: צעבראָכן
קומען: איז געקומען
קלײַבן: געקליבן
קריגן: געקראָגן
קריכן: איז געקראָכן
רופֿן: גערופֿן
שאַפֿן: געשאַפֿן
שווײַגן: געשוויגן
שטאַרבן: איז געשטאָרבן
שטיין: איז געשטאַנען
שלאָגן: געשלאָגן
שלאָפֿן: געשלאָפֿן
שענקען: געשאָנקען
שרײַבן: געשריבן
שרײַען: געשריגן

41. Past Tense.

The past tense of a verb is formed by adding its past participle to the proper form of the auxiliary verbs האָבן or **זײַן.**

To go	*To eat*	*To send*
איך בין געגאַנגען	איך האָב געגעסן	איך האָב געשיקט
דו ביסט געגאַנגען	דו האָסט געגעסן	דו האָסט געשיקט
ער איז געגאַנגען	ער האָט געגעסן	ער האָט געשיקט
מיר זײַנען געגאַנגען	מיר האָבן געגעסן	מיר האָבן געשיקט
איר זײַט געגאַנגען	איר האָט געגעסן	איר האָט געשיקט
זיי זײַנען געגאַנגען	זיי האָבן געגעסן	זיי האָבן געשיקט

Of the verbs on the active word list, all form their past tense with האָבן except those in the list in par. 40 above which are accompanied by **איז**.

42. Conditional Form.

The conditional of a verb is formed by adding its past participle to the proper form of the auxiliary וואָלט, which is conjugated regularly, as illustrated by the following examples:

איך וואָלט געגאַנגען	איך וואָלט געשיקט
דו וואָלטסט געגאַנגען	דו וואָלטסט געשיקט
ער וואָלט געגאַנגען	ער וואָלט געשיקט
מיר וואָלטן געגאַנגען	מיר וואָלטן געשיקט
איר וואָלט געגאַנגען	איר וואָלט געשיקט
זיי וואָלטן געגאַנגען	זיי וואָלטן געשיקט

43. Repeated Action.

Repeated action in the past is expressed by the infinitive added to the proper form of the auxiliary פּלעג, which is conjugated regularly, as illustrated by the following examples:

איך פּלעג גיין	איך פּלעג שיקן
דו פּלעגסט גיין	דו פּלעגסט שיקן
ער פּלעגט גיין	ער פּלעגט שיקן
מיר פּלעגן גיין	מיר פּלעגן שיקן
איר פּלעגט גיין	איר פּלעגט שיקן
זיי פּלעגן גיין	זיי פּלעגן שיקן

44. Complemented Verbs.

Complemented verbs consist of an inflected verbal part and an uninflected adverbial complement, which is stressed.

The adverbial complement follows the inflected verb as a separate word in the present tense and the imperative. It is prefixed to the verb to form one word in the infinitive, the present participle, and the past participle.

If **צו** is used with the infinitive of a complemented verb, it is inserted between the complement and the verb itself, all written as one word.

To begin	*To adjust*
PRESENT TENSE	
איך הייב אָן	איך פּאַס צו
דו הייבסט אָן	דו פּאַסט צו
ער הייבט אָן	ער פּאַסט צו
מיר הייבן אָן	מיר פּאַסן צו
איר הייבט אָן	איר פּאַסט צו
זיי הייבן אָן	זיי פּאַסן צו
IMPERATIVE	
הייב אָן	פּאַס צו
הייבט אָן	פּאַסט צו

SYNOPSIS OF GRAMMAR 321

To begin	*To adjust*
INFINITIVE	
אָ׳נהייבן	צו׳פּאַסן
אָ׳נצוהייבן	צו׳צופּאַסן
FUTURE TENSE	
איך וועל אָנהייבן	איך וועל צופּאַסן
דו וועסט אָנהייבן	דו וועסט צופּאַסן
ער וועט אָנהייבן	ער וועט צופּאַסן
etc.	etc.
פֿלעג FORM	
איך פֿלעג אָנהייבן	איך פֿלעג צופּאַסן
דו פֿלעגסט אָנהייבן	דו פֿלעגסט צופּאַסן
ער פֿלעגט אָנהייבן	ער פֿלעגט צופּאַסן
etc.	etc.
PRESENT PARTICIPLE	
אָ׳נהייבנדיק	צו׳פּאַסנדיק
דער אָנהייבנדיקער	דער צופּאַסנדיקער
PAST PARTICIPLE	
אָ׳נגעהויבן	צו׳געפּאַסט
PAST TENSE	
איך האָב אָנגעהויבן	איך האָב צוגעפּאַסט
דו האָסט אָנגעהויבן	דו האָסט צוגעפּאַסט
ער האָט אָנגעהויבן	ער האָט צוגעפּאַסט
etc.	etc.
CONDITIONAL	
איך וואָלט אָנגעהויבן	איך וואָלט צוגעפּאַסט
דו וואָלטסט אָנגעהויבן	דו וואָלטסט צוגעפּאַסט
ער וואָלט אָנגעהויבן	ער וואָלט צוגעפּאַסט
etc.	etc.

45. Verbs with זיך.

A number of verbs are always accompanied by זיך. Among the verbs on the active word list, the following belong to this group:

אויסטאָן זיך	דאַכטן זיך	ענדיקן זיך
אויפֿכאַפּן זיך	דערוויסן זיך	פֿאַרנעמען זיך
אָנהייבן זיך	זעצן זיך	פֿרייען זיך
אָנטאָן זיך	חלומען זיך	צעקריגן זיך
אַרויפֿאַרבעטן זיך	טרעפֿן זיך	שטעלן זיך
באַהאַלטן זיך	לייגן זיך	שלאָגן זיך
באַקענען זיך	מאַטערן זיך	שעמען זיך
גרייטן זיך		

46. Periphrastic Verbs.

Periphrastic verbs consist of an invariable element and an auxiliary which is conjugated in all tenses.

To treat	To be afraid
PRESENT TENSE	
איך בין מכבד	איך האָב מורא
דו ביסט מכבד	דו האָסט מורא
ער איז מכבד	ער האָט מורא
etc.	etc.
IMPERATIVE	
זײַ מכבד	האָב מורא
זײַט מכבד	האָט מורא
INFINITIVE	
מכבד זײַן	מורא האָבן
מכבד צו זײַן	מורא צו האָבן
FUTURE TENSE	
איך וועל מכבד זײַן	איך וועל מורא האָבן
דו וועסט מכבד זײַן	דו וועסט מורא האָבן
ער וועט מכבד זײַן	ער וועט מורא האָבן
etc.	etc.
פֿלעג FORM	
איך פֿלעג מכבד זײַן	איך פֿלעג מורא האָבן
דו פֿלעגסט מכבד זײַן	דו פֿלעגסט מורא האָבן
ער פֿלעגט מכבד זײַן	ער פֿלעגט מורא האָבן
etc.	etc.
PRESENT PARTICIPLE	
מכבד זײַענדיק	מורא האָבנדיק
PAST PARTICIPLE	
מכבד געווען	מורא געהאַט
PAST TENSE	
איך האָב מכבד געווען [3]	איך האָב מורא געהאַט
דו האָסט מכבד געווען	דו האָסט מורא געהאַט
ער האָט מכבד געווען	ער האָט מורא געהאַט
etc.	etc.
CONDITIONAL	
איך וואָלט מכבד געווען	איך וואָלט מורא געהאַט
דו וואָלטסט מכבד געווען	דו וואָלטסט מורא געהאַט
ער וואָלט מכבד געווען	ער וואָלט מורא געהאַט
etc.	etc.

The following periphrastic verbs are included in the active word list:

געבוירן ווערן	ליב האָבן	מקבר זײַן [MEKABER]
וויי טאָן	מורא האָבן [MOYRE]	פֿײַנט האָבן
חתונה האָבן [KHA'SENE]	מכבד זײַן [MEKhABED]	רחמנות האָבן [RAKhMONES]

---

3 Note the type איך האָב מכבד געווען while the past of זײַן is איך בין געווען.

SYNTAX

A. NOUNS

47. Choice of Masculine or Feminine Nouns.

If a masculine noun has a feminine equivalent formed by adding the suffix ין— (or in other ways, to be explained at a more advanced stage), the masculine noun is applied to males and the feminine equivalent to females; to designate a mixed group, the mascuine is used.

ער איז אַ שרײַבער
זי איז אַ שרײַבערין
זיי (ער און זי) זײַנען שרײַבערס

48. Choice of Singular or Plural.

Most nouns which represent units of measurement or calculation are in the singular if they are preceded by a precise numeral:

איין יאָר: צוויי יאָר, פֿינף יאָר, אַכציק יאָר
איין שעה: צוויי שעה, פֿיר און צוואַנציק שעה, אַכט און פֿערציק שעה
איין הונדערט: צוויי הונדערט, דרײַ הונדערט, אַכט הונדערט

When no precise numbers are specified, the plural is used.

אַ סך יאָרן, אַ סך שעהען, אַ סך הונדערטער

עטלעכע *several* and אַ פּאָר *a couple* are treated as numerals and require the singular:

עטלעכע שעה, עטלעכע יאָר
אַ פּאָר שעה, אַ פּאָר יאָר

The following nouns which, according to the above rule, appear in the singular, are included in the active word list:

דער מיליאָן (ען)	דער דאָלאַר (ן)
די מינוט (ן)	דער הונדערט (ער)
די שעה (ען)	דער טויזנט (ער)
	דאָס יאָר (ן)

49. Use of Nominative.

a. Subject.

The subject of a sentence is always in the nominative.

b. Predicate.

A noun in the predicate is in the nominative.

חיים איז דער תּלמיד און איך בין דער לערער
איך וויל ווערן דער לערער
מײַן ברודער הייסט משה

c. Two Nouns in Succession.

An important idiomatic construction consists of a noun followed by another noun in the nominative without the article. The three most important uses of this construction are:

(1) Partitive.

The first noun denotes a part of the thing denoted by the second noun:

דער טייל שטאָט
די זײַט גאַס
דער מיטן צימער

(2) Quantitative.

The first noun denotes a quantity or number of the thing denoted by the second noun:

מיליאָנען מענטשן
אַ פּאָר זאָקן
אַ שטיקל פּאַפּיר

(3) Categorizing.

The first noun denotes the category to which the thing denoted by the second noun belongs:

די שטאָט ניו־יאָרק
דאָס יאָר 1939
די משפּחה קאַרנאָווסקי

50. Use of the Accusative.

a. Direct Object.

A noun used as the direct object of a verb is always in the accusative case.

ער זעט די מאַמע
ער האָט ליב דעם טאַטן

b. In Expressions of Time.

Nouns denoting specific times or dates *at* or *during* which events take place are in the accusative.

ער איז דאָ געווען פֿיר אַ זייגער
ער וועט דאָ זײַן דעם 12טן פֿעברואַר
ער וווינט שוין דאָ אַ גאַנצן חודש

51. Use of the Dative.

a. With Prepositions.

Every preposition requires the dative case.

מיט דעם לערער, אָן דעם לערער, פֿאַר דעם לערער
מיט דער שוועסטער, אָן דער שוועסטער, צו דער שוועסטער, וועגן דער שוועסטער

b. Indirect Object.

A noun, when used as the indirect object of a verb, is in the dative case without a preposition.

מיר העלפֿן דער מומע
מיר גיבן עס דעם קינד
מיר שיקן דער באָבע געלט

c. Dative of Reference.

An important group of verbs relating to human experience requires the noun denoting the experiencer to be in the dative, while the noun denoting the experience is in the nominative.

דער מאַמע געפֿעלט דאָס בוך
דער מאַמע איז קאַלט
דער מאַמע חלומט זיך אַ שײנע זאַך
דער מאַמע איז אײַנגעפֿאַלן אַ פּלאַן
דער מאַמע איז געראָטן די אַרבעט
דער מאַמע טוט וויי די האַנט
דער מאַמע מאַכט ניט אויס וואָס דו טוסט

Compare par. 75 below.

52. Use of the Possessive.

The possessive is usually formed only from nouns denoting human beings and, as a rule, only from nouns in the singular.

In expressions of place the possessive adjective or the possessive form of a noun is avoided, and is replaced by the appropriate pronoun or noun in the dative preceded by the preposition בײַ:

בײַ משהן אין קלאַס is more idiomatic than אין משהס קלאַס;

בײַ מײַן שוועסטער אין צימער is more idiomatic than אין מײַן שוועסטערס צימער.

B. ARTICLES

53. Use of Definite Article.

The use of the definite article in Yiddish corresponds, in general, to English usage, but many abstract nouns which are used without an article in English in their general ("non-partitive") sense do have an article in Yiddish:

דאָס לעבן איז שווער
דער זומער איז שוין געקומען
דער אַנטיסעמיטיזם איז שטאַרק

ייִדן, meaning *the Jews,* on the other hand, is almost always used without an article.

ייִדן זײַנען הײַנט אַ פֿאָלק פֿון דרײַצן מיליאָן

54. Negative Article.

In a negative statement, the negative article קיין replaces אַ in every sentence unit except the subject, which retains אַ (provided it is at the beginning of a sentence):

יוסף איז אַ תּלמיד: יוסף איז ניט קיין תּלמיד
אַ העפֿט האָב איך: קיין העפֿט האָב איך ניט
אַ לערער איז ניט קיין תּלמיד

55. Omitting the Article in Expressions of Place.

In many idiomatic expressions of place, the definite article is omitted.

אין צימער, אין פּאַרק, אין שטאָט, אין לאַנד, אין שול
פֿון שול, פֿון פּאַרק, פֿון שטאָט, לעבן שול

56. Indefinite Amount or Number.

Materials or things in indefinite amounts or numbers are denoted by nouns without any article, both in affirmative statements and questions. But in negative statements, the negative article is used.

צוקער איז זיס
איר ניצט צוקער?
קיין צוקער ניץ איך ניט

ביכער זײַנען וויכטיק
ביכער לייענסטו?
קיין ביכער לייען איך ניט

C. ADJECTIVES

57. Agreement with the Noun.

An adjective must agree in gender, case, and number with the noun which it precedes and to which it refers:

אַ גוטער מענטש — אַ גוטע פֿרוי
אַ גוטן מענטש — אַ גוטער פֿרוי
דעם גוטן מענטש — דער גוטער פֿרוי
גוטע מענטשן — גוטע פֿרויען

58. Agreement with the Article.

In the neuter singular, the form of the adjective also depends on whether the definite or indefinite article precedes it:

אַ גרויס לאַנד — דאָס גרויסע לאַנד
אַ קליין קינד — דאָס קליינע קינד

59. Adjectives Used Without Nouns.

Adjectives can be used as nouns, but they are inflected as adjectives:

איך האָב גערעדט מיטן יונגן
איך האָב געזען דעם גרעסערן
איך האָב ניט ליב קיין אַלטע

An adjective is often used without a noun in order to avoid redundant nouns. No equivalent of the English pronoun "one" should be used.

איר האָט ביכער? יאָ, מיר האָבן אַלטע און נײַע *Do you have books? Yes, we have new ones and old ones.*

60. Adjectives in the Predicate.

The adjective in the predicate, if it refers to the subject, must agree with it in gender and number:

משה איז אַ גרויסער
מײַן ברודער איז אַ יונגער

The adjective in its base form may also be used:

משה איז גרויס
מײַן ברודער איז יונג

61. Avoiding Possessive Adjectives.

Whenever the possessive relationship is obvious, the definite article is used instead of the possessive adjective.

ער װױנט בײַ דער מאַמע (בײַ זײַן מאַמע)
איך רעד מיטן טאַטן (מיט מײַן טאַטן)

If the relationship is not obvious, the possessive is not omitted, but it is frequently replaced by the more idiomatic construction of the dative plus the preposition בײַ (compare par. 52 above).

איך בין געװען בײַ איר אין הױז (אין איר הױז)
איך זע עס בײַ דיר אין די אױגן (אין דײַנע אױגן)

62. Comparative.

The preposition פֿון, followed by the dative, or the conjunction װי, followed by the nominative, is used after the comparative.

גרעסער פֿון מיר=גרעסער װי איך
שענער פֿון מיר=שענער װי איך

D. PRONOUNS

(The rules on the use of the cases, given in par. 49—51, apply to the pronouns as well.)

63. Use of מען.

מען is an impersonal pronoun which means *one, people, they*. It is very often rendered in English by a passive construction without a subject. It takes the third person singular of the verb.

מען זאָגט, אַז עס איז זייער קאַלט   *They say it's very cold*
מען פֿאַרקױפֿט דאָ צײַטונגען   *Newspapers are sold here*

64. ער and זי.

The pronoun ער is used in place of masculine nouns, and זי in place of feminine nouns, to refer to inanimate objects. עס is used in reference to inanimate objects only if the implied noun is of the neuter gender.

דער אױפֿשטאַנד: ער איז געװען אַ װיכטיקער
די באַװעגונג: זי האָט זיך פֿרי אָנגעהױבן
דאָס פֿאָלק: עס איז גאָרניט גרױס

65. Familiar and Formal Address

Whenever a close friend or a child is spoken to, i.e. someone who would ordinarily be called by his first name, the second person singular is used (familiar address). When one is not on intimate terms with the person addressed, and would ordinarily call him "Mr.," "Mrs.," or "Miss" So-and-So, the second person plural is used to show respect (formal address).

װוּהין גײסטו, משה?
װוּהין גײט איר, ה׳ שװאַרץ?

E. NUMERALS

66. Use of Numerals Without a Noun.

To avoid redundancy, a noun may be omitted after a numeral if the reference is obvious.

גיב מיר איצט צוויי שטיקלעך, און שפּעטער וועסטו מיר געבן דרײַ
איך האָב שוין איינעם, און איך דאַרף נאָך פֿיר

F. VERBS

67. Meaning of Present Tense.

The present tense in Yiddish covers both the simple and the progressive present of English. It also describes uncompleted action which continues into the present, expressed in English by the form "have been —ing":

איך לייען אַ סך *I read much, I am reading much, I have been reading much*

68. Meaning of Past Tense.

The past tense in Yiddish covers the English past, present perfect, and past progressive tenses:

איך האָב געשלאָפֿן *I slept, I have slept, I was sleeping*

69. Use of Tenses in Indirect Discourse.

In indirect discourse, that is in clauses which constitute the direct objects of the verbs זאָגן, דערציילן, דערקלערן, מיינען, טראַכטן, וויסן, פֿרעגן, and the like, the present tense denotes action simultaneous with the thinking, asking, etc. The past tense indicates action prior to, while the future tense indicates action that follows the telling, asking, etc. This is irrespective of the tense of the main verb.

זי האָט געזאָגט, אַז זי פֿאַרשטייט ניט *She said that she did not understand*
זי האָט געזאָגט, אַז זי האָט ניט פֿאַרשטאַנען *She said that she had not understood*
זי האָט געזאָגט, אַז זי וועט ניט פֿאַרשטיין *She said that she would not understand*

70. Use of the Infinitive.

The infinitive is used without צו after the following verbs:

דאַרפֿן, הייסן, העלפֿן, וועלן, לערנען זיך, מוזן, מעגן, ניט טאָרן, ענדיקן, קענען

איך וויל גיין אין פּאַרק
איך לערן זיך פֿירן אַן אויטאָ

The use of צו with the infinitive is optional after the following verbs:

פּרווון, אויפֿהערן, אָנהייבן

איך פּרוּוו (צו) פֿאַרשטיין   איך הער אויף (צו) אַרבעטן

Every infinitive can be used as a noun, either as the subject or object of a verb, or with a preposition:

לאַכן איז געזונט
ער לעבט פֿון שרײַבן לידער
איך ווייס גאָרניט וועגן קויפֿן קליידער

71. Present Participle.

The present participle is used to indicate action by the subject simultaneous with the action described by the main verb.

גייענדיק האָב איך געזונגען
ער האָט געגעסן שווייַגנדיק

72. Avoiding Redundant Verbs.

When the same verb appears in two consecutive clauses, whether in the same form or not, there is a redundancy which should be avoided.

If the verb in the second clause is in the same tense as the verb in the first, it is not expressed:

לייבל קען ייִדיש, אָבער זייַן ברודער ניט
ער האָט פֿאַרשטאַנען, און איך אויך

But it is wrong to express *only* the auxiliary in the second clause, as follows:

ער האָט פֿאַרשטאַנען, און איך האָב אויך

Therefore, if the verb in the second clause is the same, but in a different tense, the verbal construction must be entirely expressed or entirely omitted:

הייַנט אַרבעט איך, אָבער מאָרגן ניט
הייַנט אַרבעט איך, אָבער מאָרגן וועל איך ניט אַרבעטן

G. WORD ORDER

73. Sentence Units.

A sentence unit is a word or a group of words which perform, together, a syntactical function in a sentence. The subject, for example, is a sentence unit. It may consist of a single word:

ייִדן | וווינען אין אַמעריקע

Or of a group of words:

דער גוטער, אַלטער לערער | אַרבעט שוין ניט

Or of a whole clause:

אַלע ביכער וואָס איך לייען | זייַנען אינטערעסאַנט

The following sentence units occur in Yiddish: subject, inflected verb, uninflected verb, direct object, indirect object, predicate, adverbs of time, place, and manner, adverbial and prepositional phrases of time, place, and manner, infinitives, and subordinate clauses of various types. The "inflected verb" is that part of a compound verbal construction to which the personal endings are added; for example:

איך וואָלט פֿאַרשטאַנען
ער האָט מורא געהאַט

Adjectives (except when used as nouns), prepositions, numerals (except when used without a noun) are not treated as separate sentence units. They usually belong to the same unit as the noun which they precede.

The following conjunctions, although not parts of other sentence units, are nevertheless not treated as sentence units:

אָבער, אָדער, אויב, און, אַז, אַזוי, ווי, ווײַל, ווען, טאָ, כאָטש

The following adverbs are treated as sentence units when introducing direct questions, but are not treated as units when introducing indirect questions:

צי, וואָס, ווען, ווו, פֿאַר וואָס, ווהין, ווי

For example:

DIRECT QUESTION	INDIRECT QUESTION
צי האָט ער געגעסן?	איך ווייס ניט, צי ער האָט געגעסן
וואָס האָט איר געטאָן?	איך פֿרעג, וואָס איר האָט געטאָן
ווהין גייט איר?	איך זע ניט, ווהין איר גייט

74. Normal Word Order.

The basic rule for normal word order is that the inflected verb, unless it is an imperative, must be the second unit of the sentence. Any other one unit may precede it. In a sentence containing, in addition to the inflected verb, an uninflected part of the verb, sentence units are placed between the two parts of the verb and after the uninflected part, as shown by the following table:

NON-UNIT WORDS	FIRST FIXED PLACE	SECOND FIXED PLACE	ANY OR ALL OF THE FOLLOWING	THIRD FIXED PLACE	ANY OR ALL OF THE FOLLOWING
און אָבער אָדער etc.	Any unit except the inflected part of the verb (Imperatives may, however, come first.)	The inflected verb	Subject pronoun Direct object pronoun Indirect object pronoun Adverbs Subject noun	The uninflected part of the verb	Other infinitives Object nouns and phrases Predicate nouns or adjectives Adverbial and prepositional phrases and clauses

75. Expletive עס.

The pronoun עס may take the place of the subject at the beginning of the sentence, while the logical subject is placed *after* the verb. In this function עס is called expletive.

די ריכטיקע צײַט איז געקומען: עס איז געקומען די ריכטיקע צײַט

די האַנט טוט מיר וויי: עס טוט מיר וויי די האַנט

If the logical subject is in the plural, the verb is also in the plural.

Expletive עס is never used when the logical subject is a pronoun.

This construction is usually employed in phrases about the weather and sentences containing a dative of reference (see par. 51c above).

עס טוט מיר וויי די האַנט

עס איז מיר אײַנגעפֿאַלן אַ פּלאַן

76. Consecutive Word Order.

In the consecutive word order, the inflected verb is the first sentence unit.

מײַן טאַטע איז געשטאָרבן, בין איך געבליבן אַליין, האָב איך אָנגעהויבן צו אַרבעטן

H. CLAUSES

77. Relative Clauses.

Relative clauses in which the relative pronoun is the subject or direct object are formed just as in English.

דער מענטש וואָס זיצט בײַם טיש איז מײַן טאַטע
דער מענטש וואָס דו זעסט איז מײַן טאַטע

In relative clauses denoting possession, the normal possessive adjective is retained and is preceded by וואָס:

דער מענטש, וואָס זײַן פּלאַן איז געווען...
די פֿרוי, וואָס מיט אירע קינדער שפּילן מיר זיך...

In relative clauses denoting a prepositional relationship, the normal preposition and pronoun are retained, but they are preceded by וואָס:

דער מענטש, וואָס מיט אים האָב איך גערעדט, איז מײַן חבֿר
די פֿרוי, וואָס בײַ איר בין איך געווען, איז הײַנט ניטאָ

78. Conditional Sentences.

In conditional sentences, the conditional form of the verb is used in both clauses:

ווען איך וואָלט געווען רײַך, וואָלט איך דיר געקויפֿט אַ סך זאַכן

79. Direct Questions.

A question requiring an answer of "yes" or "no" usually begins with the word צי which is treated as a sentence unit:

צי ביסטו דאָרטן געווען? (יאָ, ניין)
צי האָסטו עס געזען? (יאָ, ניין)

Another way of asking questions of this type is to change the intonation while retaining the word order of the affirmative sentence:

דו ביסט דאָרטן געווען?
דו האָסט עס געזען?

Questions requiring an answer other than "yes' or "no" begin with interrogative pronouns or adverbs, which are treated as separate sentence units (see par. 73 above):

ווער איז ער?
וואָס טוט ער?
ווו וווינט ער?

80. Indirect Questions.

In indirect questions, the interrogative pronoun, adverb, and צי are not treated as separate sentence units:

איך ווייס ניט, צי ער איז דאָרטן געווען
איך ווייס ניט, ווער דאָס איז
איך פֿרעג אים, וואָס ער טוט
איך פֿאַרשטיי, ווו ער וווינט

If the interrogative pronoun is the subject of the indirect question, the pronoun עס is inserted between it and the inflected part of the verb:

איך הער ניט, ווער עס רעדט
זאָג מיר, וואָס עס וועט געשען

81. Consecutive Clauses.

A consecutive clause describes actions which follow the events described in the preceding sentence. The consecutive clause may show either the result or the consequence in time of the first clause. The use of the consecutive clause implies the words "so," "therefore," "then."

Wherever עס is used as the impersonal or expletive subject of a sentence, it is dropped in the consecutive clause:

עס איז זייער וואַרעם: די זון שײַנט הײַנט, איז זייער וואַרעם
עס חלומט זיך מיר: איך שלאָף, חלומט זיך מיר

In sentences containing the imperative or the form with לאָמיר or זאָל ער, זאָלן זיי (see par. 36b and 36c above), the verb cannot be moved to first place; the conjunction טאָ is therefore used with the same effect as the consecutive word order in other sentences:

דאָס בוך איז מײַנס, טאָ גיב מיר עס
מיר האָבן שוין געגעסן, טאָ לאָמיר גיין
זי האָט נאָך ניט געענדיקט, טאָ זאָל זי בלײַבן

This conjunction is also used with questions in which the first unit is an interrogative pronoun and must therefore be the first sentence unit:

דו האָסט דאָך שוין אַלץ, טאָ וואָס ווילסטו?
אויב חיים איז ניט דײַן ברודער, טאָ וועמענס ברודער איז ער?

82. Emphasis.

In order to be emphasized, any sentence unit except the inflected verb may be placed first or last in the sentence:

דער טאַטע האָט מיר געגעבן דאָס בוך
מיר האָט דער טאַטע געגעבן דאָס בוך
דער טאַטע האָט געגעבן דאָס בוך מיר
דער טאַטע האָט דאָס בוך געגעבן מיר

SYNOPSIS OF GRAMMAR 333

A pronoun or adverb may also be emphasized by being preceded by אָט. Sometimes the interrogative counterpart of the adverb or pronoun is used with אָט. The latter construction is not a separate sentence unit.

אָט דאָס וויל איך=אָט וואָס איך וויל
אָט דאָ ווין איך=אָט ווּ איך ווין
אָט דערפֿאַר בין איך געקומען=אָט פֿאַר וואָס איך בין געקומען

The subject may be emphasized by being placed after the verb, while the word דאָס takes its place before the verb. This construction is similar in word order to that with the expletive עס, but it is more emphatic, and can be used even when the subject is a personal pronoun.

מײַן שוועסטער שפּילט פּיאַנע: דאָס שפּילט מײַן שוועסטער פּיאַנע
איך בין דאָ געווען: דאָס בין איך דאָ געווען

GLOSSARY

The Yiddish-English section of the glossary contains all Yiddish words which have been used in this book, listed in their Yiddish alphabetical order. Words which form part of the active word list are preceded by asterisks. The English-Yiddish section contains all active words and such passive words as may be useful in translation and composition. Only the meanings in which words occur in this book are listed.

The pronunciation of words which are spelled according to the traditional system is indicated in brackets.

The article listed with a noun indicates its gender. Listed in parentheses is the plural ending, or the entire plural form, if there is a change inside the word. A dash (—) indicates that there is no ending or change in the plural.

The comparative form of an adjective is given in parentheses if the vowel of the base changes. If a supporting —ע— is inserted in the inflected forms of the adjectives, an inflected form is given in parentheses. Adjectives incapable of forming adverbs are themselves listed in parentheses.

Verbs have ט— participles unless the past participle is listed in parentheses. Verbs are conjugated regularly unless an irregularity is specifically noted. איז preceding a past participle indicates that the past tense is formed with זײַן.

| separates an adverbial complement from the main verb, or an infinitive ending from a verbal base ending in ע— (see p. 263).

← or → means "see."

The following abbreviations are used:

abbr	abbreviation	*masc*	masculine
acc	accusative	*mn*	man's name
adj	adjective	*n*	noun
adv	adverb	*neut*	neuter
art	article	*num*	numeral
aux	auxiliary	*periph*	periphrastic
compl	complement	*pers*	person
conj	conjunction	*pl*	plural
dat	dative	*poss*	possessive
fem	feminine	*pron*	pronoun
gn	geographic name	*rel*	relative
inf	infinitive	*sg*	singular
infl	inflected	*trans*	transitive
int	interjection	*uninfl*	uninflected
inter	interrogative	*v*	verb
intr	intransitive	*wn*	woman's name
lit	literally		

א

• אַ *art* a
אַבאָנירן *v* to subscribe to
אַבי׳ *conj* as long as
אַבי צו זײַן מיט דיר as long as I can be with you
• אָבער *conj* but; however; again
אָבֿ, דער [ov] *n* the 11th month in the Jewish calendar
•אַבֿרהם [AVRO'M] *mn* *Yiddish equivalent of* Abraham
• אַדוואָקאַ׳ט דער (ן) *n* lawyer
• אָדער *conj* or
• אָדער . . . אָדער either . . . or
אָדר, דער [ODER] *n* the 6th month in the Jewish calendar
• אַהיים *adv* home
• אַהי׳ן *adv* there (*place to which*)
אַהינטער *adv* backwards
• אַהע׳ר *adv* here (*place to which*)
אוהל, דער (ים) [OYEL] *n* structure over the tomb of an important person
• אוודאי [AVADE] *adv* certainly
• אָוונט, דער (ן) *n* evening
• אין אָוונט in the evening
גוטן אָוונט ← גוט
• אַוועק־ *compl* away
• אַוועק = אַוועקגעגאַנגען
אַוועקטרײַבן ← טרײַבן
• אַוועק | פֿאָרן (איז אַוועקגעפֿאָרן) *v* to leave
• אויב *conj* if
אויבן *adv* above
• אויג, דאָס (ן) *n* eye

• אויגוסט, דער *n* August
אוי־ווײ! *int* dear me!
אויוון, דער (ס) *n* stove
• אויטאָ, דער (ס) *n* car
אויטאָביאָגראַפֿיע, די *n* autobiography
• אויך *adv* also, too
•אויך ניט neither
אויס *adj* no more
אוי׳סגעבענקט *adj* long-awaited
אויסגעוואָקסן ← אויסוואָקסן
אויסגעזען ← אויסזען
אויסגעטאָן ← אויסטאָן
אוי׳סגעטראַכט *adj* invented
אוי׳סגעלאָסן (דער אוי׳סגעלאָסענער) *adj* lewd
אוי׳סגעמוטשעט *adj* exhausted
אויסגעשריגן ← אויסשרײַען
אוי׳ס | הערן *v* to hear
• אוי׳ס | וואַקסן (איז אויסגעוואַקסן) *v* to grow up
•אויס | זען (אוי׳סגעזען) *v* to look, to appear
אויס | טאָן (אויסגעטאָן) *v* take off
• אויס | טאָן זיך to get undressed
• אוי׳ס | טראַכטן *v* to invent
• אויסטראַליע *gn* Australia
אוי׳ס | כאַפּן *v* to snatch up (something scarce)
אוי׳ס | לייזן *v* to save
אוי׳ס | לערנען *v* to teach
אוי׳סלערנען זיך *v* to learn
• אוי׳ס | מאַכן *v* to matter
עס מאַכט מיר ניט אויס it doesn't matter to me
אוי׳ס | מישן *v* to mix

* אוי'ס | ניצן *v* to make use of
אוי'ס | פֿאָרשן *v* to investigate
אויספֿיר, דער (ן) *n* conclusion
אוי'ס | קומען (איז אוי'סגעקומען) *v* to seem
אוי'ס | שרײַען (אוי'סגעשריגן) *v* to cry out
* אויער, דער (ן) *n* ear
* אויף *prep.* [AF], *adv. compl.* [OYF,UF] on; for; in; with
אוי'פֿ | בויען *v* to build
אויפֿגעשטאַנען ← אויפֿשטיין
* אוי'פֿ | האַלטן (אוי'פֿגעהאַלטן) *v* to maintain
* אוי'פֿ | הייבן (אוי'פֿגעהויבן) *v* to raise, to lift
* אוי'פֿ | הענגען (אוי'פֿגעהאָנגען) *v* to hang (up)
* אוי'פֿ | הערן *v* to cease
אוי'פֿ | וואַכן *v* to wake up
* אוי'פֿ | כאַפּן זיך *v* to wake up
אויפֿן = אויף דעם
אויפֿפֿיר, דער *n* behavior
אוי'פֿ | קומען (איז אוי'פֿגעקומען) *v* to arise
אוי'פֿ | שוימען *v* to froth
* אויפֿשטאַנד, דער (ן) *n* uprising
* אוי'פֿ | שטיין (איז אוי'פֿגעשטאַנען) *v* to get up
* אומ | ברענגען *v* to kill
או'מלעגאַל *adj* illegal
* אומעטו'ם *adv* everywhere
אומקום, דער *n* death
או'מ | קומען (איז אומגעקומען) *v* to perish
או'מ | קערן זיך *v* to return
אומ'שולדיק *adj* innocent
* און *conj* and

או'נגערן *gn* Hungary
* אונדז (*acc-dat of* מיר) *pron* us
* אונדזער *poss adj* our, ours
אונטן *adv* below
* אונטער *prep* under
או'נטערבאַן, די (ען) *n* subway
או'נטער | געבן זיך (או'נטערגעגעבן) *v* to surrender
או'נטערגעצונדן ← אונטערצינדן
או'נטער | וואַרפֿן (או'נטערגעוואָרפֿן) *v* to abandon (a child)
או'נטערן = אונטער דעם
או'נטער | צינדן (או'נטערגעצונדן) *v* to set fire to
או'נטער | קומען (איז או'נטערגע־קומען) to come along *v*
או'נטער | שפּרינגען (איז או'נטער־געשפּרונגען) to hop *v*
* אוניווערסיטע'ט, דער (ן) *n* university
* אופֿן, דער (ים) [OYFN—OYFA'NIM] *n* way
אוצר, דער (ות) [OYTSER—OYTSRES] *n* treasure
* אות, דער (אותיות) [OS—OYSYES] *n* letter (of the alphabet)
* אַז *conj* that; when; if
* אַזאַ' (אַזעלכע *uninfl in sg; pl:*) *pron* such
* אַזוי' *adv* so; thus
* אַזוי ווי *conj* since
* אַזוי פֿיל so much, so many
אַזוינער *pron* such
אַזיאַטיש *adj* Asiatic
אַ זייגער ← זייגער
אַזיע *gn* Asia
אַזעלכע ← אַזאַ

to light *v* (*plus acc*) אײַ׳נ | הייצן a fire in

one *num* אײנס *

one *pron* אײנער *

you fool, you! נאַר אײנער!

אײנער אויפֿן (צום, מיטן ...) אַנ־ upon (to, with ...) דערן one another

together אין אײנעם

to *v* (איז אײַ׳נגעפֿאַלן) אײַ׳נ | פֿאַלן * occur

עס איז מיר אײַנגעפֿאַלן אַ פּלאַן an idea occurred to me

singular *n* אײנצאָל, די

single *adj* אײנציק

to persuade *v* אײַ׳נ | רעדן

your, yours *poss adj* אײַער *

the day before *adv* אייערנעכטן yesterday

the 8th *n* [IER] אייר, דער month in the Jewish calendar

Europe *gn* אייראָפּע

European *adj* אייראָפּע׳יש

I *pron* (acc: מיך; dat: מיר) איך *

(*acc-dat of* ער; *dat of* עס) אים * *pron* him; it

immigrant *n* (ן) אימיגראַ׳נט, דער

in; to *prep* אין *

...later אין ... אַרו׳ם *

אין אַ נאַ׳וועגע ← נאָווענע

אין גאַנצן ← גאַנץ

אין דער היים ← היים

אין דער פֿרי ← פֿרי

אין כּעס ← כּעס

industry *n* (ס) אינדוסטריע, די *

contents (*sg*) *n* אינהאַלט, דער *

engineer *n* (ן) אינזשעניע׳ר, דער *

except, *prep* [AKhU'TS] אַחוץ * besides

mn [AKhAShVEYRESh] אַחשוורוש *king of Persia, also known as* Ahasuerus

here (*in pointing*) *adv* אָט

here is what אָט וואָס

to breathe *v* אָ׳טעמען *

over *adv* & *prep* איבער *

breakfast *n* (ס) אי׳בערבײַסן, דאָס

אי׳בער | בײַסן (אי׳בערגעביסן) *v* to have a bite

אי׳בער | געבן (אי׳בערגעגעבן) *v* to transmit, to pass the word

to translate *v* אי׳בער | זעצן

the day after *adv* איבער מאָרגן * tomorrow

אי׳בער | קומען (איז אי׳בערגע־ קומען) to survive *v*

אי׳בער | רײַסן (אי׳בערגעריסן) * *v* to interrupt

ideal *n* (ן) אידעאַ׳ל, דער *

is *v* (3*rd pers sg of* זײַן) איז *

איז דאָ ← דאָ

Italy *gn* איטאַליע

Italian *n* (—) איטאַליענער, דער

each *pron* אי׳טלעכער

egg *n* (ער) איי, דאָס

eternal; *adj* & *adv* אייביק forever

own *adj* (דער איי׳גענער) אייגן *

dear little eye *n* (ך) איי׳געלע, דאָס

before; than *conj* אײדער *

you *pron* (*acc-dat of* איר) אײַך *

one *num* אײן *

bookbinder *n* (ס) אײַ׳נבינדער, דער

אײַנגעפֿאַלן ← אײַנפֿאַלן

אינטעליגע׳נט, דער (ן) *n* intel-
lectual
אינטערנאַציאָנאַ׳ל *adj* internatio-
nal, cosmopolitan
* אינטערעסאַ׳נט *adj* interesting
אינסטיטוציע, די (ס) *n* institution
אינעם = אין דעם
* איצט *adv* now
* איר *poss adj* her, hers
* איר (איַיך :*acc-dat*) *pron* you
* איר (זי *dat of*) *pron* her
אי׳רלענדער, דער (—) *n* Irishman
* אַכט *num* eight
* אַכט *num adj* eighth
* אַכציק *num* eighty
* אַכצן *num* eighteen
אלול, דער [ELEL] *n* the 12th
month in the Jewish
calendar
* אַלט (עלטער) *adj* old
אליהו־הנבֿיא [E*L*YOHU-HANOVI]
the prophet Elijah
* אַליי׳ן *adv* alone; oneself
אַלמנה, די (—ות) [ALMONE—-S]
n widow
אַלמער, דער (ס) *n* closet
* אַלע *pron; adj* all
אַלע טאָג ← טאָג
אַלע מאָל ← מאָל
אַלערליי׳ *uninfl adj* all kinds of
אַלף־בית, דער [A'LEFBEYS]
n alphabet
* אַלץ *pron* all; everything
אַ מאָל ← מאָל
אַמאָליק *adj* of old
* אַמע׳ריקע *gn* America
אַ׳מפּערן זיך *v* to bicker
* אמת *adj* [EMES] true

* אמת, דער [EMES] *n* truth
* אַן *art* an
* אָן *prep* without
אָן ← פֿון . . . אָן
אָ׳נ | גיין (איז אָ׳נגעגאַנגען)
v to go on
אָנגעהויבן ← אָנהייבן
אָנגעצונדן ← אָנצינדן
אָנגעקומען ← אָנקומען
אָנגעשריבן ← אָנשרײַבן
* (אַנדער) דער אַ׳נדערער *adj* other
אַ׳נדערע some; others
* אַנדערש *adv* differently
אָנהייב, דער (ן) *n* beginning
* צום אָנהייב in the beginning
* אָ׳נ | הייבן (אָ׳נגעהויבן) *v* to begin
* אָ׳נ | הייבן זיך (*intr*) to begin
אָ׳נ | וואַקסן (איז אָ׳נגעוואַקסן) *v* to
appear
אָנ | טאָן (אָ׳נגעטאָן) *v* to put on
אָנטאָן זיך to get dressed
אַנטוויקלט *adj* developed
* אַנטיסעמיטיזם, דער
n anti-Semitism
* אַנטלויפֿן (איז אַנטלאָפֿן) *v* to flee,
to run away
אַנטראָפּאָלאָ׳ג, דער (ן) *n* anthro-
pologist
אַנטראָפּאָלאָגיע, די *n* anthropology
אַנטראָפּאָלאָגיש *adj* anthropologic
אַני׳ט *conj* otherwise
אַנעקדאָ׳ט, דער (ן) *n* anecdote
* אָ׳נ | צינדן (אָ׳נגעצונדן) *v* to light
* אָ׳נ | קומען (איז אָ׳נגעקומען)
v to arrive
* אָ׳נ | רירן *v* to touch
* אַנשטאָ׳ט *prep* instead of
אָ׳נ | שרײַבן (אָ׳נגעשריבן)
v to write

אַסימילאַציע, די *n* assimilation

* אַ סך (מערער) many, a lot of *adj;* much, a lot *adv*

אַסעמבלי־ליניע, די (ס) *n* assembly line

* אסתּר [ESTER] *wn* Esther

* אַעראָפּלאַ׳ן, דער (ען) *n* airplane

אָפּגעשניטן ← אָפּשנײַדן

אָ׳פּ | הילכן *v* to resound

אָ׳פּ | זוכן *v* to find

אָפּ | טאָן (אָ׳פּגעטאָן) *v* to play a trick on

אָפּטאָן אויף טערקיש to play a dirty trick on

אָ׳פּ | טיילן *v* to separate

אָ׳פּ | לערנען *v* to draw an inference

אָ׳פּ | נאַרן *v* to fool

אָפּערעטע, די (ס) *n* operetta

אָ׳פּ | פֿירן *v* to lead off

אָ׳פּ | קומען (איז אָ׳פּגעקומען) *v* to suffer

* אַפּרי׳ל, דער *n* April

אָ׳פּ | שנײַדן (אָ׳פּגעשניטן) *v* to cut off

* אָפֿט (עפֿטער) *adv* often

* אַפֿילו [AFILE] *adv* even

* אָפֿן (דער אָ׳פֿענער) *adj* open

אַ׳פֿריקע *gn* Africa

* אפֿשר [EFShER] *adv* perhaps

* אָקטאָבער, דער *n* October

* אַקטיאָ׳ר, דער (ן) *n* actor

אָקס, דער (ן) *n* ox

אַקעגן *prep* opposite

אַ׳קער־אײַזן, דער (ס) *n* plowshare

* אַראָ׳פּ down, downstairs *compl*

* אַראָפּ = אַראָ׳פּגעגאַנגען

אַראָ׳פּ | לאָזן זיך *v* to descend

אַראָ׳פּ | נעמען (אַראָ׳פּגענומען) *v* to take off

* אַרבעט, די (ן) *n* work

* אַ׳רבעטן *v* to work

* אַ׳רבעטער, דער (ס) *n* worker

אָרגאַניזאַציע, די (ס) *n* organization

אָרגאַניזירן *v* to organize

אַרגענטינע *gn* Argentina

* אַרוי׳ס־ out *compl*

* אַרויס = אַרוי׳סגעגאַנגען

אַרוי׳ס | גיין (איז אַרוי׳סגעגאַנגען) *v* to go out; to be published; to proceed

אַרוי׳ס | געבן (אַרוי׳סגעגעבן) *v* to publish; to produce

אַרוי׳ס | וואַרפֿן (אַרוי׳סגעוואָרפֿן) *v* to throw out

* אַרוי׳פֿ־ up, upstairs *compl*

* אַרויף = אַרוי׳פֿגעגאַנגען

* אַרוי׳פֿ | אַרבעטן זיך *v* to get ahead

אַרוי׳פֿ | גיין (איז אַרוי׳פֿגעגאַנגען) *v* to board; to ascend

* אַרו׳ם around, *prep* & *compl* about

אין . . . אַרום ← אין

* אַרו׳מ | גיין (איז אַרו׳מגעגאַנגען) *v* to go around

אַרו׳מ | כאַפּן *v* to engulf

* אָרט, דער (ערטער) *n* place

* אַריבער־ over, across *compl*

* אַריבער = אַרי׳בערגעגאַנגען

אַרי׳בער | פֿאָרן (איז אַרי׳בערגעפֿאָרן) *v* to move *(intr)*

אָריגינאַ׳ל, דער (ן) *n* original

* אַרײַ׳נ־ in, into *compl*

* אַרײַן = אַרײַ׳נגעגאַנגען

* אַרײַ'נ | זעצן *v* to put (into prison)
אַרײַ'נ | מישן *v* to mix in
אַרײַ'נ | קומען (איז אַרײַ'נגעקומען) *v* to come in
* אַרײַ'נ | שטעלן *v* to put in
אָריענטאַליש *adj* Oriental
אַרכיטע'קט, דער (ן) *n* architect
אַרמענער, דער (—) *n* Armenian
* אָרעם *adj* poor
אָרעם, דער (ס) *n* arm
אָרעמאַ'ן, דער (אָרעמע־לײַט) *n* poor man
אָ'רעמקייט, די *n* poverty
* ארץ־ישׂראל [ERTSISROEL] *n* Palestine (*lit.* Land of Israel)
אַשכּנזיש [ASHKENAZish] *adj* Ashkenazic

ב

באָבסלעד, דער *n* bobsled
* באָבע, די (ס) *n* grandmother
באַגילדן *v* to cover with gold
* באַגראָבן (באַגראָבן) *v* to bury
באַגריסן *v* to welcome, to congratulate
* באַדינגונג, די (ען) *n* condition
באָדן זיך (געבאָדן) *v* to bathe
באַדע'קט *adj* covered
באַהאַלטן (דער באַהאַ'לטענער) *adj* hidden
* באַהאַלטן זיך (באַהאַלטן) *v* to hide
* באַוועגונג, די (ען) *n* movement
באַוועגן *v* to move (*trans*)
באַ'וועלן (דער באַ'וועלנער) *adj* cotton
באַזונדער *adj* separate
באַזל *gn* Basle (city in Switzerland)
באַלאַלײַקע, די (ס) *n* balalaika
* באַלד *adv* soon; immediately
באַלד ווי as soon as

* באַמערקן *v* to notice
* באַן, די (ען) *n* train, railroad
* מיט דער באַן by train
באַנק, די (בענק) *n* seat
באַנק־באַאַמטער, דער (*infl like an adj*) *n* bank clerk
באַנקי'ר, דער (ן) *n* banker
באַפֿעלן (באַפֿוילן) *v* to decree
באַפֿעלער, דער (ס) *n* taskmaster
* באַפֿע'לקערונג, די *n* population
באַפֿרײַונג, די *n* liberation
* באַפֿרײַען *v* to set free
* באַצאָלן *v* to pay
* באַק, די (ן) *n* cheek
באַקומען (באַקומען) *v* to receive
באַקליידן *v* to clothe
באַקן (געבאַקן) *v* to bake
* באַקענען זיך (מיט) *v* to get acquainted (with); to meet
* באַרג, דער (בערג) *n* mountain
* באָרד, די (בערד) *n* beard
* באַרי'מט *adj* famous
באַרימען זיך *v* to boast
באָרשט, דער *n* beet soup
באַשאַפֿן (באַשאַפֿן) *v* to create
באַשו'לדיקן *v* to accuse
* באַשליסן (באַשלאָסן) *v* to decide
באַשמירן *v* to smear
באַשעפֿטיקט *adj* employed
באַשעפֿער, דער *n* Creator
באַשערטער, דער (*infl like an adj*) *n* beloved
באַשרײַבן (באַשריבן) *v* to describe
בו'דאַפּעשט *gn* Budapest (capital of Hungary)
* בוים, דער (ביימער) *n* tree
בוימל, דער *n* olive oil
* בויען *v* to build
* בוך, דאָס (ביכער) *n* book
בולבע, די (ס) [BULbe] *n* potato

בולבע־קו׳געלע, דאָס (ך) *n* potato pudding

בונד, דער *n* *Jewish labor organization in Europe*

• בחור, דער (ים) [BOKhER—BO'KhERIM] *n* young man

בטחון, דער [BITOKhN] *n* faith

ביבל, די (ען) *n* (Christian) Bible

ביבליאָטע׳ק, די (ן) *n* library

• ביז *prep & conj* until, up to

• ביזן = ביז דעם

ביזנעס, די *n* business (*colloquial*)

• בײַ *prep* at . . .'s house; at; with

בײַ טאָג ← טאָג; בײַ נאַכט ← נאַכט

• ביידע *adj* both

בײַטש, די (ן) *n* whip

בײַם = בײַ דעם

ביימער ← בוים

בייסבאָל, דער *n* baseball

בײַ׳ | קומען (איז בײַ׳געקומען) *v* to overcome

ביכער ← בוך

• בילד, דאָס (ער) *n* picture

בילדונג, די *n* education

• בילע׳ט, דער (ן) [BILE'T] *n* ticket

• בין (זײַן *1st pers sg of*) *v* am

בינטל, דאָס (עך) *n* bundle

בינע, די (ס) *n* stage

• ביסט (זײַן *2nd pers sg of*) *v* are

ביסל: • אַ ביסל a few, a little

בי׳סלעכווײַז *adv* gradually

בית־המיקדש, דאָס [BEYSAMIK-DESh] *n* the Temple

• בית־מדרש, דער (בתּי־מדרשים) [BESMEDRESh—BOTE-MEDRO'ShIM] *n* synagogue

• בית־עולם, דער (ס) [BESOYLEM— -s] *n* cemetery

• בלאָ *adj* blue

בלאָזן (געבלאָזן) *v* to blow

בלאָזן פֿון זיך to put on airs

בלאָנד *adj* blond

בלאָף, דער *n* bluff

בלוזע, די (ס) *n* blouse

• בלוט, דאָס *n* blood

בלוטיק *adj* bloody

בלײַ, דאָס *n* lead

• בלײַבן (איז געבליבן) *v* to remain; to stay

בלייך *adj* pale

בלײַען (דער בלײַ׳ענער) *adj* leaden

בלינד *adj* blind

בלינצע, די (ס) *n* cheese pancake

בליק, דער (ן) *n* glance

בנין, דעם (ים) [BINYEN—BINYONIM] *n* building

בנעימותדיק [BENEI'MESDIK] *adj* graceful

• בעט, די (ן) *n* bed

• בעטן (געבעטן) *v* to ask (= to request)

• איך בעט דיך (אײַך) please

• בעל־הבית, דער (בעלי־בתּים) [BALEBO'S—BALEBA'TIM] *n* host, owner

בעל־הביתטע, די (ס) [BALEBO'STE— -s] *n* hostess; lady of status

• בעל־מלאָכה, דער (—ות) [BALMELOKhE— -s] *n* artisan

• בענטשן *v* to bless

בעל־עגלה, דער (—ות) [BALAGOLE— -s] *n* coachman

(בעסט) ← גוט

בעסער ← גוט

•בעסער . . . איידער better than

בערג ← באַרג

בערד ← באָרד

• בעת [BEYS] *conj* while

בעת־מעשׂה [BEYS-MA'YSE] *adv* meanwhile

בראָטן (געבראָטן) *v* to fry

* ברודער, דער (ברידער) *n* brother
* ברויט, דאָס *n* bread
* ברוין *adj* brown

ברומען *v* to hum

ברידער ← ברודער

* בריוו, דער (—) *n* letter

בריוון־טרעגער, דער (ס) *n* mailman

* ברייט *adj* wide

ברייטהאַרציק *adj* generous, magnanimous

בריליאַ׳נט, דער (ן) *n* diamond

* בר־מיצווה, די [BARMITSVE] *n* a boy's 13th birthday, when he comes of age, according to tradition
* ברענגען *v* to bring
* ברענען *v* to burn

ברענען זיך = ברענען

בשלום [BESHOLEM] *adv* in peace, unharmed

ג

גאַגאַטשע | ן *v* to gaggle

גאולה, די [GEULE] *n* salvation

גאַז, דער (ן) *n* (poison) gas

* גאָט, דער *n* (*usually without the article*) God
* גאָט צו דאַנקען thank God

גאָ׳טעניו God (*endearing*)

* גאָלד, דאָס *n* gold

גאָלדן (דער גאָ׳לדענער) *adj* golden

גאַליציאַנער, דער (—) *n* Jew from Galicia

גאַנג: מיט אַ שיינעם גאַנג bountifully

גאַנדז, די (גענדז) *n* goose

גאַנער, דער (ס) *n* gander

* גאַנץ *adj* whole
* אין גאַנצן altogether, at all
* גאַס, די (ן) *n* street
* גאַסט, דער (געסט) *n* guest
* קומען צו גאַסט to visit

גאָפּל, דער (ען) *n* fork

* גאָר *emphatic adverb* (*see lesson* 26)

גאַראַ׳זש, דער (ן) *n* garage

גאַרטל, דער (ען) *n* belt

* גאָרן, דער (ס) *n* floor (= story)
* גאָרניט *pron;* nothing at all *adv*
* גאַרניטער, דער (ס) *n* suit

גבֿורה, די [GVURE] *n* fortitude

* גוט (בעסער, דער בעסטער) good *adj;* well, O.K., all-right *adv*
* אַ גוטן טאָג (אַ גוט יאָר) good-bye
* אַ גוטע נאַכט good-night
* גוט־מאָרגן (גוט־יאָר) hello; good morning
* גוטן־אָוונט good evening
* זײַ(ט) אַזוי גוט please

גוט אויף אים! serves him right

גוטסקייט, די *n* goodness

גוטער־פֿרײַנד, דער (גוטע־פֿרײַנד) *n* close friend

* גוף, דער (ים) *n* body

גזלן, דער (ים) [GAZLEN—GAZLONIM] *n* bandit

גיב, גיבן ← געבן

גיט ← געבן

* גיין (מיר, זיי גייען; איז געגאַנגען) *v* to go, to walk; (of a watch) to work

גייט, גייט! come now!

* גיך *adj* fast

גימנאַזיע, די (ס) *n* high school and junior college (in Europe)

גיסט ← געבן

גיסן (געגאָסן) *v* to pour; to run

346 COLLEGE YIDDISH

גלאָז, דאָס *n* glass
גלאָז, די (גלעזער) *n* drinking glass
גלאַט: גלאַט אַזוי זיך without reason
גלאַנצן *v* to glisten
גלויבן, דער *n* faith
גלות, דער [GOLES] *n* exile
* גלייבן *v* to believe
* גלײַך *adj* straight
גלײַכן *v* to like (*colloquial*)
גליקל (*obsolete*) *wn*
* גליקלעך *adj* happy
גלעזער ← גלאָז
* גמרא, די [GMORE] *n* Talmud
גנבֿענען (געגנבֿעט) [GA'NVENEN—GEGANVET] *v* to steal
גנבֿענען דעם גרענעץ to steal across the border
* געבוירן ווערן *periph v* to be born
געבוירן־טאָג, דער (־טעג) *n* birthday
געבליבן ← בלײַבן
* געבן (גיב, גיסט, גיט, גיבן; געגעבן) *v* to give
געבעטן ← בעטן
געגאַנגען ← גיין
געגאָסן ← גיסן
געגעבן ← געבן
געגעסן ← עסן
געגראָבן ← גראָבן
* געדענקען *v* to remember
געהאַ׳ט ← האָבן
געהאַלטן ← האַלטן
געהאָלפֿן ← העלפֿן
געהונקען ← הינקען
געהייסן ← הייסן
געהע׳צט *adj* hunted
געהערן *v* to belong
געוואָ׳לט ← וועלן
געוואָקסן ← וואַקסן
געוואָרן ← ווערן
געוואָשן ← וואַשן
געוווּנען ← געווינען
געוווּסט ← וויסן
געוויזן ← ווײַזן
געוויי׳ן, דאָס *n* weeping
* געווינען (געוווּנען) *v* to win
געווי׳ס *adj* certain
געוועזן = געווען
געווע׳ן ← זײַן
געווע׳ר, דאָס *n* arms
געזונגען ← זינגען
* געזו׳נט (געזינטער) *adj* well; healthy, wholesome
זײַ(ט) געזונט good-bye; farewell
געזונקען ← זינקען
געזינד, דאָס (ער) *n* family
געזינטער ← געזונט
געזען ← זען
געזעסן ← זיצן
* געטאָ, די (ס) *n* ghetto
געטאָ׳ן ← טאָן
געטיי׳לט אויף divided by
געטראָפֿן ← טרעפֿן
געטרונקען ← טרינקען
געטריבן ← טרײַבן
* געל *adj* yellow
געלאָפֿן ← לויפֿן
* געלט, דאָס *n* money
געליטן ← לײַדן
געלעגן ← ליגן
געלעגער, דאָס (ס) *n* bed
* געלע׳רנטער, דער (*infl like an adj*) *n* scholar
געמי׳ט, דאָס (ער) *n* mood
געענדז ← גאַנדז
* גענו׳ג *adv* enough
גענומען ← נעמען
גענײ׳ט *adj* experienced
געסט ← גאַסט

געפֿאַלן ← פֿאַלן

געפֿי׳לט *adj* stuffed

* געפֿינען (געפֿונען) *v* to find

געפֿינען זיך *v* to be

געפֿלויגן ← פֿליִען

* געפֿעלן (איז געפֿעלן) *v* to please

דאָס געפֿעלט מיר this pleases me (= I like it)

געץ, דער (ן) *n* idol

געצע׳לט, דאָס (ן) *n* tent

געצן־דינער, דער (ס) *n* pagan

געקומען ← קומען

געקלונגען ← קלינגען

געקליבן ← קלײַבן

געקראָגן ← קריגן

געקראָכן ← קריכן

* געראָטן (איז געראָטן):

עס איז מיר געראָטן... I succeeded in . . .

געריטן ← רײַטן

* גערע׳כט *adj* right

געשאָנקען ← שענקען

געשאַפֿן ← שאַפֿן

געשווירן ← שווערן

געשוווּמען ← שווימען

געשוויגן ← שווײַגן

געשווי׳נד *adj* fast

געשטאַנען ← שטיין

געשטאָרבן ← שטאַרבן

* געשיכטע, די *n* history

געשלאָגן ← שלאָגן

געשלאָפֿן ← שלאָפֿן

געשלונגען ← שלינגען

* געשמאַ׳ק *adj* tasty

געשמאַ׳ק, דער *n* taste

געשמיסן ← שמײַסן

* געשע׳ן (איז געשע׳ן) מיט *v* to happen (to)

* געשע׳פֿט, דאָס (ן) *n* business

* געשעפֿטסמאַן, דער (געשעפֿטסלײַט) *n* businessman

געשפּיגן ← שפּײַען

געשפּרונגען ← שפּרינגען

געשריבן ← שרײַבן

געשריגן ← שרײַען

גראָבן (געגראָבן) *v* to dig

גראַגער, דער (ס) *n* Purim rattle

גראָז, דאָס *n* grass

גראַמאַטיק, די *n* grammar

גראָשן, דער (ס) *n* grosz (*small Polish coin*)

גרוב, דער (גריבער) pit

גרויליק *adj* dreadful

* גרויס (גרעסער, דער גרעסטער) *adj* big, large, great

גרוס, דער (ן) *n* greetings, hello

* גרייטן זיך *v* to prepare

גריך, דער (ן) *n* Greek

* גרין *adj* green

* גרינג *adj* light; easy

גרינס, דאָס (ן) *n* vegetable

גרעסער ← גרויס

ד

* דאָ *adv* here

* עס איז (זײַנען) דאָ there is (are)

* פֿון דאַנען from here

* דאָ אין לאַנד in this country

* דאַווענען *v* to pray

דאַך, דער (דעכער) *n* roof

* דאָך you know (*adverb connoting obviousness*); yet

* דאַכט זיך it seems

* דאָלאַר, דער (דאָלאַ׳רן) *n* dollar

דאַנען ← דאָ

* דאָ׳נערשטיק, דער *n* Thursday

דאַנק: * אַ דאַנק thank you

דאַנקען *v* to thank

* דאָס (דעם (*acc*: דאָס; *dat*: the *neut art*; this, that *pron*; it *pron*

* דאָקטער, דער (דאָקטוירים) *n* doctor

* דאָרטן *adv* there

* דאַרפֿן (ער דאַרף) *v* to need; to be supposed to; to have to; ought; should

* דו (*acc*: דיך; *dat*: דיר) *pron* you (*sg*); thou

* דוד [DOVID] *mn* *Yiddish equivalent of* David

* דווקא [DAFKE] *adv* necessarily

* דור, דער (ות) [DOR—DOYRES] *n* generation

* דורך *prep* through; by

דורכ־ *compl* by, through

דורכן = דורך דעם

דו׳רכ | קומען (איז דו׳רכגעקומען) *v* to come to terms

דורכ | רײַסן זיך (דו׳רכגעריסן) *v* to push one's way through

דזשעז, דער *n* jazz

* די (*acc*: די; *dat*: דער) the *fem art*; the *pl art*; these, those *pron*

* דײַטש, דער (ן) *n* German

* דײַטשלאַנד *gn* Germany

* דײַן *poss adj* your, yours; thy, thine

* דיך (*acc of* דו) *pron* you; thee

דין *adj* thin

דינאַמי׳ט, דער *n* dynamite

* דינסט, די (ן) *n* maid servant

* דינסטיק, דער *n* Tuesday

דינען *v* to serve

* דיר (*dat of* דו) *pron* you; thee

* דירה, די (—ות) [DIRE—-S] *n* apartment

דירה־געלט, דאָס [DI'REGELT] *n* rent

דיריגירן to conduct (an orchestra)

דיריגע׳נט, דער (ן) *n* conductor of an orchestra

דעכער ← דאַך

* דעם (*acc of* דער; *dat of* דאָס, דער) the *masc art;* this, that *pron* (*dat of* דאָס)

* דעמאָלט *adv* then

דען *adverb used with questions to connote doubt*

* דעצעמבער, דער *n* December

* דער the *masc art; fem art* (*dat of* די)

דערבײַ׳ *adv* at that

דערגרייכן *v* to reach

דערהערן *v* to hear

דערהערן זיך *v* to be heard

דערוואָרגן ← דערווערגן

* דערווײַ׳ל *adv* meanwhile

*דערוויסן זיך (דערוווּ׳סט) *v* to find out

דערווערגן (דערוואָרגן) *v* to strangle

דערזע׳ן (דערזע׳ן) *v* to see

דערטרינקען זיך (דערטרונקען) *v* to be drowned

דערלויבן *v* to permit

* דערפֿאַ׳ר *adv* therefore

* דערציילן *v* to tell (=to relate)

* דערקלערן *v* to explain

דערשטיקן *v* to choke to death

ד״ר (*abbr of* דאָקטער) Dr.

* דרום, דער [DOREM] *n;* South; *adj* southern

* דרוקן *v* to print

* דריט *num adj* third

* דרײַ *num* three

* דריידל, דאָס (עך) *n* spinning top

* דרײַסיק *num* thirty

* דרײַצן *num* thirteen

דרינען *adv* in it

דרך־ארץ, דער [DERKhERETS] *n* respect

ה

ה׳ (הער (*abbr of* Mr.

האָבן (האָב, האָסט, האָט, האָבן; גע־האַט) *v* to have

* האַלב *adj* & *num* half

האַלדז, דער (העלדזער) *n* throat

האַלדזן זיך *v* to embrace

* האַלטן (געהאַלטן) *v* to hold

* האַלטן בײַם . . . (*plus inf*) to be about to

* האַלטן פֿון . . . to be fond, to approve of

האָלץ, דאָס *n* wood

האַמבורג *gn* Hamburg

האַמל *n* Hameln (town in Prussia)

* האַנדל, דער *n* business (trade)

האַנדלען *v* to trade

* האַנט, די (הענט) *n* hand

האָניק, דער *n* honey

האָסט ← האָבן

* האָפֿן *v* to hope

האָפֿן אויף . . . . . . to hope for

האָפֿן צו . . . . . . to hope to

*האָר, די (—) *n* hair

אויף אַ האָר the least bit

* האַרבסט, דער *n* autumn

האַרץ, דאָס (הערצער) *n* heart

הבֿטחה, די (—ות) [HAFTOKhe— -s] *n* promise

הגדה, די [HAGODE] *n* book read during Passover service, *sometimes called* Haggadah

הוט, דער (היט) *n* hat

* הויז, דאָס (הײַזער) *n* house

הויזן, די *n* trousers (*pl*)

* הויך (העכער) *adj* tall, high

* הויפּט־ *stressed prefix* main

הויקער, דער (ס) *n* hunchback

הוי׳קערדיק *adj* hooked

הונגער, דער *n* hunger

* הו׳נגעריק *adj* hungry

* הונדערט *num* one hundred

* הונדערט, דער (ער) *n* hundred

הו׳רטהענדלער, דער (ס) *n* wholesale trader

היט ← הוט

היטל, דאָס (עך) *n* cap

הײַזער ← הויז

* הייליק *adj* holy

היים, די (ען) *n* home

* אין דער היים at home

די אַלטע היים the old country

* הײַנט *adv* today

* הייס *adj* hot

* הייסן (געהייסן) *v* to be called; to order

* דאָס הייסט that is

הילן *v* to wrap

הילף, די *n* aid

* הימל, דער (ען) *n* sky; heaven

הינטער *prep* behind

הי׳נטערן = הינטער דעם

הינקען (געהונקען) *v* to limp

היסטאָריש *adj* historical

הכנעה, די [HAKhNOE] *n* humility

המן [HOMEN] *mn* Persian minister, also known as Haman

המן־טאַש, דער (ן) [HO'MEN-TASh— -N] *n* triangular Purim pastry

הנאה, די [HANOE] *n* thrill

* העברעיִש *adj* & *n* Hebrew

העוויה, די (—ות) [HAVAYE— -S] *n* grimace

* העל *adj* light (in color)

העלדזער ← האַלדז

* העלדיש *adj* brave

* העלפֿט, די (ן) *n* half

the . . . the . . . . וואָס . . . אַלץ . . .
וואָס גיכער אַלץ בעסער
the faster the better
water *n* (ן) וואַסער, דאָס *
which, what *inter pron* וואָסער *
kind of
to *v (intr)* (איז געוואַקסן) וואַקסן *
grow
reality *n* וואָר, די
(עס) וואָראָבייטשיק, דער
n sparrow
word *n* (ווערטער) וואָרט, דאָס *
to wait (for) *v* (אויף) וואַרטן *
dinner *n* וואַרמעס, דאָס
warm *adj* וואַרעם *
worm *n* (ווערעם) וואָרעם, דער
Warsaw *gn* וואַרשע *
Warsaw *uninfl adj* וואַ׳רשעווער
to wash *v* (געוואַשן) וואַשן
bathroom *n* (ן) וואַ׳שצימער, דער
where *inter pron* ווו *
(*with prepositions*: וואַנען)
where to *adv* וווהי׳ן *
to live *v* וווינען *
living room *n* (ן) ווווי׳נצימער, דער
miracle, *n* (ס) וווּנדער, דער
wonder
how *inter pron;* as, like, ווי *
than *conj*
ווי אַזוי = ווי
confession *n* [VIDE] ווידוי, די
of sins before death
again *adv* ווידער *
visa *n* (ס) וויזע, די
to greet each other *v* וויטען זיך
pain *n* (ען) וויי, דער
wife *n* (ער) ווײַב, דאָס *
to show *v* (געוויזן) ווײַזן *
hand of a clock *n* (ס) ווײַזער, דער
far *adj* ווײַט *
to hurt *periph* וויי טאָן

to help *v* (געהאָלפֿן) העלפֿן *
shirt *n* (ער) העמד, דאָס
הענט ← האַנט
glove *n* (ס) הענטשקע, די
notebook *n* (ן) העפֿט, די *
Mister הער *
herring *n* (—) הערינג, דער
to hear; to listen *v* הערן *
listen! הער נאָר
הערצער ← האַרץ
mn הערשל
stray, ownerless [HEFKER] הפֿקר
gn [HERTSLIA] הרצליה
Herzliya (town in Israel)
the *n* [HASKOLE] השׂכּלה, די
Jewish Enlightenment movement, *sometimes called* Haskalah

ו

[VEHO'-RA'YE] והאָ־ראַיה
and here is the proof
railroad car *n* (ן) וואַגאָ׳ן, דער
week *n* (ן) וואָך, די *
every week אַלע וואָך
to be awake *v* וואַכן
common, mean *adj* וואָ׳כעדיק
to lie around *v* וואַ׳לגערן זיך
forest *n* (וועלדער) וואַלד, דער
(*used in forming* *aux v* וואָלט *
the conditional) would
woolen *adj* (דער (וואָ׳לענער) וואָלן
sky- *n* (ס) וואָ׳לקן־קראַצער, דער
scraper
to wander *v* וואַ׳נדערן *
wall *n* (ווענט) וואַנט, די
וואַנען ← ווו
what *inter pron;* which, וואָס *
who, whom, that *rel pron*
what's the matter? וואָס איז? *

עס טוט מיר ווײ די האַנט my hand hurts

ווײַטער *adv* next, again

ווייך *adj* soft

* ווײַל *conj* because

ווײַן, דער (ען) *n* wine

ווײַ'נגאָרטן, דער (ווײַ'נגערטנער) *n* vineyard

* ווייניק few *adj*; little *adv*

* וויינען *v* to cry

ווייס ← וויסן

* ווײַס *adj* white

ווייסט ← וויסן

ווייץ, דער *n* wheat

* וויכטיק *adj* important

וויל ← וועלן

ווילד *adj* wild

וויליאַמסבורג *gn* Williamsburg (a poor section of Brooklyn, N. Y.)

ווילן ← וועלן

ווילן, דער (ס) *n* will

ווילנע *gn* Vilna

ווילנער *uninfl adj* Vilna

ווילסט ← וועלן

ווין *gn* Vienna

* ווינטער, דער (ן) *n* winter

ווי'נטערצײַט in the winter

ווינציק = ווייניק

ווינקל, דער (ען) *n* corner

וויסט *adj* void

* וויסן (ווייס, ווייסט, ווייסט, ווייסן; געוווּסט) *v* to know

וויסן, דאָס *n* knowledge

* וויפֿל *inter num* how many, how much

* (וויפֿלט) *inter num adj* which (in order)

* וועג, דער (ן) *n* road, way

* וועגן *prep* about

וועט ← וועל

ווע'טשערע, די (ס) *n* supper

* וועל, וועסט, וועט, וועלן *aux v* (*used in forming the future tense*) shall, will

וועלאָסיפּע'ד, דער (ן) *n* bicycle

* וועלט, די (ן) *n* world

* אויף דער וועלט in the world

* וועלכער *inter adj* which

וועלן ← וועל

* וועלן (וויל, ווילסט, וויל, ווילן; גע־וואָ'לט) *v* to want

* וועמען (ווער (*acc-dat of* *pron* whom

* וועמענס (ווער (*poss of* *pron* whose

* ווען *conj; pron* when

... ווען ניט if not for ...

ווענט ← וואַנט

וועסט ← וועל

וועסטל, דאָס (עך) *n* vest

* ווער (וועמען :*acc-dat*) *inter pron* who

ווערטיקאַ'ל *adj* vertical

ווערטלען זיך *v* to pass remarks

ווערטער ← וואָרט

* ווערן (איז געוואָרן) *v* to become

ווערן זיך (געווע'רט) *v* to defend oneself

ווערעם ← וואָרעם

ווערק, דאָס *n* written work

וועש, דאָס *n* laundry

ז

ז' (זײַט *abbr of*) page

* זאָגן to say; to tell (some-one to . . .)

זאַט *adj* full (after a meal)

* זאַך, די (ן) *n* thing

* זאָל (ער זאָל) *v* should

* זאָל ער, זאָלן זיי let him, let them

זאַלץ, די *n* salt
זאַמד, דאָס *n* sand
זאַק, דער (זעק) *n* bag
זאָק, דער (ן) *n* stocking; sock
זױ'ערשטאָף, דער *n* oxygen
* זוכן *v* to look for
זו'כצעטל, דער (ען) *n* index
* זומער *n* summer
זו'מערצײַט in the summer
* זון, די (ען) *n* sun
* זון, דער (זין) *n* son
* זונטיק, דער *n* Sunday
זופּ, די (ן) *n* soup
* זי (*acc*: זי; *dat*: איר) *pron* she
* זיבן *num* seven
* זיבעט *num adj* seventh
* זי'בעציק *num* seventy
* זי'בעצן *num* seventeen
זידלען זיך *v* to cuss
* זײ (*acc-dat*: זײ) *pron* they
* זײַ, זײַט (*imperative of* זײַן) be
* זײַ(ט) אַזױ גוט please
* זײגער, דער (ס) *n* watch, clock
* אַ זײגער o'clock
* זײדע, דער (ס) (*acc-dat*: זײדן) *n* grandfather
זײַט ← זײַ
* זײַט, די (ן) *n* side; page
* זײַן *poss adj* his
* זײַן (בין, ביסט, איז, זײַנען, זײַט, זײַנען; איז געװע'ן; זײַ, זײַט) *v* to be
* זײער *poss adj* their, theirs
* זײער *adv* very
* זיך (אַלײ'ן) *pron* oneself; my-, your-, him-, herself; our-, your-, themselves; each other
* זיכער *adj* certain, secure; sure
* זילבער, דאָס *n* silver
זי'לבערן *adj* silver
* זינגען (געזונגען) *v* to sing
האָבן צו זינגען און צו זאָגן to have no end of trouble
זי'נגפויגל, דער (זי'נגפײגל) *n* canary
זינדיק *adj* sinful
זי'נדיקן *v* to sin
זינקען (געזונקען) *v* sink
* זיס *adj* sweet
זיסקײט, די *n* sweetness
זיפֿצן to sigh
זיצונג, די (ען) *n* session
* זיצן (איז געזעסן) *v* to sit
זכרונות, די [ZIKhROYNES] *n* memoirs (*pl*)
* זעכציק *num* sixty
* זעכצן *num* sixteen
* (זעלביק) דער זע'לביקער *adj* same
זעלטן (דער זע'לטענער) *adj* rare
* זען (מיר, זײ זעען; געזע'ן) *v* to see
זעצן *v* to seat
* זעצן זיך to sit down
זעק ← זאַק
* זעקס *num* six
* זעקסט *num adj* sixth
זקן, דער (ים) [ZOKN—SKEYNIM] *n* old man
* זשורנאַ'ל, דער (ן) *n* magazine
זשיטאָמיר *gn* Zhitomir (town in Russia)
זשע *adv* then

ח

* חבֿר, דער (ים) [KhAVER—KhAVEYRIM] *n* friend; Mr.
* חבֿרטע, די (ס) [KhA'VERTE—-S] *n* friend (*fem*); Mrs., Miss
* חדר, דער (ים) [KhEYDER—KhADORIM] *n* traditional elementary school

* חודש, דער (חדשים) [KHOYDESH—KHADOSHIM] *n* month
* חומש, דער (ים) [KHUMESH—KHUMO'SHIM] *n* Pentateuch
חידוש, דער (ים) [KHIDESH—KHIDU'SHIM] *n* surprise
* חיה, די (—ות) [KHAYE—-S] *n* animal
חיה־רעה, די [KHAYE-ROE] *n* wild beast
* חיים — [KHAYIM] *mn*
חכם, דער (ים) [KHOKHEM—KHAKHOMIM] *n* wise man
* חלום, דער (ות) [KHOLEM—KHALOYMES] *n* dream
* חלומען [KHO'LEMEN] *v* to dream
עס חלומט זיך מיר מײַן מאַמע
I dream of my mother
חלל, דער [KHOLEL] *n* cavity
חנה [KHANE] *wn* *Yiddish equivalent of* Hannah
* חנוכה [KHA'NIKE] *n* *Jewish holiday, sometimes called* Hanukkah
חסיד, דער (ים) [KHOSED—KHSIDIM] *n* follower of the movement of *khsidim* (*sometimes called* hassid)
חסרון, דער (ים) [KHISORN—KHESROYNIM] *n* defect
חצות, דער [KHTSOS] *n* midnight
חרובֿ ווערן [KHOREV] *periph v* to be destroyed
חשוון, דער [KHEZHVN] *n* the 2nd month in the Jewish calendar
חשמונאי, דער (ם) [KHASH-MENOI—-M] *n* Maccabean
חתונה, די (—ות) [KHA'SENE—-S] *n* wedding
* חתונה האָבן *periph v* to get married
חתונה האָבן מיט to marry
* חתן, דער (ים) [KHOSN—KHASA'NIM] *n* bridegroom(-to-be), fiancé
חתנדל, דאָס (עך) [KHO'SNDL—-EKH] *n* bridegroom (*endearing*)
חתן־כּלה [KHOSN-KALE] the engaged couple

ט

* טאָ *conj* so; in that case; then
טאַ׳ביקע, די tobacco; snuff
אַ שמעק טאַ׳ביקע a pinch of snuff
* טאָג, דער (טעג) *n* day
אַ גוטן טאָג ← גוט
* אַלע טאָג every day
* בײַ טאָג in the daytime
* 12 בײַ טאָג 12 noon
טאָגבוך, דאָס (טאָ׳גביכער) *n* diary
* טאָוול, דער (ען) *n* blackboard
* טאַטע, דער (ס) (טאַטן :*acc-dat*) *n* father
* טאָכטער, די (טעכטער) *n* daughter
טאָל, דער (ן) *n* valley
* טאָן (טו, טוסט, טוט, טוען; געטאָ׳ן) *v* to do
טאַנץ, דער (טענץ) *n* dance
* טאַנצן *v* to dance
טאַנק, דער (ען) *n* tank
* טאַקע *adv* indeed, really
טאָרן ← ניט טאָרן
טבֿת, דער [TEYVES] *n* the 4th month in the Jewish calendar
טו, טוט ← טאָן
טוי, דער (ען) *n* dew
* טויזנט *num* one thousand

354 COLLEGE YIDDISH

* טויזנט, דער (ער) *n* thousand
* טויט, דער *n* death
טויט *adj* dead
דער טויטער (*infl like an adj*) corpse
טומאַ'ן, דער (ען) *n* mist
* טומל, דער (ען) *n* uproar
טונקל (דער טו'נקעלער) *adj* dark
טורעם, דער (ס) *n* tower
טיי, די *n* tea
טײַבל *wn*
טייטן *v* to kill
* טײַך, דער (ן) *n* river
* טייל, דער (ן) *n* part
טייל *pron* some
טייל מענטשן some people
* טײַער *adj* dear; expensive
* טינט, די (ן) *n* ink
טיפּ, דער (ן) *n* type
* טיף *adj* deep
* טיר, די (ן) *n* door
* טיש, דער (ן) *n* table
טישטעך, דער (ער) *n* tablecloth
* טעאַטער, דער (ס) *n* theater
טעכטער ← טאָכטער
טעלעוויזיע, די *n* television
טעלעפֿאָ'ן, דער (ען) *n* telephone
טעלער, דער (ס) *n* plate
* טענה | ן (געטענהט) [TAYNEN—GETAYNET] *v* to claim, to maintain
טעפּל, דאָס (עך) *n* pot
* טעפּעך, דער (ער) *n* rug
טערקײַ' *gn* Turkey
טערקיש *adj* Turkish
* טראָגן (געטראָגן) *v* to carry; to wear
טראַדיציאָנע'ל *adj* traditional
טראַדיציע, די (ס) *n* tradition
טראָט, דער (טריט) *n* step
* טראַכטן *v* to think

טראָפּן, דער (ס) *n* drop
טראַקטאָר, דער (...אָ'רן) *n* tractor
טרואַ' Troyes (city in France)
טרוים, דער (ען) *n* dream
טרויער, דער *n* grief
* טרוי'עריק *adj* sad
טרוי'ערן *v* to grieve
טריט ← טראָט
טריט בײַ טריט step by step
טרײַבן (געטריבן) *v* to drive
טרייסט, די *n* consolation
* טרינקען (געטרונקען) *v* to drink
טרעגער, דער (ס) *n* mover
טרעטן (געטראָטן) *v* to trample
* טרעפֿן (געטראָפֿן) *v* to guess; to meet
טרעפֿן זיך מיט to meet (*trans*)
טרער, די (ן) *n* tear
טשאָלנט, דער *n* Sabbath dish, prepared on the previous day
טשע'רעדע, די (ס) *n* herd

* יאָ *int* yes
יאָמע Benjamin (*endearing*) *mn*
יאַ'נואַר, דער *n* January
* יאָר, דאָס (ן) *n* year
איבער אַ יאָר next year
גוט יאָר ← גוט
* יאָרהונדערט, דער (ער) *n* century
* יאָרצײַט, דער *n* anniversary of death
יהודה חסיד [YEHUDE KHOSID] *Jewish scholar and leader of the 12th century*
* יולי, דער *n* July
* יום־טובֿ, דער (ים) [YONTEV—YONTO'YVIM] *n* holiday

• ישׂראל [YISROEL] mn Yiddish equivalent of Israel; *also* the state of Israel

כּ

כּבֿוד, דער [KOVED] *n* honor
• כּדי [KEDE'Y] *conj* in order
• כּוח, דער (ות) [KOYEKh—KOYKhES] *n* strength (*sg or pl*)
כּוס, דער (ות) [KOS—KOYSES] *n* wine glass
כּיסלו, דער [KISLEV] *n* the 3rd month in the Jewish calendar
כּל־דכפֿין [KOL-DIKhFIN] all the hungry (*a passage in the Passover service beginning: "Let all the needy come and eat . . ."*)
• כּלה, די (—ות) [KALE— -S] *n* bride(-to-be), fiancée
כּלומרשט [KLOYMERShT] *adv* as if
כּל־זמן [KOLZMA'N] *conj* as long as
• כּמעט [KIMA'T] *adv* almost
• כּמעט . . . ניט hardly
כּעס [KAAS]: אין כּעס אויף angry with
כּשר [KOShER] *adj* kosher

כ

• כאָטש although *conj;* at least *adv*
• כאַפּן *v* to catch; to grab
כאָר, דער (ן) *n* chorus
כינעזער, דער (—) *n* Chinese
כליפּע | ן *v* to sob
כמעלניצקי Bogdan Khmelnitsky, *A Cossack leader of the 17th century, notorious for his massacres of Jews*

יום־טובֿל, דאָס [YO'NTEVL] *n* little holiday
יום־כּיפּור, דער [YONKIPER] *n* Day of Atonement
• יונג (ייִנגער) *adj* young
• יוני, דער *n* June
יוניאָן, די (ס) *n* labor union (in the United States)
• יוסף [YOYSEF] *mn* Yiddish equivalent of Joseph
• ייִד, דער (ן) (*poss*: ייִדנס) *n* Jew; (*colloquially also*) a man, a person
• ייִדיש *adj* Jewish *adj;* Yiddish *adj* & *n*
• ייִדענע, די (ס) *n* Jewess (*especially* a petty, sentimental, talkative Jewess)
ייִחוס, דער [YIKhES] *n* ancestry
• ייִנגל, דאָס (עך) *n* boy
ייִנגער ← יונג
• ים, דער (ען) [YAM—YAMEN] *n* sea
• יעדער *pron* each, every
• יע׳דערער *pron* everyone, everybody
• יענער *pron* that, that one
יעקבֿ [YANKEV] *mn* Yiddish equivalent of Jacob
יע׳קעלע *boy's name*
• יצחק [YITSKhOK] *mn* Yiddish equivalent of Isaac
ירושלים [YERUShOLAIM] *n* Jerusalem
ישיבֿה, די (—ות) [YEShIVE— -S] *n* traditional higher school
ישעיה [YEShAYE] *mn* Yiddish equivalent of Isaiah

to tell a lie **זאָגן אַ ליגן**
to lie *n* **ליגן (איז געלעגן)** *
song *n* **ליד, דאָס (ער)** *
little song *n* **לידל, דאָס (עך)**
little song *n* **לי׳דעלע, דאָס (ך)**
to make love *v* **ליובע | ן זיך**
Lithuanian *n* **ליטוואַק, דער (עס)**
Jew; person speaking the northeastern Yiddish dialect
Lithuania *n* **ליטע**
literatu̇re *n* **ליטעראַטו׳ר, די (ן)** *
flesh *n* **לײַב, דאָס (ער)**
mn **לייבל**
to put, to lay *v* **לייגן** *
to lie down **לייגן זיך** *
empty *adj* **ליידיק**
to suffer *v* **לײַדן (געליטן)** *
לײַ׳וונטן (דער לײַ׳וונטענער) *adj* linen
ladder *n* **לייטער, דער (ס)**
light; easy *adj* **לײַכט**
to lend to *v* **לײַען (געליגן)** * (*plus dat*)
to borrow from **לײַען בײַ** *
to read *v* **ליי׳ענען** *
bright *adj* **ליכטיק** *
candle *n* **ליכטל, דאָס (עך)** *
candle *n* **לי׳כטעלע, דאָס (ך)** (*endearing*)
[LEYL-(HA)shi-MU'RIM] **ליל־(ה)שימורים** Passover night
[LIMED—LIMU'-DIM] **לימוד, דער (ים)** *n* subject of instruction
left *adj* **לינק** *
to the left **אויף לינקס**
lip *n* **ליפּ, די (ן)** *
elevator *n* **ליפֿט, דער (ן)**
to liquidate *v* **ליקווידירן**
prep [LEKOVED] **לכּבֿוד** * in honor of

Khelem (town in Poland; *official Polish name:* Chełm) *gn* **כעלעם**
n & *uninfl* (—) **כע׳לעמער, דער** *adj* inhabitant of Khelem; *in Yiddish folklore,* a proverbial fool

ל

to leave; to let *v* **לאָזן** *
to inform **לאָזן וויסן**
patch *n* **לאַטע, די (ס)**
pancake *n* **לאַטקע, די (ס)**
hole *n* **לאָך, די (לעכער)**
to laugh *v* **לאַכן** *
let us **לאָמיר** *
lamp *n* **לאָמפּ, דער (ן)** *
long *adj* **לאַנג (לענגער)** *
country *n* **לאַנד, דאָס (לענדער)** *
in this country **דאָ אין לאַנד** *
noodle *n* **לאָקש, דער (ן)**
moon *n* [LEVONE] **לבֿנה, די** *
[LEGBOYMER] **לג־בעומר** *n* Lag b'Omer holiday
thirty-six [LAMEDVO'V] **ל״ו**
n [LEVAYE— -s] **לוויה, די (—ות)** funeral
[LUEKh—LUKhES] **לוח, דער (ות)** *n* traditional Jewish calendar
according to *prep* **לויט** *
to run; *v* **לויפֿן (איז געלאָפֿן)** * (of a watch) to be fast
merry *adj* **לוסטיק**
air *n* **לופֿט, די** *
dear *adj* **ליב**
to love; *periph v* **ליב האָבן** * to like
love *n* **ליבע, די (ס)** *
lie *n* **ליגן, דער (ס)** *

למד־וואָווניק, דער (עס) [LAMED-VO'VNIK— -ES] *n* one of the 36 Good Men

למדן, דער (למדנים, לומדים) [LAMDN —LAMDONIM, LOMDIM] *n* Talmudic scholar

* למשל [LEMOSHL] *adv* for example

לעבל, דאָס (עך) *n* loaf

* לעבן *v* to live

* בלײַבן לעבן to survive

* לעבן, דאָס (ס) *n* life

* לעבן *prep* near

לע'בעדיק *adj* live

* לעגענדע, די (ס) *n* legend

לעכער ← לאָך

לענגער ← לאַנג

לענדער ← לאַנד

לעפֿל, דער (—) *n* spoon

* (לעצט) דער לעצטער *adj* last

לעקן *v* to lick

לעקציע, די (ס) [LEKTSYE— -S] *n* lesson

לערנונג, די *n* learning

לע'רנייִנגל, דאָס (עך) *n* apprentice

לערנען to teach, to study

* לערנען זיך to study, to learn

* לערער, דער (ס) *n* teacher

לשון־הרע, דאָס [LOSHN-HO'RE] *n* vilification

לשון־קודש, דאָס [LOSHNKOYDESH] traditional Hebrew

מ

מאָדערן *adj* modern

מאַטעמאַטיק, די *n* mathematics

* מאַ'טערן זיך *v* to drudge

מאָטקע חבד [KHABA'D] *famous wit and prankster in Vilna in middle of 19th century*

מאיר [MEYER] *mn*

* מאַכן *v* to make

מאַכן מיט wave

* וואָס מאַכט איר? how are you?

מאָל, דאָס (—) *n* time

* אַ מאָל once; sometimes

* אַלע מאָל always

אַ סך מאָל many times

* נאָך אַ מאָל once again

* קיין מאָל ניט never

צום צווייטן מאָל the second time

* דרײַ מאָל צוויי three times two

מאַלפּע, די (ס) *n* monkey

מאָלצײַט, דער (ן) *n* meal

* מאַמע, די (ס) *n* mother

מאַמע־לשון, דאָס [MAME-LOSHN] *n* the Yiddish language (*lit.* mother tongue)

מאַ'מעשי, די *n* Mommy

מאַן, דער (ען) *n* husband

* מאַן, דער (מענער) *n* man

* מאָנטיק, דער *n* Monday

מאַנטל, דער (ען) *n* coat

מאַנשאַפֿט, די (ן) *n* team

מאָס, די (ן) *n* measure

מאַראַ'נץ, דער (ן) *n* orange

* מאָרגן *adv* tomorrow

גוט מאָרגן ← גוט

מאָ'רגנזון, די *n* morning sun

* מאַרץ, דער *n* March

* מאַרק, דער (מערק) *n* market

מאַ'רשעליק, דער (עס) *n* clown

מאָשקע *mn* Moyshe (*pejorative form*)

מגזם זײַן [MEGAZEM] *v* exaggerate

מגיד, דער (ים) [MAGED— MAGI'DIM] *n* preacher

מדרש, דער [MEDRESH] *n* *a body of post-Talmudic literature; often referred to as* Midrash

* מיידל, דאָס (עך) *n* girl

מיי׳דעלע, דאָס (ך) *n* little girl

מײַז ← מויז

מײַלער ← מויל

* מײַן *poss adj* my, mine

* מיינען *v* to believe; to think; to mean

* מיך (איך *acc of*) *pron* me

מילד *adj* gentle

* מיליאָ׳ן, דער (ען) *n* million

מיליאָנע׳ר, דער (ן) *n* millionaire

מילך, די *n* milk

מילכיקס, דאָס *n* dairy food

* מינו׳ט, די (ן) *n* minute

מינוס *prep* minus

מיניסטער, דער (מיניסטאָ׳רן) *n* minister (of state)

מינכן *gn* Munich

מינסק *gn* Minsk

מיסחר, דער [MISKhER] *n* trade, commerce

* מיצווה, די (מיצוות) [MITSVE— -S] *n* commandment; good deed

* מיר (איך *dat of*) *pron* me

* מיר (אונדז *acc-dat:*) *pron* we

* מישפטן [MI'ShPETN] *v* to judge, to try

* מכבד זײַן [MEKhABED] *periph v* to treat

מכשיר, דער (ים) [MAKhShER— MAKhShI'RIM] *n* vessel

* מלאָכה, די (—ות) [MELOKhE— -S] *n* occupation; trade (craft)

מלאך־המוות, דער [MALEKh-AMO'VES] *n* Angel of Death

* מלוכה, די (—ות) [MELUKhE— -S] *n* state

* מלחמה, די (—ות) [MILKhOME— -S] *n* war

* מלך, דער (ים) [MEYLEKh— MLOKhIM] *n* king

מודה זײַן זיך [MOYDE] *periph v* to confess

* מוזי׳ק, די *n* music (the art & the sounds)

* מוזן (ער מוז) *v* must

מוחל זײַן [MOYKhL] *periph v* to forgive

מוט, דער *n* courage

מויז, די (מײַז) *n* mouse

* מויל, דאָס (מײַלער) *n* mouth

* מומע, די (ס) *n* aunt

מוסיף זײַן [MOYSEF] *periph v* to add

מוסר־ספֿר, דער (ים) [MU'SER-SEY-FER— -SFORIM] edifying book

* מורא האָבן [MOYRE] *periph v* to fear

מושטירן *v* to drill

* מזל־טובֿ [MA'ZLTOV] congratulations

מחותּן, דער (ים) —[MEKhUTN— MEKhUTONIM] *n* (actual or prospective) relation by marriage

מיאַוטשע | ן *v* to mew

* מיאוס [MIES] *adj* ugly

* מיגלעך *adj* possible

* מיזרח, דער [MIZREKh] East *n;* eastern *adj*

* מיט *prep* with; by; plus

* מיט . . . צורי׳ק . . . ago

מיט אַ מאָל ← מאָל

מיטאָג, דער (ן) *n* lunch (dinner)

* פֿאַר מיטאָג a.m.

* נאָך מיטאָג p.m.; in the afternoon

* מיטוואָך, דער (ן) *n* Wednesday

מיטן, דער (ס) *n* middle

מי׳ט | קומען (איז מי׳טגעקומען) *v* to join in coming

* מײַ *n* May

מעשׂים, די [MAYSIM] *n* deeds (*pl*)

מפסיק זײַן [MAFSEK] *periph v* to interrupt

מצה, די (—ות) [MATSE— -S] *n* unleavened bread eaten during Passover

מצרים [MITSRAIM] *gn* Egypt

* מקבר זײַן [MEKABER] *periph v* to bury

מקוים ווערן [MEKUYEM] *periph v* to materialize; to be done

מרדכי [MORDKhE] *mn* *Yiddish equivalent of* Mordecai

מרדכילע [MO'RDKhELE] *endearing form of* Mordkhe

* משה [MOYShE] *mn* *Yiddish equivalent* of Moses

משה רבנו [MOYShE RABEYNU] Moses (our teacher)

משוגע [MEShUGE] *adj* crazy

משופּעדיק [MEShU'PEDIK] *adj* sloped

משיח [MEShIEKh] Messiah

משל, דער (—ים) [MOShL— MEShOLIM] *n* fable

* משפּחה, די (—ות) [MIShPOKhE— -s] *n* family; relatives, kin

* משׂא־אויטאָ, דער (ס) [MA'SE-OYTO] truck

* מתּנה, די (—ות) [MATONE -S] *n* gift

מתנגד, דער (ים) [MISNAGED— MISNAGDIM] *n* opponent of the *khsidim*

נ

נאַ here (*in giving*)

נאַ דיר, נאַט אײַך here is

נאַגאַ'ן, דער (עס) *n* (type of) pistol

מלך סאָבעצקיס יאָרן the good old days

מלכּה, די (—ות) [MALKE— -S] *n* queen; *also woman's name*

מלמד, דער (ים) [MELAMED— MELAMDIM] *n* teacher in a *kheyder*

מנדר זײַן [MENADER] *periph v* to promise

מנורה, די [MENOYRE] *n* ceremonial lamp in the Temple (*sometimes called* Menorah)

* מסתּמא [MISTOME] *adv* probably

מעבל, די *n* furniture (*pl*)

* מעגן (ער מעג) *v* may

מעדיצי'ן, די *n* medicine; medical supplies

מעטראָ', די *n* subway (in Paris or Moscow)

מעל, די *n* flour

* מען *impersonal pron* one; they; people

* מענטש, דער (ן) (*poss*: מענטשנס) *n* man, person

מענער ← מאַן

מעסער, דער (ס) *n* knife

מע'קסיקע *n* Mexico

מעקע | ן *v* to bleat

* מער, מערער *adv* more

* מער ניט no more

* מערבֿ, דער [MAYREV] *n;* West *adj* western

מערהייט, די *n* majority

מערצאָל, די *n* plural

מערק ← מאַרק

* מעשׂה, די (—יות) [MAYSE— -S] *n* story

מעשׂהלע, דאָס (ך) [MA'YSELE— -Kh] *n* fairy tale

נאָדל, די (ען) *n* needle

* נאָוועמבער, דער *n* November

נאָ׳וועגע: אין אַ נאָ׳וועגע for a change

* נאָז, די (נעזער) *n* nose

נאָטן, די *n* (*pl*) written music

* נאָך *prep* after

* נאָך דעם afterwards

* נאָך *adv* more, another, else; still

* נאָך ניט not yet

נאָך אַ מאָל ← מאָל

נאָך אַלץ still

נאָך אַנאַ׳נד in a row

נאָך מיטאָג ← מיטאָג

נאָ׳כ | געבן (נאָ׳כגעגעבן) *v* to give in

* נאַכט, די (נעכט) *n* night

אַ גוטע נאַכט ← גוט

* בײַ נאַכט at night

* 12 בײַ נאַכט 12 midnight

* פֿרײַטיק, שבת צו נאַכט Friday, Saturday evening

נאָ׳כ | מאַכן *v* to imitate

נאָכן = נאָך דעם

נאָ׳כ | קומען (איז נאָ׳כגעקומען) *v* to accede to

* נאָמען, דער (נעמען) *n* name

זײַן ליבער נאָמען God

* נאָענט (נע׳ענטער) *adj* close

נאַציאָנאַ׳ל *adj* national

* נאַר, דער (נאַראָנים) *n* fool

* נאָר *adv* & *conj* only; but

נאַריש *adj* foolish, silly

נבֿואה, די (—ות) [NEVUE— -s] *n* prophecy

* נבֿיא, דער (ים) [NOVI—NEVIIM] *n* prophet

נדבֿה, די (—ות) [NEDOVE— -s] *n* alms (*sg*)

* נו *int* well

נודניק, דער (עס) *n* bore

ניגון, דער (ים) [NIGN—NIGUNIM] *n* melody, *especially* melody without words

* ני׳דעריק *adj* low

* ניט *adv* not

* ניטאָ׳: עס איז (זײַנען) ניטאָ׳ there is (are) not

* ניט טאָרן (ער טאָר ניט) *v* may not, must not

ניט־ייִדיש *adj* non-Jewish

* נײַ (*masc acc* & *masc* & *neut dat*: נײַעם) *adj* new

אויף ס׳נײַ anew

* ניין *int* no

* נײַן *num* nine

* נײַנציק *num* ninety

* נײַנצן *num* nineteen

ניסן, דער *n* the 7th month in the Jewish calendar

* ניצן *v* to use

* נס, דער (ים) [NES—NISIM] *n* miracle

נעבעך *adverb connoting pity*

נעגער, דער (ס) *n* Negro

נעזער ← נאָז

נעכט ← נאַכט

* נעכטן *adv* yesterday

* נעמען (גענומען) בײַ *v* to take from

נעמען (גענומען) *v* to begin

נעמען זיך to set out to

נעמען ← נאָמען

נע׳ענטער ← נאָענט

נקמה, די *n* [NEKOME] revenge

נשמה, די (—ות) [NESHOME— -s] *n* soul

ס

סאָווע׳טן־פֿאַרבאַנד, דער Soviet Union

ס׳איז [SIZ] = עס איז, דאָס איז

sanatorium *n* (ס) סאַנאַטאָריע, די
sofa *n* (ס) סאָפֿע, די
what a . . . ! *pron* !. . . סאַראַ
[SEYDER—SDORIM] (ים) סדר, דער
n festive Passover meal
n [SOD—SOYDES] (ות) סוד, דער
secret
to chirp *v* ן | סווישטשע
n [SUKE— -s] (—ות) סוכּה, די
tabernacle
Jewish holiday, [SUKES] סוכּות
sometimes referred to as
Sukkoth
end *n* [SOF] סוף, דער *
at the end צום סוף *
weekend דער סוף־וואָך
adv [SOFKL-SO'F] סוף־כּל־סוף
finally
[SKhOYRE— -s] (—ות) סחורה, די
n goods, ware
statistics (*sg*) *n* סטאַטיסטיק, די
poise, dignity *n* סטאַטיק, דער
university or *n* (ן) סטודע׳נט, דער
college student
style *n* (ן) סטיל, דער
to threaten *v* ן | סטראַשע *
the 9th month in *n* סיוון, דער
the Jewish calendar
both . . . and *conj* סײַ . . . סײַ *
anyway *adv* סײַ ווי סײַ *
safe deposit box *n* (ן) סייף, דער
labor union *n* (ן) סינדיקאַ׳ט, דער
(in Latin America)
system *n* (ען) סיסטע׳ם, די
Syrian *adj* סיריש
סך ← אַ סך
fir branches *n* [SKhAKh] סכך, דער
n [SMIKhE] סמיכה, די
authorization to be a rabbi
n [SUDE— -s] (—ות) סעודה, די
festive meal

Semitic *adj* סעמיטיש
sandwich *n* (ן) סענדוויטש, דער
September *n* סעפּטעמבער, דער
(ס) ספּאָרט־אָרגאַניזאַציע, די
n athletic league
special; *adj* & *adv* ספּעציע׳ל *
especially
[SEYFER—SFORIM] (ים) ספֿר, דער
n religious book
Sephardic *adj* [SFARDISH] ספֿרדיש

ע

witness *n* [EYDES] (—) עדות, דער
avenue *n* (ס) עוועניו, די
audience; *n* [OYLEM] עולם, דער *
public
n [OYLEM-HA'BE] עולם־הבא
the world to come; a share
in the world to come
several *adj* ע׳טלעכע *
adv [DERIKER] עיקר: *דער עיקר
mainly
עלטער ← אַלט
n [ALIE— -s] (—ות) עליה, די
call to read the Torah
immigra- *n* [ALIA'] עליה, די
tion to Palestine/Israel
[ALEYKhEM-SHOLEM] עליכם־שלום *
greeting (in answer
to (שלום־עליכם
eleven *num* עלף *
emigrant *n* (ן) עמיגראַ׳נט, דער
pron (*acc-dat*: עמעצן) ע׳מעצער *
somebody
crowded *adj* ענג
English *adj* & *n* ענגליש *
to finish *v* ע׳נדיקן *
to end (*intr*) ענדיקן זיך *
enthusiasm *n* ענטוזיאַזם, דער

* ענין, דער (ים) [INYEN—INYONIM] *n* matter
ענטפֿער, דער (ס) *n* answer
* ע'נטפֿערן *v* to answer
* עס (אים (*acc*: עס; *dat*: *pron* (אים it; *also expletive pron*
* עסטרײַך *gn* Austria
* עסן (געגעסן) *v* to eat
עסן, דאָס (ס) *n* food
עפּידעמיע, די (ס) *n* epidemic
* עפּעס *pron* something
עפּטער ← אָפֿט
*ע'פֿענען (עפֿן, עפֿנסט, עפֿנט, ע'פֿע־נען; געעפֿנט) *v* to open
* עצה, די (—ות) [EYTSE— -s] *n* piece of advice
עק, דער (ן) *n* end
עקזעקוציע, די (ס) *n* execution
* ער (אים (*acc* & *dat*: *pron* he
ערגעץ: * אין ערגעץ ניט *pron* nowhere
ערגעץ ווו: somewhere
ערגער ← שלעכט
ערד, די *n* land, earth
אויף דער ערד on the ground
ע'רדאַרבעט, די *n* agriculture
ערטער ← אָרט
ערך, אַן ערך [EREKh] *adv* approximately
* ערשט first *num adj;* only *adv*

פּ

* פּאָגראָ'ם, דער (ען) *n* pogrom
פּאַטש: געבן אַ פּאַטש to slap
פּאָליטיש *adj* political
פּאָ'ליצע, די (ס) *n* shelf
פּאַ'למענלאַנד, דאָס *n* land of palms
פּאַמעלעך *adj* slow
פּאָסט, די n mail
דורך פּאָסט by mail
* פּאַפּי'ר, דאָס *n* paper
פּאַפּיראָ'ס, דער (ן) *n* cigarette
* פּאָר, די (—) *n* pair, couple
פּאַראָ'ל, דער (ן) *n* password
פּאַרטיזאַנער, דער (ס) *n* guerrilla fighter
פּאָרטשטאָט, די (פּאָרטשטעט) *n* sea-port
פּאַרי'ז *gn* Paris
פּאָרל, דאָס (עך) *n* couple
* פּאַרק, דער (ן) *n* park
פּאַרשיווע *adj* mean, cheap
פּויליש *adj* Polish
* פּוילן *gn* Poland
* פּויער, דער (פּוי'ערים) *n* peasant
פּויק: אַ פּויק טאָן to drum out
פּונקט *adv* exactly
* פּוסט *adj* empty
פּורים Purim holiday
פּיאָני'ר, דער (ן) *n* pioneer
* פּיאַנע, די (ס) *n* piano
פּיזשאַמע, די (ס) *n* pajamas (*sg*)
פּײַן, די *n* anguish
פּירוש, דער (ים) [PEYRESh—PEYRU'ShIM] *n* commentary
* פּלאַן, דער (פּלענער) *n* plan, idea
פּלויט, דער (ן) *n* fence
* פּלוס *prep* plus
* פּלוצלינג *adv* suddenly
* פּנים, דאָס (ער) [PONEM—PE'NEMER] *n* face
*פּסח, דער [PEYSEKh] *n* Passover
פּסיכאָלאָגיע, די *n* psychology
* פּעדלער, דער (ס) *n* peddler
פּעני, דער (ס) *n* penny
פּערזע'נלעכקייט, די (ן) *n* person-ality
פּערסיע *gn* Persia
פּראַווע | ן *v* to celebrate

* פּראָפֿעסאָר, דער (פּראָפֿעסאָ'רן) *n* professor

פּראָפֿעסיאָנעלער פֿאַראיי'ן, דער (ען) *n* labor union (in Europe)

פּראָפֿעסיע, די (ס) *n* occupation

* פּראָצע'נט, דער (—) *n* percent

* פּרוּוון *v* to try

פּריוואַ'ט *adj* private

פּרי'פּעטשיק, דער (עס) *n* fire-place

פּשוט [POSHET] *adj* simple

פֿ

* פֿאַבריק, די (ן) *n* factory

פֿאָטע'ל, דער (ן) *n* armchair

פֿאָטער, דער (ס) *n* father

פֿאָלגן *v* to obey

* פֿאַלן (איז געפֿאַלן) *v* to fall

* פֿאָלק, דאָס (פֿעלקער) *n* people

פֿאָלקשול, די (ן) *n* elementary school

* פֿאַר *prep* for; before

פֿאַ'ר זיך for oneself, *i.e.* independently

* פֿאַראיי'ניקטע שטאַטן, די United States (*pl*)

פֿאַראיי'ניקן *v* to unite

פֿאַרב, די (ן) *n* color

פֿאַרביטערט *adj* embittered

פֿאַרבײַ' *prep* along, past

פֿאַרבינדן (פֿאַרבונדן) *v* to link

פֿאַרביסן (דער פֿאַרבי'סענער) *adj* tight

פֿאַרבליבן (דער פֿאַרבלי'בענער) *adj* remaining

פֿאַרבעטן (פֿאַרבעטן) *v* to invite

פֿאַרברענגען *v* to spend (time)

פֿאַרברענען *v* to burn up

פֿאַרגאַנגען *adj* past

פֿאַרגיסן (פֿאַרגאָסן) *v* to spill

פֿאַרגעסן (פֿאַרגעסן) *v* to forget

* פֿאַרדינען *v* to earn

פֿאַרדרייען *v* to turn (*trans*)

פֿאַרהאַנגען *adj* draped over

* פֿאַר וואָס *pron* why

פֿאַרווערן *v* to prohibit

פֿאַרזאַמלונג, די (ען) *n* meeting

פֿאַרזאַמען *v* to miss

פֿאַרטיילונג, די *n* distribution

פֿאַרטעך, דער (ער) *n* apron

פֿאַרלאַ'נג, דער (ען) *n* request

* פֿאַרלאַנגען *v* to demand

פֿאַרלאָשן ← פֿאַרלעשן

* פֿאַרלירן (פֿאַרלוירן) *v* to lose

פֿאַרלעגער, דער (ס) *n* publisher

פֿאַרלעשן (פֿאַרלאָשן) *v* to extinguish

* פֿאַרמאַכן *v* to shut, to close

פֿאַרמישפּטן [FARMI'shPETN] *v* to condemn

* פֿאָרן (איז געפֿאָרן) *v* to go (by vehicle); to travel; to ride

* פֿאַרנעמען (פֿאַרנומען) *v* to occupy

* פֿאַרנעמען זיך מיט to take care of

פֿאַרסמען [FARSAMEN] *v* to poison

פֿאָרעם, די (פֿאָרמען) *n* form

פֿאַרפֿאַלן ווערן *periph v* to be lost

* פֿאַרקויפֿן *v* to sell

פֿאַרקויפֿער, דער (ס) *n* salesman

פֿאָ'ר | קומען (איז פֿאָ'רגעקומען) *v* to happen

פֿאַרקלײַבן זיך (פֿאַרקליבן) *v* to gather

פֿאַרשווינדן (איז פֿאַרשוווּנדן) *v* to disappear

* פֿאַרשטיין (פֿאַרשטאַנען) *v* to understand

פֿאָ'רשטעלונג, די (ען) *n* performance

to conceal; to block *v* פֿאַרשטעלן
to disguise oneself as . . . פֿאַרשטעלן זיך פֿאַר . . .
to perform *v* פֿאַ'ר | שטעלן
• different *adj* פֿאַרשיידן (פֿאַרשיי'דענע)
to be locked, sealed *periph v* פֿאַרשלאָסן ווערן
humiliated *adj* פֿאַרשע'מט
to humiliate *v* פֿאַרשעמען
to spread *v* פֿאַרשפּרייטן
to write down *v* פֿאַרשרײַבן (פֿאַרשריבן)
• bird *n* פֿויגל, דער (פֿייגל)
• full *adj* פֿול
• of; from; than *prep* פֿון
• from . . . on פֿון . . . אָן
to separate *v* פֿונאַ'נדער | שיידן
• leg, foot *n* פֿוס, דער (פֿיס)
soccer *n* פֿוסבאָל, דער
• fifty *num* פֿופֿציק
• fifteen *num* פֿופֿצן
fox *n* פֿוקס, דער (ן)
pattern *n* פֿורעם, דער (ס)
פֿייגל ← פֿויגל
• fine, pretty; nice *adj* פֿײַן
enemy *n* פֿײַנד, דער (—)
• to dislike; to hate *periph v* פֿײַנט האָבן
fire *n* פֿײַער, דער (ן)
fire *n* פֿײַ'ערל, דאָס (עך)
to whistle *v* פֿײַפֿן
philosophy *n* פֿילאָסאָפֿיע, די
• film *n* פֿילם, דער (ען)
to feel (*trans*) *v* פֿילן
• to feel (*intr*) פֿילן זיך
• five *num* פֿינף
• fifth *num adj* פֿינפֿט
• dark *adj* פֿינצטער
darkness *n* פֿי'נצטערניש, די
to glitter *v* פֿינקלען

פֿיס ← פֿוס
• four *num* פֿיר
• to drive; to lead; to conduct; to move (*trans*) *v* פֿירן
• to conduct oneself פֿירן זיך
• fish *n* פֿיש, דער (—)
butterfly *n* פֿלאַ'טערל, דאָס (עך)
to flutter *v* פֿלאַ'טערן
wing *n* פֿליגל, דער (ען)
meat *n* פֿלייש, דאָס
• to fly *v* פֿליִען (איז געפֿלויגן)
• (*used in describing repeated action*) used to *aux v* פֿלעג
spot *n* פֿלעק, דער (ן)
• February *n* פֿע'ברואַר, דער
• pen *n* פֿעדער, די (ס)
feather *n* פֿעדער, די (ן)
to rise earlier *v* פֿע'דערן זיך
• uncle *n* פֿעטער, דער (ס)
field *n* פֿעלד, דאָס (ער)
פֿעלקער ← פֿאָלק
• window *n* פֿענצטער, דער (—)
horse *n* פֿערד, דאָס (—)
• fourth *num adj* פֿערט
• forty *num* פֿערציק
• fourteen *num* פֿערצן
Mrs. (*abbr of* פֿרוי) פֿר'
• question *n* פֿראַגע, די (ס)
• France *gn* פֿראַנקרײַך
• woman; wife; Mrs. *n* פֿרוי, די (ען)
• pious *adj* פֿרום (פֿרימער)
piety *n* פֿרומקייט, די
• early *adj* פֿרי
• in the morning אין דער פֿרי
• free *adj* פֿרײַ
free אויף דער פֿרײַ
• Friday *n* פֿרײַטיק, דער
• Miss פֿרײַלין
• gay *adj* פֿריילעך
• friend *n* פֿרײַנד, דער (—)

* פֿרייען זיך *v* to be glad
* פֿרילינג, דער *n* spring
פֿרימער ← פֿרום
* פֿרי:ער *adv* first (*lit*: earlier)
פֿריש *adj* fresh
פֿרל׳ (פֿרײַלין *abbr of*) Miss
* פֿרעגן *v* to ask (=to inquire)
* פֿרעמד *adj* strange
פֿרעסער, דער (ס) *n* glutton

צ

* צאָן, דער (ציין) *n* tooth
צאַפּלען *v* to wiggle, to wince
צאַריש *adj* Czarist
צדיק, דער (ים) [TSADEK— TSADI'KIM] *n* saintly man
צדקה, די [TSDOKE] *n* charity
* צו *prep* to; *adv* too
צו׳ | געבן (צו׳געגעבן) *v* to add
צוואה, די (צוואָות) [TSAVOE— -S] *n* last will
* צוואַנציק *num* twenty
* צוויי *num* two
צווײַ׳גמעסער, דאָס (ס) *n* pruning hook
* צווייט *num adj* second
* צווישן *prep* between; among
* צוועלף *num* twelve
צו׳ | זאָגן *v* to promise
* צוזאַמען *adv* together
* צוזאַמענ־ *compl* together
* צולי׳ב *prep* because of
צונג, די (צינגער) *n* tongue
צו׳ | פּאַסן *v* to adjust
צו׳ | פֿאַלן (איז צו׳געפֿאַלן) *v* to fall
די נאַכט פֿאַלט צו night is falling
צו׳ | פֿירן *v* to lead
צופֿרידן *adj* satisfied
צוקער, דער *n* sugar
צורי׳ק *adv* back
* צורי׳ק־ *compl* back
* צי *conj* whether
ציג, די (ן) *n* goat
ציון [TSIEN] *n* Zion
* ציוניזם [TSIENIZM] *n* Zionism
ציוניסטיש *adj* Zionist
צי׳טערדיק *adj* trembling
* צײַט, די (ן) *n* time
בײַ צײַטנס on time
* ־צײַט *unstressed suffix* during
* צײַטונג, די (ען) *n* newspaper
* ציילן *v* to count
ציין ← צאָן
* צימער, דער (ן) *n* room
צינגער ← צונג
* צי:ען (געצויגן) *v* to pull
* צעברעכן (צעבראָכן) *v* to break
צעגיי׳ן (איז צעגאַנגען) *v* to melt
צעוואָרפֿן (דער צעוואָ׳רפֿענער) *adj* scattered
צעווייטיקט *adj* pained
* צעטיילן *v* to divide
צעטרײַבן (צעטריבן) *v* to scatter (*trans*)
צעלויפֿן זיך (איז צעלאָפֿן) *v* to scatter (*intr*)
צעמי׳שט *adj* confused
* צען *num* ten
צענזוס, דער (ן) *n* census
צענטער, דער (ס) *n* center
צעקלע׳מט *adj* depressed
* צעקריגן זיך *v* to quarrel
צער, דער [TSAR] *n* sorrow
צעשטרעקן *v* to stretch out
צעשנײַדן (צעשניטן) *v* to cut up
צעשפּריי׳ט *adj* dispersed
* צפֿון, דער [TSOFN] *n;* North *adj* northern

* צרה, די (—ות) [TSORE— -S] *n* trouble

ק

קאַווע, די *n* coffee
קאַיאָ'ר, דער *n* dawn
קאָכן *v* to cook
* קאַלט (קעלטער) *adj* cold
קאָלי'ר, דער (ן) *n* color
קאָלעדזש, דער *n* college
קאָמאָ'ד, דער (ן) *n* dresser
קאָמבײַן, דער *n* combine
קאָמיטע'ט, דער (ן) *n* committee
קאָמפּאַניע, די (ס) *n* company
קאַמף, דער (ן) *n* struggle
קאָן, דער (ען) *n* round (figure in dancing)
קאַנאַדע *gn* Canada
קאַנאַריק, דער (עס) *n* canary
קאָנגרע'ס, דער (ן) *n* congress
קאָנדוקטאָר, דער (קאָנדוקטאָ'רן) *n* conductor
קאָנטינע'נט, דער (ן) *n* continent
קאָנטראָליאָ'ר, דער (ן) *n* inspector
קאָניוגאַציע, די (ס) *n* conjugation
קאָניוגירן *v* to conjugate
קאָנסערוון, די *n* canned foods (*pl*)
קאָנצענטראַ'ציע־לאַגער, דער (ן) *n* concentration camp
קאָנצע'רט, דער (ן) *n* concert
קאָנקורע'נט, דער (ן) *n* competitor
* קאָסטן *v* to cost
* קאָפּ, דער (קעפּ) *n* head
קאָ'פּעקע, די (ס) *n* kopeck (*small Russian coin*)
קאַץ, די (קעץ) *n* cat
קאַרג *adj* stingy
קאָרט, די (ן) *n* playing card
קאַרטע, די (ס) *n* map

קבֿר, דער (ים) [KEYVER—KVORIM] *n* grave
* קהילה, די (—ות) [KEHILE— -S] *n* community
קהל, דאָס [KOOL] *n* people of the community
קו, די (קי) *n* cow
קוואָטע, די (ס) *n* quota
קוויטשע | ן *v* to scream
* קויפֿן *v* to buy
קול, דאָס (ער) [KOL—KELER] *n* voice
* קומען (איז געקומען) *v* to come
קומען צו to be like
עס קומט ניט צו דיר it is not like you at all
* קוקן (אויף) *v* to look (at)
קורח [KOYREKh] Korah (*biblical figure*)
* קורץ (קירצער) *adj* short
קוש: * געבן אַ קוש to kiss
קושן *v* to kiss
קיבוץ, דער [KIBU'TS—KIBUTSI'M] cooperative settlement
קידוש, דער [KIDESh] the benediction over wine on the Sabbath and holidays
* קײַלעכדיק *adj* round
* קיין *art* any, not any
* קיין זאַך . . . ניט nothing
* קיין מאָל . . . ניט never
קיין עין הרע [KEYN EN-ORE] no Evil Eye!
* קיין *prep* to
* קיינער . . . ניט *pron* nobody, anybody
* קייסער, דער (קייסאָרים) *n* emperor
קײַען *v* to chew
קײַקלען *v* to roll
קיִיִש *adj* cowlike
קיך, די (ן) *n* kitchen

cool *adj* קיל
envy, jealousy *n* [KINE] קינאה, די
child *n* (ער) קינד, דאָס *
generations קינדסקינדער
dear little children קי׳נדערלעך
קירצער ← קורץ
pillow *n* (ס) קישן, דער
sound *n* (ען) קלאַנג, דער
class *n* (ן) קלאַס, דער *
to knock *v* קלאַפּן *
קלאַפּן זיך = קלאַפּן
wooden beam *n* (קלעצער) קלאָץ, דער
clear *adj* (קלערער) קלאָר *
club *n* (ן) קלוב, דער *
clever, wise *adj* (קליגער) קלוג *
to collect *v* (געקליבן) קלײַבן *
dress *n* (ער) קלייד, דאָס
little dress *n* (ך) קליי׳דעלע, דאָס
clothes, clothing (*pl*) *n* קליידער, די *
little, small *adj* (קלענער) קליין *
bran (*pl*) קלײַען, די
climate *n* (קלימאַ׳טן) קלימאַט, דער
to ring *v* (געקלונגען) קלינגען
קלענער ← קליין
קלעצער ← קלאָץ
to suffice *v* קלעקן *
to think *v* קלערן
קלערער ← קלאָר
n [KOMETS-ALEF] קמץ־אַלף the letter אָ
against *prep* קעגן *
קעלטער ← קאַלט
comb *n* (עך) קעמל, דאָס
to fight *v* קעמפן *
to be able to; can; to know (a person, a language, a skill, etc.) *v* (ער קען) קענען *
קעפּ ← קאָפּ
grain *n* (עך) קע׳רנדל, דאָס

shop, store *n* (ען) קראָם, די *
sick *adj* קראַנק *
quarrel *n* קריג, די
jug *n* (עך) קריגל, דאָס
to receive, to get *v* (געקראָגן) קריגן *
to quarrel *v* (געקריי׳גט) קריגן זיך
crisis *n* (ן) קריזיס, דער
chalk *n* קרײַד, די
to crawl; (of a watch) to be slow *v* (איז געקראָכן) קריכן *
Christian *n* (ן) קריסט, דער *
Christian *adj* קריסטלעך
storekeeper *n* (ס) קרעמער, דער *

ר

Mr. [REB] (*abbr. of* רב) ר׳
radio *n* (ס) ראַדיאָ, דער *
raisin *n* (ס) ראָ׳זשינקע, די
town hall *n* ראַטהויז, דאָס
to save *v* ן | ראַ׳טעווע *
role *n* (ס) ראָלע, די
racial *adj* ראַ׳סנדיק
race *n* (ס) ראַסע, די
n [ROSHESHONE] ראָש־השנה Jewish New Year, *sometimes called* Rosh-Hashanah
Mr. (*a traditional title prefixed to man's first name*) [REB] רב
[REBO'YNE-SHELOYLEM] רבונו־של־עולם, דער *n* Lord of the World
gentlemen [RABOYSAY] רבותי
[REBE—RABEIM] (רביים) רבי, דער * *n* teacher in a *kheyder;* rabbi of the *khsidim*
רבנו ← משה רבנו
[ROV—RABONIM] (רבנים) רבֿ, דער * *n* rabbi

* רבֿקה [RIVKE] *Yiddish wn equivalent of* Rebecca

רגע, די (ס) [REGE— -s] moment *n*

רו, די *n* rest

רובל, דער (—) *n* ruble (*Russian coin*)

* רויט *adj* red

* רויִק *adj* peaceful, calm

רומעניע *gn* Rumania

* רוסלאַנד *gn* Russia

רוען *v* to rest

* רופֿן (גערופֿן) *v* to call

רוקן *v* to slide

רוקן זיך (*intr*) to move

רו׳קווירע, די (ס) *n* slide rule

רחל [ROKhL] *wn Yiddish equivalent of* Rachel

רחמנות האָבן [RAKhMONES] *periph v* to take pity

רידל, דער (ען) *n* spade

רײַטן (געריטן) *v* to ride

* רײַך *adj* rich

ריי׳כערן *v* to smoke

* ריין *adj* clean, pure

* ריכטיק *adj* right, correct

רירן זיך *v* (*intr*) to move

רכילות, דאָס [REKhILES] *n* slander

רעגירונג, די (ען) *n* government

* רעגן, דער (ס) *n* rain

* רעדן *v* to speak

רע׳טעניש, דאָס (ן) *n* riddle

* רעכט *adj* right (direction)

* אויף רעכטס to the right

צו רעכט מאַכן to finish off, to kill

* רע׳כענען (רעכן, רעכנסט, רעכנט, רע׳כענען; גערעכנט) *v* to figure

רעליגיע, די (ס) *n* religion

רעקל, דאָס (עך) *n* jacket; skirt

רשי [RASHE] Rashi, *famous commentator of the 11th century; also, his commentary*

ש

* שאַ *int* hush!

שאָד: אַ שאָד a pity

שאָטן, דער (ס) *n* shadow

שאַל, די (ן) *n* shawl

שאַנד, די *n* humiliation

אויף שאַנד און אויף שפּאָט in disgrace and humiliation

שאָס, דער (ן) *n* shot

* שאַפֿן (געשאַפֿן) *v* to create

* שאַצן *v* to estimate

שאָקאָלאַ׳ד, דער *n* chocolate

שאָקלען זיך *v* to rock

* שבת, דער [ShABES] *n* Saturday

שבתי־צבֿי [ShABSE-TSVI] *a "false Messiah" of the 17th century, sometimes called* Sabbatai-Zevi

שבֿועות [ShVUES] *n Jewish holiday, sometimes called* Shabuoth

שבֿט, דער [ShVAT] *n* the 5th month in the Jewish calendar

* שדכן, דער (ים) [ShATKhN— ShATKhONIM] *n* matchmaker

* שוואַרץ *adj* black

* שווײַגן (געשוויגן) *v* to be silent

שווייץ, די *gn* Switzerland

* שווימען (איז געשווומען) *v* to swim

שוויצשאַפּ, דער (שווי׳צשעפּער) *n* sweatshop

שוועבן *v* to float

* שוועסטער, די (—) *n* sister

* שוועסטערקי׳נד, דאָס (ער) *n* cousin

* שווער *adj* heavy, difficult; hard

שווערד, די (ן) *n* sword

שווערן (געשווירן) *v* to swear

שוים, דער *n* froth

* שוין *adv* already

* שוך, דער (שיך) *n* shoe

* שול, די (ן) *n* school; synagogue

שולדיק *adj* guilty

שולחן־ערוך, דער [shULKhN-O'REKh] *n* the prescriptions of Jewish ritual

שוסטער, דער (ס) *n* shoemaker

שחיטה, די (—ות) [shKhITE— -s] *n* slaughter

שטאַט, דער (ן) *n* state

* שטאָט, די (שטעט) *n* city

שטאַל, די (ן) *n* stable

* שטאָלץ *adj* proud

שטאַמען *v* to be descended

שטאַפּל, דער (ען) *n* step

שטאַ׳רביקייט, די *n* mortality

* שטאַרבן (איז געשטאָרבן) *v* to die

* שטאַרק *adj* strong

שטאַרקן *v* to strengthen

שטוב, די (שטיבער) *n* room

שטוינונג, די *n* amazement

* שטול, די (ן) *n* chair

שטו׳רעמען *v* to assault

שטי׳בעלע, דאָס (ך) *n* little house

שטיבער ← שטוב

שטידל, דער (ען) *n* doorpost

שטיוול, דער (—) *n* boot

שטײַג, די (ן) *n* cage

שטיין, דער (ער) *n* stone

* שטיין, (מיר, זיי שטייען; איז געשטאַנען) *v* to stand

שטיין אַנטקעגן to oppose

בלײַבן שטיין to stop

* שטיל *adj* quiet

שטילקייט, די *n* quiet

שטים, די (ען) *n* voice

* שטיקל, דאָס (עך) *n* small piece

שטעג, דער (ן) *n* path

שטעט ← שטאָט

*שטעטל, דאָס (עך) *n* town

* שטעלן *v* to put (in an upright position)

שטעלן זיך to stand up

שטענדיק *adv* always, any time

* שטערן, דער (—) *n* star

שטערן, דער (ס) *n* forehead

שטראָמען *v* to stream

שטראָף, די (ן) *n* punishment

שטרוי, די *n* straw

שידוך, דער (ים) [shIDEKh— shIDUKhIM] *n* match

שיטער *adj* thin

* שיין (שענער) *adj* beautiful, good-looking

שײַנען *v* to shine

שיך ← שוך

שי׳כעלע, דאָס (ך) *n* little shoe

שי׳כפּוצער, דער (ס) *n* bootblack

* שיף, די (ן) *n* ship

שי׳פסקאַרטע, די (ס) *n* ship ticket

שי׳פשוועסטער, די (—) *n* (female) fellow passenger

* שיקן *v* to send

שכן, דער (ים) [shoKhN— shKheYNIM] *n* neighbor

שלאָגן (געשלאָגן) *v* to beat

* שלאָגן זיך *v* to fight

* שלאָפן (געשלאָפן) *v* to sleep

שלאָ׳פצימער, דער (ן) *n* bedroom

* שלום, דער [shOLEM] *n* peace

* שלום־עליכם [shOLEM-ALE'Y-KhEM] hello! how do you do?

שלח־מנות, דער [shALAKhMONES] n Purim gift
שלינגען (געשלונגען) v to swallow; to gobble down
שליסל, דער (ען) n key
שליסן זיך (געשלאָסן) v to close (*intr*)
* שלמה [shLOYME] mn Yiddish equivalent of Solomon
* שלעכט (ערגער, דער ערגסטער) adj bad
שלעכטס, דאָס n evil, wrong
שלעפּן v to carry, to drag (a heavy burden)
* שמאָל (שמעלער) adj narrow
* שמואל [shMUEL] mn Yiddish equivalent of Samuel
שמועס, דער (ן) n chat
כאַפּן אַ שמועס to talk things over
שמו׳עסן v to chat
שמידן (אויף) v to forge (into)
שמייכל, דער (ען) n smile
* שמייכלען v to smile
שמײַסן (געשמיסן) v to whip
שמעון [shIMEN] mn Yiddish equivalent of Simeon, Simon
שמעלער ← שמאָל
שמעקן v to smell
* שניי, דער (ען) n snow
שנײַדן (געשניטן) v to cut
* שנײַדער, דער (ס) n tailor
שנײַדערו׳ק, דער (עס) n tailor (*pejorative*)
* שעה, די (ען) [sho—shOEN] n hour
* שעמען זיך v to be ashamed
שענער ← שיין
* שענקען (געשאָנקען) v to give away (as a gift)
שעפּטשע | ן v to whisper

שעפּן v to draw
שפּאָט, דער n ridicule
שפּאַניער, דער (—) n Spaniard
* שפּאַניש adj Spanish
* שפּאַצירן: גיין שפּאַצירן v to take a walk
שפּאַרן זיך v to dispute
שפּור, די (ן) n track
שפּיגל, דער (ען) n mirror
שפּיגלען זיך v to be reflected
שפּיז, די (ן) n spear
שפּײַען (געשפּיגן) v to spit
שפּיל, די (ן) n play; game
שפּילן (אין) v to play (*trans*)
* שפּילן זיך v to play
שפּילער, דער (ס) n player
שפּיץ, דער (ן) n summit, top
* שפּעט adj late
שפּעטער later on
* שפּראַך, די (ן) n language
שפּראָצן v to sprout
* שפּריכוואָרט, דאָס (שפּרי׳כווערטער) n proverb
שפּרינגען (איז געשפּרונגען) v to jump
שפּריץ, דער n spurt
שפּוך־חמתך [shFOYKh-KhA-MO'SKho] pour out Thy wrath (*a famous passage in the Passover service*)
שקלאַף, דער (ן) n slave
* שרײַבן (געשריבן) v to write
* שרײַבער, דער (ס) n writer
* שרײַען (געשריגן) v to shout
שרעקלעך adj terrible

שׂ

* שׂימחה, די (—ות) [SIMKhE— -s] n joy; party

תּישרי, דער [TIShRE] *n* the 1st month in the Jewish calendar

תּל־אָבֿיבֿ [TELAVI'V] *gn* Tel Aviv

תּליה, די (—ות) [TLIE— -S] *n* gallows

* תּלמיד, דער (ים) [TALMED— TALMI'DIM] *n* student

תּמוז, דער [TAMEZ] *n* Tammuz the 10th month in the Jewish calendar

תּמיד [TOMED] *adv* always

תּנך, דער [TANA'Kh] *n* Old Testament

תּענית, דער (ים) [TONES— TANEYSIM] *n* fastday

תּפֿילה, די (—ות) [TFILE— -S] *n* prayer

תּפֿילה טאָן *periph v* to pray

* תּפֿיסה, די (—ות) [TFISE— -S] *n* prison

שׂימחת־תּורה [SIMKhES-TO'YRE] *Jewish holiday*

שׂינאה, די [SINE] *n* hatred

שׂכר, דער [SKhAR] *n* reward

שׂרה [SORE] *wn* *Yiddish equivalent of* Sarah

ת

תּורה, די [TOYRE] *n* Torah

תּחינה, די (—ות) [TKhINE— -S] *n* *prayer written in Yiddish and intended chiefly for women; sometimes called* tekhinah

תּיכּף [TEYKEF] *adv* immediately

תּירוץ, דער (ים) [TERETS— TERUTSIM] *n* excuse

תּישעה־באָבֿ [TI'ShEBOV] *n* *Jewish fastday*

ENGLISH—YIDDISH

A

a אַ
able: to be able קענען (ער קען)
about אַרו׳ם ;וועגן
  to be about to . . . . . . האַלטן בײַם
above (*preposition*) איבער
  (*adverb*) אויבן
Abraham [AVRO'M] אַבֿרהם
to accede נאָ׳כ | קומען (איז נאָ׳כגעקומען)
according to לויט
to accuse באַשו׳לדיקן
acquainted: to get acquainted באַקענען זיך
across אַריבער
actor דער אַקטיאָ׳ר (ן)
to add צו׳ | געבן (צו׳געגעבן)
to adjust צו׳ | פּאַסן
advice: a piece of advice [EYTSE— -S] די עצה (—ות)
afraid: to be afraid→to fear
Africa אַ׳פֿריקע
after נאָך
  in the afternoon נאָך מיטאָג
  the day after tomorrow איבערמאָרגן
afterwards נאָך דעם
again נאָך אַ מאָל ;ווידער
against קעגן
ago מיט . . . צוריק
  two years ago מיט צוויי יאָר צוריק
agriculture די ע׳רדאַרבעט
aid די הילף
air די לופֿט
airplane דער אַעראָפּלאַ׳ן (ען)
airs: to put on airs בלאָזן פֿון זיך
all (every) אַלע; (everything) אַלץ
  at all גאָרניט ;אין גאַנצן
to allow לאָזן
  to be allowed מעגן (ער מעג)
all right גוט
almost [KIMA'T] כּמעט
alms [NEDOVE— -S] די נדבֿה (—ות)
alone אַליי׳ן
along פֿאַרבײַ׳
alphabet [A'LEFBEYS] דער אַלף־בית
already שוין
also אויך
although כאָטש
always תּמיד ;שטענדיק ;אַלע מאָל [TOMED]
a.m. אין דער פֿרי ;פֿאַר מיטאָג (פֿ"מ)
am→to be
America אַמע׳ריקע
among צווישן
an אַן
ancestry [YIKhES] דער ייִחוס
and און
anecdote דער אַנעקדאָ׳ט (ן)
anew אויף ס׳נײַ
angel of Death דער מלאך־המוות [MALEKh-AMO'VES]
angry (with) אין כּעס (אויף) [KAAS]
  anguish די פּײַן

animal [KhAYE— -S] די חיה (—ות)
anniversary of death דער יאָרצײַט (ן)
another (different) אַן אַנדער
(more) נאָך
answer דער ענטפֿער (ס)
to answer ע'נטפֿערן
anthropologic אַנטראָפּאָלאָגיש
anthropologist דער אַנטראָפּאָלאָ'ג (ן)
anthropology די אַנטראָפּאָלאָגיע
anti-Semitism דער אַנטיסעמיטיזם
any (not any) קיין
(every) יעדער
anybody קיינער . . . ניט
anyway סײַ ווי סײַ
apartment [DIRE— -S] די דירה (—ות)
ape די מאַלפּע (ס)
to appear (to seem) אויס | זען (אוי'סגעזען)
apprentice דאָס לע'רנייִנגל (עך)
to approve of האַלטן (געהאַלטן) פֿון
approximately [ANEREKh] אַן ערך
April דער אַפּרי'ל
apron דער פֿאַרטעך (ער)
architect דער אַרכיטע'קט (ן)
are→to be
Argentina אַרגענטינע
to arise אוי'פֿקומען (איז אוי'פֿגעקומען)
arm דער אָרעם (ס)
armchair דער פֿאָטע'ל (ן)
arms (*collective*) דאָס געווע'ר
Armenian (—) דער אַרמענער
around אַרו'ם
to arrive אָ'נקומען (איז אָ'נגעקומען)
artisan דער בעל־מלאָכה (—ות)
[BALMELOKhE— -S]
as ווי
as if [KLOYMERShT] כּלומרשט (ווי)
to ascend אַרויפֿ | גיין (איז אַרוי'פֿגע־
גאַנגען)
ashamed: to be ashamed שעמען זיך

Ashkenazic אַשכּנזיש
[AShKENAZISh]
Asia אַזיע
Asiatic אַזיאַטיש
to ask (to inquire) פֿרעגן
(to request) בעטן (געבעטן)
to assault שטו'רעמען
assimilation די אַסימילאַציע
at (place) בײַ; (time) *omitted*
athletic league ספּאָרט־
אָרגאַניזאַציע (ס)
audience [OYLEM] דער עולם
August דער אויגו'סט
aunt די מומע (ס)
Australia אויסטראַליע
Austria עסטרײַך
autobiography די אויטאָביאָ־
גראַפֿיע (ס)
autumn דער האַרבסט
avenue די ע'וועניו (ס)
awake: to be awake וואַכן
away אַווע'ק

B

back צורי'ק
backwards אַהינטער
bad שלעכט (ערגער)
bag דער זאַק (זעק)
to bake באַקן (געבאַקן)
bandit [GAZLEN— דער גזלן (ים)
GAZLONIM]
bank די באַנק
bank clerk (*infl like an adj*)
דער באַנק־באַאַמטער
banker דער באַנקי'ר (ן)
baseball דער בייסבאָל
to bathe באָדן זיך (געבאָדן)
bathroom דער וואַ'שצימער (ן)
to be זײַן (בין, ביסט, איז, זײַנען, זײַט,
זײַנען; געווע'ן; זײַ, זײַט, זײַ'ענדיק)

how are you? וואָס מאַכט איר?
there is עס איז דאָ
beam דער קלאָץ (קלעצער)
beard די באָרד (בערד)
to beat שלאָגן (געשלאָגן)
beautiful שיין (שענער)
because ווײַל
because of צולי׳ב
to become ווערן (איז געוואָרן)
bed דאָס געלעגער (ס); די בעט (ן)
before (*preposition*) פֿאַר
(*conjunction*) איידער
to begin (*trans*) אָ׳נ | הייבן (אָ׳נגע־הויבן)
(*intr*) אָ׳נ | הייבן זיך
beginning דער אָנהייב (ן)
in the beginning צום אָנהייב
behavior דער אויפֿפֿיר
behind הינטער
to believe (opinion) מיינען
(conviction) גלייבן
to belong געהערן
beloved (*infl like an adj*) דער באַשערטער
below אונטן
belt דער גאַרטל (ען)
besides [AKhU'TS] אַחוץ
best→good
better→good
between צווישן
Bible די ביבל
to bicker אַ׳מפּערן זיך
bicycle דער וועלאָסיפּע׳ד (ן)
big גרויס (גרעסער)
bird דער פֿויגל (פֿייגל)
birthday דער געבוירן־טאָג (־טעג)
black שוואַרץ
blackboard דער טאָוול (ען)
to bleat מעקע | ן
to bless בענטשן
blind בלינד
to block פֿאַרשטעלן
blond בלאָנד
blood דאָס בלוט
bloody בלוטיק
blouse די בלוזע (ס)
to blow בלאָזן (געבלאָזן)
blue בלאָ
bluff דער בלאָף
to board אַרוי׳פֿ | גיין (איז אַרוי׳פֿגע־גאַנגען)
to boast באַרימען זיך
body דער גוף (ים)
book דאָס בוך (ביכער)
(religious book) דער ספֿר (ים)
[SEYFER—SFORIM]
bookbinder דער אײַ׳נבינדער (ס)
boot דער שטיוול (—)
bootblack דער שי׳כפּוצער (ס)
bore דער נודניק (עס)
born: to be born געבוירן ווערן
to borrow from לײַען (געליגן) בײַ
both ביידע
both . . . and . . . . . . סײַ . . . סײַ
boy דאָס ייִנגל (עך)
bran (*pl*) די קלײַען
brave העלדיש
bread דאָס ברויט
to break צעברעכן (צעבראָכן)
breakfast דאָס אי׳בערבײַסן (ס)
to breathe אָ׳טעמען
bride(-to-be) די כּלה (—ות)
[KALE— -S]
bridegroom(-to-be) דער חתן (ים)
[KhOSN—KhASANIM]
bride and groom חתן־כּלה
bright (*opposite of dark*) ליכטיק
to bring ברענגען
brother דער ברודער (ברידער)
brown ברוין
to build אוי׳פֿ | בויען; בויען

building דער בנין (ים)
[BINYEN—BINYONIM]
bundle דאָס בינטל (עך)
to burn ברענען
to burn up פֿאַרברענען
to bury [MEKABER] מקבר זײַן;
באַגראָבן (באַגראָבן)
business (enterprise)
דאָס געשעפֿט (ן)
(trade) דער האַנדל
businessman דער געשעפֿטסמאַן
(געשעפֿטסלײַט)
busy פֿאַרנומען
but אָבער
butterfly דאָס פֿלאַ'טערל (עך)
to buy קויפֿן
by (train, ship, etc.) מיט
(*agent*) דורך

C

cage די שטײַג (ן)
calendar (Jewish) דער לוח (ות)
[LUEKh—LUKhES]
to call רופֿן (גערופֿן)
to be called (to have the
name) הייסן (געהייסן)
can→able
Canada קאַנאַדע
canary דער קאַנאַריק (עס)
candle דאָס ליכטל (עך)
canned food (*plural*) די קאָנסערוון
cap דאָס היטל (עך)
car (automobile) דער אויטאָ (ס)
car (railroad) דער וואַגאָ'ן (ען)
card די קאָרט (ן)
care: to take care of פֿאַרנעמען זיך
(פֿאַרנומען) מיט
carry טראָגן (געטראָגן)
case: in that case טאָ
cat די קאַץ (קעץ)
to catch כאַפּן
to cease אוי'פֿ | הערן
to celebrate פּראַווע | ן
cemetery דער בית־עולם (ס)
[BESOYLEM— -S]
census דער צענזוס (ן)
center דער צענטער (ס)
century דער יאָרהונדערט (ער)
certain זיכער
certainly [AVADE] אַוודאי
chair די שטול (ן)
chalk די קרײַד
change: for a change אין אַ נאָ'ווענע
charity [TSDOKE] די צדקה
chat דער שמועס (ן)
to chat שמו'עסן
cheek די באַק (ן)
to chew קײַען
child דאָס קינד (ער)
Chinese (person) (—) דער כינעזער
to chirp סווישטשע | ן
chocolate דער שאָקאָלאַ'ד
to choke (to death) דערשטיקן
chorus דער כאָר (ן)
Christian (*noun*) דער קריסט (ן)
(*adj*) קריסטלעך
cigarette דער פּאַפּיראָ'ס (ן)
city די שטאָט (שטעט)
to claim טענה | ן (געטענהט)
[TAYNEN]
class דער קלאַס (ן)
clean ריין
clear קלאָר (קלערער)
clever קלוג (קליגער)
climate דער קלימאַט (קלימאַ'טן)
clock דער זייגער (ס)
close נאָענט (נע'ענטער)
to close (*trans*) פֿאַרמאַכן
(*intr*) שליסן זיך (געשלאָסן)
closet דער אַלמער (ס)
to clothe באַקליידן

clothes (*plural*) די קליידער
clown דער מאַ׳רשעליק (עס)
club דער קלוב (ן)
coat דער מאַנטל (ען)
coffee די קאַווע
cold קאַלט (קעלטער)
to collect קלײַבן (געקליבן)
college דער קאָלעדזש (ן)
color דער קאָלי׳ר (ן); די פֿאַרב (ן)
comb דאָס קעמל (עך)
to come קומען (איז געקומען)
  to come along או׳נטער | קומען (איז או׳נטערגעקומען)
commandment די מיצווה (מיצוות) [MITSVE— -S]
commentary דער פּירוש (ים) [PEYRESH—PERUSHIM]
commerce דער האַנדל
committee דער קאָמיטע׳ט (ן)
common (mean) וואַ׳כעדיק
community די קהילה (—ות) [KEHILE— -S]
  the people of the community [KOOL] דאָס קהל
company די קאָמפּאַניע (ס)
competitor דער קאָנקורע׳נט (ן)
to conceal פֿאַרשטעלן
concentration camp דער קאָנצענ־טראַציע־לאַגער (ן)
concert דער קאָנצע׳רט (ן)
conclusion דער אויספֿיר (ן)
to condemn פֿאַרמי׳שפּטן
condition די באַדינגונג (ען)
to conduct פֿירן
  (an orchestra) דיריגירן
  to conduct oneself פֿירן זיך
conductor (of an orchestra) דער דיריגע׳נט (ן)
  (railroad) דער קאָנדוקטאָר (קאָנדוקטאָ׳רן)
to confess [MOYDE] מודה זײַן זיך

confused צעמי׳שט
to congratulate באַגריסן
congratulations מזל־טובֿ [MA'ZLTOV]
congress דער קאָנגרע׳ס
to conjugate קאָניוגירן
conjugation די קאָניוגאַציע (ס)
consolation די טרייסט
content דער אינהאַלט
continent דער קאָנטינע׳נט (ן)
to cook קאָכן
cool קיל
corner דער ווינקל (ען)
corpse (*infl like an adj*) דער טויטער
correct ריכטיק
cosmopolitan אינטערנאַציאָנאַ׳ל
to cost קאָסטן
cotton (*adj*) באַ׳וועלן (דער באַ׳וולנער)
to count ציילן
country דאָס לאַנד (לענדער)
  the old country די אַלטע היים
  in this country דאָ אין לאַנד
couple דאָס פּאָרל (עך); די פּאָר (—)
courage דער מוט
cousin דאָס שוועסטערקי׳נד (ער)
covered באַדע׳קט
cow די קו (קי)
craft די מלאכה (—ות) [MELOKHE— -S]
to crawl קריכן (איז געקראָכן)
crazy [MESHUGE] משוגע
to create שאַפֿן (געשאַפֿן)
Creator דער באַשעפֿער
crisis דער קריזיס (ן)
crowded ענג
to cry וויינען
  to cry out אוי׳ס | שרײַען (אוי׳ס־געשריגן)
to cuss זידלען זיך

to cut (צעשניטן) צעשנײַדן
to cut off (אָ׳פּגעשניטן) אָ׳פּ | שנײַדן
Czarist צאַריש

D

dance (טענץ) דער טאַנץ
to dance טאַנצן
dark טונקל (דער ;פֿינצטער טונקעלער)
darkness דאָס פֿי׳נצטערניש
date: what's today's date
דער וויפֿלטער איז הײַנט?
daughter (טעכטער) די טאָכטער
dawn דער קאַיאָ׳ר
day (טעג) דער טאָג
in the daytime בײַ טאָג
every day אַלע טאָג
dear ליב ;טײַער
dear me ! אוי וויי
dead טויט
death דער אומקום ;דער טויט
December דער דעצעמבער
to decide (באַשלאָסן) באַשליסן
to decree (באַפֿוילן) באַפֿעלן
deeds (*pl*) [MAYSIM] די מעשׂים
deep טיף
defect [KHISORN—KHESROYNIM] (ים) דער חסרון
to defend oneself ווערן זיך
to demand פֿאַרלאַנגען
depressed צעקלע׳מט
to descend (אַראָ׳פּגעלאָזט) אַראָ׳פּ | לאָזן זיך
to be descended שטאַמען
to describe (באַשריבן) באַשרײַבן
destroy: to be destroyed [KHOREV] חרובֿ ווערן
dew דער טוי
diamond (ן) דער בריליאַ׳נט
to die (איז געשטאָרבן) שטאַרבן
different (פֿאַרשיי׳דענע) פֿאַרשיידן
differently אַנדערש
difficult שווער
to dig (געגראָבן) גראָבן
dignity דער סטאַטיק
dinner דאָס וואָ׳רמעס ;דער מיטאָג
to disappear (איז פֿאַרשוווּנדן) פֿאַרשווינדן
to disguise oneself as פֿאַרשטעלן זיך פֿאַר
to dislike פֿײַנט האָבן
dispersed צעשפּריי׳ט
to dispute (*intr*) שפּאַרן זיך
distribution די פֿאַרטיילונג
to divide צעטיילן
divided by געטיילט אויף
to do (טו, טוסט, טוט, טוען; געטאָן) טאָן
this will do עס וועט קלעקן
doctor (דאָקטוירים) דער דאָקטער
dollar (דאָלאַ׳רן) דער דאָלאַר
door (ן) די טיר
down אַראָ׳פּ
downstairs אַראָ׳פּ
Dr. ד״ר
draped over פֿאַרהאַנגען
to draw שעפּן
dreadful גרויליק
dream [KHOLEM—KHALOYMES] (ות) דער חלום
to dream [KHO'LEMEN]: חלומען
I dream of you דו חלומסט זיך מיר
dress (ער) דאָס קלייד
to dress (*intr*) (אָ׳נגעטאָן) אָנ | טאָן זיך
dresser (ן) דער קאָמאָ׳ד
to drink (געטרונקען) טרינקען
to drive (געטריבן) טרײַבן
(a car) פֿירן
drop (ס) דער טראָפּן

drown: to be drowned דערטרינקען זיך (דערטרונקען)
to drudge מאַ׳טערן זיך
during (*prep*) [BEYS] בעת
(*suffix*) ־צײַט
dynamite דער דינאַמי׳ט

E

each יעדער
each other איינער ... דעם אַנ־דערן; זיך
ear דער אויער (ן)
early פֿרי
earn פֿאַרדינען
earth די ערד
east [MIZREKh] מיזרח
easy גרינג
to eat עסן (געגעסן)
education די בילדונגג
egg דאָס איי (ער)
Egypt [MITSRAIM] מצרים
eight אַכט
eighteen אַכצן
eighth אַכט
eighty אַכציק
either . . . or . . . אָדער ... אָדער
elementary school די פֿאָלקשול (ן)
elevator דער ליפֿט (ן)
eleven עלף
else נאָך; מער
embittered פֿאַרביטערט
to embrace (*intr*) האַלדזן זיך
emigrant דער עמיגראַ׳נט (ן)
emperor דער קייסער (קייסאָרים)
employed באַשעפֿטיקט
empty פּוסט
end [SOF] דער סוף
at the end צום סוף
to end (*trans*) ע׳נדיקן
(*intr*) ע׳נדיקן זיך

enemy (—) דער פֿײַנד
engaged: to become engaged ווערן אַ חתן, ווערן אַ כּלה
engaged couple חתן־כּלה
engineer דער אינזשעני׳ר (ן)
English ענגליש
to engulf אַרו׳מ | כאַפּן
Enlightenment (Jewish) [HASKOLE] די השׂכּלה
enough גענו׳ג
enthusiasm דער ענטוזיאַזם
envy [KINE] די קינאה
epidemic די עפּידעמיע (ס)
equal גלײַך
especially ספּעציע׳ל
Esther [ESTER] אסתּר
to estimate שאַצן
eternal אייביק
Europe אייראָפּע
European אייראָפּעיִש
even [AFILE] אַפֿילו
evening דער אָוונט (ן)
in the evening אין אָוונט
good evening גוטן־אָוונט
Friday, Saturday evening פֿרײַטיק, שבת צו נאַכט
ever: forever אייביק
every יעדער
everyday אַלע טאָג
every week אַלע וואָך
everybody יע׳דערער
everyone יע׳דערער
everything אַלץ
everywhere אומעטו׳ם
evil דאָס שלעכטס
example: for example למשל [LEMOShL]
except [AKhU'TS] אַחוץ
execution די עקזעקוציע (ס)
exhausted אוי׳סגעמוטשעט
exile [GOLES] דער גלות

expensive טײַער
experienced (*adj*) געני׳ט
to explain דערקלערן
to extinguish פֿאַרלעשן (פֿאַרלאָשן)
eye דאָס אויג (ן)

F

fable [MOSHL— MESHOLIM] דער משל (ים)
face [PONEM— PE'NEMER] דאָס פּנים (ער)
factory די פֿאַבריי׳ק (ן)
fairy tale דאָס מעשׂהלע (ך) [MA'YSELE— -Kh]
faith [BITOKhN] דער בטחון; דער גלויבן
fall→autumn
to fall פֿאַלן (איז געפֿאַלן)
family די משפּחה (—ות) [MIShPOKhE— -S]
famous באַרי׳מט
far ווײַט
fast גיך
  to be fast (of a watch) לויפֿן (איז געלאָפֿן)
fastday [TONES— TANEYSIM] דער תּענית (ים)
father (*informal*) דער טאַטע (ס)
  (*acc-dat:* דעם טאַטן)
  (*more formal*) דער פֿאָטער (ס)
to fear [MOYRE] מורא האָבן
feather די פֿעדער (ן)
February דער פֿע׳ברואַר
to feel פֿילן; פֿילן זיך
fence דער פּלויט (ן)
few ווייניק
a few אַ ביסל
fiancé [KhOSN— KhASANIM] דער חתן (ים)
fiancée [KALE— -S] די כּלה (—ות)
field דאָס פֿעלד (ער)
fifteen פֿופֿצן
fifth פֿינפֿט
fifty פֿופֿציק
to fight קעמפֿן; שלאָגן זיך
to figure רע׳כענען (איך רעכן)
film דער פֿילם (ען)
finally [SOFKL-SO'F] סוף־כּל־סוף
to find געפֿינען (געפֿונען); אָ׳פּ | זוכן
  to find out דערוויסן זיך (דער־ווּסט)
fine פֿײַן
to finish ע׳נדיקן
fire דער פֿײַער (ן)
  to set fire to או׳נטער | צינדן (או׳נטערגעצונדן)
  to start a fire in אײַ׳נ | הייצן (*plus acc*)
fireplace דער פּרי׳פּעטשיק (עס)
first (*adj*) ערשט
  (*adv*) פֿרי׳ער
fish (—) דער פֿיש
to fit פּאַסן
five פֿינף
to flee אַנטלויפֿן (איז אַנטלאָפֿן)
flesh דאָס לײַב
to float שוועבן
floor (story) דער גאָרן (ס)
flour די מעל
to flutter פֿלאַ׳טערן
to fly פֿליִען (איז געפֿלויגן)
fond: to be fond of האַלטן פֿון (געהאַלטן)
fool דער נאַר (נאַראָנים)
to fool אָ׳פּ | נאַרן
foolish נאַריש
foot דער פֿוס (פֿיס)
for פֿאַר; (*intended duration*) אויף
forehead דער שטערן (ס)
forest דער וואַלד (וועלדער)

forever אייביק
to forge into שמידן אויף
to forgive [MOYKhL] מוחל זײַן
fork דער גאָפּל (ען)
form די פֿאָרעם (פֿאָרמען)
fortitude [GVURE] די גבֿורה
forty פֿערציק
four פֿיר
fourteen פֿערצן
fourth פֿערט
fox דער פֿוקס (ן)
France פֿראַנקרײַך
free פֿרײַ; אויף דער פֿרײַ
  to set free באַפֿרײַען
fresh פֿריש
Friday דער פֿרײַטיק
friend [KhAVER- KhAVEY'RIM] דער חבֿר (ים); דער פֿרײַנד (—)
  (female) [KhA-VERTE— -s] די חבֿרטע (ס); (close) דער גוטער פֿרײַנד (גוטע־פֿרײַנד)
from פֿון
  from . . . on פֿון . . . אָן
froth דער שוים (ען)
to froth אוי׳פֿ | שוימען
to fry פּרעגלען
full פֿול; (after a meal) זאַט
funeral די לוויה (—ות) [LEVAYE— -s]
furniture (*pl*) די מעבל

G

to gaggle גאַגאַטשע | ן
gallows [TLIE— -s] די תּליה (—ות)
game די שפּיל (ן)
gander דער גאָנער (ס)
garage דער גאַראַ׳זש (ן)
gas דער גאַז (ן)
gather (*intr*) פֿאַרקלײַבן זיך (פֿאַרקליבן)
gay פֿריילעך
generation [DOR— DOYRES] דער דור (ות)
  generations קינדסקינדער
generous ברײַ׳טהאַרציק
gentle מילד
gentlemen [RABOYSAY] רבותי
German (*noun*) דער דײַטש (ן)
  (*adj*) דײַטש
Germany דײַטשלאַנד
to get קריגן (געקראָגן)
to get ahead אַרוי׳פֿ | אַרבעטן זיך
to get up אוי׳פֿ | שטיין (איז אויפֿגעשטאַנען)
ghetto די געטאָ (ס)
gift [MATONE— -s] די מתּנה (—ות)
girl דאָס מיידל (עך)
to give געבן (גיב, גיסט, גיט, גיבן; געגעבן)
  to give away (as a gift) שענקען (געשאָנקען)
  to give in נאָ׳כ | געבן (נאָ׳כגעגעבן)
glad: to be glad פֿרייען זיך
glance דער בליק (ן)
glass די גלאָז (גלעזער)
to glisten גלאַנצן
to glitter פֿינקלען
glove די הענטשקע (ס)
glutton דער פֿרעסער (ס)
to go (walk) גיין (גיי, גייסט, גייט, גייען; איז געגאַנגען)
  (by vehicle) פֿאָרן (איז געפֿאָרן)
goat די ציג (ן)
God (דער) גאָט
gold דאָס גאָלד
  to cover with gold באַגילדן
golden גאָלדן (דער גאָ׳לדענער)
good גוט (בעסער)
  good evening גוטן־אָוונט
  good morning גוט־מאָרגן
  good night אַ גוטע נאַכט

good-bye אַ גוטן טאָג
good deed די מיצווה (—ות) [MITSVE— -S]
good-looking שיין (שענער)
goodness די גוטסקייט
goods די סחורה (—ות) [SKHOYRE— -S]
goose די גאַנדז (גענדז)
government די רעגירונג (ען)
to grab כאַפּן
graceful [BENEI'MESDIK] בנעימותדיק
gradually ביי'סלעכווײַז
grain דאָס קע'רנדל (עך)
grammar די גראַמאַטיק
grandfather דער זיידע (ס) (*acc-dat:* דעם זיידן)
grandmother די באָבע (ס)
grave דער קבֿר (ים) [KEYVER— KVORIM]
great גרויס (גרעסער)
Greek דער גריך (ן)
green גרין
grief דער טרויער
to grieve טרוי'ערן
grimace די העוויה (—ות) [HAVAYE— -S]
ground די ערד
into the ground אין דער ערד אַרײַן
to grow (*intr*) וואַקסן (איז געוואַקסן)
to grow up אוי'ס | וואַקסן (איז אוי'סגעוואַקסן)
guerrilla fighter דער פּאַרטיזאַנער (ס)
to guess טרעפֿן (געטראָפֿן)
guest דער גאַסט (געסט)
guilty שולדיק

H

hair די האָר (—)
half האַלב; די העלפֿט
Haman [HOMEN] המן
hand די האַנט (הענט); (clock) דער ווײַזער (ס)
to hang (up) אוי'פֿ | הענגען (אוי'פֿגעהאַנגען)
Hanukkah [KHA'NIKE] חנוכּה
to happen (to) געשען (איז געשע'ן) (מיט)
happy גליקלעך
hard (work) שווער
hardly [KIMA'T] כּמעט . . . ניט
hat דער הוט (היט)
to hate פֿײַנט האָבן
hatred [SINE] די שׂינאה
to have האָבן (האָב, האָסט, האָט, האָבן; געהאַ'ט)
to have to דאַרפֿן (ער דאַרף)
he ער
head דער קאָפּ (קעפּ)
healthy געזו'נט (געזינטער)
to hear הערן
to be heard דערהערן זיך
heart דאָס האַרץ (הערצער)
heaven דער הימל (ען)
heavy שווער
Hebrew העברעיִש
hello גוטן־אָוונט, גוט־מאָרגן; שלום־עליכם [SHOLEM-ALEY-KHEM]; עליכם־שלום [ALEYKHEM-SHOLEM]
to help העלפֿן (געהאָלפֿן)
her (*pron*), *see* p. 313, par. 26
her (*poss adj*) איר
herd די טשע'רעדע (ס)
here דאָ (דאָנען); (*place to which*) אַהער; (*in pointing*) אָט
herring דער הערינג (—)
herself זי אַליין; זיך
hidden באַהאַלטן (דער באַהאַ'לטענער)

to hide (*intr*) באַהאַלטן זיך (באַהאַלטן)
high הויך (העכער)
him, *see* p. 313, par. 26
himself ער אַליין; זיך
his זײַן
historical היסטאָריש
history די געשיכטע (ס)
to hold האַלטן (געהאַלטן)
hole די לאָך (לעכער)
holiday דער יום־טובֿ (ים)
[YONTEV—YONTOYVIM]
holy הייליק
home (*noun*) די היים (ען)
(*place to which*) אַהיים
at home אין דער היים
honey דער האָניק
honor [KOVED] דער כּבֿוד
in honor of [LEKOVED] לכּבֿוד
to hop אונטער | שפּרינגען (איז אונטערגעשפּרונגען)
to hope for האָפֿן אויף
to hope to האָפֿן צו
horrible שרעקלעך
horse (—) דאָס פֿערד
host דער בעל־הבית (בעלי־בתּים)
[BALEBO'S—BALEBA'TIM]
hour [sho—shoEN] די שעה (ען)
house דאָס הויז (הײַזער)
at . . . 's house בײַ
how ווי
however אָבער
how many, how much וויפֿל
to hum ברומען
to humiliate פֿאַרשעמען
humility [HAKhNOE] די הכנעה
hundred דער הונדערט (ער)
a hundred הונדערט
Hungary או׳נגערן
hunger דער הונגער
hungry הו׳נגעריק

to hurt וויי טאָן
my hand hurts עס טוט מיר וויי די האַנט
husband דער מאַן (ען)
hush! שאַ!

I

I איך
idea דער פּלאַן (פּלענער)
ideal דער אידעאַ׳ל (ן)
idol דער געץ (ן)
if אויב
if not for . . . . . . ווען ניט
illegal או׳מלעגאַל
to imitate נאָ׳כ | מאַכן
immediately [TEYKEF] באַלד; תּיכּף
immigrant דער אימיגראַ׳נט (ן)
immigration to Palestine די עליה
[A*L*IA']
important וויכטיק
in אין; (street; language) אויף;
(time periods) *omitted;*
(*adverb*) אַרײַ׳ן
indeed טאַקע
independently פֿאַר זיך
index דער ז׳וכצעטל (ען)
industry די אינדוסטריע (ס)
inference: to draw an inference אָ׳פּ | לערנען
to inform לאָזן וויסן
ink די טינט (ן)
innocent או׳משולדיק
inspector דער קאָנטראָליאָ׳ר (ן)
instead of אַנשטאָ׳ט
institution די אינסטיטוציע (ס)
intellectual דער אינטעליגע׳נט (ן)
interesting אינטערעסאַ׳נט
international אינטערנאַציאָנאַ׳ל
to interrupt אי׳בער | רײַסן (איבערגעריסן)

into אַרײַנ־
invented אויסגעטראַכט
to investigate אויס | פֿאָרשן
to invite פֿאַרבעטן (פֿאַרבעטן)
Irishman (—) דער אירלענדער
is: how much is . . . ? וויפֿל קאָסט
that is דאָס הייסט (ד״ה)
Isaiah [YIShAYE] ישעיה
Israel [YISROEL] ישׂראל
it עס
Italian (—) דער איטאַליענער
Italy איטאַליע
its זײַן
itself זיך

J

jacket דאָס רעקל (עך)
January דער יאַנואַר
jazz דער דזשעז
jealousy [KINE] די קינאה
Jerusalem [YERUShOLAIM] ירושלים
Jew דער ייִד (ן)
Jewess ייִדיש־קינד ;ייִדישע טאָכטער;
(sentimental, petty, talkative Jewess) די ייִדענע (ס)
Jewish ייִדיש
Joseph [YOYSEF] יוסף
joy [SIMKhE] די שׂימחה
to judge [MI'shPETN] מישפּטן
jug דאָס קריגל (עך)
July דער יולי
to jump שפּרינגען (איז געשפּרונגען)
June דער יוני

K

key דער שליסל (ען)
Khelem כעלעם
Khelemian (—) דער כעלעמער
to kill טייטן ;אומ | ברענגען
kind: what kind of וואָסער
all kinds of אַלערליי
king [MEYLEKh— MLOKhIM] דער מלך (ים)
to kiss קושן ;געבן אַ קוש
kitchen די קיך (ן)
knife דער מעסער (ס)
to knock קלאַפּן
to know (facts) וויסן (ווייס, ווייסט, ווייסט, ווייסן ; געוווּסט)
(persons, languages, skills) קענען (ער קען)
knowledge דאָס וויסן
kosher [KOShER] כשר

L

ladder דער לייטער (ס)
lamp דער לאָמפּ (ן)
land די ערד
language די שפּראַך (ן)
large גרויס (גרעסער)
last לעצט (דער לעצטער)
late שפּעט
later שפּעטער
four years later אין פֿיר יאָר אַרום
to laugh לאַכן
laundry דאָס וועש
law דאָס געזעץ (ן)
lawyer דער אַדוואָקאַט (ן)
to lay לייגן
lead (metal) דאָס בלײַ
to lead פֿירן ;צו | פֿירן
leaden בלײַען
to learn (study) לערנען זיך; אויס | לערנען זיך
least: at least כאָטש
to leave (trans) לאָזן
(intr) אַוועק | גיין (איז אַוועק־געגאַנגען); אַוועק | פֿאָרן (איז אַוועקגעפֿאָרן)

left לינק
to the left אויף לינקס
leg דער פֿוס (פֿיס)
legend די לעגענדע (ס)
to lend לײַען (געליגן) (*plus indirect obj*)
lesson די לעקציע (ס) [LEKTSYE— -s]
to let לאָזן
let him, let them זאָל ער, זאָלן זיי
let us לאָמיר
letter (—) דער בריוו
letter (of the alphabet) דער אות [OS—OYSYES] (אותיות)
lewd אוי'סגעלאַסן (דער אוי'סגעלאַ־סענער)
to liberate באַפֿרײַען
liberation באַפֿרײַונג
library די ביבליאָטע'ק (ן)
to lick לעקן
lie דער ליגן (ס)
to tell a lie זאָגן אַ ליגן
to lie ליגן (איז געלעגן)
to lie around װאַ'לגערן זיך
to lie down לייגן זיך
life דאָס לעבן (ס)
to lift אוי'פֿ | הייבן (אוי'פֿגעהויבן)
light (in color) העל
(in weight) גרינג
to light אָ'נ | צינדן (אָ'נגעצונדן)
like ווי
to like→to please
to limp הינקען (געהונקען)
linen (*adj*) לײַ'וונטן
to link פֿאַרבינדן (פֿאַרבונדן)
lip די ליפּ (ן)
to liquidate ליקווידירן
to listen הערן
literature די ליטעראַטו'ר
Lithuania ליטע

little (small) קליין (קלענער);
(not much) ווייניק
a little אַ ביסל
live (alive) לע'בעדיק
to live לעבן; וווינען
living room דער וווי'נצימער (ן)
loaf דאָס לעבל (עך)
long לאַנג (לענגער)
as long as [KOLZMA'N] כּל־זמן
to long for בענקען נאָך
long-awaited אוי'סגעבענקט
to look (appear) אוי'ס | זען (אוי'ס־געזען)
to look at קוקן אויף
to look for זוכן
to lose פֿאַרלירן (פֿאַרלוירן)
love די ליבע
to make love ליובע | ן זיך
to love ליב האָבן
low ני'דעריק
lunch דער מיטאָג (ן)

M

Maccabees די חשמונאָים [KhASHMENOIM]
magazine דער זשורנאַ'ל (ן)
magnanimous ברײַ'טהאַרציק
mail די פּאָסט
by mail דורך פּאָסט
mailman דער ברי'וו־טרעגער (ס)
main (*stressed prefix*) הויפּט־
mainly [DERIKER] דער עיקר
to maintain אוי'פֿ | האַלטן (אוי'פֿגע־האַלטן)
majority די מערהייט (ן)
to make מאַכן
man דער מאַן (מענער)
(person) דער מענטש (ן)
young man דער בחור (ים) [BOKhER—BO'KhERIM]

many [ASA'Kh] אַ סך (מערער)
map די קאַרטע (ס)
March דער מאַרץ
market דער מאַרק (מערק)
to marry חתונה האָבן מיט
[KhA'SENE]
to get married חתונה האָבן
matchmaker דער שדכן (ים)
[shATKhN—shATKhONIM]
to materialize מקוים ווערן
[MEKUYEM]
mathematics די מאַטעמאַטיק
matter [INYEN— דער ענין (ים)
INYONIM]
what's the matter? וואָס איז ?
to matter אוי'ס | מאַכן
it doesn't matter to me
עס מאַכט מיר ניט אויס
matzah [MATSE— -S] די מצה (—ות)
May דער מײַ
may מעגן (ער מעג)
may not ניט טאָרן (ער טאָר ניט)
me, see p. 313, par. 36
meal דער מאָלצײַט (ן)
(festive) די סעודה (—ות)
[SUDE— -S]
mean (cheap) פּאַרשיווע
to mean מיינען
meanwhile דערווײַ'ל
meat דאָס פֿלייש
medical supplies די מעדיצי'ן
medicine די מעדיצי'ן
to meet (trans) טרעפֿן זיך (גע־
טראָפֿן) מיט
meeting די פֿאַרזאַמלונג (ען)
melody [NIGN— דער ניגון (ים)
NIGUNIM]
to melt צעגיי'ן (איז צעגאַנגען)
memoirs [ZIKhROYNES] די זכרונות
merry לוסטיק
Messiah [MEShIEKh] משיח
Mexico מע'קסיקע
to mew מיאַוטשען
middle דער מיטן (ס)
midnight צוועלף בײַ נאַכט;
[KhTSOS] דער חצות
milk די מילך
million דער מיליאָ'ן (ען)
mine→my
minister דער מיניסטער (מיניסטאָ'רן)
minus מינוס
minute די מינו'ט (ן)
miracle [NES—NISIM] דער נס (ים)
mirror דער שפּיגל (ען)
Miss חבֿרטע (ח'טע); פֿרײַלין (פֿרל')
[KhA'VERTE]
miss פֿאַרזאַמען
mist דער טומאַ'ן (ען)
Mister (ה') הער; [KhAVER] (ח') חבֿר
to mix אוי'ס | מישן
modern מאָדערן
moment [REGE— -S] די רגע (ס)
Monday דער מאָנטיק
money דאָס געלט
monkey די מאַלפּע (ס)
month דער חודש (חדשים)
[KhOYDESh—KhADOShIM]
mood דאָס געמי'ט (ער)
moon [LEVONE] די לבֿנה
more מערער; נאָך
no more אויס; מער ניט
morning: in the morning
אין דער פֿרי
mortality די שטאַ'רביקייט
Moses [MOYShE] משה
mother די מאַמע (ס)
mountain דער באַרג (בערג)
mouse די מויז (מײַז)
mouth דאָס מויל (מײַלער)
to move (trans) באַוועגן
(intr) רירן זיך

(to a new home) אַרי׳בער | פֿאָרן (איז אַרי׳בערגעפֿאָרן)
movement די באַוועגונג (ען)
mover דער טרעגער (ס)
Mr. הער (ה׳); [KhAVER] חבֿר (ח׳)
Mrs. פֿרוי (פֿר׳); חבֿרטע (ח׳טע) [KhA'VERTE]
much [ASA'Kh] אַ סך
Munich מינכן
music די מוזי׳ק
written music (*pl*) די נאָטן
must מוזן (ער מוז)
must not ניט טאָרן (ער טאָר ניט)
my מײַן
myself איך אַליין; זיך

N

name דער נאָמען (נעמען)
narrow שמאָל (שמעלער)
national נאַציאָנאַ׳ל
near (*adj*) נאָענט (נע׳ענטער)
(*prep*) לעבן
necessarily [DAFKE] דווקא
necktie דער שניפּס (ן)
to need דאַרפֿן (ער דאַרף)
needle די נאָדל (ען)
Negro דער נעגער (ס)
neighbor [shoKhN—shKhEYNIM] דער שכן (ים)
neither אויך ניט
never קיין מאָל... ניט
new נײַ
newspaper די צײַטונג (ען)
next (*adj*) דער נאָ׳ענטסטער (נאָענטסט)
(*adv*) ווײַטער
nice פֿײַן
night די נאַכט (נעכט)
at night בײַ נאַכט
nine נײַן
nineteen נײַנצן
ninety נײַנציק
no (*int*) ניין
(*art*) קיין
nobody קיינער... ניט
non-Jewish ניט־ייִדיש
noodle דער לאָקש (ן)
noon צוועלף בײַ טאָג
no one קיינער... ניט
north [TSOFN] צפֿון
nose די נאָז (נעזער)
not ניט
notebook די העפֿט (ן)
to notice באַמערקן
nothing קיין זאַך... ניט; גאָרניט
November דער נאָוועמבער
now איצט
nowhere אין ערגעץ... ניט

O

to obey פֿאָלגן
occupation די פּראָפֿעסיע (ס)
to occur אײַ׳נ | פֿאַלן (איז אײַ׳נגעפֿאַלן)
it occurs to me עס פֿאַלט מיר אײַן
o'clock אַ זייגער
October דער אָקטאָבער
of פֿון
often אָפֿט (עפֿטער)
O.K. גוט
old אַלט (עלטער)
old man [ZOKN—SKEYNIM] דער זקן (ים)
olive oil דער בוימל
Old Testament [TANA'Kh] דער תּנך
on אויף
once איין מאָל; אַ מאָל
once again נאָך אַ מאָל
one (*numeral*) איינס, איין
(*pron*) מען

one another אײנער דעם אַנדערן
oneself זיך
only נאָר
open אָפֿן (דער אָפֿענער)
to open ע׳פֿענען, (עפֿן, עפֿנסט
עפֿנט, ע׳פֿענען ; געעפֿנט)
operetta די אָפּערעטע (ס)
to oppose שטײן אַנטקעגן
opposite אַקעגן
or אָדער
orange דער מאַראַ׳נץ (ן)
order: in order to [KEDE'Y] כּדי צו
to order הײסן (געהײסן)
organization די אָרגאַניזאַציע (ס)
to organize אָרגאַניזירן
oriental אָריענטאַליש
original דער אָריגינאַ׳ל (ן)
other דער אַ׳נדערער ;אַן אַנדער
otherwise אַני׳ט
ought דאַרפֿן (ער דאַרף)
our אונדזער
ourselves מיר אַלײן ;זיך
out אַרויס־
over איבער
overcoat דער מאַנטל (ען)
to overcome בײַ׳ | קומען (איז
בײַ׳געקומען)
own אײגן (דער אײ׳גענער)
owner דער בעל־הבית (בעלי־בתּים)
[BALEBO'S—BALEBATIM]
ox דער אָקס (ן)
oxygen דער זױ׳ערשטאָף

P

pagan דער גע׳צן־דינער (ס)
page די זײַט (ן)
pain דער װײ (ען)
pained צעװײטיקט
pair (—) די פּאָר
pajamas די פּיזשאַמע (ס)
pale בלײך
Palestine [ERTS-ISROEL] ארץ־ישׂראל
pancake די לאַטקע (ס)
(cheese pancake) די בלינצע (ס)
paper דאָס פּאַפּיר; *cf.* newspaper
Paris פּאַרי׳ז
park דער פּאַרק (ן)
part דער טײל (ן)
party (entertainment) די שׂימחה [SIMKhE] (—ות)
Passover [PEYSEKh] דער פּסח
password דער פּאַראָ׳ל (ן)
past (*adj*) פֿאַרגאַנגען
patch די לאַטע (ס)
path דער שטעג (ן)
pattern דער פֿורעם (ס)
to pay באַצאָלן
peace [ShOLEM] דער שלום
in peace [BEShOLEM] בשלום
peaceful רויִק
peasant דער פּויער (ים)
peddler דער פּעדלער (ס)
pen די פֿעדער (ס)
penny דער פּעני (ס)
Pentateuch [KhUMESh] דער חומש
people (ethnic group: *singular*)
דאָס פֿאָלק (פֿעלקער)
(persons) מען ;די מענטשן
percent (—) דער פּראָצע׳נט
to perform פֿאָ׳ר | שטעלן
performance די פֿאָ׳רשטעלונג (ען)
perhaps [EFShER] אפֿשר
to perish או׳מקומען (איז או׳מגע־
קומען)
to permit דערלויבן
Persia פּערסיע
person דער מענטש (ן)
personality די פּערזע׳נלעכקייט (ן)
to persuade אײַ׳נ | רעדן
philosophy די פֿילאָסאָפֿיע
piano די פּיאַנע (ס)

picture דאָס בילד (ער)
piece (small) דאָס שטיקל (עך)
piety די פֿרומקייט
pillow דער קישן (ס)
pioneer דער פּיאָניר (ן)
pious פֿרום (פֿרימער)
pit דער גרוב (גריבער)
pity: to take pity רחמנות האָבן
[RAKhMONES]
a pity אַ שאָד
place דער אָרט (ערטער)
plan דער פּלאַן (פּלענער)
plate דער טעלער (ס)
play די שפּיל (ן)
to play (*trans*) שפּילן
(*intr*) שפּילן זיך
player דער שפּילער (ס)
to please געפֿעלן (איז געפֿעלן)
this pleases me (=I like it)
דאָס געפֿעלט מיר
please איך בעט דיך (אײַך);
זײַ(ט) אַזוי גוט
plowshare דער אַ'קער־אײַזן (ס)
plural די מערצאָל
plus און, מיט, פּלוס
p.m. נאָך מיטאָג (נ"מ)
pogrom דער פּאָגראָ'ם (ען)
poise דער סטאַטיק
to poison [FARSAMEN] פֿאַרסמען
Poland פּוילן
Polish פּויליש
political פּאָליטיש
poor אָרעם
poor man דער אָרעמאַ'ן
(אָרעמע־לײַט)
population די באַפֿע'לקערונג (ען)
possible מיגלעך
pot דאָס טעפּל (עך)

potato [BULBE] די בולבע (ס)
to pour גיסן (געגאָסן)
poverty די אָ'רעמקייט
to pray דאַווענען
prayer [TFILE— -s] די תּפֿילה (—ות)
last prayers [VIDE] די ווידוי
preacher [MAGED— דער מגיד (ים)
MAGI'DIM]
to prepare (*intr*) גרייטן זיך
pretty פֿײַן
principal (*prefix*) הויפּט־
to print דרוקן
private פּריוואַ'ט
probably [MISTOME] מסתּמא
to proceed אַרוי'ס | גיין (איז
אַרוי'סגעגאַנגען)
to produce אַרוי'ס | געבן (אַרוי'ס־
געגעבן)
professor דער פּראָפֿעסאָר (פּראָפֿע־
סאָ'רן)
to prohibit פֿאַרווערן
promise די הבֿטחה (—ות)
[HAFTOKhE— -s]
to promise צו' | זאָגן
proud שטאָלץ
prophecy די נבֿואה (—ות)
[NEVUE— -s]
prophet [NOVI— דער נבֿיא (ים)
NEVIIM]
proportion: in proportion
פּראָפּאָרציאָנעל
proverb דאָס שפּריכוואָרט (שפּרי'כ־
ווערטער)
psychology די פּסיכאָלאָגיע
public [OYLEM] דער עולם
publish: to be published
אַרוי'ס | גיין (איז אַרוי'סגעגאַנגען)
publisher דער פֿאַרלעגער (ס)

Glossary

to pull ציִען (געצויגן)
to punish באַשטראָפֿן
punishment די שטראָף (ן)
pure רייִן
Purim פּורים
push: to push one's way through
דו׳רכ | רײַסן זיך (דו׳רכגעריסן)
to put (upright) שטעלן
(lying down) לייגן
(into prison) אַרײַ׳נ | זעצן
to put on (clothes) אָנ | טאָן
(אָ׳נגעטאָן)

Q

quarrel די קריג
to quarrel קריגן זיך; צעקריגן זיך
queen [MALKE—-s] די מלכּה (—ות)
question די פֿראַגע (ס)
quiet (adj) שטיל
(noun) די שטילקייט
to be quiet שווײַגן (געשוויגן)
quota די קוואָטע (ס)

R

rabbi [ROV—RABONIM] דער רבֿ (רבנים)
(khsidic) [REBE—RABEIM] דער רבי (ים)
(title) [REB] רב
race די ראַסע (ס)
racial ראַ׳סנדיק
radio דער ראַדיאָ (ס)
railroad די באַן (ען)
rain דער רעגן (ס)
it is raining עס גייט אַ רעגן
to raise אויפֿ | הייבן (אוי׳פֿגעהויבן)
raisin די ראָ׳זשינקע (ס)

rarely זעלטן
to reach דערגרייכן
to read לייי׳ענען
real [EMES] אמת
really טאַקע
reality די וואָר
reason: without reason
גלאַט אַזוי זיך
to receive קריגן (געקראָגן)
red רויט
relation (by marriage) דער מחותּן
(ים) [MEKHUTN—MEKHUTONIM]
relations (collective) משפּחה
[MISHPOKHE]
religion די רעליגיע (ס)
to remain בלײַבן (איז געבליבן)
remaining פֿאַרבליבן (דער פֿאַר-
בלי׳בענער)
remark: to pass remarks
ווערטלען זיך
to remember געדענקען
rent [DI'RE-GELT] דאָס דירה־געלט
request דער פֿאַרלאַנג (ען)
to request בעטן (געבעטן)
to resound אָפּ | הילכן
respect דער דרך־אַרץ
[DERKHERETS]
rest די רו
to rest רוען
to return (intr) אומ׳ | קערן זיך
revenge [NEKOME] די נקמה
reward [SKHAR] דער שׂכר
rich רײַך
rich man [OYSHER] דער עושר
riddle דאָס רע׳טעניש (ן)
to ride פֿאָרן (איז געפֿאָרן)
(horseback) רײַטן (געריטן)
right (direction) רעכט

389

(correct) ריכטיק
(person) גערע׳כט
to the right אויף רעכטס
to ring קלינגען (געקלונגען)
to rise אוי׳פֿ | שטיין (איז אוי׳פֿגע־שטאַנען)
to rise early פֿע׳דערן זיך
river דער טײַך (ן)
road דער וועג (ן)
to rock (*intr*) שאָקלען זיך
role די ראָלע (ס)
to roll קײַקלען זיך
roof דער דאַך (דעכער)
room דער צימער (ן)
round קײַלעכדיק
row: in a row נאָך אַנאַ׳נד
rug דער טעפּעך (ער)
Rumania רומעניע
to run לויפֿן (איז געלאָפֿן)
to run away אַנטלויפֿן (איז אַנטלאָפֿן)
Russia רוסלאַנד

S

sad טרוי׳עריק
safe (deposit box) דער סייף (ן)
saintly man דער צדיק (ים) [TSADEK—TSADI'KIM]
salesman דער פֿאַרקויפֿער (ס)
salt די זאַלץ
salvation [GEULE] די גאולה
same דער זע׳לביקער (זעלביק)
sanatorium די סאַנאַטאָריע (ס)
sand דאָס זאַמד
sandwich דער סענדוויטש (ן)
satisfied צופֿרידן
Saturday [shABES] דער שבת
to save אוי׳ס | לייזן; ראַטעווע | ן
to say זאָגן
to scatter (*trans*) צעטרײַבן (צעטריבן)
(*intr*) צעלויפֿן זיך (איז צעלאָפֿן)
scholar (*infl like an adj*) דער געלע׳רנטער
(Talmudic) דער למדן (ים) [LAMDN—LAMDONIM]
school די שול (ן); (traditional) [KhEYDER—KhADORIM] דער חדר
to scream קוויטשע | ן
sea [YAM—YAMEN] דער ים (ען)
seaport די פּאָרטשטאָט (פּאָרטשטעט)
seat די באַנק (בענק)
to seat זעצן
second צווייט
secret [SOD—SOYDES] דער סוד (ות)
secure זיכער
to see זען (זע, זעסט, זעט, זעען; געזען)
to seem דאַכטן זיך
it seems to me דאַכט זיך
-self זיך
to sell פֿאַרקויפֿן
Semitic סעמיטיש
to send שיקן
separate באַזונדער
to separate אָ׳פּ | טיילן
September דער סעפּטעמבער
servant (maid) די דינסט (ן)
to serve דינען
serves him right! גוט אויף אים!
session די זיצונג (ען)
to set out to נעמען זיך (גענומען)
seven זיבן
seventeen זי׳בעצן
seventh זיבעט
seventy זי׳בעציק
several ע׳טלעכע

settlement (cooperative)
[KIBU'TS—(ים) דער קיבוץ
KIBUTSIM]
shadow דער שאָטן (ס)
shall זאָל; וועל
shawl די שאַל (ן)
she זי
shelf די פּאָ'ליצע (ס)
to shine שײַנען
ship די שיף (ן)
ship ticket די שיפֿסקאַרטע (ס)
shirt דאָס העמד (ער)
shoe דער שוך (שיך)
shoemaker דער שוסטער (ס)
shop די קראָם (ען)
short קורץ (קירצער)
shot דער שאָס (ן)
should זאָל
to shout שרײַען (געשריגן)
to show ווײַזן (געוויזן)
to shut פֿאַרמאַכן
sick קראַנק
side די זײַט (ן)
to sigh זיפֿצן
silent: to be silent שווײַגן (געשוויגן)
silly נאַריש
silver (*noun*) דאָס זילבער
(*adj*) זי'לבערן
simple [POSHET] פּשוט
sin (—) די זינד
to sin זי'נדיקן
since (cause) אַזוי' ווי
sinful זינדיק
to sing זינגען (געזונגען)
single איינציק
singular די איינצאָל
to sink זינקען (געזונקען)
sister (—) די שוועסטער
to sit זיצן (איז געזעסן)
to sit down זעצן זיך
six זעקס
sixteen זעכצן
sixth זעקסט
sixty זעכציק
skirt דאָס רעקל (עך)
sky דער הימל (ען)
skyscraper דער וואָ'לקן־קראַצער (ס)
slander [REKhILES] דאָס רכילות
to slap געבן אַ פּאַטש
slaughter די שחיטה (—ות
[shKhITE— -s]
slave דער שקלאַף (ן)
to sleep שלאָפֿן (געשלאָפֿן)
slide rule די רו'קווירע (ס)
sloped [MESHU'PEDIK] משופּעדיק
slow פּאַמעלעך
to be slow (of a watch) קריכן
(איז געקראָכן)
small קליין (קלענער)
to smear באַשמירן
to smell שמעקן
smile דער שמייכל (ען)
to smile שמייכלען
to smoke ריי'כערן
to snatch up אוי'ס|כאַפּן
snow דער שניי (ען)
it is snowing עס גייט אַ שניי
snuff: a pinch of snuff
אַ שמעק טאַ'ביקע
so טאָ; אַזוי'
so many, so much אַזוי' פֿיל
to sob כליפּע|ן
soccer דער פֿוסבאָל
sock דער זאָק (ן)
sofa די סאָפֿע (ס)
soft ווייך
some טייל; אַנדערע

392 College Yiddish

somebody ע׳מעצער
(*acc-dat*: (ע׳מעצן)
something עפּעס
sometimes אַ מאָל
somewhat אַ ביסל
somewhere ערגעץ וווּ
son דער זון (זין)
song דאָס ליד (ער)
soon באַלד
as soon as באַלד ווי
sore צעקלע׳מט
sorrow [TSAR] דער צער
soul [NESHOME— -s] נשמה (—ות)
sound דער קלאַנג (ען)
soup די זופּ (ן)
south [DOREM] דרום
Soviet Union דער סאָוועטן־פֿאַרבאַנד
spade דער רידל (ען)
Spaniard דער שפּאַניער (ס)
Spanish שפּאַניש
sparrow דער וואָראָבייטשיק (עס)
to speak רעדן
spear די שפּיז (ן)
special ספּעציע׳ל
to spend (time) פֿאַרברענגען
to spill פֿאַרגיסן (פֿאַרגאָסן)
to spit שפּײַען (געשפּיגן)
spoon (—) דער לעפֿל
sport דער ספּאָרט
spot (dirt) דער פֿלעק (ן)
to spread פֿאַרשפּרייטן
spring דער פֿרילינג
sprout שפּראָצן
spurt דער שפּריץ (ן)
stable די שטאַל (ן)
stage די בינע (ס)
to stand שטיין (שטיי, שטייסט, שטייט, שטייען ; איז געשטאַנען)
to stand up שטעלן זיך
star (—) דער שטערן
state די מלוכה (—ות)
[MELUKhe— -s]
statistics די סטאַטיסטיק
to stay בלײַבן (איז געבליבן)
to steal גנבֿענען (געגנבֿעט)
[GA'NVENEN—GEGANVET]
step דער טראַט (טריט) ;דער שטאַפּל (ען)
step by step טריט בײַ טריט
still נאָך אַלץ ;נאָך
stingy קאַרג
stocking דער זאָק (ן)
stone דער שטיין (ער)
to stop (*intr*) בלײַבן שטיין
store די קראָם (ען)
storekeeper דער קרעמער (ס)
story די מעשׂה (מעשׂיות)
[MAYSE— -s]
stove דער אויוון (ס)
straight גלײַך
strange פֿרעמד
to strangle דערוווערגן (דערוואָרגן)
straw די שטרוי
stray [HEFKER] הפֿקר
to stream שטראָמען
street די גאַס (ן)
strength דער כּוח ;די כּוחות
[KOYEKh—KOYKhES]
to stretch out צעשטרעקן
strong שטאַרק
struggle דער קאַמף (ן)
student [TALMED—TALMIDIM] דער תּלמיד (ים)
(college or university student) דער סטודע׳נט (ן)

to study לערנען זיך
stuffed געפֿי׳לט
style דער סטיל (ן)
subject (of instruction) דער לימוד [LIMED—LIMUDIM] (ים)
to subscribe to אבאנירן
subway די סאָבוויי; די או׳נטערבאַן
to succeed גערא̈טן (איז גערא̈טן)
I succeeded in עס איז מיר געראָטן
such אַזאַ׳ (plural: אַזעלכע)
suddenly פּלוצלינג
to suffer לײַדן (געליטן); אָ׳פּ | קומען (איז אָ׳פּגעקומען)
to suffice קלעקן
sugar דער צוקער
suit (of clothes) דער גאַרניטער (ס)
Sukkoth [SUKES] סוכּות
summer דער זומער
summit דער שפּיץ (ן)
sun די זון (ען)
Sunday דער זונטיק
supper די וועטשערע (ס)
suppose: to be supposed to דאַרפֿן (ער דאַרף)
sure זיכער
surprise [KHIDESh] דער חידוש
to surrender (intr) או׳נטער | געבן זיך (או׳נטערגעגעבן)
to survive (intr) בלײַבן לעבן
(trans) אי׳בער | קומען (איז אי׳בערגעקומען)
to swallow שלינגען (געשלונגען)
to swear שווערן (געשווירן)
sweatshop דער שוויצשאַפּ (שווי׳צ־שעפּער)
sweet זיס
sweetness די זיסקייט
to swim שווימען (איז געשווומען)
Switzerland די שווייץ
sword די שווערד (ן)
synagogue דאָס בית־מדרש (בתּי־מדרשים) [BESMEDRESH—BOTE-MEDRO'SHIM]; די שול (ן)
Syrian סיריש
system די סיסטע׳ם (ען)

T

tabernacle די סוכּה (—ות) [SUKE— -S]
table דער טיש (ן)
tablecloth דער טישטעך (ער)
tailor דער שנײַדער (ס)
to take from נעמען בײַ (גענומען)
to take off אַראָ׳פּ | נעמען (אַראָ׳פּגענומען)
(clothes) אויס | טאָן (אוי׳סגעטאָן)
to talk רעדן
(to chat) שמו׳עסן
tall הויך (העכער)
Talmud (usually) די גמרא [GMORE]
tank דער טאַנק (ען)
taste דער געשמאַ׳ק
tasty געשמאַ׳ק
tea די טיי
to teach אוי׳ס | לערנען
teacher דער לערער (ס)
(in a kheyder) [REBE] דער רבי
(acc-dat: [REBN] דעם רבין)
team די מאַנשאַפֿט (ן)
tear די טרער (ן)
to tear צערײַסן (צעריסן)
Tel Aviv [TELAVI'V] תּל־אָבֿיבֿ
telephone דער טעלעפֿאָ׳ן (ען)
to tell (relate) דערציילן

(say) זאָגן
ten צען
tent דאָס געצעלט (ן)
terrible שרעקלעך
terms: to come to terms
דו״רכ | קומען (איז דו״רכגעקומען)
than איידער; פֿון; ווי
to thank: thank God גאָט צו דאַנקען
thanks אַ דאַנק
that (*pron*) יענער
(*conj*) אַז
the דער, די, דאָס
theater דער טעאַטער (ס)
thee, *see* p. 313, par. 26
their זייער
them, *see* p. 313, par. 26
themselves זיך; זיי אַליין
then דעמאָלט
(in that case) טאָ
there דאָרטן
(*place to which*) אַהי״ן
(*in pointing*) אָט
(*in giving*) נאַ; נאָט
there is עס איז דאָ
there is not עס איז ניטאָ׳
therefore דערפֿאַ״ר
these די; אָט די
they זיי; מען
thin דין
(rare) שיטער
thing די זאַך (ן)
to think טראַכטן; מיינען; קלערן
third דריט
thirteen דרײַצן
thirty דרײַסיק
this דער (אָט), די (אָט), דאָס (אָט)
those יענע
thou דו

thousand דער טויזנט (ער)
a thousand טויזנט
to threaten סטראַשע | ן
three דרײַ
thrill [HANOE] די הנאה
throat דער האַלדז (העלדזער)
through דורך
to throw וואַרפֿן (געוואָרפֿן)
Thursday דער דאָנערשטיק
thus אַזוי״
thy דײַן
ticket [BILE'T] דער בילע״ט (ן)
time די צײַט (ן)
on time בײַ צײַטנס
time (instance) (—) דאָס מאָל
one time איין מאָל
many times אַ סך מאָל
the first time צום ערשטן מאָל
three times two דרײַ מאָל צוויי
any time (always) שטענדיק
to צו; ביז; אין, קיין
tobacco די טאַ״ביקע
today הײַנט
together צוזאַמען
tomorrow מאָרגן
the day after tomorrow
אי״בער מאָרגן
too (also) אויך
(excessively) צו
tooth דער צאָן (ציין)
top (toy) דאָס דריידל (עך)
(summit) דער שפּיץ (ן)
Torah [TOYRE] די תּורה
to touch אָ״נ | רירן
tower דער טורעם (ס)
town דאָס שטעטל (עך)
town hall דאָס ראָטהויז
tractor דער טראַקטאָר (. . . אָ״רן)

trade (commerce) דער האַנדל;
[MISKhER] דער מיסחר;
(craft) די מלאָכה (—ות)
[MELOKhE— -S]
to trade האַנדלען
tradition די טראַדיציע (ס)
traditional טראַדיציאָנע׳ל
train די באַן (ען)
to trample טרעטן (געטראָטן)
to translate אי׳בער | זעצן
to travel פֿאָרן (איז געפֿאָרן)
treasure דער אוצר (ות)
[OYTSER—OYTSRES]
to treat [MEKhABED] מכבד זײַן
tree דער בוים (ביימער)
trick: to play a trick on
אָפּ | טאָן (אָ׳פּגעטאָן)
trouble [TSORE— -S] די צרה (—ות)
to have no end of trouble
האָבן צו זינגען און צו זאָגן
trousers (*plural*) די הויזן
truck דער משׂא־אויטאָ
[MA'SE-OYTO]
true [EMES] אמת
truth [EMES] דער אמת
to try (to attempt) פּרוּוון
(to judge) [MI'shPETN] מישפּטן
Tuesday דער דינסטיק
Turkey טערקײַ׳
Turkish טערקיש
to turn (*trans*) פֿאַרדרייען
twelve צוועלף
twenty צוואַנציק
twice צוויי מאָל
two צוויי
type דער טיפּ (ן)

U

ugly [MIES] מיאוס
uncle דער פֿעטער (ס)
under אונטער
to understand פֿאַרשטיין (מיר,
זיי פֿאַרשטייען; פֿאַרשטאַנען)
to undress (*intr*) אוי׳ס | טאָן זיך
(אוי׳סגעטאָן)
unharmed [BEShOLEM] בשלום
union (labor) די יוניאָן (ס)
to unite פֿאַראיי׳ניקן
United States די פֿאַראיי׳ניקטע
שטאַטן
university דער אוניווערסיטעט (ן)
until ביז
up אַרויף
up to ביז
uprising דער אויפֿשטאַנד (ן)
uproar דער טומל (ען)
upstairs אַרוי׳ף
us, *see* p. 313, par. 26
use: to make use of אוי׳ס | ניצן
to use ניצן
used to פֿלעג

V

valley דער טאָל (ן)
vegetable דאָס גרינס (ן)
vertical ווערטיקאַ׳ל
very זייער
vest דאָס װעסטל (עך)
Vienna ווין
vilification דאָס לשון־הרע
[LOShN-HO'RE]
Vilna ווילנע
vineyard דער ווײַ׳נגאָרטן (ווײַ׳נ־
גערטנער)
visa די וויזע (ס)
to visit קומען צו גאַסט
voice [KOL—KELER] דאָס קול (ער)
void וויסט

W

to wait for וואַרטן אויף

to wake up אױ'פֿ | כאַפּן זיך

to walk גיין (מיר, זיי גייען; איז געגאַנגען)

to go for a walk גיין שפּאַצירן

wall די וואַנט (ווענט)

to wander וואַ'נדערן

to want ווילן (וויל, ווילסט, וויל, ווילן; געוואָ'לט)

war די מלחמה (—ות) [MILKhOME— -s]

ware די סחורה (—ות) [SKhOYRE— -s]

warm וואַרעם

Warsaw וואַרשע

to wash (*trans*) וואַשן (געוואַשן)

(*intr*) וואַשן זיך

watch דער זייגער (ס)

water דאָס וואַסער (ן)

wave (*v*) מאַכן מיט

way (road) דער וועג (ן)

(manner) דער אופֿן (ים) [OYFN—OYFANIM]

we מיר

to wear טראָגן (געטראָגן)

wedding די חתונה (—ות) [KhA'SENE— -s]

Wednesday דער מיטוואָך

week די וואָך (ן)

every week אַלע וואָך

weekend [SOFVO'Kh] דער סוף־וואָ'ך

to weep וויינען

to welcome באַגריסן

well (*adj*) געזו'נט

(*adv*) גוט

(*int*) נו

west [MAYREV] מערבֿ

what וואָס

what a . . . . . . סאַראַ

what kind of וואָסער

wheat דער ווייץ

when ווען

where וווּ (וואַנען)

(*place to which*) וווּהי'ן

whether צי

which וועלכער

(*relative pron*) וואָס

(*num adj*) דער וויפֿלטער

while [BEYS] בעת

to whip שמײַסן (געשמיסן)

to whisper שעפּטשע | ן

to whistle פֿײַפֿן

white ווײַס

who ווער (*acc-dat*: וועמען);

(*relative pron*) וואָס

whole גאַנץ

wholesome געזו'נט (געזינטער)

whom→who

whose וועמענס

why פֿאַר וואָס

wide ברייט

widow די אַלמנה (—ות) [ALMONE— -s]

wife די פֿרוי (ען)

to wiggle צאַפּלען

wild ווילד

will דער ווילן

(last will) די צוואה (צוואָות) [TSAVOE— -s]

will וועל

to win געווינען (געוווּנען)

window דער פֿענצטער (—)

wine glass דער כּוס (ות) [KOS—KOYSES]

wing דער פֿליגל (—ען)
winter דער ווינטער
wise קלוג (קליגער)
wise man דער חכם (—ים)
[KHOKHEM—KHAKHOMIM]
with בײַ; מיט
without אָן
witness [EYDES] (—) דער עדות
woman די פֿרוי (—ען)
wood דאָס האָלץ
woolen וואָלן (דער וואָ'לענער)
word דאָס וואָרט (ווערטער)
work די אַרבעט (—ן)
work (written) (—) דאָס ווערק
to work אַ'רבעטן
worker דער אַ'רבעטער (—ס)
world די וועלט (—ן)
worm דער וואָרעם (ווערעם)
worse ערגער
would וואָלט
to wrap הילן
to write שרײַבן (געשריבן)
(*once*) אָ'נ | שרײַבן (אָ'נגעשריבן)
to write down פֿאַרשרײַבן (פֿאַר־שריבן)
writer דער שרײַבער (—ס)
wrong דאָס שלעכטס

Y

year דאָס יאָר (—ן)
next year איבער אַ יאָר
yellow געל
yes יאָ
yeshive די ישיבֿה (—ות)
[YESHIVE— -S]
yesterday נעכטן
the day before yesterday
איי'ערנעכטן
yet נאָך
(nevertheless) דאָך
Yiddish ייִדיש
you (*sg*) דו
you (*pl*) איר
young יונג (ייִנגער)
young man דער בחור (—ים)
[BOKHER—BO'KHERIM]
your (*singular*) דײַן
your (*plural*) אײַער
yourself דו אַליין; זיך
yourselves איר אַליין; זיך

Z

Zion [TSIEN] ציון
Zionism [TSIENIZM] דער ציוניזם
Zionist (*adj*) ציוניסטיש

GRAMMATICAL INDEX

Accusative, use of 39, 210, 324
Address, familiar and formal 64, 327
Address, titles of 64
Adjectives
  agreement 326
  base form 39, 307
  comparison 234-236, 309, 327
  inflection for case and gender 39, 40, 48, 307-308
  numeral 208f., 310f.
  possessive 130f., 310; avoidance of 219f., 327
  predicate form 123, 308; use of 123, 326
  supporting — ע — 200, 309
  uninflected 132, 310
  used as nouns 177, 326
Adverbs
  comparison 242f., 311f.
  formed from adjectives 85, 311
  indicating place 132, 312
  indicating time 312
  numeral 262f., 312
Age, expressions of 161
Agreement → Adjectives, agreement
Alphabet 25-29
Article, definite 31, 39f., 48, 306; contractions with 48, 101, 307; omission of 57, 325; use of 325
Article, indefinite 31, 306
Article, negative 40f., 325
Clauses
  as sentence units 92
  conditional 253, 331
  consecutive 332
  relative 197, 331
Comparative, comparison → Adjectives, comparison; Adverbs, comparison
Complements, adverbial 108, 188f., 321
Consonants 19-21
Dates 210
Dative, use of 48, 324f.

Dative of reference 92, 124, 271, 325
Declension → Nouns, inflection; Names, inflection
Dialects 43
Diphthongs 22
Emphasis 244, 332f.
Expletive עס 99, 123, 151, 330, 332
Fractions → Numerals, fractional
Greetings 77f.
Hebrew derivation, words of 28f., 66f.
Indefinite amount or number 243, 326
Indirect discourse 272, 328
Indirect questions → Questions, indirect
Mathematical expressions 151
Names, personal, inflection 56, 131, 305
Nominative, use of 198f., 323f.
Nouns
  avoiding redundance 177
  compound 270
  feminine suffix 262, 323
  gender 31f., 303, 323
  inflected 56, 131, 305
  inflected like adjectives 305
  plural 46-48, 199, 303-5, 323
  possessive 131, 306; avoidance of 219f., 325
  two in succession 198f., 324
Numerals, cardinal 149, 159, 199, 314
  fractional 159, 209, 314f.
  ordinal → Adjectives, numeral
  without nouns 177, 328
Possessive, avoidance of 219, 325, 327
Predicate
  adjectives in 123, 308, 326
  nouns in 323
Object, direct 39, 324
Object, indirect 75, 324
Prepositions, contracted with definite article 48, 101, 307
  use of 48; *see also list of special constructions below*

GRAMMATICAL INDEX 399

Pronouns
demonstrative 190f., 314
indefinite 49, 327
indicating things 314
interrogative 92, 110, 313
personal 55, 63f., 92, 313, 327
Questions, direct 33, 110, 331
Questions, indirect 110, 151, 332
Redundance → Nouns, avoiding redundance; Verbs, avoiding redundance
Script 26, 36
Sentence units 32f., 92, 109f., 244, 329f.
Sounds 19-23
Spelling 25-29
Stress 22-23
Superlative → Adjectives, comparison; Adverbs, comparison
Tenses → Verb; Indirect discourse
Time, expressions of 160f., 210, 324
Verbs
auxiliary 84, 139, 140, 149, 253
avoiding redundance 140, 329
base form 315; ending in unstressed ע— 263, 316
complemented 108f., 321f.
conditional 253, 320
future tense 140, 318
idiomatic usage 132, 150, 179, 189f., 219
imperative 63, 317
infinitive 76f., 317f., 328
irregular 65, 316
past participle 83f., 91f., 108, 318
past tense 83, 84, 319f., 328
periphrastic 149, 321f.
present participle 251f., 317, 329
present tense 41, 55, 140, 315f., 328
repeated action 258f., 320
tenses in indirect discourse 272, 328
with זיך 122, 321
Vowels 22
Vowel signs 29
Word order 32f., 109f., 329f.
consecutive 122f., 331
normal 330

Constructions with the following:

אויף 211
אַנדער 311
בײַ 220
בעטן 100־101
גערעכט 178
וועלן 77
זייער 41
זיך 100, 122, 321
טאָ 123, 332
יעדער, יעדערער 150, 313
מיט 179
מען 49, 327
נאָך 178
ניט 41, 313
עמעצער 313
פֿיל 151
פֿילן 263
פֿרעגן 100־101
קיין, אין 100
קיינער ניט 313
ריכטיק 178

NOTES